멘탈의 거장들

멘탈의 거장들

거장들

매 순간 다시 일어서는 일에 관하여

데비 밀먼 지음 | 한지원 옮김

윌북

전 세계의 관대한 청취자분들에게,
그리고 집에서 지치지 않고
끊임없이 나의 말을 들어주는
반려자 록산 게이에게

차례

PART 1 전설들

PART 2 진실을 말하는 사람들

록산 게이

데비 밀먼은 오늘날 활동하는 최고의 인터뷰 진행자다. 내 반려자라서 하는 말이 아니라, 그녀의 인터뷰 실력은 독보적이며 의심할 여지없는 사실이다. 나는 진짜 결혼을 잘했다.

한집에 살면 상대방이 정말로 어떤 사람인지 굉장히 많이 알게 된다. 데비가 자신의 일, 특히 오랫동안 맡아온 팟캐스트 〈디자인 매터스〉에 열정적이라는 사실은 전부터 잘 알고 있었다. 우리가 함께 살기 시작하면서 그녀가 세상에서 가장 창의적인 사람들과 진실하고 면밀한 대화를 나누기 위해 얼마나 맹렬히 노력하는지 더 많이 알게 되었다.

데비는 탐욕스러울 정도로 호기심이 많고 조사하는 것을 좋아한다. 인터뷰가 잡히면 게스트에 대해 최대한 많은 것을 알아내기 위해 몇 주 전부터 하루에 몇 시간씩 공부한다. 그들의 이전 인터뷰를 찾아 읽고 예전의 삶이나 경력에서 무해해 보이는 세세한 정보들을 발굴해낸다. 그들이 쓴 글이나 그들에 대해 남이 쓴 글을 모조리 찾아 읽으면서 엄청난 양의 메모를 남긴다. 그런 다음 자신이 알아낸 모든 정보를 샅샅이 살펴보면서 질문지 초안을 만들고 자신이 바라는 대화의 형태를 결정한다. 마침내 뉴욕 스쿨 오브 비주얼아트에 있는 자신의 스튜디오에서 게스트와 마주 앉은 순간, 데비 밀먼은 이 인터뷰가 상대에게 인생 최고의 인터뷰가 될 수 있도록 이미 만반의 준비를 끝낸 후이다. 그녀는 메모를 손에 든 채 의자에 자리를 잡는다. 그녀가 다리를 꼬면 목소리는 좀 더 허스키하게 낮아지는데, 이제부터 한두 시간 동안 그녀는 자신의 인터뷰 상대를 세상에서 가장 흥미로운 사람으로 대접할 것이다. 그 시간 동안에는 그들은 정말 그런 사람이 된다.

좋은 인터뷰는 보기보다 훨씬 어렵다. 인터뷰 요청을 받을 만큼 세간의 관심을 많이 받는 사람이라면 자신이 어떤 사람이고 어떻게 일하며 무슨 생각을 하는지에 대해 똑같은 질문을 여러 차례 받기 마련이다. 결국에는 표준화된 후보 답안들을 만들어내게 되는데, 뜻밖의 질문을 받는 일이 그만큼 드물기 때문이다. 데비가 가장 좋아하는 것이 바로 그 뜻밖의 질문이다. 그녀가 인터뷰 준비를 위해 정말 많은 시간을 쏟는 이유도 그 때문이다. 〈디자인 매터스〉의 모든 회에는 그녀가 발굴해낸 세세한 정보에 인터뷰이가 진심으로 놀라워하는 순간이 빠짐없이 들어가 있다. 데비의 우아하고도 신중하고 인내심 있는 태도에 약한 모습을 그대로 드러내기도 한다. 데비의 인터뷰가 좋은 인터뷰에서 탁월한 인터뷰로, 흥미로운 인터뷰에서 압도적인 인터뷰로 진화하는 것은 늘 그 순간이다.

〈디자인 매터스〉는 장장 16년이 넘도록 방송을 이어가고 있다. 그동안 데비는 세계 최고의 디자이너, 대중 지식인, 예술가, 작가, 창작자들을 만나왔다. 팟캐스트의 첫 시작은 브랜드 전문가이자 디자이너로서의 직업적 사명감과 분리된 창의적인 분출구를 마련하기 위한 것이었다. 데비는 창의적인 삶을 디자인하는 것에 관심이 있었지만, 16년이라는 시간을 거치면서 〈디자인 매터스〉는 확장되었고 그녀의 실력 또한 일취월장했다. 잘사는 것은 어떻게 사는 것인지, 트라우마를 극복하고 숱한 거절을 마주하고 사랑하고 사랑받기를 배우면서 사적, 공적으로 성공한 삶을 사는 것은 어떤 의미가 있는지에 대해 눈부시게 흥미로운 현재 진행형 대화를 만들어나간 것이다. 게스트들의 가장 빛나는 성취와 바닥을 찍었던 순간에 대해 이야기를 나누기도 했다. 현재까지 누적 450회 이상의 인터뷰를 했는데, 이 인터뷰들은 하나같이 유일무이하다. 첫 인터뷰 상대였던 디자이너 겸 크리에이티브디렉터 존 풀브룩에서 시작해 지금에 이르기까지 데비 밀먼은 친밀하고 계몽적인 인터뷰 스타일을 구축한 독보적인 목소리가 되었다. 그녀는 디자인이 왜 중요한지를 끊임없이 증명해내는 사람이다.

팀 페리스

데비 밀먼은 내게 누이 같은 사람입니다. 하지만 그녀의 게스트 중에 나처럼 느끼는 이들이 꽤 많을지도 모르겠네요.

그녀는 2016년 11월의 어느 청량한 저녁에 나를 처음 인터뷰했습니다. 스쿨 오브 비주얼아트 표지판을 보고 맨해튼 거리를 빠져나와 그녀의 스튜디오에 앉았지요. 그 순간 이번에는 무언가 다를 거라는 걸 예감했어요.

우선 스튜디오의 구조가 좀 독특한데, 마치 내가 어린 황제나 동물원의 동물, 또는 최초로 지구를 방문한 화성인이 된 듯한 기분이 듭니다. 강의실 안에 벽으로 둘러싸인 가로 2.5미터, 세로 3.6미터 넓이의 음향 부스가 있고 스피커를 통해 외부로 소리가 전달됩니다. 한쪽 면에 커다란 창문이 달려 있어 학생들이 안을 들여다볼 수 있는데, 그 초저녁에 이미 25명쯤 되는 학생들이 자리를 채우고 있었지요. 그것만으로 마음속 불이 모두 환하게 켜지는 느낌이었어요.

두 번째로, 그녀가 앉은 쪽 책상에 내 책들이 놓여 있는 걸 보았습니다. 인간적으로 불가능하다 싶을 정도로 수많은 포스트잇 메모와 책갈피가 달려 있더군요. 깊은 이야기를 나누게 되겠구나 하는 예감에 절로 흥분이 되더군요.

세 번째로, 데비의 눈을 들여다본 순간 나의 감정 모드가 바뀌는 것을 느꼈습니다. 나를 보호해주는 껍질 안으로 들어온 느낌이랄까요. 여기는 그녀의 집이자 안전한 공간이었죠. 어두컴컴한 겨울의 기운이 건물을 에워싸고 있었지만 어깨에 따뜻한 담요를 두른 듯했습니다. 모든 것이 한결 포근해 보여서 나도 모르는 사이 바싹 조여졌던 마음을 풀었어요. 데비가 미소를 지었고, 우리의 호흡이 서로에게 맞춰지는 듯했지요.

자, 여러분, 이것이 바로 데비가 일하는 방식이랍니다. 그녀는 마법사처럼 교묘하게 설정을 깔아놓지요. 그녀는 특유의 준비성과 침착한 태도로 마이크 주변에 차분한 기운을 퍼트립니다. 이러한 평정 구역은 족히 반경 1미터 밖까지 확장돼서 게스트와 학생 모두가 그녀의 마법에 빠져들어요. 그녀가 '녹음' 버튼을 누르면 질문들이 잘 훈련된 발레리나처럼 하나씩 흘러나오죠. 강력하지만 조급하게 느껴지지는 않아요. 무대와 이야기가 그리는 포물선은 끝에 가서야 온전히 모습을 드러낼 뿐이죠. 그저 아름답습니다. 꽤 좋게 들리죠? 맞아요. 그런데 장담하는데 아무나 데비 자리에 앉는다고 그런 근사한 춤을 추게 할 수는 없어요. 사실 '엄청나게' 어려운 일이라고 할 수 있죠.

데비와의 인터뷰는 내 책이 출간된 첫 주 중반쯤에 이루어졌습니다. 한참 홍보 지옥에 빠져 있을 때였죠. 하루에 25건 이상의 인터뷰를 하다 보면 온갖 종류의 인터뷰어들을 만나게 되는데, 99퍼센트는 똑같은 질문을 다섯 개에서 열 개쯤 해요. 단조로움을 견뎌내기 위해 저자들은 자동 조종 모드를 발동시키곤 합니다. 마치 내 머릿속이 복화술사의 원숭이 인형이 된 것처럼 입으로는 잘 다듬어진 답변들을 외면서 동시에 초콜릿, 잠, 마가리타 같은 걸 생각할 수 있게 되는 거죠.

데비와의 인터뷰에서는 자동 조종 모드가 작동되지 않았습니다. 1번 고속도로를 따라 구불구불하고 환상적인 캘리포니아 해안가를 달리는 기분이었어요. 나는 마음을 다해 인터뷰에 임했고 머뭇거리지 않았어요. 그런 경험을 거치면서 이런 생각을 하게 되었습니다. '나는 오늘 인터뷰를 하러 온 것이 아니다. 데비를 지켜보려고 온 것이다.'

네, 데비는 그 정도로 훌륭해요. 세상만사가 다 귀찮은 염세적인 여행자조차 데비와 마주 앉으면 자신이 세상에서 유일무이한 사람이 된 것 같은 기분을 맛볼 겁니다. 그리고 데비에게 그 90분에서 120분간은 그들이 정말 세상에 존재하는 유일한 사람일 거예요.

그 독보적인 공감 능력과 주의력은 이 세상에 주어진 흔치 않은 선물입니다.

디자인은 어떻게
그리고 왜 중요한가 | 데비 밀먼

디자인과 브랜딩 업계에서 일했던 첫 20년간을 나는 '거절과 실패의 세월'이라고 부르곤 한다. 당시 나는 시각 언어와 문자 언어를 모두 좋아해서 이 두 가지를 같이 할 수 있는 방법을 찾아 여러 차례 노력했다. 컬럼비아대학교 저널리즘 대학원에 지원했지만 보기 좋게 떨어졌다. 컬럼비아대학교를 다닌 아버지의 학문적 발자취를 따를 기회는 그때 사라지고 말았다. 휘트니 미술관의 자기 주도적 교육 과정Independent Study Program에도 낙방했고 《베니티 페어》의 디자인 디렉터 찰스 처치워드 밑에서 일할 기회를 잡는 데도 실패했다. 그보다 훨씬 덜 흥미로운 일자리를 얻기는 했지만 온갖 종류의 지저분한 직장 정치와 성희롱을 감수해야 했다. 하지만 나는 악착스럽게 내 야망을 좇았다. 더 나은 디자이너, 더 나은 브랜드 전략가, 더 나은 리더가 되고자 했다. 그렇게 20년간 내 일을 계속한 결과 나는 내가 상상했던 것보다 훨씬 성공한 사람이 되었다. 글로벌 브랜드 컨설팅 업체를 운영하는 몇 안 되는 여성 중 한 명이 되었으니 말이다.

나는 진짜 성취가 주는 중독적인 느낌에 익숙하지 않았으므로 처음 그런 경험을 했을 때는 그저 '더 많이'를 외쳤다. 오로지 그것에만 집중했다. 최대한 많이 그리고 빨리 성취하기 위해 한때 내가 추구했던 다른 모든 것을 내팽개치다시피 했다. 꾸준하지는 못했지만 창조적인 시도를 많이 한 편이었는데, 어느 순간 예술을 포기했다. 시와 산문 쓰기를 그만두었고 더 이상 일기를 끄적이지도 않았다. 바느질과 공예 프로젝트를 중단했고, 내 오래된 기타를 케이스에 넣어 침대 밑에 쑤셔

넣기까지 했다. 직업적 성공이 주는 이 새로운 느낌에 도취된 나머지 더 많은 성공 외에는 아무것도 중요하게 생각하지 않았던 것이다. 나는 쉼 없이 일했고 끊임없이 이동했다. 터무니없이 많은 시간을 일에 쏟았다. 사적인 삶은 완전히 방치되었다. 나는 수년간 끝없이 움직이며 살았다.

굉장히 많은 것을 성취하기는 했지만 내 삶에는 의미와 목적이 결여되었다. 나는 온통 실무적인 일에 정신이 팔려 있었다. 상품 가시성이니 통계적 유의성이니 혜택 위반 요소니 로맨스 소설 뒷표지(소비자에게 해당 브랜드에 대해 더 많은 정보를 주기 위해 제품 뒷면에 표기하는 정보)니 하는 것들에 말이다. 나와 나의 팀은 새롭게 바뀐 세븐업에 거품 일러스트를 만들었고, 트로피카나 오렌지 주스 통에 물방울 이미지를 구현했으며, 버거킹 로고에 파란색을 추가했고, 트위즐러에 손으로 그린 서체를 입혔다.

우리는 짭짤한 과자, 의약품, 통조림 수프, 생닭, 샐러드드레싱, 페퍼리지팜 골드피시, 고양이 모래, 가공육, 토마토소스, 냉동 밀키트, 상온에서 보관 가능한 음료, 탄산음료 등의 브랜드 이미지와 패키지를 새로 디자인했다. 어느 시점에서는 슈퍼마켓이나 마트에서 파는 것의 최소한 25퍼센트가 내 손을 한 번쯤 거친 듯 보이기까지 했다.

브랜딩 컨설팅 업체에서 10년 가까이 일하고 나자 내가 창의성을 상실한 것은 아닌지, 혹은 최소한 내 직업적 야망을 위해 유기한 것은 아닌지 의구심이 들기 시작했다. 아니, 어쩌면 수년간 주변을 맴돌던 두려움을 마침내 바라볼 수 있게 된 것인지도 모르겠다.

그렇게 창의력 권태에 빠져 있을 때 신생 온라인 라디오 방송국 관계자에게서 내 프로그램을 직접 진행해볼 의사가 있는지 묻는 전화를 받았다. 나는 온·오프라인을 불문하고 라디오 프로그램을 진행해본 경험이 전혀 없었다. 하지만 그 관계자는 '시험적으로' 13개 에피소드만 진행하면 되고 방송국 측에서 창의적인 사람들을 위한 틈새 주제에 집중하고 있다고 설명하면서 나의 의구심을 해소해주려 했다. 나에게 그런 제안을 한 '보이스 아메리카'는 2000년대 초에 생기기 시작한 온라인 라디오 방송국으로 '보이스 아메리카 비즈니스'와 '보이스 아메리카 컨트리' 등 채널을 추가하며 성장세를 보이는 곳이었다. 컨설팅 업체에서의 내 경력이 비즈니스 채널 프로그램을 진행하는 데 적합하다고 생각한 모양이었다.

회의적인 생각과 동시에 흥미가 확 당기기도 했다. 내가 프로그램을 진행하다니 말도 안 되는 일이지 싶었지만, 그것은 확실히 새로운 일이기는 했다. 하지만 브랜딩 관련 프로그램을 하고 싶지는 않았다. 내 창의성을 되살리기 위해서라도 상업성이라고는 전혀 없는 무언가를 해보고 싶었다. 나는 방송국의 제안을 거절하면서 대신 그래픽디자인에 관한 프로그램을 만들면 어떻겠냐고 역제안했다. 정말 필요하다면 브랜딩에 대해서도 조금 다룰 수 있다는 조건을 달고 말이다.

나의 역제안은 도널드 트럼프의 리얼리티쇼 〈어프렌티스〉가 최고의 인기를 구가하던 시절에 이루어졌다. 보이스 아메리카의 중역들을 상대로 그래픽디자인이 얼마나 흥미로운 프로그램 소재인지 마지막으로 설득하려던 전날 밤, 〈어프렌티스〉에서 펩시콜라 에피소드가 방영되었다. 젊은 사업가들에게 주어진 과제 중에 음료 캔을 새로 디자인하는 것이 포함된 것이다.

마침 나는 펩시의 오리지널 패키지를 디자인한 적이 있었고, 그 과제를 의뢰한 사람은 내 회사의 고객이었을 뿐만 아니라 나의 친한 친구이기도 했다. 다음 날 보이스 아메리카의 중역들이 나를 난처하게 할 생각으로 어떤 디자인 주제로 프로그램을 진행할 생각이냐고 기습적으로 물었을 때, 나는 전날 밤 〈어프렌티스〉에 출연한 펩시콜라 디자이너를 인터뷰하겠다고 대답했다. 어떻게 그 사람을 섭외할 생각이냐고 물었을 때는 그 디자이너가 내 고객이자 친구라고 무심하게 답했다. 펩시와의 관계를 슬쩍 내비친 것만으로 충분했다. 그들은 그 자리에서 〈디자인 매터스〉를 승인했다.

너무 좋은 기회는 진짜가 아닐 때도 있다. 그 일이 있고 나서 얼마 지나지 않아 나는 보이스 아메리카가 내게 라디오 진행자 자리를 제안한 게 아니라, 보이스 아메리카에서 방송될 라디오 프로그램을 제작할 프로듀서로 자기들을 고용할 '기회'를 제공한 것뿐이라는 걸 알았다. 그 순간 나는 이것이 자비 프로젝트에 지나지 않는다는 것을 깨달았다.

나는 낯부끄러운 나의 자만심과 새 프로젝트에 대한 기대감을 견주어보았다. 사실 내게는 잃을 것이 거의 없었다. 나는 독신에 아이도 없었다. 주택담보대출도 그럭저럭 감당할 만했다. 창의력을 되살리기 위해서라면 그 정도 돈쯤이야 충분히 댈 수 있을 만큼 많은 연봉을 받고 있기도 했다. 그래서 허영 쪽으로 완전히 마음이 기울고 말았다. 나는 계약서에 서명했고 계획에 착수했다. 재미있게 작업하면서 실험의 기회를 얻을 수 있을 것이라는 생각이 들었다. 공개적인 망신을 당할 정도로 위험 부담이 높지 않다는 판단도 한몫했다.

2005년 2월 4일 오후 3시, 보이스 아메리카에서 〈디자인 매터스〉 첫 방송이 시작됐다. 이 프로그램은 매주 금요일 오후에 엠파이어 스테이트 빌딩에 있는 내 사무실 전화 모뎀을 통해 생방송되었다. 나와 나의 게스트들은 각자 헤드셋을 손에 든 채 마주 앉았다. 음질은 삐걱거렸고 한 박자씩 지연되어 끔찍한 메아리처럼 돌아왔다.

프로듀서들 또한 애리조나에서 원격 접속했다. 결과물은 〈새터데이 나이트 라이브〉의 한 코너였던 〈웨인즈 월드〉를 방불케 하는 대혼란 그 자체였다.

초창기 게스트는 내 친구들이었다. 나는 당시 사이먼앤슈스터 출판사에서 아트 디렉터로 일하던 존 풀브룩에게 내 첫 인터뷰 상대가 되어 달라고 부탁했다. 워낙 사교적이고 이야기를 재밌게 하는 사람이었기 때문이다. 내가 너무 긴장하더라도 그라면 알아서 이야기를 잘 이어나갈 수 있을 것이라고 믿었다. 두 번째 게스트는 비주얼 전략가 셰릴 스웬슨이었는데 그녀는 인터뷰와 관련해 내게 첫 가르침을 주었다. 셰릴에게 인터뷰가 어땠냐고 물어보았더니 앞으로는 추가 질문을 하기 전에 먼저 게스트의 대답을 들으면 좋을 것 같다고 조심스럽게 조언해준 것이다.

다음 열 개의 에피소드를 진행하면서 나는 한 번에 한 명에서 여러 명까지 더 많은 친구를 초청했다. 게스트들이 프로그램을 들을 수 있는 링크를 각자의 친구들에게 보내기 시작하면서 내 프로그램이 뉴욕 디자인 업계에 소문나기 시작했다. 처음 13개의 에피소드를 마친 후 보이스 아메리카는 나와 계약을 갱신했고, 나는 다시 한 번 수표를 발행해 방송료를 지불했다. 프로그램의 평판이 높아지면서 지인이 아닌 디자이너들도 초대할 수 있게 되었다. 감사하게도 대부분이 내 초대에 응해주었다. 두 번째 시즌이 끝나기 전에 밀턴 글레이저, 폴라 셰어, 에밀리 오버먼, 마이클 베이루트, 스테판 사그마이스터 같은 전설적인 디자이너들을 초대해 이야기를 나눌 수 있었다. 나는 회사를 계속 운영하다가 2008년 옴니콤에 회사를 매각했고 2016년에 최종적으로 회사를 떠났다. 한편 2009년에는 스티븐 헬러와 함께 최초의 브랜드 전문 과정이라 할 수 있는 대학원 과정을 스쿨 오브 비주얼아트에 설립했다. 현재 나는 그 프로그램의 학과장이다.

16년간 나의 머릿속은 어떻게 하면 좋은 인터뷰를 할 수 있는지, 흥미로운 사람들의 마음 깊숙한 곳까지 열어 보이려면 어떻게 해야 되는지, 그들의 신뢰를 얻어 예상치 못한 방향으로 대화를 끌고 갈 수 있는 방법은 무엇인지 하는 것들에 대한 생각으로 가득했다. 〈디자인 매터스〉가 첫 방송을 시작한 이래 인터뷰한 사람만 400명이 넘는다. 하지만 고백할 것이 하나 있다. 처음에 나는 정말이지 끔찍한 인터뷰어였다. 게스트의 말을 충분히 듣지 않았고 괜히 쓸데없는 말로 침묵을 메웠다. 인터뷰를 할 때마다 계획을 세우고 유연하게 그 계획을 수정하지 못했다. 초기에는 게스트들에게 칭찬을 남발한다는 비판도 들었다. 아마 좀 그랬던 것 같기는 하지만, 그렇게 대단한 사람들과 이야기를 나누는데 어떻게 안 그럴 수가 있겠는가? 좀 대놓고 찬사를 퍼붓는다고 해도 전혀 터무니없는 반응이라고는 생각하지 않는다. 그렇다 해도 비판은 새겨들어야 하는 법. 나는 본업을 할 때처럼 열과 성을 다해 〈디자인 매터스〉를 발전시켜 나갔다. 요즘 애들 말마따나 빠순이 같은 태도를 다스리는 법도 배웠다. 무엇보다 중요한 것은 조사를 열심히 하게 되었다는 것인데 그것은 지금도 그렇다. 사실 나는 게스트들과 마주 앉는 시간만큼이나 인터뷰를 준비하는 과정을 좋아하게 되었다. 그 일에 정말 깊이 빠져 있을 때는 마치 시간이 존재하지 않는 오묘한 곳에 도달한 느낌마저 든다. 문득 돌아보면 몇 시간씩 지나 있는데, 그때가 내가 가장 창의적이 된다고 느끼는 순간이다. 게스트에 대해 알아낼 수 있는 모든 것을 알아낸 다음에는 대화의 방향을 잡아보기 시작한다. 나는 게스트들의 본 모습과 그들의 성취를 최대한 존중하는 방식으로 그들이 자신에 대해 말할 수 있게 돕고 싶다. 내게 있어 최상의 인터뷰는 오로지 그들만이 답할 수 있는 질문을 했을 때 이루어진다. 창의적인 과정에 대해 말해달라, 어디서 영감을 받느냐, 가장 좋아하는 책이 무엇이냐 등의 틀에 박힌 질문을 하는 데는 전혀 관심이 없다. 이런 질문들이 나쁘다는 것은 아니지만, 나는 청취자들에게 대체 불가능한 특별한 경험을 안겨주고 싶다. 〈디자인 매터스〉가 최상의 모습을 보일 때는 내가 정확히 그렇게 할 때다. 2005년 6월, 라디오 방송에서 팟캐스트로 변신한 〈디자인 매터스〉는 디자이너들이 디자인에 관해 이야기하는 프로그램에서, 다양한 분야에서 활동하고 있는 디자이너, 예술가, 작가, 공연예술가, 음악가, 대중 지식인 등이 창의적 삶을 디자인하는 방법에 대해 이야기하는 프로그램으로 진화했다. 덕분에 나는 창의적 삶에 이르는 길은 빙 돌아가는 길이라는 것을 깨달았고, 사람들이 어떻게 지금의 모습이 되는지, 인생에서 내린 결정이 일에 어떤 영향을 미치는지 하는 것들에 끝없이 매료되었다. 이제 〈디자인 매터스〉는 세상에서 가장 창의적인 사람들이 삶을 창조하는 방법에 관한 프로그램이라고 할 수 있겠다.

만약 2005년에 이 창의적 실험이 내 인생에서 가장 중요한 일 중 하나가 될 거라고 누군가 내게 얘기해주었다면 나는 눈을 굴렸을 것이다. 4000만 이상(최근 집계치)이 프로그램을 다운로드할 것이고, 세계 최초이자 최장수 팟캐스트 중 하나가 될 뿐만 아니라 애플 팟캐스트에서 선정한 최고의 팟캐스트 중 하나로 뽑히고 100여 개 이상의 '최고의 팟캐스트' 목록에 이름을 올릴 것이며 쿠퍼 휴잇 국립 디자인상을 수상할 것이라고 얘기해주었더라도 나는 말도 안 되는 헛소리라고 생각했을 것이다. 하지만 16년간의 대실험 끝에 우리가 이룩한 것을 보라. 그간의 노력이 담겨 있는 이 책은 창의성에 보내는 러브레터이자 호기심의 힘을 보여주는 증거이다. 이 책을 통해 독자들은 세계적인 디자이너, 예술가, 작가, 대중 지식인들이 나눈 대화를 접할 수 있을 것이다. 또 그들이 거둔 최고의 성공과 경력을 거의 박살 낼 수도 있었던 처참한 실패, 그들이 개인적 삶에서 느끼는 기쁨과 슬픔, 그들이 창조적 행위에 몰입하는 방법 등에 대해 알게 될 것이다.

16년 전 〈디자인 매터스〉는 진짜 좋은 의도에서 시작했지만 어쨌든 자비 프로젝트였다. 나는 무언가를 만들 때 가장 행복한데, 이 프로그램은 내게 깊은 만족의 순간들을 선사해주고 있다. 또한 아이디어와 회복 탄력성, 끊임없는 노력에 친구들의 너그러운 도움, 불굴의 희망, 낙관주의, 기꺼이 성장하고 변화하고 진화하려는 태도가 더해지면 어떤 일이 가능한지 확인시켜주기도 했다. 〈디자인 매터스〉는 뜻밖에 얻게 된 인생 최고의 선물이자 끝없이 흥미롭고 언제나 진행 중인 대화이다. 이 책을 통해 그 대화에 참여하게 될 독자 여러분을 두 팔 벌려 환영한다.

PART

1

전설들

밀턴 글레이저

앨리슨 백델

아일린 마일스

신디 갤럽

세스 고딘

엘리자베스 알렉산더

폴라 셰어

앤 라모트

앨버트 왓슨

매릴린 민터

스티븐 헬러

MILTON

전설적이다, 기발하다, 지적이다, 독창적이다, 천진난만하다.

밀턴 글레이저를 묘사하는 데 사용된 수식어는 위의 다섯 단어 말고도 셀 수 없이 많다. 그를 성을 빼고 그냥 밀턴이라고 부르는 이유는 그를 존중하지 않아서가 아니다. 존, 폴, 믹, 키스처럼 밀턴 역시 이름만 말해도 그를 바로 떠올릴 수 있기 때문이다. 밀턴 글레이저는 단연 그래픽디자인계의 슈퍼스타였다. 일약 아이콘이 된 밥 딜런 포스터와 뉴욕을 상징하는 로고 '아이 러브 뉴욕'이 그의 작품이다. 밀턴 글레이저는 2020년 자신의 91번째 생일에 세상을 떠났다.

오랫동안 디자이너로 일하면서 글레이저는 많은 사람이 '예술'이라는 단어에서 느끼는 혼란에 대해 종종 이야기한 바 있다. 그의 제안은 '예술'을 쓰지 말고 그 자리에 '일'을 쓰자는 것이었다. 그러면서 다음과 같이 설명했다. "일상생활에서 마주하는 추레하고 조잡한 일은 나쁜 일로 분류될 수 있다. 정직하고 가식 없이 필요를 충족하는 일은 그냥 일이라 불린다. 착상부터 실행까지 우아하고 엄중하게 수행된 일은 좋은 일이라 불린다. 기능적인 의도를 넘어서서 심오하고 신비로운 방식으로 우리의 마음을 움직이는 일은 뛰어난 일이라 불린다." 밀턴 글레이저는 뛰어난 일을 만들어내는 사람이었다.

GLASER

데비　제가 제일 좋아하는 당신의 글 중 하나가 '디자이너가 지옥으로 가는 12단계 12 Steps on the Designer's Road to Hell'라는 제목의 글이에요. 이 글을 통해 자신이 왜 자진해서 거짓말을 하려고 하는지 이해해보려고 했다면서요. 단테 의 『신곡』 중 「연옥」 편에 들어갈 삽화 작업을 하다가 이 글을 쓰셨다고 들었 어요. 어떻게 이 단계들을 생각하게 되었나요?

밀턴　사실 「연옥」 편을 맡게 되어서 실망했었어요. 지옥을 그리는 게 더 재밌 을 거라고 생각했죠. 그러다가 우리가 처한 곳이 연옥, 그러니까 지옥과 천국 사이 어딘가라는 것을 깨달았습니다. 연옥과 지옥의 큰 차이는 연 옥에 있는 사람은 자신이 한 일을 알지만 지옥에 있는 사람은 알지 못한 다는 거예요. 지옥의 영혼들은 일어날 기회조차 얻지 못하는 반면 연옥 의 사람들은 어떻게든 그곳에서 빠져나올 수 있어요.

　우리는 지옥으로 한 걸음 들어서고 있거나 지옥에서 한 걸음 빠져나 오고 있다는 생각이 들었습니다. 특히 이쪽 커뮤니케이션 업계에서 이 문제는 정말이지 심각한 문제가 됩니다. 우리는 늘 아이디어를 대중에 게 전달하는 역할을 하고 있으니까요. 대중에게 책임감을 느끼고 최대 한 무해하게 일하려면 우리가 세상에 어떤 메시지를 내보내고 있는지 살펴봐야 해요. 제일 먼저 대부분의 현역 전문가들이 대수롭지 않게 생 각할 만한 것에서부터 시작했습니다. 이를테면 진열대 위에 놓았을 때 상품이 커 보이도록 디자인하는 방식 같은 것이요.

데비　그게 첫 번째였지요.

밀턴　네, 맞아요. 일반적으로 업계 관행으로 봐줄 수 있는 일이지요. 일종의 사실 왜곡이기는 하지만, 왜곡이라는 것은 디자인의 속성이기도 하니 까요. 극적으로 과장하는 것이야 늘 하는 일이기 때문입니다. 이런 종류 는 정당화하기도 쉽고 고통도 거의 없죠.

　'지옥으로 가는 12단계'에서 저는 단계를 하나씩 넘어갈 때마다 문제 를 가중시켜서 어느 지점에 이르면 나 자신이 해를 끼치고 있다는 것을 깨닫게 하려 했어요. 이것은 아주 개인적인 문제입니다. 나는 어디서 멈출 것인가? 무엇을 안 할 것인가? 내가 살짝 그 길에 들어섰다 싶으면 스스로에게 그런 질문을 던져야 합니다. 어느 지점에 이르면 더 이상은 가지 말아야겠구나 하는 것을 저 역시 깨닫게 되더군요. 참 흥미로운 점이죠. 지극히 개인적이기도 하고요. 양심이나 윤리 의식이 어디쯤에서 더 깊이 들어가는 것을 허락하지 않는지는 사람마다 매우 다르더군요. 나이와 직업, 그리고 무엇보다 개인에 따른 차이가 있겠지요.

데비 전체 단계는 다음과 같아요.

1. 진열대 위에 놓았을 때 상품이 커 보이도록 디자인하기
2. 느리고 지루한 영화를 가벼운 코미디 영화처럼 보이게 광고하기
3. 새로 생긴 포도원을 유서 깊은 곳처럼 보이게 문장 디자인하기
4. 개인적으로 역겹게 느껴지는 성적 내용이 담긴 책의 표지 디자인하기
5. 파괴된 뉴욕 세계무역센터의 강철을 사용해 이윤 목적으로 팔릴 9·11 기념품 메달 디자인하기
6. 소수자에게 고용 차별을 했다고 알려진 회사를 위해 광고 캠페인 디자인하기
7. 영양가는 없고 달기만 한 어린이용 식품 포장재 디자인하기
8. 아동 노동력을 착취하는 제조사에서 나오는 티셔츠 디자인하기
9. 효과가 없다는 것을 알고 있는 다이어트 식품의 홍보 디자인 진행하기
10. 일반 대중에게 유해할 것으로 판단되는 정책을 추구하는 정치인을 위한 선전물 디자인하기
11. 잦은 오류로 전복 사고를 일으켜 150여 명의 희생자를 낸 것으로 알려진 SUV 자동차의 홍보 브로슈어 디자인하기
12. 인체에 치명적인 원료가 사용된 상품의 광고 디자인하기

밀턴, 당신은 몇 번쯤에서 손을 털고 나오나요?

밀턴   주로 상위 다섯 단계 근처에서 얼쩡거리다가 여기서 더 가면 정말 남에게 해를 끼칠 수 있겠구나 하고 깨닫는 편입니다. 다른 생명체에 해가 되는 행동은 아무것도 하지 않겠다고 굳게 결심한다면 할 수 있는 게 거의 없을 거예요. 대부분의 것들은 상대적입니다. 윤리도 대부분 상대적이고요. 반면에 누군가의 죽음을 초래하는 것은 전혀 복잡해 보이지 않습니다. 만약 흔쾌히 그런 짓을 할 수 있는 사람이 있다면 그 사람은 상대방을 인간으로 보지 않는 거예요.

데비   오랜 경력이 쌓인 지금은 그런 프로젝트에 '아니오'라고 말하기가 더 쉬워진 것 같으신지요? 아니면 늘 자신의 원칙을 엄격히 고수하는 편이었나요?

밀턴   저는 늘 원칙주의자였고 해를 끼치지 않으려고 애쓰는 편이었습니다. 사실 거절하는 게, 나이가 들었다거나 성공했다고 해서 더 쉬워지는 건 아닌 것 같아요. 오히려 그 반대죠. 전 관찰의 힘을 믿는 사람입니다. 행동을 바꾸지는 않더라도 적어도 자신이 무슨 행동을 하는지는 알아야 한다는 거죠. 그런 점에서 디자이너들은 사실을 왜곡하거나 누군가의 죽음을 초래하는 일에 참여하고 있을 때 자신이 무엇을 하고 있는지 정확히 인지할 필요가 있다고 생각해요. 자신은 아무 상관없다는 양 굴지 말고 자기가 그런 일을 하고 있다는 걸 알아야 합니다. 켄 갈런드의 **중요한 것 먼저**First Things First, 1963년 영국의 그래픽디자이너 켄 갈런드가 쓴 선언문으로 소비주의 문화를 비판하며 보다 인간적인 디자인, 교육과 공공 서비스에 초점을 맞추는 디자인으로 돌아갈 것을 주장했다. 이후 2000년에 개정된 '중요한 것 먼저 2000' 선언이 나왔다 선언에 불만인 점은 그런 식으로는 누구도 갈 곳을 찾지 못한다는 겁니다. "학교, 대학, 문화 기관 같은 데서 일하면 되잖아?"라고 말하는데 정작 이런 일은 디자이너에게 주어지는 일거리 중 5퍼센트에 불과하다는 점을 간과하고 있단 말이죠.
　　진짜 문제는 '경제 활동을 하면서 이윤 극대화를 최우선으로 하는 자본주의적 사업에 참여하게 된다면 어떻게 할 것인가?'입니다. 거기서 어떤 역할을 할 것인가가 중요하다는 거죠. 물론 다른 곳에 가는 방법도 대안이 될 수 있지만 대체로 명목상의 대안일 뿐입니다. 대다수의 디자이너들에게 다른 곳에 갈 기회 같은 건 애당초 없어요. 가장 중요한 문제는 제도 안에 머물면서 우리가 영리를 추구하는 자본주의 사회에서 살아가고 있다는 것을 이해하는 것입니다. 자, 이제 어떻게 할까요? 이건 대학이나 문화 기관 같은 곳에서만 일하자는 것보다 훨씬 복잡한 문제라고 할 수 있죠. 대부분의 사람들에게 그런 선택지는 애초에 주어지지도 않으니까요.

'중요한 것 먼저' 선언은 생존과 생활을 목표로 하는 사람들에게 진정한 의미의 대안을 제시하지 않는다는 것이 제 생각이자 불만입니다. 하지만 자신이 하는 일의 의미에 대해 문제를 제기하기는 하죠. 그래서 저는 그 선언에 양가적인 감정을 가지고 있어요. 저는 서명을 했고 필요하다면 또 서명하겠지만 대안에 대해 보다 깊이 있고 신중한 아이디어를 제시할 필요가 있다고 생각합니다.

데비 당신의 새 책 『반대하는 디자인The Design of Dissent』에서 지금 이 순간 반대 의견을 제시하는 언론이 거의 보이지 않는 것 같다는 말씀을 하셨죠. 어쩌다가 그렇게 된 걸까요?

밀턴 무슨 일이 있었냐 하면 이제 일곱 개 회사가 미디어를 소유하게 되었어요. 기업, 사업, 정부가 하나가 되어서 사업적 이해관계를 정부의 이해관계와 분리해서 생각할 수가 없게 된 거죠. 각자의 이익을 위해 사업체와 정부가 결탁하기도 하고요. 대체로 이들의 목표를 구분하는 것은 사실상 의미가 없어졌어요. 기자들은 자칫 말썽꾼이라는 낙인이 찍혀 활동에 지장이 생길까 봐 두려워하고 있습니다.

데비 30년 전에는 말썽꾼이 되는 것이 출세의 지름길이었는데 이제는 경력을 망칠 수도 있다는 것이 참 흥미롭네요.

밀턴 정말 끔찍한 점은 이런 일들이 그렇게 노골적으로 일어나지는 않는다는 겁니다. 뭔가 위험하다는 것을 감지하고 그들이 자발적으로 문제 제기를 그만둔 것이거든요. 정부는 이 사람들의 입을 다물게 할 필요도 없었어요. 사업체도 마찬가지고요. 그저 상황을 좀 어렵게 만들었을 뿐입니다.

데비   이런 상황을 바꾸기 위해 디자이너가 할 수 있는 일은 무엇일까요?

밀턴   그저 좋은 시민으로서 해야 할 일을 하는 것이죠. 반응하고 응답하고 책을 내고 항의하고 길거리로 나가 성명서를 발표하고 존재감을 드러내는 것 말이에요. 디자이너로서 일반 시민의 역할 이상을 할 수는 없겠지만, 그들에게는 한 가지 엄청난 강점이 있습니다. 바로 커뮤니케이션에 대해 잘 안다는 점이지요.

2005. 8

"I was really on a path to find out: What is art and what is being an artist?"

"제가 정말 알고 싶었던 건 이거였어요. 예술은 무엇이고 예술가가 된다는 것은 뭘까?"

데버라 카스
예술가
2005. 8

ALISON

어떤 예술가들에게는 일과 삶이
너무 밀접하게 엮여 있어서
그 둘을 따로 떼어내기가 불가능하다.

앨리슨 벡델이 그런 창작자 중 하나다. 그녀는 자신의 복잡하고 내밀한 삶을 가슴이 아리도록 찬란하게 펼쳐놓으면서 사람들의 오랜 기대를 뒤엎는 만화와 그래픽 노블을 그려왔다. 만화 장르에 한 획을 그은 『주목할 만한 레즈비언들Dykes to Watch Out For』을 30년 가까이 연재했고, 독자들의 마음을 강렬하게 뒤흔든 자전적 그래픽 노블 『펀 홈』과 『당신 엄마 맞아?』로 큰 호평을 받으며 주류 작가로 거듭났다. 우리의 대화는 『펀 홈』이 토니상을 수상한 브로드웨이 뮤지컬로 각색된 지 1년 후에 이루어졌다.

BECHDEL

데비 펜실베이니아주 록 헤이븐 태생이세요. 아버지는 고등학교에서 영어를 가르치시면서 장례식장을 운영했고, 어머니는 배우 겸 선생님이었다고요. 네 살 무렵에 부치 레즈비언남성성이 강한 레즈비언을 처음 본 것으로 알고 있어요. 그때 무슨 일이 있었나요?

앨리슨 장례식장과 관련된 일로 아버지랑 큰 도시에 갔을 때였어요. 아마 필라델피아였을 거예요. 아버지랑 점심을 먹으러 간이식당에 갔는데 한 여자가 들어왔어요. 그 순간 머리가 터지는 줄 알았어요. 남자 옷을 입은 그 거대한 여자에게서 나의 모습을 봤거든요. 마침 아버지도 같은 것을 봤던가 봐요. "너도 저렇게 보이고 싶니?"라고 물으시더군요. 물론 그것이 정확히 제가 원하는 모습이었어요. 그게 가능한지, 정말 그렇게 하는 사람이 있는지 그때까지는 몰랐지만요. 동시에 그러면 안 된다는 메시지를 받기도 했죠.

데비 열 살 때 강박장애를 앓았다고 알고 있어요. 일기 한 편을 쓰는 데 하룻밤이 꼬박 걸렸다고요. 결국 어머니가 나서서, 당신이 일기 내용을 불러주면 어머니가 일기장에 받아 적었다고요. 그때의 경험이 인생의 기본 틀이 된 것 같다고 말씀하신 적이 있는데, 어떤 면에서 그런가요?

앨리슨 어머니가 제 일기를 받아쓰셨을 때부터 저는 회고록을 쓰기 시작한 셈이었어요. 그때 저는 제 삶에서 일어나는 일들을 적는 행위를 가장 중요하게 여겼거든요. 좀 더 정상적이고 편안한 분위기의 가정에서 자랐다면 애정 어린 말이나 손길 등으로 사랑이 전해졌겠지만, 우리 집은 그런 집이 아니었어요. 오로지 엄마의 받아쓰기에 이 모든 것이 집중되었죠.

데비 어머니가 받아쓰기를 해준 뒤로 강박장애가 없어졌나요?

앨리슨 없어지진 않았어요. 위장하는 법을 배우긴 했죠.

데비   어떻게요?

앨리슨   만화가가 되는 것은 강박증을 이용하는 생산적인 방식이었어요. 하지만 여전히 틱이나 제스처 따위로 늘 강박을 드러내고 있죠. 아무도 눈치채지 못하기를 바라지만요. 지금도 계속 한쪽 입가로 숨을 내쉬고 있는걸요.

데비   혹시 마음이 편치 않아서 그런 거예요?

앨리슨   전 늘 그래요. 어쩌면 늘 마음이 편치 않은 것인지도 모르죠. 이런 증상이 없어지면 좋겠어요. 이 느낌이 내 몸에서 싹 사라져버리면 좋겠다 싶다가도, 그러면 내가 여전히 나일까 하는 생각이 들기도 해요.

데비   사람 그리는 걸 가장 좋아했다고 말씀하셨죠. 어렸을 적엔 빨리 다음 인물을 그리고 싶어서 배경은 대충 그리고 넘어갔다고요. 요리사, 탐험가, 경찰, 소방관, 음악가, 과학자, 벌목꾼, 농부, 스파이, 산악 등반가, 인명 구조원, 우주 비행사, 회계사, DJ, 광부, 사업가, 바텐더 등 수많은 직업군의 사람들을 그리려고요. 그런데 왜 다 남자들이었을까요?

앨리슨   어렸을 땐 내가 남자들만 그렸다는 걸 알아채지도 못했어요. 제가 성장한 1960년대는 남자들의 세상이었죠. 그래서인지 내 관심을 끈 직업은 죄다 남자들이 하는 일이었어요.

    여자를 묘사하는 방식은 정말 우스꽝스럽기 짝이 없었죠. 주부나 비서에게는 흥미가 가지 않았어요. 나이가 들고 정치의식이 높아지고 나서야 여자가 된다는 것은 인간이 아닌 다른 무언가가 되는 것일 수도 있겠다는 생각이 들었어요.

    미키 마우스와 미니 마우스만 봐도 그래요. 미키가 보통의 일반적인 의인화된 쥐라면, 미니는 별 의미도 없는 세부 장식만 잔뜩 들어간 미키잖아요. 그때 성별 위화감gender dysphoria 같은 것이 들었던 것 같아요.

데비   『주목할 만한 레즈비언들』은 당신이 친구에게 편지를 쓰면서 여백에 끄적였던 그림에서 시작했어요. '아침 커피가 영 마음에 들지 않는 마리앤'이라는 제목이 달렸었죠. 1983년 한 페미니즘 신문의 레즈비언 프라이드 호에 실렸는데, 어떻게 신문에 실리게 된 건가요?

앨리슨   그때 제가 《우먼뉴스WomaNews》라는 페미니즘 월간지에서 자원봉사를 하고 있었어요. 사람들을 만나고 무언가 재밌는 일을 해보고 싶어서 자원했다가 신문 제작 일에 참여하게 되었죠. 당시 재미 삼아 이런 만화들을 그려서 친구들에게 보여주곤 했는데, 누군가 "혹시 신문에 연재할 수 있는지 물어보지 그랬어"라고 한 거예요.

데비   저서 『지울 수 없는 앨리슨 벡델The Indelible Alison Bechdel』에서 이런 말씀을 하셨어요. "시리즈라는 개념은 처음에는 농담처럼 시작했지만 나중에는 무슨 일이 있어도 계속해야 하는 것이 되었다"라고요. 신문에 만화를 연재하기 시작한 게 이때쯤이죠.

앨리슨   1980년대는 게이와 레즈비언 하위문화가 발생하던 때였는데, 저로서는 정말 흥분되는 일이었어요. 동성애자들이 자기들만의 예술과 신문을 만들고 자기들만의 서점과 바를 운영하는 일종의 평행 세계 같았지요. 저는 그 세상의 일부가 되는 것에 그치지 않고 그 세계를 보여주는 사람이 되고 싶었어요. 그래서 만화를 그리며 그 일을 하기 시작한 거죠. 당시 문화에서는 어디서도 볼 수 없었던 나 같은 사람들의 이미지를 보고 싶었어요.

데비   처음 만화를 신문 매체에 공급하기 시작했을 때 아무도 당신의 이상한 하위문화 경험에 관심이 없을 거라고 생각했다지요. 큰 성공을 거둔 지금 이런 불안감은 좀 해소되었나요? 아니면 아직도 당신의 일과 가치를 끊임없이 의심하고 있나요?

앨리슨   그건 변하지 않았어요. 레즈비언 만화가가 된다는 것은 누구도, 특히 부
         모님이 알아채지도 평가하지도 않는 표현 형식을 추구하는 것과 같아
         요. 그때 아버지는 이미 돌아가신 후였지만, 심리적으로는 부모님이 볼
         수 없는 방식으로 나 자신을 표현하려고 늘 애썼어요.
         　나중에 어머니에게 제 작품을 보여주게 되었을 때도 어머니가 만화
         형식을 이해하지 못한다는 게 다행처럼 느껴지더군요. 특히 『펀 홈』을
         쓸 때 이런 마음이 강하게 들었어요. 어머니가 내가 뭘 하는지 보지 않
         았으면 좋겠다는 생각이 마음 한구석에 있었던 것 같아요.

데비   하지만 그건 세상과의 관계 때문이라기보다는 당신과 어머니의 관계 때문에
         그런 거잖아요. 아니면 혹시 이 두 가지가 같은 거라고 생각하나요?

앨리슨   비슷하다고 생각해요. 제 부모님은 두 분 다 미술과 문학을 좋아하는 분
         이셨어요. 늘 시를 읽으셨죠. 거기에 저항하고 싶었던 저는 반엘리트적
         이고 대중적이면서 저널리즘에 더 가까운 이 예술 형식을 찾아냈고요.
         예술가를 표방하지 않으면서 예술가가 될 수 있는 방식이기도 했어요.

데비   좋은 자서전을 쓰려면 자서전 특유의 자기중심주의를 극복해 타인의 관심을
         끌 수 있어야 한다고 말씀하셨어요. 당신이 경험한 것을 전혀 경험하지 않았으
         면서도 당신의 글이 무얼 말하는 것인지, 당신이 누굴 위해 글을 쓰고 있는지
         전적으로 이해하고 공감할 수 있었다고 말하는 사람들이 굉장히 많은데요. 만
         화 내러티브가 회고록의 내러티브와는 근본적으로 다른 방식으로 독자들을 사
         로잡는 걸까요? 그림 때문에?

앨리슨   언어가 아닌 장면을 통해 이해하는 방식이 있는 것 같기는 해요. 그림이
         독자들과 일종의 유대감을 구축하는 거죠.

데비   성적 지향이나 정치관과는 무관하게 캐릭터들이 보편적으로 느껴지는 면들이
         있었던 것 같아요. 의자 밑에서 발을 동그랗게 마는 방식이라든가 고양이를 안

는 방식이라든가 커피를 마시는 방식 같은 것이 어딘가 자신과 비슷해 보이는 거죠. 이 캐릭터들에게는 특정 삶의 선택을 초월하는 인간성이 있어요.

앨리슨   그때 제가 제 입으로 제 임무를 선언할 수 있었다면 레즈비언도 사람임을 보여주자는 것이었을 거예요. 그런 메시지를 주고 싶다는 아주 본능적인 욕구가 있었는데, 왜냐하면 요즘 같은 시대에는 상상하기 어렵겠지만요.

데비   1980년대와 그 이전에 레즈비언은 사회에서 아주 소외된 존재였죠.

앨리슨   소외라는 말도 너무 약해요. 혐오, 경멸, 두려움, 조롱, 비웃음의 대상이었죠. 제가 없애고 싶었던 게 그런 조롱과 비웃음이었어요.

데비   저 역시 수십 년간 제 성 정체성을 고민했던 사람으로서 한마디 하자면, 제가 좀 더 빨리 옷장 문을 열고 나가지 못했던 이유도 소외될지 모른다는 두려움 때문이었던 것 같아요. 누가 나를 멋대로 판단하고 비웃을지도 모른다고 생각하면 정말 무서웠거든요. 당신은 나랑 동갑인데도 자신의 정체성에 대해 놀라울 정도로 자유롭고 자신의 재능에 관대한 사람으로 보여요. 밖에서 보면 그게 얼마나 용감해 보이는지 몰라요.

앨리슨   용감한 게 아니에요. 상황이 그렇게 흘러간 거죠. 저희 아버지는 그러다가 돌아가셨거든요. 자신이 게이라는 걸 숨기고 살다가 제가 대학교 4학년이 되던 해에 자살하셨어요. 그래서 저는 대학원에도 못 갔고 아주 엉망진창이 되었죠. 그런데 한편으로는 아버지가 없다는 것이 엄청난 해방감을 주기도 했어요.

데비   심판자가 없어진 거군요.

앨리슨   아버진 저를 위해 모든 계획을 세워놓으셨어요. 그리고 제 일에 아주 많이 참견하셨죠. 제가 당신이 살기를 바랐던 삶을 살고, 당신이 듣고 싶었던 수업을 듣게 하려고 늘 애쓰셨어요. 그런 아버지의 뜻을 거스르는 건 정말 어려운 일이었죠.

저는 제 아버지처럼 비밀스러운 삶을 살고 싶진 않았어요. 결국 아버지가 어떻게 됐는데요. 저는 스스로를 드러내고 열어놓고 싶었어요. 게다가 전 잃을 것도 없었죠. 기존 시스템에 이해관계라 할 만한 것이 없었으니까요.

데비 어머니는 당신의 그런 생각을 그다지 지지하지 않으셨죠.

앨리슨 네, 맞아요. 그건 좀 힘들었어요. 그것이 어머니와 저의 이야기를 이루는 한 부분이기도 하고요. 하지만 아버지의 죽음이 가져온 충격이 너무 커서 그런 작은 문제에 신경 쓸 겨를이 없었어요. 그러니까 제가 하고 싶은 말은, 밖에서 보기에는 용감해 보였을지 몰라도 사실은 그렇지 않았다는 거예요. 제겐 다른 대안이 없었어요.

데비 2006년에 『펀 홈』이 출간되었어요. 대학교 1학년 때 커밍아웃한 당신과 자신이 게이임을 숨기고 살다가 돌아가신 아버지에 대한 이야기였지요. 《타임》은 이 책을 그 해 나온 최고의 책 열 권 중 1위로 꼽았어요. "장르와 성적 지향 따위는 잊어버려라. 이 책은 같은 집에 살지만 다른 세계에 속한 사람의 이야기이자 서로가 서로에게 진 기이한 빚에 대해 이야기하는 걸작이다"라고 평하면서요.

당시 문화에서는 어디서도 볼 수 없었던
나 같은 사람들의 이미지를 보고 싶었어요.

앨리슨 그 일이 일어나고 얼마 지나지 않아 저와 제 아버지의 이야기를 해야겠다고 결심한 것 같아요. 아버지는 제가 열아홉 살 때 돌아가셨어요. 하지만 커다란 비밀이 있었죠. 아버지가 게이라는 걸 아무도 몰랐던 거예요. 아버지의 죽음이 자살이었다는 것도 아무도 몰랐어요. 아버지는 트럭에 치였거든요. 내 가족이 내 생각과는 영 판판이라는 것을 갑자기 알게 되었죠. 유년 시절이 송두리째 뒤집히는 경험이었어요.

데비　뭔가 이상하다고 생각한 적이 전혀 없었나요? 아버지가 당신을 데리고 도시에 가서 당신이 자는 동안 외출했을 때도요?

앨리슨　네, 전혀 없었어요. 그래서 지금 알게 된 사실들을 가지고 과거를 새롭게 이해할 필요를 느끼게 되었죠.

데비　어떻게요?

앨리슨　음, 오랫동안 심리 치료를 받고 있어요.

데비　그렇군요. 『펀 홈』을 쓰면서 당신이 아버지에게서 예술가가 되는 법을 배우고 있다는 것을 깨달았다고 했어요. 『펀 홈』은 제임스 조이스의 『젊은 예술가의 초상』 말미에 나오는 주문을 인용하며 대단원의 막을 내리죠.
　　"늙은 아버지여, 늙은 숙련공이여, 지금도, 그리고 앞으로도 내게 큰 도움을 주소서"라는 구절이에요.
　　뮤지컬에는 『젊은 예술가의 초상』의 구절이나 당신의 그림 대부분이 빠져 있지만 그 정신은 이어가고 있는데요. 앨리슨이라는 캐릭터가 자기 아버지로 인해 아버지가 할 수 없었던 무언가를 시작하게 되죠. 아버지가 어떻게 당신에게 예술가가 되는 법을 가르쳐주었는지 말해줄 수 있나요?

앨리슨　『펀 홈』은 저와 제 아버지의 이야기로 시작했어요. 그 과정에서 문학이 서서히 영향을 미치기 시작했죠. 아버지가 어떤 사람인지 더 알아낼 필요가 있었거든요. 그래서 아버지가 열렬히 좋아했고 성장기의 제게 늘 읽히고 싶어 했던 책과 작가들을 살펴보기 시작했어요. 그렇게 제임스 조이스 인용문이 제 책과 하나가 되었죠.

우리의 삶은 카오스예요. 매일매일 일어나는 일들에는 그 어떤 의미도, 질서도 없죠. 하지만 거기서 무언가 이야기를 발견하려고 애쓰는 것, 그런 무작위적인 사건에서 어떤 의미나 서사를 발견하려고 애쓰는 것은 무척 즐거운 일이에요.

데비 『펀 홈』이 토니상 뮤지컬 부문 작품상을 수상한 후에 《롤링스톤》과의 인터뷰에서 이렇게 좋은 일이 일어나는 것에 익숙지 않다는 말씀을 하셨어요. 과거에 경제적으로 고생했고 정서적으로도 힘든 시간을 보냈는데, 받을 자격이 차고 넘치는 지금의 이 모든 행운을 어떻게 이해하고 계신가요?

앨리슨 지금도 이해하려고 노력 중이에요. 그냥 이 모든 것을 받아들이고 이런 행운이 사라질 수도 있음을 두려워하지 말아야 한다는 것을 알아요. 하지만 그건 제게 자연스러운 상태는 아니에요. 이런 결과에 정말 만족하지만, 때로는 긍정적인 일이 부정적인 일 못지않게 트라우마가 되기도 하더라고요. 어쨌든 변화는 변화니까요.

데비 한때는 실존 인물이었던 만화 캐릭터들이 다른 사람들의 몸으로 다시 태어난 것을 본 기분은 어땠어요?

앨리슨 매일 밤 사람들이 무대에서 우리 가족의 이야기를 연기하는 것을 보면 이상하기도 하고 묘하게 기분이 좋으면서 치유 받는 느낌이 들기도 해요.

데비 당신의 작품에 감정적으로 반응하는 사람들을 보면 기분이 어떤가요?

앨리슨 정말이지 견디기 어려워요. 좋은 의미로요. 감정적으로 좀 힘든 뮤지컬이잖아요. 보고 있으면 고통스럽죠. 그것이 내 얘기라면 더욱 그렇고요. 어떤 면에서는 마음을 좀 닫아두게 된 것 같기도 해요.

데비 어머니께서 뮤지컬 〈펀 홈〉이 퍼블릭시어터에서 막을 올리기 직전에 돌아가 셨다고 들었어요. 돌아가시기 전에 대본이나 노래를 미리 보여드린 적이 있 나요?

앨리슨 대본과 노래 전곡이 든 CD를 건네면서 이렇게 말씀드린 적은 있어요. "자, 여기요. 혹시 노래를 들어보고 싶거나 대본을 읽어보고 싶다는 생 각이 들면 일단 마음의 준비부터 하세요. 좀 격하게 느껴질 수도 있어 요"라고요. 하지만 어머니가 봤는지 안 봤는지는 전혀 모르겠네요.

데비 이렇다 할 소감을 전혀 말씀해주지 않은 건가요? 그래픽 소설에 대해서는 피 드백을 주셨나요?

앨리슨 그래픽 소설은 초안 작업할 때 보여드렸어요. 그 책이 출간되기까지 7년 이나 걸린 데는 이 모든 것에 대해 어머니의 동의를 얻어내기 위함이 컸 죠. 어머니는 아주 최소한의 피드백만 주셨는데, 아마도 당신 자신이 이 일에 연루되고 싶지 않아서 그랬던 것 같아요. 그래도 몇몇 부분에 대해 서는 바꾸거나 수정해달라고 요청하셨고, 대부분 어머니 말씀대로 했 어요.

데비 그런 이야기는 『당신 엄마 맞아?』에 자세하게 나오죠?

앨리슨 네, 어머니에 대한 제 회고록은 아버지에 대한 회고록을 쓰면서 어머니 와 제가 어떻게 그 상황을 헤쳐나갔는지를 다룬 회고록이 되었죠.

데비 그 책을 써야겠다고 마음먹게 된 계기는 무엇이었나요?

앨리슨 사실 그 책은 어머니에 대한 회고록이라는 개념이 또렷하게 잡혀 있지 않았어요. 수년간은 제가 경험했던 광적인 관계들에 대해 쓰고 있다고 생각했어요. 관계라는 관념, 자신과 타자에 대한 이야기를 했는데, 매우 추상적이고 갑갑한 느낌이 들었죠. 결국 제 에이전트가 "무슨 말을 하고 있는지 하나도 모르겠다"라고 하더군요. 누군가 그렇게 말해줘서 진짜 다행이었어요. 그 순간 문제가 무엇인지 깨달았는데, 내가 어머니와의 관계에 대해 솔직하게 쓰지 못한다는 거였어요. 그걸 깨닫고 나서야 진짜 이야기를 할 수 있었죠.

데비   그 책 첫머리에 "삶과 글쓰기는 동시에 행할 수 없다"라고 적었어요. 지금도 여전히 그렇게 생각하나요?

앨리슨   네. 글을 쓸 때는 내가 내 삶에 존재하지 않게 돼요. 하지만 그것이 그렇게 끔찍하게 느껴지진 않아요. 그냥 글쓰기가 삶보다 더 편하게 느껴지는 것이 제 운명인가 보다 해요.

데비   어머니처럼 당신도 외적인 삶을 기록하지만 어머니와는 다르게 내적인 삶에 대해서도 굉장히 많이 기록하는 걸로 알아요. 이 둘의 경계가 좀 더 분명해졌나요?

앨리슨   개인적인 것이 정치적이다. 제가 성장할 때 유용하게 쓰인 슬로건이었죠. 이 슬로건이 제 삶을 완벽하게 설명해줘요. 제 아버지는 게이 해방운동 전에 살았던 게이였고, 제 어머니는 여성운동이 일어나기 전에 성인이 돼서 작가나 교수가 되고 싶은 꿈을 이루지 못한 사람이었어요. 그 결과물이 저였죠.

    두 분은 시대를 약간 앞서간 사람들이었어요. 하지만 두 분이 만나지 않았더라면, 그러니까 어머니가 페미니스트가 되고 아버지가 커밍아웃을 했다면, 전 이 세상에 태어나지도 않았을 거예요.

    좀 더 젊었을 때는 외적인 것과 내적인 것을 구분하는 것은 없다고 확신하기도 했죠. 모든 것이 열려 있다고 생각했어요. 나이가 좀 더 들고 가족 이야기를 글로 쓰는 것의 부작용을 알게 되면서 이런 믿음은 한결 약해졌어요.

사생활이 지켜져야 할 영역은 있는 것 같아요. 나 자신이 과도하게 노출된 것 같은, 혹은 내가 나를 세상에 너무 많이 내보인 것 같다는 생각이 들기도 해요.

데비   무슨 일이 있어도 꼭꼭 숨겨야 하는 '진정한 자아true self'라는 개념에 깊이 공감했다고 쓰셨어요. 자신에 대해 쓰면서도 진정한 자아를 숨겨야 한다니, 굉장히 흥미로운데요.

당신의 경험, 생각, 감정이 고스란히 담겨 있는 『당신 엄마 맞아?』를 읽으면서 계속 생각했던 것도 과연 어디까지 드러낼 것인가 하는 문제였어요. 『당신 엄마 맞아?』를 쓰면서 자신의 진정한 자아를 다른 방식으로 드러냈다고 생각하나요?

앨리슨   그랬으면 좋겠다는 생각이 드네요. 『당신 엄마 맞아?』의 재밌는 점은 이 책이 아주 지적인 책이라는 거예요. 마음 그 자체를 다루면서 마음속에 갇혀버린 듯한 느낌이 들기도 해요.

데비   레즈비언이 됨으로써 유년 시절의 어떤 양상에서 탈피할 수 있었다고 말씀하신 적이 있어요. 당신의 욕망이 주류 질서에 반하는 것이 아니었다면 마음이 억지로 몸을 받아들여야 할 일도 없었을 거라고 하면서 말이죠.

당신의 말을 그대로 옮기자면 "나는 순전히 레즈비언이라는 정체성과 그것을 숨기지 않겠다는 각오 덕분에 뼛속까지 순응적인 사람이 되지 않을 수 있었다"라고 했죠. 그 말이 제 마음을 흔들어놓았어요.

앨리슨   제게 생각은 그냥 존재하는 것에 대항하는 수단이에요. 제 경우엔 몸이 목소리를 높인 거죠. 여자에게 매력을 느낀다는 것이 제가 짊어지고 가야 할 본질적인 사실처럼 느껴졌죠. 그것이 저를 살렸다고 말하는 건 그 덕분에 제가 어린 나이에 무법자가 되어 내가 원하는 걸 자유롭게 할 수 있게 되었기 때문이에요.

저는 아무도 보지 않는 괴상한 만화를 무상으로 연재하고 있었어요.

그다지 장래가 유망하다고 볼 수는 없었는데 신기하게도 일이 잘 풀렸단 말이죠. 그래서 저는 제 몸에 감사해요.

2016. 5. 9

EILEEN

> "나는 늘 배고프고 섹스를 하고 싶다.
> 이것은 사실이다."

아일린 마일스의 시 「땅콩버터Peanut Butter」는 이렇게 시작한다. 아일린 마일스의 글을 아직 접해보지 않았다면 꼭 읽어보시길. 그녀의 글은 직설적이고 열려 있으며 유머러스하고 감동적인 데다 양도 엄청나다. 단행본만 20권이상이다. 그녀는 1970년대 이스트빌리지 시 문단에 등장하면서 활동을 시작했고 수십 년간 문단에서 중요한 역할을 해왔다. 최근에는 아마존 오리지널 드라마 〈트랜스페어런트Transparent〉에 그녀를 모델로 한 캐릭터가 등장하고 극 중에서 그녀의 시가 소개되면서 새로운 차원의 명성을 얻기 시작했다. 시인이 대중문화 안에서 열풍을 일으키는 것은 흔치 않은 아주 멋진 일인데, 아일린 마일스는 그보다 더 멋진 일들을 많이 해냈다.

MYLES

데비　아일린, 당신은 1975년 10월 어느 날 베셀카 카페에 갔다가 시인 폴 비올리를 만났고, 그의 초대로 세인트마크 교회에서 열리는 워크숍에 참석했다고 쓴 적이 있어요. 폴을 만나지 않았더라면 인생이 어떻게 바뀌었을 거라고 생각해요?

아일린　제가 소설 『지옥Inferno』을 쓴 이유는 1970년대에 뉴욕으로 이주한 여성이자 시인으로 사는 것이 어떤 것이었는지 말하고 싶어서였어요. 당시 남자들은 저 같은 사람이 꼭 읽어야 하는 책을 한 권쯤 가지고 있었거든요. 문단은 늘 그래왔죠. 문제는 제가 다른 어떤 무리에 속할 수 있는가 하는 것이었어요. 그런데 폴이 당시 활동하던 다른 모든 시 유파로 저를 안내해주었죠. 그건 주류 미국 문학의 규범 밖에 있던 모든 것이었어요. 제가 제대로 온 셈이었죠. 다른 방식으로도 그 길을 찾았을 것이라 생각하지만, 어쨌든 폴이 저를 인도해주었어요.

데비　《파리 리뷰》와의 인터뷰에서 이런 말씀을 하셨어요. "나는 스스로를 노숙자로 만들었다. 뉴욕에 살기 전에 알았던 모든 것에서 나 자신을 차단했다. 나 자신에게 한 일이기 때문에 어떻게 된 것인지 정확히 알고 있다"라고요. 이 모든 게 작가가 되기 위해 꼭 필요한 과정이었다고 생각하시는 거죠?

아일린　네. 우리는 언제나 무언가를 다른 형태로 옮기고 있어요. 다른 곳에서 온 사람은 가만히 자기 집에 있으면서 뭔가를 하거나 만들어낼 수 없어요. 자신이 가진 것을 다른 어딘가로 옮겨가야만 하죠. 문단에서도 이런 활동을 했어요. 남성의 아방가르드 스타일을 퀴어 또는 레즈비언 세계에 들여오는 일이요.

데비　2009년에 『아이슬란드가 되는 것의 중요성The Importance of Being Iceland』이라는 제목이 붙은 산문집을 내셨죠. 술을 끊고 나서 쓴 책이라고 들었습니다. 시를 낭독하기보다는 공연하기 시작했고, 스폴딩 그레이 같은 배우에게 감명을 받아 즉흥시를 쓰기도 하셨죠. 말하기는 공직 출마로 이어지기도 했고요.

1992년 조지 부시에 반대하는 여성 후보를 자처하며 단기명정식 후보자 명단에 없는 사람의 이름을 기입해서 투표하는 방식으로 대통령 선거에도 입후보하셨는데요. 그런 결정을 하신 이유가 궁금하네요.

아일린   그때 좀 불행했었어요. 당시 여자 친구가 대학원에 가기로 결정해서 실망한 상태였죠.

데비   그래서 무언가 할 일이 필요했던 거예요? 좋아! 그럼 대통령 선거에 나가보자! 이렇게요?

아일린   제겐 새로운 프로젝트가 필요했어요. 팻 폴슨이 대통령 선거에 나가고 젤로 비아프라가 공직에 출마하긴 했지만, 사실상 대부분 남자들이었죠. 제 작품이 어떻게 정치적이 될 수 있을까에 대해서는 예전부터 고민을 정말 많이 했어요. 그러니까 진정으로 정치적이면서도 여전히 제 작품처럼 느껴져야 했죠. 마침 상대가 조지 부시였고 정치적 올바름이라는 새로운 언어에 꽂혀서 흥미가 확 생긴 거예요. 즉흥적인 공연 작업을 하다가 이런 생각이 든 거죠. '맙소사, 선거운동이 딱 그거잖아'라고 말이에요.

데비   '정치적 올바름'을 언급하셨는데, 그 용어를 전용하는 문화에 굉장히 분노했던 걸로 알아요. 이유를 말씀해주시겠어요?

아일린   이게 진짜 웃긴데, 왜냐하면 그 용어는 구체적으로 레즈비언이 쓰는 언어이기 때문이에요. 레즈비언 공동체에서 정치적으로 올바르다는 것은 누군가 낭독회에서 일어나 다른 누군가를 '몸에 향수를 뿌리거나 다른 동물성 제품을 두른 사람'으로 지칭할 때 쓰던 말이었어요. 그런데 갑자기 공화당 대통령이 레즈비언의 언어를 우리에게 반하는 의미로 쓰는 것을 보게 되었으니 정말이지 황당하고 충격적이었죠.

데비 이스트빌리지에서 선거운동을 시작한 후로 전국적인 관심을 얻기 위해 열심히 활동하셨어요. 당시의 후보 전단지를 제가 인터넷에서 찾아냈는데요. '1992년 대선에서 아일린 마일스에게 단기명 투표를 해야 하는 여덟 가지 이유'라는 제목의 글이에요. 직접 읽어주시겠어요?

아일린 '1992년 대선에서 아일린 마일스에게 단기명 투표를 해야 하는 여덟 가지 이유.' 전부 항목별로 서술되어 있군요. "침습적인 소득세를 폐지하고 대신 세금 자산을 도입하겠습니다. 국방비 예산을 75퍼센트 줄이겠습니다. 우선순위를 다시 국내 지출로 돌리겠습니다." 그리고 나비넥타이 같은 그림도 그려져 있네요. "마일스 정권에서는 유엔에 내야 할 회비를 낼 것이고 세계 평화를 지키는 일에 거부권을 행사하지 않을 것입니다. 미국에 노숙자가 존재하는 한 백악관에 살지 않겠습니다. 포괄적인 미국을 만들겠습니다. 계급, 인종, 성별, 성적 지향과 무관하게 누구나 미국에 올 수 있게 하겠습니다. 여성이자 성 소수자 후보로서 이 집단들을 우선적으로 지원하겠습니다. 시인으로서 연설문을 직접 쓰겠습니다. 당선된 후에도 국민과 끊임없이 소통하겠습니다. 문화부를 만들겠습니다. 취임 90일 이내에 전 국민에게 의료보험을 보장하겠습니다. 저도 필요합니다. 주류에 거부권을 행사하겠습니다. 밖에 머물겠습니다. 아일린 마일스에게 투표해주십시오."

데비 혹시 몇 표나 받았는지 아시나요?

아일린 아니요. 선거관리위원회에 가보기는 했는데 정말 미미한 숫자를 대더군요. 앨 고어가 개표 결과에 문제를 제기하고 나서야 제가 받은 표가 제대로 집계되지 않았다는 걸 알았어요. 수기로 작성된 투표지는 일단 선거구에 도착하고 나면 그냥 다 버려졌던 것 같아요.

데비 전 파트너 조이 솔로웨이와 함께 '추수감사절 파리 선언The Thanksgiving Paris Manifesto'이라는 글을 쓰셨어요. 당신의 인터넷 홈페이지 〈가부장제를 쓰러뜨리자Topple the Patriarchy〉에 올라와 있죠. 제가 이해하는 바로는 당신과 조이는 브로드웨이 뮤지컬 〈해밀턴〉미국 정치가 알렉산더 해밀턴의 일대기를 다룬 뮤지컬. 비백인 배우들이 건국의 아버지들을 연기한다는 점과 힙합과 랩이 주를 이루는 것이 특징이다. 이 뮤지컬을 연출한 토머스 케일의 인터뷰는 4부에 수록돼 있다을 보고 백악관을 방문했고 아주 혁명적인 기운을 느꼈다고요. 그녀와 함께 선언문을 쓴 것은 열정에서 비롯된 행위였다고 말씀하셨어요. 그 글에 어떤 주제가 담겼는지, 그 글을 쓰게 된 이유는 무엇인지 알려주실 수 있을까요?

아일린 우리는 예술 활동에 새로운 요건을 창출하는 극한의 행위를 즐기고 있었어요. 이를테면, 남자들에게 50년 혹은 100년 동안 예술을 하지 말라고 하는 거죠. 100년 동안 포르노를 만들지 말라고 하는 거예요. 그리고 밖으로 나가 완전히 새로운 공간을 만들어내는 거죠. 여성의 작품이 번성하고 확장할 수 있는 곳으로 말이죠. 남자들이 그곳에 들어가려면 주저할 수밖에 없겠죠. 선언문의 속성은 과장인데, 목표 자체가 기울어진 운동장을 바로잡는 것, 심지어 운동장을 새로 만드는 것이기 때문이에요. 여자들에게 정의는 존재한 적이 없어요. 남자들이 작품을 만들지 않는 공간도 전무했죠. 거기서 시작해보면 어떨까 생각한 거예요.

2016. 10. 28

CINDY

신디 갤럽은 스스로에 대해
"폭탄 터트리기를 좋아하는 사람"이라고
말한 바 있지만, 그것만으로는 그녀가 이뤄낸
모든 것을 설명할 수 없다.

광고회사 임원이었던 그녀는 이제 자신의 비즈니스 컨설팅 회사를 운영
한다. 그녀가 시작한 〈포르노 말고 사랑을 하세요Make Love Not Porn〉라
는 비디오 공유 사이트는 진짜 사람들이 어떻게 섹스를 하는지를 보여
줌으로써 하드코어 포르노의 클리셰들을 깨부순다. 그녀는 맹렬한 페미
니스트 전사다. 이 인터뷰에서 우리는 광고계를 보는 그녀의 믿음, 리더
가 되는 것의 의미, 그리고 연하남들과 데이트를 즐기는 이유에 대해 이
야기했다.

GALLOP

데비 옥스퍼드대학교 서머빌 칼리지에서 영문학을 전공했고, 옥스퍼드대학교와 워릭대학교에서 두 개의 석사 학위를 받으셨어요. 연극을 사랑해서 연극 홍보 담당자로 사회에 첫발을 내디디셨는데, 당시 어떤 포부로 시작하셨을지 궁금합니다.

신디 옥스퍼드대학교 재학 중에 연극과 미친 듯이 사랑에 빠졌어요. 옥스퍼드에서는 학생들의 연극 활동이 아주 활발하게 이루어졌거든요. 그때 글을 쓰고 연기를 하고 연출을 하고 무대 감독까지 했죠. 그림도 많이 그리던 때라 친구들을 위해 연극 포스터를 디자인해주기도 했어요. 그러다가 공연을 홍보하는 일까지 맡게 된 거예요. 일이 무척 재밌었어요. '연기나 연출을 하는 것보다는 이런 일을 하면서 극단에 일자리를 얻는 것이 훨씬 쉽겠다'는 생각이 들었죠. 제 생각은 적중했어요. 연극 마케팅 쪽으로 일거리를 얻는 데는 한 번도 어려움을 겪은 적이 없었거든요. 그렇게 그 일을 하게 되었죠.

데비 당시 어떤 사람이 당신에게 이렇게 말했다지요. "이봐요 젊은이, 당신은 에스키모에게 냉장고를 팔 수도 있겠어요"라고요. 그때 무언가 새로운 것을 시도해보라는 우주의 부름을 느꼈다고요. 그 새로운 무언가가 왜 광고였을까요?

신디 그 말을 듣고 내 마케팅 능력이 연극뿐 아니라 광고 쪽에서 쓰일 수도 있겠다는 확신을 얻었어요. 하지만 광고업계에서 첫 일자리를 얻기까지 굉장히 힘들었어요. 일단 극단에서의 경험을 바탕으로 일자리를 구해보려고 했죠. 그런데 광고업계에서 일한 경력이 없었기 때문에 취직을 할 수 없었어요. 아니, 취직을 해야 경력이 생길 거 아니에요. 그래서 처음부터 다시 시작했죠. 대학교를 갓 졸업한 학생들을 인턴으로 채용하는 광고 에이전시에 지원한 거예요. 1985년 런던의 테드 베이츠라는 에이전시에서 처음 인턴직을 제안받는데, 그 제안을 덥석 물었죠.

데비 테드 베이츠에서 처음 맡게 된 고객이 택배회사 DHL과 제과회사 마스였다고요. 광고업계에 입문하고 첫 2년간 아주 즐거운 시간을 보냈다고 했어요.

신디   처음부터 다시 시작하는 것에서 굉장히 큰 해방감을 느꼈던 것 같아요. 기대치를 거의 내려놓은 채 커피를 타며 분주히 뛰어다니는 것부터 시작한 거죠. 정말 짜릿하더라고요. 제2의 유년기 같은 느낌이었어요. 1980년대 런던에서 광고가 엄청나게 잘 나가는 산업이었다는 사실도 좋게 작용했죠. 모두가 광고 일을 하고 싶어 했어요. 사교 생활도 아주 끝내줬죠.

데비   테드 베이츠에서 몇 년 일하다가 회사가 사치사社에 넘어간 뒤 J. 워커 톰슨 JWT에서 일하기 시작했어요. 하지만 6개월도 채 안 돼서 골드 그린리스 트롯 GGT에서 스카우트 제안을 받았고 당신은 거기에 응했죠. GGT에서 일한 첫날, JWT에서의 경험은 몽유병 같은 것이었다는 걸 깨달았다고 쓰셨어요. GGT의 어떤 점이 그렇게 달랐나요?

신디   GGT는 당시 런던에서 가장 잘 나가는 광고 에이전시였어요. 마이크 골드, 마이크 그린리스, 데이브 트롯이 공동으로 세운 회사였죠. 거친 남자들 스타일의 에이전시였는데 아주 투지가 넘치는 곳이었죠. 마초 문화를 자랑스럽게 내세웠고요. 상무이사인 짐 켈리는 "GGT에서는 잘못하면 가슴에 칼 맞는다"는 말을 입버릇처럼 하곤 했어요. 그런데 어느 날 자기들 회사에 남자 직원밖에 없다는 걸 불현듯 깨달은 거죠. 지극히 전형적이게도 그들은 고객 매니저 직책에 여직원 셋을 즉각 고용했는데, 그중 한 명이 저였어요. 일한 지 6개월도 안 된 직장을 떠나야 한다는 생각에 고민도 많았어요. 그런데 친구가 이렇게 말하는 거예요. "신디, GGT에 안 가는 건 미친 짓이야"라고요. 그래서 GGT에 합류하게 되었죠. 거기 사람들은 정말 에너지가 넘치고 역동적이고 최상의 결과물을 내기 위해 노력하는 사람들이었어요. 환상적이었죠.

데비   바틀 보글 헤거티에서 일한 이야기를 해보죠. 거기서 일하면서 2003년에 뉴욕 여성광고인협회에서 수여하는 올해의 여성 광고인상을 수상하셨잖아요. 그야 말로 엄청난 성공을 이뤄내셨어요. 어떻게 그렇게 된 건가요?

신디 솔직히 말하자면, 데비, 나도 전혀 모르겠어요. 그냥 고개를 처박고 무지막지하게 열심히 일했던 것 같아요. 그게 다예요.

데비 16년 후에 최고마케팅경영자CMO 자리에서 내려오셨어요. 왜죠?

신디 2005년에 마흔다섯 살이 되면서 중년의 위기를 맞았어요. 하던 걸 멈추고 돌아보고 점검해야 하는 중년의 시기가 45세 즈음이라고 늘 생각해 왔거든요. 문제는 이제 내가 무엇을 해야 할지 도통 모르겠다는 것이었어요. 엄청나게 많은 생각과 불안이 뒤따랐죠. 결국 나 자신을 시장에 내놓고 "자, 여러분들아, 나 여기 있어요. 내가 할 만한 거 뭐 없어요?"라고 묻는 것이 최선의 방법이라는 결론에 이르렀어요. 미지의 세계로 무모하기 짝이 없는 도약을 한 것이죠. 그때 이후로 제가 한 모든 일은 온전히, 그리고 전적으로 우연의 산물이었어요.

데비 2009년 TED 강연에서 〈포르노 말고 사랑을 하세요〉 웹사이트를 개시했어요. 〈포르노 말고 사랑을 하세요〉의 목표는 섹슈얼리티에 대해 하드코어 포르노가 묘사하는 것보다 현실적인 정보를 제공하는 것이었다고 말씀하셨죠. 이 일을 하기로 결심하게 된 계기가 무엇인지, 지금은 어떻게 진행하고 있고 반응은 어땠는지 말씀해주세요.

신디 〈포르노 말고 사랑을 하세요〉를 하게 된 것은 전적으로 우연이었어요. 제 개인적인 경험에서 비롯되었죠. 저는 연하남들, 주로 20대 남자들과 데이트를 하거든요. 그런데 9, 10년 전부터, 하드코어 포르노를 마음껏 볼 수 있는 사회에서 섹스에 대해 솔직하게 이야기하기를 꺼리는 문화가 형성되면 어떤 일이 벌어지는지 맞닥뜨리기 시작했어요. 포르노가 자연스럽게 오늘날의 성교육이 되어버린 거죠. 좋지 않은 방식으로요.

8년 전 저는 돈 한 푼 안 들이고 만든 사이트 〈포르노 말고 사랑을 하세요〉를 TED 강연에서 개시할 기회를 얻었죠. 강연은 즉각적으로 입소문을 탔어요. 잘 돌아가지도 않는 제 보잘것없는 웹사이트에 예상치 못하게 엄청나게 많은 관심이 쏟아졌죠. 그때 제가 글로벌한 사회문제를 발굴해냈다는 걸 깨달았어요. 제가 아주 가치 있다고 생각하는 무언가를 할 기회이기도 했어요. 좋은 일을 하면서 동시에 돈도 버는 것이 비즈니스의 미래라고 늘 생각했거든요. 아직 아무도 손대지 않은 거대한 사회문제에 비즈니스적인 해결책을 제공할 기회를 본 거예요. 저는 〈포르노 말고 사랑을 하세요〉가 포르노에 반대하는 것이 아니라는 점을 늘 강조요. 문제는 포르노가 아니니까요. 진짜 문제는 우리가 실제로 섹스에 대해 이야기하지 않는다는 거예요.

데비　왜 그럴까요?

**미지의 세계로 무모하기 짝이 없는 도약을 한 것이죠.
그때 이후로 제가 한 모든 일은 온전히 그리고 전적으로
우연의 산물이었어요.**

신디　사실상 세 가지 이유가 있어요. 첫 번째는 어느 나라에나 수 세기 동안 존재해온 억압, 종교, 사회·문화적인 역학 때문이에요. 이건 어딜 가나 마찬가지죠. 두 번째는 가부장제인데, 역사적으로 모든 제도는 남성 지배적이고 여성이 자신의 관점에서 섹스와 섹슈얼리티를 바라볼 기회를 가져보지 못했기 때문이에요. 셋째, 저 같은 사람이 충분히 많지 않다는 거예요. 섹스에 대한 문화적 담론을 해체하는 것은 엄청나게 힘든 일이에요. 많은 사람이 시도했지만 거대한 장애물을 마주하고 포기해버렸죠. 무슨 일이 있어도 포기하지 않는 저 같은 사람이 필요한 거죠.

데비　어떤 종류의 포르노가 실제 삶에 좀 더 도움이 될까요?

신디   제가 하는 것은 포르노가 아닌 다른 무언가예요. 우리는 세계 유일의 사회적 섹스 플랫폼을 구축하고 있어요. 사회적으로 수용하고 공유할 수 있도록 섹스를 사회화하자는 거죠. 우리의 슬로건은 "섹스를 지지하자, 포르노를 지지하자, 차이를 아는 것을 지지하자"예요. 우리의 임무는 단 한 가지인데, 페이스북, 텀블러, 트위터, 인스타그램에 공유하는 다른 모든 것들처럼 섹스에 대한 이야기를 사회적으로 공유할 수 있게 만드는 거예요. 부모가 아이들에게, 교사가 학교에, 모두가 모두에게 섹스에 대해 더 쉽게 이야기할 수 있도록 말이죠.

〈포르노 말고 사랑을 하세요〉는 전적으로 사용자 생성 콘텐츠에 기반한 크라우드 소싱 비디오 공유 플랫폼으로 현실 세계의 섹스를 예찬하는 곳이에요. 우리는 우리가 무얼 하고자 하는지 아주 명확하게 정의하고 있어요. 이건 포르노가 아니에요. 우리는 아마추어가 아닙니다. 사회적 섹스라는 완전히 새로운 범주를 만들어내고 있단 말이죠. 우리의 경쟁 상대는 포르노가 아니에요. 페이스북과 유튜브죠. 페이스북과 유튜브가 성적 자기표현과 자기 동일시를 허락하기만 한다면요. 〈포르노 말고 사랑을 하세요〉에 올라오는 사회적 섹스 비디오는 카메라 앞에서 연출된 것이 아니에요. 사람들은 다른 모든 사회적 플랫폼에서 그러는 것처럼 그저 자기 할 일을 하는 것뿐이죠. 웃기기도 하고 지저분하기도 하고 멋지기도 하고 아름답기도 하고 우스꽝스럽기도 하고 충동적이기도 하고 찬란하기도 한 인간의 모습으로 현실 세계에서 일어나는 일들을 포착하는 거예요. 저희도 철저하게 그런 영상 위주로 큐레이션을 하고 있고요. 또 수익 공유 비즈니스 모델에 따라 비디오 대여와 스트리밍에 따른 수입의 절반을 기여자에게 지급하죠.

데비   어떤 종류든 간에 포르노를 보는 것이 친밀감 형성에 어떤 영향을 미친다고 생각하나요?

신디   다시 말하지만, 중요한 것은 포르노가 아니에요. 문제는 우리가 섹스에 대해 이야기하지 않는다는 것이죠. 사회의 몫이어야 할 많은 것들이 포르노의 몫으로 넘어가고 있어요. 성교육은 포르노의 소관이 아니에요. 포르노는 오락일 뿐이죠. 인간의 성적 관계를 개선하려면 사회가 나서서 섹스에 대해 툭 터놓고 솔직하게 이야기할 수 있는 분위기를 조성해야 해요.

사람들이 섹스에 대해 엄청난 불안을 느끼는 이유는 섹스 이야기를 하지 않기 때문이에요. 알몸이 되면 누구나 다 굉장히 취약해져요. 성적 자아는 아주 연약한 것이에요. 그래서 사람들은 실제로 섹스를 하면서도 상대방과 섹스에 대해 이야기하는 것을 이상할 정도로 어려워하죠. 지금 일어나고 있는 일에 대해 무슨 말이라도 했다가 상대방의 기분을 해치거나, 흥을 깨버리거나, 만남이나 관계 자체를 망가뜨리게 될까봐 두려워하기 때문이에요. 하지만 한편으로는 상대를 만족시키고 싶어 하죠. 다들 잠자리에서 잘하고 싶어 해요. 그게 정확히 무슨 뜻인지도 모르면서요. 그래서 힌트가 되겠다 싶은 것들을 막무가내로 붙잡는 거죠. 부모한테 들은 것도 없고 학교에서 배운 것도 없고 솔직하게 말해주는 친구도 없고 포르노에서 주워들은 게 다라면, 그런 힌트밖에 활용하지 못하겠죠. 이론적으로는 포르노가 자신의 섹슈얼리티를 탐험하고 세상에 자신과 비슷한 사람들이 있다는 것을 발견하게 해주는 유용한 수단이 될 수도 있겠지만 섹스에 대해 솔직하게 대화하는 것과 같은 역할을 결코 대신할 수는 없어요.

〈포르노 말고 사랑을 하세요〉에서 섹스를 사회화하는 일은 그 어느 때보다 중요해졌어요. 여성의 성기를 움켜쥐어도 괜찮다는 것을 대통령이 몸소 보여주고 있는 세상에서 성에 대해 터놓고 이야기하는 것이 올바른 성 가치관 확립에 도움이 되기 때문이에요. 예의범절, 직업의식, 책임감 같은 것은 성장하면서 자연스럽게 배우지만 침대에서 제대로 처신하는 법은 아무도 가르쳐주지 않잖아요. 저는 이런 것도 가르쳐야 한다고 생각하는데, 우리 삶의 다른 모든 영역에서와 마찬가지로 침대 위에서도 공감 능력, 감수성, 너그러움, 친절함, 솔직함 같은 자질들이 중요하기 때문이에요. 아이들에게 태어난 첫날부터 올바른 성 가치관을 가르칠 정도로 성에 개방되어야 성범죄를 막고 강간 문화에 마침표를 찍을 수 있다고 생각해요. 섹스에서 수치심과 당혹감을 제거하고 섹스를 정상화할 때 성희롱, 성적 학대, 성폭력을 뿌리 뽑을 수 있어요. 섹스에 따라붙는 이런 수치심과 당혹감 때문에 피해자가 피해 사실을 말하지 못하는 것이거든요.

데비 연하남들을 만나고 다닌다는 이야기를 공공연하게 하고 다니세요. 결혼을 하거나 아이를 가지고 싶었던 적은 단 한 번도 없었다는 이야기도요. 왜 모두에게 이 사실을 알리는 거죠?

신디 제가 그런 얘기들을 공공연하게 하는 이유는 사회의 기대에서 벗어난 삶을 살더라도 지극히 행복할 수 있음을 보여주는 롤모델이 남녀 모두에게 충분하지 않기 때문이에요. 저는 잠시 멈춰 서서 내가 정말 결혼을 하고 싶은지, 아이를 낳고 싶은지, 심지어 연애를 원하는지 질문해도 완전히 괜찮다는 것을 보여주고 싶었어요.

데비 최근에 《포브스》와 손잡고 일련의 웨비나(웹과 세미나의 합성어로 인터넷상에서 진행되는 세미나를 말한다)를 주최하셨어요. 연봉 인상을 요구하는 법, 승진을 위한 처세법, 자신이 속한 에이전시와 크리에이티브 부서 내에서 리더로 보이는 법 등에 대해 여성들에게 현실적인 조언을 주는 자리였죠. 그때 하신 말씀 중에 "그 어떤 것도 공짜로 주지 말라"는 이야기가 있었어요. 여자들이 왜 그런다고 생각하나요?

신디 여자들은 태어난 순간부터 스스로를 과소평가하는 법을 배워요. 그래서 저는 내가 나를 어떻게 평가하느냐에 따라 남들도 나를 평가한다는 것을 여자들에게 깨우쳐주려고 해요. 내가 나 자신을 높이 평가할수록 다른 사람들도 나를 높이 평가한다는 거죠. 공짜로 얻은 것을 소중히 여기는 사람은 아무도 없어요.

데비 "돈을 겁나게 많이 벌고 싶다는 욕구를 조금도 부끄러워하지 말라"고 하기도 하셨죠. 돈을 대하는 데 있어 남녀 인식 차이가 있을까요?

신디   우리 세대는 남자는 일찍부터 일을 하고 돈을 벌어야 한다고 배우며 컸어요. 할 수 있는 한 많은 돈을 벌자 주의인 거죠. 반면 여자는 남자가 경제적인 면을 해결해줄 것이라고 배우며 컸죠. 결혼하면 끝이라고요. 그건 정말 치명적이에요. 다행히 오늘날에는 많은 사업가가 그런 생각에 종지부를 찍는 플랫폼과 비즈니스를 만들어내고 있어요. 경제적으로 대등해지지 않으면 절대 정당한 대접을 받을 수 없어요.

     여자들은 다른 여자들을 위해서라도 돈을 '졸라' 많이 벌어야겠다고 결연히 다짐할 의무가 있어요. 제 조언은, 웃음을 참을 수 있는 한도 내에서 자신이 입 밖으로 낼 수 있는 가장 높은 금액을 부르라는 거예요. 더 많이 받으면 스스로에게도 당연히 이득이지만 사실 더 중요한 점은 이거예요. 회사 고위 간부가 직원들 연봉이 적힌 파일을 봤을 때 여자가 남자보다 적게 받는 것을 보면 여자가 남자보다 못하기 때문이라고 생각한다는 거죠. 낮은 연봉을 감내하는 것은 경영진과 회사에게 우리가 남자들보다 못하다고 말하는 것이나 마찬가지예요. 여자들이 돈을 많이 벌어야 하는 또 다른 이유는 그것이 다른 여성 창립자들에게 투자하는 방법이자 우리 여자들이 다 같이 원하는 방향으로 나아갈 수 있게 돕는 방법이기 때문이에요.

데비   남들이 어떻게 생각할까 두려워하는 마음에 대해 살짝 언급하신 적이 있죠. 사실 저도 '누구누구가 어떻게 생각할까?' 하는 생각이 들면 종종 판단력이 마비되는 것 같거든요. 내가 하고 싶거나 이루고 싶었던 무언가에 대해 부끄러운 감정이 들기도 하고요. 이 이야기를 듣는 모든 이들에게 그런 장애물을 극복하고 인생에서 앞으로 나아가는 법에 대해 조언해주신다면요?

신디   저는 이 문제를 좀 다르게 바라보기를 권해요. 인생의 모든 것은 당신과 당신의 가치에서 시작해요. 자신을 들여다보고 자신이 누구인지, 무엇을 지지하는지, 무엇을 믿는지, 무엇을 소중히 여기는지 발견해보세요.

당신의 가치관을 결정하고 그것에 따라 행동하세요. 그러면 사는 것이 훨씬 쉬워진답니다. 인생은 여전히 당신에게 온갖 똥을 투척할 테지만, 그리고 앞으로도 늘 그럴 테지만, 어떤 상황에 닥치더라도 스스로에게 진실한 방식으로 대응하는 법을 정확히 알게 될 거예요. 늘 자신에게 충실하게 행동할 수 있을 거예요. 그것이 중요해요. 남들이 어떻게 생각하느냐가 아니라요. 많은 사람이 자신이 실제로 원하지도 않는 삶을 살고 자신이 하고 싶지도 않은 일을 하고 있어요. 남의 시선을 의식해 원하지도 않는 연애를 하기도 하고요. 다른 사람 생각에 신경 쓰다 보면 절대로 자신이 진짜 원하는 삶을 살 수 없어요. 절대로 진짜 행복할 수도 없고요. 자신이 누군지 알아야 해요. 자신이 무엇을 원하는지 알아야 해요. 거기에 따라 살아요. 남들이 어떻게 생각하는지는 조금도 신경 쓰지 마세요.

2016. 12. 12

"**If**

a piece of art can really
move you,
then it can move many,
many, many people.

We're all different,
but we are—at our
core—quite similar."

"한 예술 작품이 당신의 마음을
정말로 움직일 수 있다면
다른 많은 사람의 마음 또한
움직일 수 있을 겁니다.

우리는 모두 다르지만,
중요한 부분에 있어서는
상당히 비슷하거든요."

브라이언 코플먼
작가, 영화감독, 프로듀서, 배우
2017. 1. 23

S E T H

세스 고딘은 마케팅계에서 최고로 인정 받는 실력 있는 거장이다.

구글에서 그의 이름을 검색해보라. 최상단에는 그의 블로그가 뜰 것이다. 아마존에서 검색하면 이제는 스무 권에 달하는 그의 저서가 뜰 텐데, 경제경영서 역사에 한 획을 그은 『보랏빛 소가 온다』를 포함해 전권이 베스트셀러에 올랐다. 하지만 고딘은 단순히 마케터에 그치지 않고 훨씬 더 넓은 분야에서 존재감을 발휘한다. 그가 거쳐간 일만 해도, 1980년대와 90년대 첨단 기술 산업의 선봉에서 일했던 초창기 경험에서부터 대학 입시의 아버지라 불리는 스탠리 캐플런을 설득해 SAT 교재를 만들었던 경력까지 어지러울 정도로 다채롭다. 『트라이브즈』와 『린치핀』과 같은 저서에서는 일과 개인적 성장에 대해 예리하게 논하기도 했다. 이 인터뷰에서 우리는 그의 경력, 사람들을 변화시키는 무언가를 만드는 일, 그의 저서 『생각을 바꿔보면 어떨까?What Does It Sound Like When You Change Your Mind?』, 두려움을 극복하는 법, 새로운 직종을 만들어내는 일, 힘든 정치적 순간을 살아가는 법 등에 대해 이야기를 나누었다.

G O D I N

데비 열네 살 때 첫 사업을 시작한 걸로 알아요. 어떤 사업이었나요?

세스 공영 텔레비전에서 방송국 기금 모금을 위한 경매를 했는데, 당시 제가 바이오리듬 차트를 출력할 수 있는 중앙컴퓨터에 접속할 수 있었어요. 그래서 바이오리듬 차트를 주문 제작해서 경매로 팔 생각을 하게 되었죠. 그때 몇백 달러를 모금했어요. 그런데 그러고 나서도 사람들이 계속 바이오리듬 차트를 찾는 거예요. 그래서 그걸 팔기 시작했죠. 그런데 어느 날 누가 저한테 세 주기가 모두 0을 찍던 날에 끔찍한 일이 벌어졌다면서(키우던 개가 죽었대요) 자기 가족들 모두에게 바이오리듬 차트를 제공해줄 수 있느냐고 하더군요. 그때 저는 '와, 사람들이 정말 이런 걸 믿는구나' 했지요. 바로 그 시점에 그만두어야겠다고 생각했지만요. 열일곱 살 때는 캐나다에서 열리는 여름 캠프에서 일하기 시작하면서 열 살짜리, 열두 살짜리 아이들에게 세상을 다르게 보고 두려움에 대처하며 똑바로 앉아 호흡하고 카누 노 젓는 법을 가르쳤어요. 그 이후 제가 한 모든 일은 결국 다 그런 일이었던 것 같아요.

데비 캐나다의 그 여름 캠프에서 30년간 간헐적으로 '스타일 카누'라고 하는 새로운 노 젓는 방식을 가르치셨다고요.

세스 정말 엄청난 영광이었죠. 그 방식을 창안하신 분이 제 선생님을 가르쳐주신 분인데요. 그렇게 계보가 이어진다는 것은 완전히 새로운 존재 방식을 만들어낼 수 있음을 의미해요. "자, 새로운 직종을 만들어봅시다, 그 일을 어떻게 하면 되는지 다른 사람들에게 가르쳐봅시다, 그리고 도움을 필요로 하거나 다른 방향을 제시해줄 누군가를 필요로 하는 사람들을 찾아봅시다"라는 것이죠. 맡은 자리에서 일을 하고 당신을 필요로 하는 사람들과 나란히 앉아 그 사람들이 다음 사람들에게 그 방법을 가르치는 사람이 될 수 있도록 돕는 것을 의미하죠.

데비 스타일 카누를 가르칠 때 사람들의 흥미를 끄는 가장 좋은 방법은 그들에게 꿈과 연결 지어 생각하는 법을 가르치는 것임을 깨달았다고 했어요. 그런 방식이 가능하다는 것을 어떻게 알았나요?

세스   사람들은 왜 자신의 꿈이 무엇인지 설명하고 그 꿈을 실현하는 것을 힘들어할까요? 세 글자로 된 단어인데.

데비   두려움?

세스   두려움을 발견하면 그것을 직시하고 인정하고 그것과 춤을 추는 법도 배울 수 있게 돼요. 두려움을 없애지는 못 하겠지만요. 어른들은 두려움을 감추는 데 능하죠. 아이들은 연습이란 걸 별로 안 해봤기 때문에 제 첫 상대가 열두 살짜리 아이들이었던 건 참 다행이었어요. 아이들은 쉽게 속을 드러내거든요. 열두 살짜리 아이들은 혼자 노를 저어 호수 저 끝까지 갔다가 돌아오고 싶다는 꿈 같은 건 꾸지 않아요. 아이들은 주체성을 꿈꾸죠. 주목받는 것을 꿈꾸고요. 이것은 아이들이 두려워하는 두 가지이기도 해요. 사람들과의 관계에서 빨리 접점을 만들어 상대의 두려움을 파악하고 상대가 두려움과 춤출 수 있게 도울 수만 있다면 설계적 사고design thinking와 실행력practice을 가르칠 수 있어요. 그러면 아이들은 꿈을 실현하기 위해 기꺼이 나무를 패고 물을 나를 겁니다.

우리는 미래를 경험하는 데는 서툴지만
현재를 경험하는 데는 탁월한 능력이 있어요.
미래에 좋을 수도 있는 무언가가 지금 당장은 별로인 것처럼
보이기도 하죠. 그래서 어찌해야 할 바를 모르는 겁니다.

데비   우리가 우리 자신을 진정으로 믿을 수만 있다면 불확실성이나 미지의 세계를 그렇게 두려워하지 않을 수도 있을 것 같아요.

세스   거기서 한 차원 더 덧붙이자면, 우리가 우리 자신을 못 믿는 게 아니라 믿을 수 있다는 걸 못 믿는 거예요. 이 모든 게 담론이죠. 네 살 때는 차에 치이지 않고 무사히 길을 건널 수 있다는 걸 확신하지 못하지만, 이제는 확신하잖아요. 우리는 우리가 그럴 수 있다고 믿을 수 있어요.

데비　터프트대학교에서 컴퓨터공학과 철학을 공부한 뒤 스탠퍼드대학교에서 경영학 석사를 받으셨어요. 경영대학원을 졸업한 후 처음 일한 곳 중 하나가 소프트웨어 스타트업 회사인 스피티커 소프트웨어죠. 1980년대 초반에 교육용 컴퓨터 게임을 개발한 곳이요. 그러다가 1986년 어느 한 주에 지금의 아내와 결혼했고 일을 그만두었으며 뉴욕으로 이주해 창업을 했어요. 어떻게 단 일주일 만에 이토록 많은 변화를 감행할 수 있었나요?

세스　그때 이야기를 하는 건 좀 편치 않은 구석이 있는데, 제가 생각하기에는 그다지 흥미로울 게 없는 이야기이기 때문이에요. 하지만 우리는 모두 이런 이야기를 가지고 있다고 생각해요. 우리는 목표를 향해 차근차근 나아가기를 바라지만, 우리 자신의 과거를 돌이켜보면 절대 그렇지 않거든요. 우리가 생각하는 바람직한 삶의 모습과는 영 딴판이라는 거죠. 실제 삶은 정신이 하나도 없거나 너무 빨리 혹은 예기치 않게 일어나거나 가까스로 모면한 일투성이지요. 그런 순간에는 "이런 세상에, 삶이 조금만 더 침착하게 굴러가면 좋겠군" 하고 말하게 되죠. 하지만 나중에 과거를 뒤돌아보고 "어쩌다가 그렇게 된 거지?"라고 묻는다면, 사실은 그런 혼란스러운 상황 때문에 그렇게 되었던 거예요.

데비　그런 이야기들을 흥미롭게 만드는 것은 혼란에 대해 솔직해질 때인 것 같아요. 당신이 그랬듯이 말이에요. 온갖 거절 편지며 실패며 두려움에 대해 굉장히 솔직하게 드러내셨잖아요.

세스　그 극적인 일주일 이후에 벌어진 일은 이렇습니다. 저는 사랑스러운 아내를 둔 실업자로 뉴욕의 로스쿨 기숙사에서 살고 있었어요. 그러다가 페이스 팝콘과 브레인리저브에 대한 기사를 읽게 되었죠. 그 당시, 그러니까 지금으로부터 25년에서 30년 전에 활동하던 마케터들에게 그녀는 록스타 같은 존재였어요. 흥미로운 프로젝트는 모두 그녀에게 갔거든요. 전 '이게 바로 내 문제에 대한 답이다. 앞으로 페이스 팝콘을 위해 1년에 4주를 일해야겠다'라고 다짐했어요. 그리고 자전거를 타고 메이시스 백화점에 가서 이력서를 선물 포장해달라고 했죠. 20달러 지폐를 꺼내 반으로 찢은 다음 카드 안에 넣고 "나머지 반은 직접 만나 뵙고 드리겠습니다"라고 썼어요. 그리고 페이스 팝콘의 브레인리저브 사무실까지 자전거를 타고 가서 그걸 전해달라고 했죠. 머서 스트리트에 있는 제 기숙사에 도착하니까 전화벨이 울리고 있더군요. 페이스였어요. "이거 멋진데요. 여기 얼마나 빨리 올 수 있죠"라고 묻더군요. 저는 택시를 타고 다시 그녀의 사무실로 달려갔어요. 그녀와 그녀의 동업자가 앉아 있더군요. "시간이 얼마나 있어요? 당신에게 맡길 만한 프로젝트가 열 개쯤 있는데. 내일 전화할게요." 하지만 다음 날 전화는 오지 않아요. 일주일이 지나도, 몇 달이 지나도 전화는 오지 않죠.

그래서 저는 제 삶을 살면서 어딜 가든 가장 못생긴 엽서를 하나 사서 페이스에게 부치기 시작했어요. "안녕하세요. 난 지금 클리브랜드에서 이러이러한 일을 하고 있어요. 당신이 여기 있으면 좋을 텐데!" 그렇게 2년이 흐르고 저는 여전히 힘들게 사업을 하고 있었죠. 크리스마스가 다가오고 있었고 나를 알리기 위해 선물을 준비해야 했어요. 그런데 돈은 없고 해서 19달러짜리 코팅기를 사서 제 주소록에 있는 사람들의 이름과 주소를 보기 좋게 조판해 카드를 만들었어요. 제 데이터베이스에 있는 모든 사람을 위해 수하물 꼬리표를 만든 거예요. 그리고 일주일 후에 전화가 왔어요. 페이스 팝콘이더군요. "세스, 브레인리저브는 붙여 써야 해요. 당신이 잘못 만들었다고요. 수하물 꼬리표 새로 만들어줄 수 있죠?" 또 그렇게 5년, 10년이 흐르고, 어느 날 그녀의 전 동업자에게서 전화를 받게 되었죠. 책을 내려고 하는데 내 도움이 필요하다면서 "좀 만날 수 있을까요?"라고 묻더군요. 전 이렇게 답했어요. "만나는 건 좋은데, 몇 가지 질문에 답해주셔야 합니다." 그가 이러더군요. "무슨 일이 있었는지는 모르겠지만 이거 하나는 말해줄 수 있어요. 사무실에 당신

엽서만을 위한 특별 게시판이 있었습니다"라고요.

데비 사람들이 당신을 거절할 땐 대개 이유가 있지만 그걸 말해주는 경우는 거의 없다고 쓰신 적이 있어요.

세스 아이디어를 파는 사람이라면 꼭 배워야 할 것 중 하나가 지그 지글러의 강요형 질문이라는 개념이에요. 지그는 역사상 가장 위대한 영업 트레이너이자 제 친구였어요. 지그는 세 번째까지 거절을 당하면 더 이상 이유가 중요한 것이 아니라고 했어요. 너무 비싸다, 색깔이 잘못됐다 하는 식의 지적을 받는다면 거기에 대응해야겠지만, 그래도 상대가 여전히 "아니오"라고 말한다면 강요형 질문을 할 차례라는 거예요. "그러니까 이게 잘못됐다는 말씀이시죠. 우리가 그 문제를 해결할 수 있다면 오늘 확답을 주실 겁니까?"라고요. 강요형 질문에 "네"라는 대답이 돌아오는 경우는 거의 없어요. 만약 상대가 "글쎄요, 그러면 또 어쩌고저쩌고해야겠지요"라는 식의 대답을 한다면, 반대가 진짜 반대가 아니라는 걸 알아야 해요. 그냥 당신을 돌려보내기 위한 좋은 방법일 뿐인 거죠. 뭔가를 산다는 건 진짜 두려운 일이에요. 사는 행위는 변화를 수반하고, 변화는 위험을 수반하고, 위험은 죽음을 수반하거든요. 그러니까 "네"라고 말하는 것과 죽는 것 사이에는 아주 작은 간극만이 존재할 뿐이라는 거죠.

데비 위험을 감수하는 것에 대해 참 많은 말씀을 하셨어요. 당신 역시 수년간 파산을 코앞에 두고 살았고 직원들에게 월급을 주기 위해 뭐든 다했다고도 하셨죠. 어떻게 그 시기를 견뎌낼 수 있었나요?

세스 정 안 되면 은행 창구 직원으로 일하면 된다는 마음이었어요. 그리고 앞으로 30년간 은행에서 일하면 내 인생이 얼마나 끔찍해질까 깨달았죠. 저는 다루기 상당히 까다로운 사람이고 저 자신도 그 사실을 알고 있어요. 그래도 원한다면 언제든 일자리를 얻을 수 있을 거라는 믿음 덕분에 앞으로 나아갈 수 있었는데, 저한테 선택권이 있다는 걸 깨달았기 때문이죠. 자신에게 선택권이란 것이 전혀 없어 보일 때가 포기하기 가장 쉬운 때예요. 바이오리듬 시절부터 저는 제가 제공하는 것이 값어치 이상을 한다는 믿음을 늘 가지고 있었어요. 그게 정말 중요해요. 내게서 뭔가를 사는 사람에게 신세를 졌구나 하는 느낌은 가져본 적이 없어요. 내가 좋은 가격에 상대에게 무언가를 제공함으로써 오히려 호의를 베푼다고 생각하죠.

데비 그런 자존감은 어디서 오는 걸까요? 거절 편지가 아닌 첫 편지를 받기까지 900통에 달하는 거절 편지를 받으셨는데 말이죠.

세스 그걸 제 문제로 생각하지 않고 상품의 문제라고 생각했던 것 같아요. 아이디어와 나 자신을 분리한 거죠. 나 자신을 팔고 있다고 느끼지는 않았어요. 집을 떠난 후에는 너그럽고 끈기 있게 나 자신을 훈련하기로 결심했던 것 같아요. 승부를 겨뤄야 하는 운동선수가 운동을 게을리하거나 식단 조절을 소홀히 하진 않잖아요. 훈련을 해야죠. 저는 스스로를 단련하기 위해 오디오테이프를 하루에 두세 시간씩도 들었어요.

데비 사람들이 와서 읽고 배워갈 수 있도록 온라인에 상당히 많은 양의 자료를 올리고 계세요. 책도 많이 쓰셨고요. 2002년 1월 15일 이후로 매일같이 블로그에 글을 올리고 있는데요.

세스 첫 시작은 1991년에 시작한 이메일 뉴스레터였어요. 그러다가 그게 다른 무언가로 진화했죠. 사실 아주 단순한 이유에서 시작한 거였어요. 무언가 하고 싶은 말이 있기도 했지만, 제 말을 듣고 싶어 하는 사람들 앞에 자주 모습을 드러냄으로써 그들의 신뢰를 얻고자 했죠. 신뢰를 얻으면 제가 그들의 문제를 좀 더 쉽게 해결해줄 수 있을 것 같았어요.

데비 수십만 명의 사람들이 당신의 블로그를 팔로우해요. 그리고 당신의 말을 빌리자면 알고리즘이 아직 흥미진진하던 과거에는 당신의 블로그가 〈테크노라티〉

에서 집계한, 전 세계에서 가장 많이 검색된 1인 운영 블로그로 꼽히기도 했죠. 하지만 우리가 데이터에 중독되어 있는 동안에도 어떤 집단은 더 이상 데이터를 필요로 하지 않는다고 했어요. 통계 없이 어떻게 자신이 하는 일의 영향력을 평가할 수 있을까요? 일화만으로 충분한가요?

세스 학자 마이클 슈레이즈가 만들어낸 굉장한 개념이 있는데요. 위대한 예술가와 위대한 시장은 모두 누군가를 변화시킨다는 거예요. 누구를 변화시키려고 하는가? 어떻게 변화시켰는가? 우리가 하는 일도 그런 일입니다. 할리데이비슨은 대단한 브랜드예요. 왜죠? 단절된 아웃사이더를 존중받는 인사이더로 변모시켰으니까요. 애플은 디지털 상품에 대해 별로 좋지 않은 심미안을 가졌던 사람을 좋은 심미안을 가진 사람으로 바꿔놓았고요. 그리고 일단 좋은 취향을 가지게 되면 그것과 관련된 모든 것에 빠져들게 되죠. 당신으로 인해 바뀌는 사람이 아무도 없으면 당신은 즉각 대체 가능한 사람이 되어버립니다.

데비 최근 4년간 쓴 글을 모아 신간을 내셨어요. 8킬로그램에 달하는 800페이지 책으로 아이디어, 예술, 도발에 관한 근사한 탐색이 담겨 있어요. 책 제목 『생각을 바꿔보면 어떨까?』는 2014년 3월 4일에 쓴 동명의 블로그 제목에서 가져오셨지요. 그 블로그 글에서 과거에 저질렀던 실수를 회고했는데요.

세스 작은 실수였는데 무려 400억이 날아갔죠. 1989년, 1990년에 저희처럼 인터넷 회사를 시작하는 것은 미친 짓이었어요. 월드와이드웹이 없던 시절, 아키와 베로니카와 이메일만 있던 시절이었죠. 마침내 프레드 윌슨에게서 자금을 조달하고 나서 벤처 캐피털을 상대로 이메일이 되는 상품이라는 것을 설득해야 했어요. 그 정도로 우리가 앞서 있었단 말이죠. 그러다가 웹이 나왔는데, 저는 그걸 보고 그냥 프로디지 비슷한 것인데 더 느리고 못생기고 비즈니스 모델이 없을 것이라고 결론을 내버렸죠. 저희는 흥미를 갖지 않았고, 그래서 Yahoo!를 시작하지도 알타비스타나 구글을 시작하지도 못했어요. 그루폰과 페이스북도 마찬가지고요. 그냥 무시한 거죠. 그렇게 몇 달을 못 본 채 지냈어요. 제 밑에서 일하는 사람들과 제가 신뢰하는 사람들이 주목하기 시작할 때조차 말이에요. 그러다가 어느 날 마침내 머릿속에서 노이즈가 사라지고 저희는 방향을 선회했어요. 내가 틀렸다는 걸 인정하고 다른 선택을 하는 것이 나의 자존심과 단기적인 삶에 과연 어떤 의미가 있나 하는 생각을 하게 되었죠.

데비 사람들은 왜 그런 시도를 두려워하는 걸까요?

세스 우리는 미래를 경험하는 데는 서툴지만 현재를 경험하는 데는 탁월한 능력이 있어요. 미래에 좋을 수도 있는 무언가가 지금 당장은 별로인 것처럼 보이기도 하죠. 그래서 어찌해야 할 바를 모르는 겁니다.

데비 '경멸은 전염성이 강하다'라는 제목의 글에서 경멸보다 더 확실하게 전파되는 유일한 감정은 공포라고 말씀하셨어요. 자신이 어떤 상황에 어떤 에너지를 불어넣는지 봐야 한다는 이야기를 책과 블로그에 쓰기도 했죠. "당신은 지금 열정적이고 관대하고 친절한 기운을 불어넣고 있는가? 아니면 방에서 산소를 고갈시키고 있는가? 만약 산소를 고갈시키고 있다면 경멸과 공포에 불을 붙이고 있는 것이다"라고요.

세스 상호성은 인간과 인간의 문화에 아주 깊이 침투해 있어요. 누군가가 당신을 위해 문을 열어주면 다음엔 당신이 문을 열어줘야겠다는 생각을 하게 되죠. 상호성은 긍정적으로 작용하기도 하지만 부정적으로 작용하기도 해요. 누군가가 당신을 깔보고 비인간적으로 대하면 두 사람 사이의 관계는 끊어질 수밖에 없어요. 침착하게 대응하기보다는 본능적으로 반응하게 되죠. 경멸의 사이클이 나선형을 그리며 증폭되는 것입니다.

유사 이래 위대한 스승들은 더 용감하고 강인하고 친절한 사람이 그 사이클을 무너뜨린다는 것을 보여줬어요. 그런데 오늘날의 대중문화는 회전문 앞에 선 두 사람과는 차원이 다른 문제를 가지고 있어요. 이건 아주 많은 사람이 관계되어 있으니까요. 거기다가 미디어가 공포를 확산하고 경멸을 부추김으로써 살아남는다는 사실까지 고려하면 정말 심각한 문제예요. 우리는 인간으로서 그런 것들을 소비하지 않는 법을 배워야 해요. 그리고 마케터로서 그런 일에 관여하지 않겠다는 다짐 역시 필요하다고 생각해요. 쉬운 일은 아니죠. 제임스 머피가 말했듯이 "가장 좋은 항의는 무언가를 만드는 것"이에요. 공포와 경멸의 사이클에서 떨어져 나와 조용히 무언가 의미 있는 것을 만들어내는 법을 배워야 합니다.

2017. 2. 6

"Art

has that incredibly
envious position
of not having to do
anything.
It can just be.
It doesn't have to function
in any way or form.
But every piece of design
does."

"예술은 아무것도 하지 않아도
되는 그런 엄청나게 선망받는
위치를 점하고 있어요.
예술은 그냥 그 자체로 있으면 되죠.
어떤 방식이나 형태로 기능할
필요가 없어요. 하지만 디자인은
단 하나의 예외도 없이
기능을 필요로 하죠."

스테판 사그마이스터
그래픽디자이너
2009. 11. 22

ELIZABETH

ALEXANDER

엘리자베스 알렉산더는
2009년 버락 오바마 대통령의 첫 취임식 날,
자신이 쓴 축시 「그날을 위한 찬가」를 낭송했다.

이날은 시인, 수필가, 극작가, 학자로서 화려하고 왕성하게 활동한 그녀의 경력에 정점을 찍은 날이었다. 그녀는 수년간 예일대학교 강단에 섰다가 지금은 자신이 태어난 뉴욕의 컬럼비아대학교에서 학생들을 가르치고 있다. 2012년 그녀의 남편이자 화가인 피크레 거브러여수스가 돌연 세상을 떠났고, 이후 두 사람의 솔직한 사랑을 감동적으로 그린 회고록 『세상의 빛The Light of the World』을 발표했다. 이 인터뷰에서 그녀는 예술, 사랑, 죽음이 어떻게 진정으로 소중한 것에 대해 생각하게 하는지 이야기했고 자신의 시에 숨은 이야기와 시작법을 기꺼이 나누었다.

데비　엘리자베스, 당신은 할렘에서 태어났지만 워싱턴 D.C.에서 성장했지요. 어린 시절 도심에서만 지내봐서 처음 풀밭에서 기었을 때 울음을 터뜨렸다고 들었어요.

엘리　네, 맞아요. 어머니가 들려주신 이야기에 따르면요. 할렘에서 2년도 채 못 살고 워싱턴으로 이사를 했다고 해요. 하지만 워싱턴은 저희 부모님 고향이고 두 분의 자아가 투영된 곳이에요. 그런 특별하고 유서 깊은 곳 출신이자 도시인이라는 정체성을 저는 늘 소중하고 자랑스럽게 생각했어요.

데비　어머니는 조지워싱턴대학교에서 미국 흑인 여성사를 가르치셨고, 아버지는 육군성 장관을 지내셨어요. 당신이 열두 살 때인 1974년에 아버지가 워싱턴에서 최초로 실시된 시장 선거에 나가셨죠. 그때 아버지와 함께 거리로 나가 선거운동을 도왔다고 들었는데, 어땠나요?

엘리　당시 워싱턴은 인구의 80퍼센트가 흑인이었어요. 흑인 역사와 흑인 파워, 글로벌한 흑인 이데올로기가 넘쳐나는 도시였죠. '초콜릿 도시'라고 불릴 정도였으니까요. 대사관이 밀집한 덕분에 국제적인 도시였고 하워드대학교 덕분에 흑인들의 국제도시이기도 했죠. 그런 점에서 우리 스스로가 힘이 세다고 생각하기도 했지만, 워싱턴은 여전히 선거도 하지 않고 세금을 거두고 있다는 점에서 '마지막 식민지'로 불리기도 했어요. 그러니 상상해보세요. 그 시장 선거는 우리가 직접 도시의 시장을 결정하는 최초의 선거였단 말이죠. 아버지의 출마에는 온갖 거창한 생각들이 엮여 있었어요. 저는 거리로 나가는 걸 좋아했어요. 아름답고 이상적인 사람들이 모두 우리 집으로 모여드는 것도 좋았고요. 선거운동을 하는 동안에는 늘 냄비 한가득 칠리 요리가 끓고 있었고 사람들은 선거 정치가 민중들에게 어떤 의미가 될 수 있을지 고민했죠.

데비　어렸을 때 발레를 배우셨죠?

엘리   네. 제 어머니 얘기를 안 할 수가 없네요. 어머니는 강압적일 만큼 발레 레슨을 권하셨고 제가 그만두려 할 때마다 어떻게든 계속하게 만드셨 거든요. 어떤 동작을 반복하고 반복하고 또 반복하다 보면 결국 그것들 을 합쳐 무언가 아름다운 것으로 만들고 하나의 표현 예술로 이해할 수 있게 돼요. 발레를 정말 좋아했고 아주 잘하기도 했지만, 잘한다는 것이 그걸 업으로 할 만큼 충분히 잘한다는 뜻은 아니더라고요. 무언가를 정 말 열심히 하고 좋아할 수는 있겠지만, 실제로 예술가가 된다는 것이 어 떤 의미인가요? 그건 정말 진지해야 하는 거잖아요.

데비   발레를 배우면서 스스로를 단련했던 경험이 글쓰기에도 영향을 주었다고 할 수 있을까요?

엘리   제가 하는 모든 일의 접근 방식에 영향을 주었지요. 규율을 찾고 즉각적 으로 보상이 돌아오지 않는다는 것을 이해하는 식으로요. 시로 특정 모 양을 만들어낸다든지 기발하게 시구를 전환하는 법을 터득하더라도 계 속 그것만 하려고 하면 안 되잖아요. 스스로를 다재다능하게 단련해야 해요. 공을 잘 차더라도 점프는 못 할 수도 있는데, 점프를 더 잘하려고 계속 노력해야 하죠.

데비   예일대학교에서 학사 학위를 받았는데, 4학년 때 작가 존 허시의 도움을 받아 소설가로서의 목소리를 찾을 수 있었다고 했어요. 그러다가 대학원은 보스턴 대학교로 갔는데, 이번에는 시인 데릭 월컷이 당신의 일기를 보고 당신 안에 시인의 잠재력이 있다는 걸 발견했다고 하죠. 당신의 일기를 보게 된 계기 같 은 게 있었나요?

엘리   제가 보여드렸어요. 저는 소설 과정으로 입학했지만 사실 제가 존경하 는 위대한 시인 데릭 월컷이 학교 선택에 큰 이유였거든요. 그래서 그분 의 연구실로 찾아갔죠. 소설을 보여드릴 수 없다는 건 알았어요. 그때 일기장을 가지고 갔는데 당시 제가 '단어 구름'이라고 부르던, 시인 개

릿 혼고가 사용하는 형식의 글이 들어 있었어요. 어쨌거나 뭔가를 보여
드리기는 해야 했죠. 그분이 제 일기를 휙휙 넘겨보더니 "음, 이런 게 있
네"라고 하시더군요. 그러고는 노트에 그중 하나를 행갈이를 해서 쓰시
고 이렇게 말씀하셨어요. "보게, 자네는 시를 썼어. 행갈이를 어떻게 해
야 하는지 몰랐을 뿐이지. 시는 이렇게 만들어지는 거라네."

데비   그분이 당신에게 엄청난 선물을 주었다고 했죠. 그 단어 뭉치들을 가져다가 행
으로 나열했다고요. 그분은 그걸 어떻게 발견하셨을까요?

엘리   그분이 즐겨 하시던 말씀 중에 하나가 "시는 알아서 모양을 찾을 것이고
행은 알아서 자기 자리를 찾을 것이다"였어요. "일단 쓰기 시작해라. 그
러면 이 시가 어떤 모양이 될지 자연스럽게 알게 될 것이다." 처음 그 말
을 들었을 땐 그게 대체 무슨 소린가 싶었는데 절대적으로 맞는 말씀 같
아요.

데비   1991년에 시카고대학교에서 강의하기 시작했죠. 그리고 거기서 당시 로스쿨
선임 강사로 일하던 버락 오바마를 처음 만났고요. 오바마를 처음 만났을 때
어땠나요?

엘리   그때까지 만났던 사람 중 가장 똑똑한 사람이라는 인상을 받았던 걸로
기억해요. 빠르고 잘 연결하고 쉽게 조합하는, 한마디로 엄청나게 성능
이 뛰어난 기계 같았달까요. 정말 좋은 사람이기도 했는데, 그래도 그
사람이 장차 미국 대통령이 될 줄은 꿈에도 상상 못 했죠.

데비   1996년에 이제는 고인이 된 남편 피크레를 만나 6주에 걸쳐 구애하셨어요. 첫
한 주를 함께 보낸 뒤 이 사람과 결혼해야겠다는 확신을 가지게 되었다고요.
어떻게 그런 확신이 가능한지 궁금해요.

엘리   저는 이런저런 경험을 많이 해보았고, 그 사람도 마찬가지였어요. 때로

는 틀린 게 뭔지 앎으로써 맞는 게 뭔지 알기도 하잖아요. 제가 힘들어할 때 저희 아버지가 굉장히 심오한 말씀을 해주신 적이 있는데요. "저 남자가 널 사랑하는 유일한 사람이 아니라는 것을 잊지 말아라. 너는 사랑받는 존재이고 사랑은 사랑이란다. 그러니 연애 상대를 사랑의 유일한 원천으로 생각하진 말아라"라고요. 나 자신이 사랑받는 존재라는 걸 이미 안 상태에서 관계를 시작하는 건 굉장히 큰 도움이 돼요.

데비   언젠가 피크레의 모친께서 당신 아들을 이렇게 묘사하신 적이 있어요. "자기 몫의 물을 마신 남자, 최고의 결혼 상대자, 세상 경험이 많지만 이미 욕구를 충분히 채워서 그저 아내와 아이들, 일, 집만 있으면 되는 사람"이라고요. 하지만 피크레는 열여섯 살 때 동아프리카의 혼란을 피해 미국으로 왔잖아요. 그런데 어떻게 "자기 몫의 물을 마신" 남자가 될 수 있었을까요?

엘리   형제나 자매들을 보면 누구는 쉽게 꺾이는데 누구는 결코 포기하지 않잖아요. 왜 그럴까요? 한 명은 밝고 아름답고 싸우기 싫어하는데 다른 한 명은 어딜 가든 문제를 일으키죠. 참 신기한 일이에요. 피크레는 에리트레아에서 왔어요. 그의 인생을 송두리째 뒤흔들었던 내전을 피해 왔죠. 그 사람 형은 전쟁터에서 죽었고요. 피크레는 걸어서 수단으로, 다음에는 이탈리아로, 그리고 독일로, 그리고 마침내 미국까지 왔어요. 그는 절대 포기하지 않았고 언제나 창의적인 사람이었어요. 자신의 삶 속에서 아름다움을 발견할 수 있는, 혹은 아름다움을 만들어낼 줄 아는 사람이었죠.

데비   2009년 1월 20일 버락 오바마 대통령 취임식에서 자작시 「그날을 위한 찬가」를 낭송하셨죠. 축시 낭송자로 선택되었다는 것을 어떻게 알게 되었나요?

엘리   이런 행사에 참여한 시인이 단 세 명밖에 없었기 때문에, 시인이 무대에 서게 되리라는 것조차 확신할 수 없는 상황이었어요. 그런데 어느 날 아침 인수위에서 전화가 온 거예요. 같은 시간에 언론에 발표가 되었던 터라 갑자기 제 컴퓨터가 웅웅 거리고 덜덜 떨리면서 이메일을 쏟아내기 시작하더군요. 제가 그 소식을 접한 게 12월 18일이었어요. 그때부터 온 정신을 집중해서 시를 쓰기 시작했죠.

데비 시가 완성되었다는 것을 언제 알았나요?

엘리 제가 제 글을 꼬박꼬박 보여주는 유일한 사람이 피크레였어요. 그런데 피크레는 시에 대해 흡사 강령술이라도 하듯 몹시 신비주의적인 태도를 취하는 사람이었단 말이죠. 우리가 치르는 의식이 있었는데 먼저 제가 그에게 시를 읽어주면 그 사람이 다시 제게 시를 읽어줘요. 그런 의식은 늘 큰 도움이 되었는데, 남이 읽어주는 것을 들으면 시가 더 잘 들리기 때문이에요. 그런 다음 제가 다시 시를 건네면 그가 손가락을 들어 어딘가에 내려놓고 "여기가 문제야"라고 말하죠. 저는 완벽주의자라 아직도 고칠 게 남았다는 사실에 매번 골을 내곤 했죠. 아주 직관적인 방식으로 그 사람은 늘 옳았어요. 이 시를 가지고는 이 방법을 한 500번쯤 되풀이했을 거예요. 그러다가 어느 날 그가 계단에 앉아 양 엄지를 척 치켜세우더군요. 굉장히 웃긴 장면이었는데, 왜냐하면 그 사람은 미국인도 아니었던 데다 동아프리카 남자가 엄지손가락을 들어 보이는 건 굉장히 어울리지 않는 행동이었거든요. 그건 그가 할 수 있는 최고의 칭찬이었어요. 그리고 그가 옳았죠.

무언가를 정말 열심히 하고 좋아할 수는 있겠지만,
실제로 예술가가 된다는 것이 어떤 의미인가요?
그건 정말 진지해야 하는 거잖아요.

데비 《뉴요커》에 취임식에서 시를 낭독했던 경험에 대해 쓰셨어요. 그날 행사에 가족을 대동했는데 남편분이 대통령과 함께 당신과 무대에 앉아야 할 사람은 당신 아버지라고 고집했다면서요. 아버지가 인종 차별을 철폐하는 데 평생을 바쳤기 때문이 아니라 사람들이 그 무대를 올려다보고 당신 아버지의 백발을 봐야 한다는 것이 그 이유였어요. 왜 그에게는 그것이 그토록 중요했을까요?

엘리 아버지는 인종 정의와 인간 평등을 위해 평생을 싸우셨어요. 인권 운동 시절, 존슨 대통령의 최측근 조언자였는데 그때 나이가 겨우 서른, 서른 하나쯤 됐을 거예요. 사람들은 매일 일터에 가는데 어떻게 하면 그들에게 더 평등한 일자리를 제공할 수 있을까 평생을 고민하셨죠. 어딜 가든 문을 박차고 들어가던 세대의 투사 역할을 하시기도 했어요. 그러니까 피크레는 전사들의 세대를 상징하는 삶을 사신 아버지를 배려한 것이기도 했지만, 미국 역사에서 지금 이 순간이 단순히 중간 세대의 승리만이 아니라는 것을, 미국 대통령이 될 기회는 단 한 번도 가져보지 못했지만 우리가 여기까지 올 수 있도록 도운 모든 사람의 승리라는 것을 보여주고 싶어 했던 것 같아요.

데비 2012년 4월, 50번째 생일을 맞은 지 며칠 만에 피크레가 돌연 비극적으로 세상을 떠났어요. 2015년에 당신은 『세상의 빛』이라는 눈부신 회고록을 출간했죠. 이 책은 2016년 퓰리처상 최종 후보에 오르기도 했어요. 이런 방식으로 당신의 이야기를 공개하겠다는 결심이 쉽지는 않았을 것 같습니다.

엘리 저의 글쓰기에 이런 면이 있는지 예전에는 전혀 몰랐지만, 글쓰기만이 내가 살고 있다는 것, 지금 살아 있다는 것, 어떤 식으로든 느끼고 있다는 것을 알려주는 방식이었어요. 그때 제가 정신적으로 어떤 문제를 가지고 있었는지는 모르겠지만 그냥 보지도 않고 쓰기만 했어요. 쓰고 또 쓰고 또 쓰는데, 제가 사랑하는 저의 에이전트 페이스 차일즈가 전하기를, 제게 무슨 일이 있었는지 아는 편집자가 자기한테 오더니 혹시 제가 글을 쓰고 있느냐고 묻더래요. 그래서 전 그렇긴 한데 책을 쓰는 건 아니라고 했죠. 그 글을 어떤 식으로든 상품이 될 무언가로 생각하는 것이 거의 치욕스럽게 느껴지기까지 했는데, 그건 아이들 때문이었어요. 이런 이야기를 공개하는 것이 제 아이들에게 어떤 의미가 있을지 생각한 거죠. 그렇게 1년도 채 안 되는 기간 동안 집중적으로 글을 쓴 끝에 책이

한 권 나왔는데, 그 책은 제 아이들의 책이자 예술가로서의 저를 그 누구보다 굳게 믿어준 피크레가 제게 주는 선물이었어요. 책을 쓰게 된 계기는 유감이지만 그로 인해 상상조차 할 수 없었던 저의 가능성을 끌어낼 수 있었죠.

데비 피크레와 함께하던 시절, 시집 네 권, 산문집 두 권, 선집 두 권을 비롯해 여러 편의 산문을 쓰고 강연도 많이 했어요. 수백 명의 젊은이들에게 미국 흑인 문학과 시를 가르쳤고 시 센터를 운영하기도 했죠. 피크레는 800점이 넘는 그림을 비롯해 수많은 사진과 콜라주를 남겼고 레스토랑도 두 곳이나 운영했잖아요. 거기다 두 사람 사이에는 아들도 둘 있었고요. 그런데 이제 갑자기 당신이 글을 쓰며 혼자 아이들을 돌보게 되었어요. 이 모든 것을 이제 혼자 해야 한다는 생각에 힘드셨을 것도 같은데요.

엘리 저는 「그날을 위한 찬가」에서 표현하고자 했던 것을 늘 믿어왔던 것 같아요. 부부, 자식, 국가를 뛰어넘는 사랑, 너른 곳에 빛을 비추는 그런 사랑 말이에요. 그래서 전 두 사람 간의 친밀한 관계, 연인이나 배우자, 자식들과의 친밀함을 신봉하는 사람이기도 하지만, 우리가 이런 낭만적 단위에만 속할 수 없다는 것 또한 믿어요. 불쾌할 정도로 이 점을 잘 이해하게 되었다고 할까요. 저는 늘 밸런타인데이에 선물을 뿌리고 다니는 사람이었어요. 이성애, 핵가족을 이루고 자기들만 있으면, 자기 집만 눈부시게 완벽하면 사랑이 늘 함께할 거라고 생각하는 것은 큰 착각이에요. 우리는 더 많은 곳에 속해야 해요. 그러면 우리가 마을을 필요로 할 때(언젠가는 우리 모두에게 그런 순간이 오겠죠) 마을이 우리 뒤를 받쳐줄 거예요. 물론 이걸 바라고 하는 행동은 아니겠지만요.

데비 기억 속에 갇힌 책은 원하지 않는다는 말씀을 하셨어요. 무슨 뜻인가요?

엘리 피크레는 비범하고 아름다운 사람이자 참 보기 드문 사람이었어요. 하지만 좋은 작가는 대상이 누구든 그 사람에 대해 설득력 있는 글을 쓸 수 있다는 것이 저의 지론이에요. 자칫 글이 단조로워질 수도 있겠다고 생각했기 때문에 저는 아주 정밀하게 이야기를 들려주면서 이 사람의 세밀화를 그려내는 작업에 집중했어요. 기억 자체와 장밋빛 색안경이 어떤 식으로도 끼어들 수 없도록 말이에요. 먼저 이 사람들에게 어떤 끔찍한 일이 일어났는지 이야기하고, 곧이어 이들이 어떤 사람이지, 어떻게 둘이 사랑에 빠졌는지 말해주는 방식을 택했죠. 독자가 순전히 이야기 때문에 책을 계속 읽어나갈 수 있도록요.

데비 피크레가 세상을 떠난 뒤 이런 말씀을 하셨어요. "영혼은 덧없고 몸은 그것을 담는 일시적 그릇일 뿐이라는 것을 이제는 확실히 안다. 내가 봤기 때문이다. 나는 영혼이 들어 있는 몸을 보았고, 영혼이 떠나고 있는 몸도 봤으며, 영혼이 사라진 몸도 보았다." 각각의 단계가 어떻게 달랐나요?

엘리 피크레에게 최악의 심부전이 왔어요. 심장이 파열되서 몸이 땅에도 닿기도 전에 죽어버렸죠. 정말 죽은 몸이었지만, 사람들도 그렇고 저도 그렇고 어떻게든 그를 살리려고 했기 때문에 병원에 도착한 후에야 사망 선고가 내려졌어요. 그 사실을 알고 있음에도 제가 말씀드릴 수 있는 건, 우리 집에 있었을 때는 그가 정말 거기 있었는데, 나중에는 똑같은 몸으로 여전히 온기를 잃지 않고 있었는데도 그가 거기 없었다는 사실이에요. 그렇게 단순한 이야기이고 그것 말고는 이렇다 저렇다 할 게 아무것도 없어요.

데비 책에는 당신이 일곱 달 내내 하루하루를 울기 일보 직전의 상태로 지냈다는 이야기가 나와요.

엘리 정말이지 끝도 없이 눈물이 나던 때도 있었던 것 같아요. 하지만 아이들이 집을 나설 때까지 기다리곤 했죠. 결국 눈물이 멈추기도 하지만 그러다가 다시 돌아오기도 해요. 삶을 같이하고 새로운 생명을 함께 만든 사람의 존재는 그렇게나 엄청난 것이죠. 우리 자신을 누군가에게 내어주고 누군가를 100퍼센트 받아들일 수 있다는 것이 우리에게 얼마나 엄청난 행운인지를 깨닫게 되기도 하고요. 피크레는 100퍼센트 제 안에 있어요. 그건 정말 멋진 일이지만 완전한 끝은 없다는 것을 의미하기도 하죠. 아이들이 인생의 새로운 단계에 도달하면 "그이는 어딨지?" 하고 또 찾게 되겠죠. 하지만 그가 어떤 식으로든 여전히 우리 곁에 있다는 것을 생각하게 될 거예요.

데비 이 책에서 가장 좋았던 점은 너무나 깊은 슬픔에 빠져 있는 동안에도 단어들만으로 우리를 위로해주는 세계를 창조했다는 거예요. 정말이지 우아하고 관대하고 감동적으로 그 일을 해내셨어요.

엘리 감사합니다. 그 책을 쓰고 나서야 제가 쓴 것이 우리가 함께한 예술로서의 삶에 대한 것이기도 했음을 깨달았어요. 우리는 매일 뭔가를 만들었죠. 음식과 음악과 시와 그림으로 채워진 집이 있었고요. 우리는 그렇게 살았고 그런 일을 했어요. 제 삶에서처럼 책에서도 저는 그런 것에서 위안과 의미를 찾았던 것 같아요.

2017. 4. 3

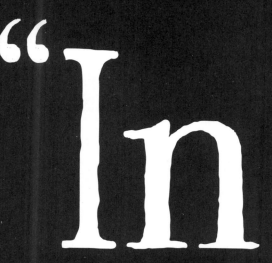

"In any piece of art—a dance, a manuscript, a book, a piece of fiction, a poem—if you're depicting someone other than your own people, whether it'd be race, or economic status, or nationality, gender, sexuality— when you're an outsider looking in—you might have the tendency to romanticize those others. I think it's important for us to speak from the inside. You speak up. You tell the world who you are, and what you are."

"무용, 원고, 책, 소설, 시 등의 예술 작품에서 자신과 다른 인종, 경제적 지위, 국적, 젠더, 섹슈얼리티를 가진 집단을 묘사할 때 외부자의 눈으로 내부를 들여다보면 타자를 낭만화할 수 있는 것 같아요. 저는 내부자로서 말하는 것이 중요하다고 생각합니다. 목소리를 높여야 해요. 자신이 누군지, 자신이 무엇인지 세상에 말해야 해요."

비사 버틀러
예술가
2020. 9. 7

PAULA SCHER

폴라 셰어는 디자인계의 거인이자 살아 있는 전설이며 창의성의 구루이다.

펜타그램 파트너인 폴라 셰어는 그래픽디자이너로 활동하면서 시대의 상징 같은 작품을 아주 많이 만들어냈다. 2017년에 출간된 『폴라 셰어: 작품들Paula Scher: Works』이 상당히 축약된 내용임에도 장장 326쪽에 달하는 것을 보면 짐작이 갈 것이다. 이 인터뷰에서 폴라는 자신의 최상급 경력이라는 휘장을 걷고 이런 전설들조차 성공하기 위해서는 사회적 압박, 까다로운 성격, 불안과 타협해야 한다는 사실을 용기 있게 드러냈다.

데비 한 인터뷰에서 상당히 불우한 유년 시절을 보냈다는 이야기를 하셨어요. 그때 그림 그리기를 통해 방에서 혼자 시간을 보내는 법을 배우게 되셨다고요.

폴라 꽤나 억압적인 시기에 성장했다고 할 수 있죠. 1950년대였고 교외에 살았으니까요. 시기로 보나 장소로 보나 순응만이 답이었어요. 한참 힘든 시간을 보낼 때는 내가 순응하지 않고 있다는 것조차 자각하지 못했어요. 너무 어렸거든요. 하지만 나 자신이 내 주변의 환경과 어딘가 동떨어져 있다는 느낌은 들었어요. 그림 그리기는 제가 숨을 수 있는 한 방식이었어요.

데비 화가가 될 생각으로 템플대학교 예술건축학부에 진학했지만 그림에 소질이 없다고 느끼고 다른 것들을 시도해보셨죠. 도자기 쪽은 적성에 안 맞았고 금속 수업을 듣다가는 손가락 관절이 탈골되고 인쇄기에 손가락이 말려 들어가는 등 많은 우여곡절을 겪었다고 들었어요. 그러다가 3학년 때 그래픽디자인이라는 신세계를 발견했고요.

폴라 사실 저는 일러스트레이터가 될 생각으로 그 수업을 들었어요. 그래픽디자인과 일러스트레이션을 같이 가르치는 수업이었거든요. 타이포그래피는 정말 어려웠지만요. 하지만 그 수업 자체는 아이디어에 관한 것이었어요. 무언가를 표현할 수만 있어도 칭찬이 따라왔죠. 그러니까 자신감이 확 생기더라고요. 그래도 타이포그래피에는 영 젬병이었어요.

데비 교수님이 활자로 그림을 그려보라고 하기 전까지는요.

폴라 일러스트레이션과 타이포그래피를 결합하라는 것 자체가 불가능해 보였어요. 도저히 의미를 모르겠더라고요. 인쇄 활자를 한 무더기 사서 종이 위에 문지르는 식이었는데, 그때 다들 사용하던 흔한 서체가 헬베티카였어요. 그런데 아무리 해도 제 디자인과는 절대 어울리지 않는 거예요. 정말 끔찍해 보였죠. 그러자 교수님이 활자로 그림을 그려보라고 권

했어요. 그래서 활자를 그리기 시작했죠. 그제야 활자에도 성격이 있다는 것을 깨닫기 시작했어요.

데비 1970년에 대학을 졸업한 뒤 포트폴리오와 단돈 50달러를 들고 뉴욕으로 가셨죠. 당신 어머니는 "제발 그런 짓 좀 하지 마. 재능만 있으면 다 될 것처럼 말이야"라고 하셨고, 아버지는 예술로 돈을 버는 건 말도 안 된다면서 당신의 라이프스타일을 대놓고 싫어하셨다지요. 어떻게 이 모든 것을 극복하셨나요?

폴라 사실 그런 일들은 사람을 오히려 더 강하게 만드는 법이죠. 게다가 저에겐 더 나은 대안이 없기도 했고요. 어렵지만 꼭 하고 싶은 일이 있다면 정면 돌파해서 시도해봐야 한다고 생각해요, 지금까지도요. 그렇지 않으면 남은 평생 그때 그렇게 하지 못한 것을 후회할 테니까요.

데비 첫 직장은 어린이 책을 만드는 곳이었고, 이어서 CBS 음반 홍보부로 옮기셨죠. 그때의 경험을 마치 세균 덩어리 부서에서 일하는 것 같았다고 쓰셨는데요.

폴라 그래픽디자이너로서 찍을 수 있는 바닥을 경험한 셈이었죠. 표지 부서쪽 사람들이 저희랑은 말도 안 섞으려고 했다니까요. 업신여기기도 아깝다는 거죠.

데비 그런데 어쩌다가 음반 표지 부서로 승진하게 되었나요?

폴라 광고를 디자인하면서 그 일을 꽤 잘하게 되었어요. 어느 날 애틀랜틱 레코드사에 아트 디렉터로 있는 밥 데프린이라는 사람이 전화해서는 여기서 일할 생각 없냐고 묻더라고요. 애틀랜틱에서는 광고랑 표지를 한 부서에서 담당했어요. 그해 앨범 커버를 25개 디자인하고 나서 다시 CBS에 재고용돼 이스트코스트를 총괄하는 커버 아트 디렉터가 되었죠. 세균 덩어리 취급을 안 받으려면 이런저런 경험을 두루 해봐야 해요. 그러고 나서 돌아오면 그런 신세는 완전히 면할 수 있죠.

데비 　그 후 10년간 CBS에서 일하면서 매년 150여 개의 커버를 만들어냈어요. 음반 쪽 일을 하면서 자신이 무슨 일을 하는지 남에게 설명할 수 있어야 한다는 것과 자신의 일을 존중받을 수 있어야 한다는 것을 배웠다고 했는데요. 하지만 당시 많은 유명인들이 당신을 그저 미용사처럼 대했다고도 했어요. 그렇게 생각하는 사람들을 어떻게 설득해 본인이 원하는 방향으로 작업할 수 있었나요?

폴라 　아티스트가 누구냐에 따라 달라요. 팝스타들은 아무래도 거친 편이라 되도록 맞춰주려 했어요. 그게 회사에서 제가 해야 하는 일이니까요. 하지만 재즈나 기존 음반사에서 나온 아티스트랑 일하게 되면 제가 좀 더 주도권을 쥘 수 있고 결과물도 괜찮게 냈죠. 매년 작업한 150개 커버 중에서 다섯 개 정도는 정말 훌륭했어요. 숫자 게임을 하고 있는 셈이었지만, 내가 만들고 싶은 것을 어떻게 하면 만들 수 있는지 그러면서 어떻게 효율적으로 내 일을 할 수 있는지를 알아낼 수 있었지요.

데비 　자신의 일을 설명하고 방어하고 홍보하는 능력을 개발하는 것에 대해 청년들에게 조언을 해주신다면요?

폴라 　안타깝지만 젊은 사람들은 다른 사람 밑에서 일하는 경우가 대부분이라 그런 기회를 자주 접하지는 못하는 것 같아요. 하지만 자기 일을 잘 설명하는 누군가 밑에서 일을 한다면 많은 걸 배울 수 있겠지요. 그리고 클라이언트와 직접적으로 소통하다 보면 왜 이렇게 하면 좋은지, 바꾸면 왜 안 되는지 방어하고 설명하는 방법을 터득할 수 있게 될 거예요.

데비 　1982년에 아주 큰 모험을 감행하셨어요. CBS를 박차고 나와 테리 코플과 직접 회사를 차렸는데요. 왜 그런 결정을 하신 거죠?

폴라 　우선 음반 산업이 쇠퇴하고 있었어요. CD가 경쟁에 뛰어들었는데 종이 쪼가리가 끼워진 이 플라스틱 함은 디자인하기에 좋은 캔버스는 아니었죠. 그리고 대량 해고 사태도 있었고요. 하지만 제가 떠난 진짜 이유는 잡지 아트 디렉터가 되고 싶어서였어요. 넘길 수 있는 페이지가 있는 걸 만들어보고 싶어서였죠. 하지만 잡지 쪽 경력이 없어서 잡지 아트 디렉터 자리를 구할 수 없었어요. 이 모든 일을 하고 한 부서까지 이끌었는데 이제 와서 누군가의 보조를 하기도 싫었고요. 그래서 차라리 내 사업을 해보자 한 거죠. 사업을 시작했을 때 우리는 그야말로 뜨거웠어요. 뜨거움의 반대는 차가움이죠. 젊을 때 너무 급부상하면 불시착해야 하는 일이 생기기도 하는데, 저도 그때 일에 대한 비판을 많이 듣기 시작했어요. '레트로'라느니 '수준 미달 포스트모더니즘'이라느니 하는 소리를 들었죠. 스와치 시계 포스터도 안 좋은 평가를 받았고요.

데비   당신이 작업한 그 스와치 시계 포스터에 대한 설명은 『폴라 셰어: 작품들』에 잘 나와 있는데요. 허버트 매터의 유가족에게 해당 이미지를 사용해도 된다는 허락을 받았음에도 언론에서는 도용 혹은 표절이 아니냐며 당신을 몰아세웠어요. 사실은 표절이 아니라 오마주였는데 말이죠. 그때 언론에서 왜 그렇게 당신을 물어뜯었다고 생각하나요?

폴라   그냥 쉬운 표적이었다고 생각해요. 참 희한한 점은 그 난리법석을 야기한 포스터가 1984년에 만들어졌다는 거예요. 그런데 공격은 5년이 지난 1989년쯤에 시작되었어요. 늦어도 한참 늦은 공격이었단 말이죠. 일정 부분은 계산된 행동이었을 테고요.

데비   펜타그램에 합류했을 때 그곳에서 일하는 것이 쉽지는 않았을 것 같아요. 당시의 남성 중심 사회에서 혼자만 고립되어 있었죠. 당시 40대 초반에 아이가 없었는데, 당신의 대다수 여성 친구들이 일과 육아를 병행하느라 정신없을 때 당신은 열다섯 명의 남자들과 경쟁하고 공존하려고 애쓰고 있었어요. 무엇이 당신을 버티게 했나요?

폴라   세 개의 프로젝트요. 1993년에 미국 자연사 박물관의 브랜드 아이덴티티 프로젝트를 맡아 달라는 의뢰를 받았어요. 그리고 그 일이 끝나기가 무섭게 《뉴욕 타임스 매거진》의 새 디자인을 맡아 달라는 요청을 받았죠. 그다음에는 퍼블릭시어터 측에서 의뢰를 해왔고요. 이 세 가지 일이 전부 같은 해에 벌어졌답니다. 그건 다른 펜타그램 공동대표가 아닌 제게 들어온 의뢰였어요. 그런 일들은 제가 홀로 제 사업체를 운영하는 여성이었으면 절대 맡지 못했을 거예요. 너무 규모가 큰 작업이었으니까요. 하지만 그 프로젝트들을 하면서 자신감을 많이 얻을 수 있었고 주목도 받을 수 있었죠. 그 이후에는 일하기가 한결 수월해졌어요.

데비 당신이 그 세 프로젝트를 연달아 맡고 난 다음에 남성 대표들이 당신을 바라보는 시각에 변화가 있었다고 생각하시나요?

폴라 음, 몇몇은 아주 골을 냈죠.

데비 통쾌하네요. 요즘엔 펜타그램에서 경영, 실무, 교육, 이 세 가지 주요 업무 사이에서 균형을 찾고 있을 것 같은데요. 경영과 실무에 대해 이야기해줄 수 있을까요? 폴라 셰어에게 디자인을 의뢰하는 전화가 하루 종일 올 것 같은데요.

폴라 그럴 때도 있지만, 늘 그런 건 아니에요. 펜타그램에는 일감을 구해오는 사람이 따로 없기 때문에 우리는 본질적으로 스스로 주목도를 높여 일거리를 얻는 방식을 취하고 있어요. 이렇게 인터뷰를 하는 것도 주목도를 높이는 한 방법이지요. 업계의 특정 영역에서 활발하게 활동하거나 이사회에 합류하거나 무언가를 서비스로 기부하기도 하고요. 그리고 실무가 있는데, 그건 시간이 좀 걸리지요.

데비 세계 최고의 여성 그래픽디자이너라는 찬사를 오래도록 받아오셨어요.

폴라 그거 너무 모욕적인 말 아닌가요? 제 파트너들은 그런 말을 들으면 절대 가만있지 않을 거예요. 누구도 그 사람들을…

데비   최고의 백인 남성 그래픽디자이너라고 하지 않는다고요?

폴라   네, 그게 대체 무슨 말인가요?

데비   자, 여기 신간이 나왔어요. 택배를 받고 포장을 뜯어서 읽기 시작했죠. 도저히 멈출 수가 없더군요. 거의 끝까지 읽었을 때 당신한테 이메일을 보내면서 이렇게 썼어요. "최고의 여성 그래픽디자이너니 뭐니 하는 말들은 잊어버려요, 폴라. 이 책은 당신이 현재 활동하는 가장 뛰어난 그래픽디자이너라는 사실을 보여주고 있네요"라고요. 정말 그래요.

폴라   가장 뛰어난 디자이너라는 평가는 누가 어떻게 내리는 것인지 전 도통 모르겠지만, 거기서 성별을 제거해준 것은 감사해요.

데비   당신은 정말 늘 진실만을 말하는 사람이네요. 클라이언트가 수용할 수 있는 선에서 진실을 말하려면 어떻게 해야 하나요?

폴라   누군가와 일할 때 저는 그 사람들이 최고의 결과를 내기 위해 저를 고용했다는 사실을 잊지 않으려고 해요. 저에게 그런 능력이 있다고 믿어준다면 열린 대화를 나눌 수 있겠지요. 상황이 정치적으로 혹은 재정적으로 좋지 않을 때는 제가 좀 더 밀어붙여서 제대로 하라고 요구할 수도 있겠고요.

데비   디자인이 좀 별로인 것 같은데 클라이언트가 그대로 하겠다고 하면 어떻게 하나요? 어떻게 그들이 옳은 선택을 하도록 설득하죠?

폴라   글쎄요, 사실 어디에도 옳고 그름 같은 건 없어요. 더 낫거나 별로거나 할 뿐이죠. 그리고 대부분의 경우 클라이언트는 우리에게 작업 의뢰를 하기 전에 우리가 전에 어떤 실험들을 했는지 충분히 찾아봐요. 보통 네 개에서 여섯 개 정도의 시안을 전달하는데, 각각의 시안에 내재한 논리와 장단점을 잘 파악하더군요. 그리고 그렇게까지 엉망인 시안은 애초에 누구에게도 보여주지 않을 거예요. 일단 제가 용납하지 못할 테니까요. 이미 관계를 잘 정립한 상황이라면 굳이 돌려 말할 필요도 없을 거예요. 그런 관계를 정립하지 못했다면 프로젝트는 실패하겠죠. 그쯤 되면 저도 좌절하고 그들도 좌절해서 일을 계속해봤자 의미가 없을 거예요. 그래서 첫 단계만 마치고 그만두는 경우도 생기는데, 서로가 서로를 못 견디고 다른 곳이랑 하는 게 낫겠다는 판단이 피차 들기 때문이죠.

데비　　에이드리언 쇼네시는 『폴라 셰어: 작품들』에서 "폴라 셰어를 비판하는 사람들은 쉐이크쉑의 브랜드 아이덴티티, 시티은행의 로고, 언뜻 무색무취해 보이는 마이크로소프트 윈도 로고 같은 일부 작품만 보고 그녀가 주류 상업 디자인만 한다고 말한다. 반골 기질이 다분한 셰어는 그런 혐의를 조건부긴 하지만 늘 인정한다"라고 썼어요. 여기서 말하는 '조건'이란 어떤 건가요?

폴라　　디자인이 상업주의보다는 좀 더 고상한 목적을 위해 쓰여야 한다고 생각하는 디자이너들도 있지요. 저는 동의하지 않는데, 대다수 사람이 아침부터 밤까지 봐야 하는 게 상업 문화이기 때문이에요. 그래서 오히려 상업에 대한 기대치를 올리는 것이 디자이너의 책무라고 생각해요. 저는 제가 한 쉐이크쉑 디자인을 정말 자랑스럽게 생각하는데, 쉐이크쉑이 패스트푸드 분야를 전반적으로 격상시켰고 맥도널드에 더 분발해야 한다는 메시지를 주었기 때문이에요. 디자이너로서 그런 일을 무시하고 거부한다면 당신보다 못한 누군가가 그 일을 할 테고 결국 우리 모두는 그런 형편없는 것들에 둘러싸여 살게 되겠죠.

데비　　당신이 한 이야기 중에 제가 정말 자주 인용하는 말이 있는데요. 몸값이 아주 비싸거나 실력이 정말 뛰어난 브랜드 디자이너를 사람들이 잘 고용하지 않는 이유가 그 사람들이 너무 뛰어나기 때문이라는 거예요. 정치에 휘말리지 않고 자기 일을 하는 법을 너무 잘 알기 때문이라는 거죠. 당신도 정말 멋지게 그 일을 해내고 있고요.

폴라 저도 치과에 가면 의사가 시키는 대로 해요. 의사가 전문가니까요. 그렇다고 제가 클라이언트의 치과 의사일 뿐이라는 말은 아니고요. 저는 그냥 대중에게 제 클라이언트의 정체성을 이해시키고 각인시키도록 돕는 역할을 할 뿐이라는 거죠. 저는 그 방법을 아니까요. 그래서 누가 저를 고용하면 우리가 함께 일을 잘할 수 있도록 하려고 해요. 만약 그 사람들이 저보다 그 일을 더 잘한다면 다른 사람을 고용해야겠죠.

데비 최고의 디자이너이지만 화가이기도 하세요. 세계 곳곳에서 전시회를 열고 작품을 의뢰받기도 하는데요. 디자이너와 화가의 활동을 가르는 중요한 차이는 시간과 재정적 구조라는 말씀을 하셨어요. 여기서 시간은 어떤 의미인가요?

폴라 디자인 작업에는 시간이 그리 오래 걸리지 않아요. 반면 그림은 손이 정말 많이 가고 시간도 아주 오래 걸리지요. 디자인은 다른 조수들의 도움을 받아 신속히 처리하는 고도로 사회적인 활동인 반면, 그림은 저 혼자 방 안에 처박혀 그리고요. 아주 상반되는 두 가지라 할 수 있죠. 디자이너들은 이 두 가지를 구분하는 데 어려움을 겪곤 하는데요. "내 작품은 예술이야"라고 말하면 '내 작품은 순수예술이야'라는 뜻인데, 가치 판단이 들어간 말이죠. 저는 그렇게 보지 않아요. 순수예술과 디자인을 가르는 차이는 재정적인 것이라고 생각해요. 순수예술가는 어디든 자유롭게 가서 자신이 만들고 싶은 것을 만들죠. 무엇을 만들지는 자신이 결정해요. 운이 좋다면 갤러리 어딘가에 작품이 전시될 수도 있을 테고, 아니면 자기 혼자만 보게 될 수도 있겠죠. 디자이너는 클라이언트를 어느 정도 상대해야 하고 지켜야 할 작업의 기준이 있죠. 사이즈도 고려해야 하고, 물질성도 살펴야 하고, 정해진 일련의 요인들을 감안해야 해요. 디자인과 순수예술은 동일 행위가 아니고 같은 방식으로 접근할 수도 없어요. 하지만 가치 판단을 달리하는 일은 아닙니다. 정말 뛰어난 그래픽디자인 작품이 있는가 하면 형편없는 순수예술 작품도 있고, 그 반대도 성립하죠. 그러니까 그것만으로는 어떤 가치도 매길 수 없다는 거예요. 무언가를 만드는 사람으로서 만들고 행하고 행위하는 구조적 방식이 다를 뿐이죠.

데비 『폴라 셰어: 작품들』에서 유달리 마음에 와닿은 대목이 있었는데요. 에이드리언이 당신의 어떤 특성에 대해 묘사한 부분인데, 당신과 일하는 사람들은 당신의 이런 면을 거의 본 적이 없는 것 같다고 하더군요. 당신도 자신의 일에 대해 의심과 불안을 드러낸 적이 있다는 얘기였어요. 지금도 그런 불안을 느끼나요?

폴라 물론이죠. 왜 안 그러겠어요?

데비 자신이 거둔 성취를 감안해 그런 감정에 다르게 접근하기도 하나요? 불안감을 느낄 때 스스로에게 어떤 말을 해주나요?

폴라 재창조, 그러니까 무언가를 다른 방식으로 해야 할 때가 왔다고요.

데비 불안을 무언가 다른 일을 시작할 일종의 계기로 삼기도 하나요?

폴라 글쎄요, 그런 마음이 들 때는 주로 제가 대충 하거나 게을러지고 무언가에 대해 안 좋은 감정을 가질 때죠. 경력이라는 것은 초현실적인 계단 같아요. 20대에 막 일을 시작하면 계단의 높이는 꽤 높아 보이고 폭은 엄청 좁아 보이죠. 아직은 아무것도 모르는 때라 그래요. 그러다 30대에 접어들면 약간은 전문성을 가지게 되죠. 계단 폭은 약간 더 넓어지고 높이는 좀 낮아진 것처럼 보이죠. 여전히 모르는 것을 발견하지만 20대 때만큼 많지는 않아요. 40대가 되면 전문가가 되는데, 그냥 전문가가 아니라 나이 든 전문가가 돼요. 계단 폭은 훨씬 더 넓어지고 이제 자기보다 어린 사람들과 경쟁하고 있다는 걸 발견하게 되는데, 그건 참 무서운 일이죠. 50대가 되면 계단 높이는 아주 낮아지고 폭은 엄청 넓어져서 다시 한 번 점프를 해야 하는 때가 와요. 이제 성장을 하고 있느냐는 중요하지 않은데 50대에는 권력이 있기 때문이에요. 50대에 권력이 생기는 이유는 클라이언트 대다수가 당신 또래이기 때문이죠. 같이 성장한 그들이 권력을 가졌기 때문에 당신에게 괜찮은 일거리를 줄 수 있는 거예요. 그때쯤 되면 혁신적 감수성이나 오만함은 사라졌겠지만 아는 건 참 많을 거예요. 60대는 50대의 연장일 뿐인데, 그 이후로는 일이 어떻게 돌아가는지 알지도 못한 채 그냥 그렇게 끝까지 가는 거죠.

데비   『폴라 셰어: 작품들』에서 당신에게 일어난 많은 일들이 우연처럼 느껴진다는 말씀을 하셨어요. 왜 그렇게 생각하죠?

폴라   성격, 배짱, 끈기, 이런 것들이 저의 일부라는 건 인정해요. 하지만 뉴욕에 와서 음반업계에 취직한 건 정말 운이 좋아서였어요. 우디 퍼틀이 제게 펜타그램 합류를 권한 것도 그래요. 그때 사람들이 제 이야기를 하고 있었던 건 운이 좋아서만은 아니었지만, 마침 그때 제가 시간이 비어 있었고 그래서 그 일을 바로 시작할 수 있었던 건 굉장한 운이었어요. 퍼플릭시어터 측 의뢰가 왔을 때 저는 준비된 상태였고 그 일을 원했어요. 하지만 그 시기에 그 일을 맡게 된 건 정말 놀라운 타이밍이었죠.

데비   그러면 당신의 디자인이 오래 살아남는 비결은 뭐라고 생각하세요? 당신이 작업한 퍼블릭시어터 디자인은 처음 시작했을 때도 좋았지만 시간이 지날수록 좋아 보이는 것 같거든요.

폴라   일을 계속한 덕분이죠. 그건 인정받을 만한 것 같아요. 돌이켜 생각해보면 우리 모두가 문화에 기여하는 바가 있는 것 같아요. 거기에 대해 아무도 진지하게 생각해보지는 않는 것 같지만요. 우리는 모두 무언가를 추진하거나 새로울 수도 있는 무언가를 만들어내면서 기쁨을 얻잖아요. 하지만 일단 뭔가를 만들어내고 나면 바로 다음 것으로 옮겨가죠. 그런 것들이 그 자리에 계속 머무른다는 건 참 마법 같은 일이에요.

2018. 7. 23

ANNE

**앤 라모트가 다루는
글쓰기 주제들은 거창하다.**

알코올의존증, 마약중독, 미혼모로 살기, 신앙, 우울증. 몇 개만 예로 들자면 이런 것들이다. 하지만 그녀는 이런 주제들을 우아하고 유머러스하게 다룰 줄 안다. 한 권 한 권 책을 쓰면서 헌신적인 팬들로 이루어진 독자층을 넓혀왔고, 거기엔 나도 포함되어 있다. 이 인터뷰에서 우리는 그녀의 기원, 맨정신으로 돌아오기까지의 과정, 많은 사랑을 받고 있는 그녀의 수많은 책들에 대해 이야기를 나누었다.

LAMOTT

데비 샌프란시스코 태생으로 아버지는 논픽션 작가이자 소설가인 케네스 라모트이고, 어머니는 기자이자 변호사로 일하셨죠. 『나쁜 날들에 필요한 말들』에 "1950년대 또는 60년대에 성장하면서 버밍엄, 베트남, 그리고 아버지가 술을 마시고 있는 모퉁이 집 같은 곳에서 세상이 얼마나 무서워질 수 있는지 깨달은 아이라면 지나치게 예민하다는 진단을 받을 법하다. 지나치게 예민한 아이라는 주제를 집중적으로 다룬 책만 몇 권이 나와 있다. 그 말인즉슨 자기 부모가 얼마나 불행한지 혹은 미쳐 있는지 눈치챈 아이라는 뜻이다. 또 전 세계적 기아, 가족을 만나지 못한 보호소 동물들, 스모그를 걱정하는 아이라는 뜻이기도 하다"라고 쓰셨어요. 스스로를 예민한 아이로 묘사했는데, 당시 주변의 세상을 어떻게 이해했나요?

앤 음, 숨죽인 채 살았죠. 아주 팽팽하게 조여진 채 세상 속에 던져진 기분이었어요. 어른들은 조언이랍시고 저한테 더 뻔뻔해져야 한다고, 다시 말해 당시의 나와는 완전히 다른 아이가 되어야 한다고 입버릇처럼 말하곤 했어요. 저는 크고 열린 마음을 가진 아이였는데, 그걸 아름답다고 말해주는 사람은 아무도 없었어요. 부모님이 모두 지성인이자 무신론자여서 스스로 생각해야 하고 종교를 가진 사람은 일단 비웃고 보는 환경에서 자랐지요. 시간이 흐르면서 저는 과잉 성취자가 되었는데, 그게 모두에게 도움이 되는 것 같았어요. 덕분에 저도 늘 공포에 쫓기지 않을 수 있었는데 그 시간에 공부를 하고 목표를 이루었기 때문이에요. 불행한 가정에는 스트레스가 따르기 마련인데 그걸 이겨내는 방법을 많이 배웠죠. 내가 가족들을 행복하게 해주면 돼요. 엄마를 돕는 든든한 큰딸이 되고 아빠의 아내가 되는 식이죠. 그렇게 미친 듯이 춤을 춰댔는데 그래서 편두통이 생겼던 것 같아요. 내가 지금 세상에 존재한다는 느낌, 그 생동감을 느끼기 위해서는 그때 배운 모든 생존 방법을 다 잊어야 했죠. 그전까지 저는 늘 심연보다 한 발 더 앞서 있으려고 했거든요.

데비 부모님이 냉담하고 무관심했으며 서로에게 경멸 섞인 말을 짧게 던지곤 했다고 했어요. 어떻게 당신은 자신을 파괴하는 쪽으로 가지 않고 과잉 성취하는 쪽으로 가게 되었을까요?

앤   글쎄요, 전 둘 다였던 것 같아요. 과잉 성취자였지만 제가 하는 모든 일은 자기 파괴적이었거든요. 뭘 어떻게 먹어야 하는지도 몰랐는걸요. 아주 어렸을 땐 설탕을 달고 살았어요. 10대가 되어 살도 찌고 튼튼해지자 다이어트를 하기 시작했는데 그러다가 대식증 환자가 되기도 했죠. 거의 이중생활을 하다시피 했는데, 당시 전 테니스 선수였고 사람들이 다 날 좋아해주기를 바랐으면서도 속으로는 내가 미쳤거나 하자가 있다고 생각했거든요. 그런데 사람들을 기쁘게 해주려는 것도 중독성이 있더군요. 성장도 힐링도 저한텐 정말 많이 필요했어요. 맨정신으로 돌아온 게 서른두 살, 그러니까 32년 전이었죠. 그제야 내가 얼마나 스스로에게 가혹했는지, 어떻게 내가 아직도 숨을 참고 있는지가 보이더군요.

데비   여섯 살 때쯤 삐삐 롱스타킹이 되고 싶어 했던 걸로 알고 있어요. 왜죠?

앤   삐삐는 너무 유쾌하고 모험을 즐기는 아이잖아요. 딱 제가 원하는 모습이었죠. 삶을 정말 사랑하기도 하고요. 자유롭고 바보 같지만 모험을 즐길 줄 아는, 정말 최고예요.

데비   부모님이 무신론자였다는 말씀을 하셨는데, 정작 당신은 지금 신앙에 대해 종종 글을 쓰기도 하잖아요. 아버지가 살아 계셨다면 아마 아연실색했을 거라고 했죠. 어렸을 땐 남몰래 기도를 하기도 했다고 알고 있는데, 신앙이 부재한 환경에서 자라면서 어떻게 신앙을 가지게 되었나요?

앤   아버지가 기독교인들을 그렇게까지 싫어하게 된 이유 중 하나는 1차 세계대전이 끝난 직후 일본에서 장로교 선교사 손에 자랐기 때문이에요. 아버지가 느끼기엔 그 사람들이 너무 차갑고 사랑이 없어 보였던가 봐요. 아버지를 안아주거나 사랑해주거나 사랑한다고 말해주지도 않았대요. 저는 당연하게도 장로교 신자가 되었는데, 아버지가 돌아가시고 한

참 지난 후였죠. 그동안 제 곁에는 늘 종교적인 친구들이 있었어요. 제 첫 절친은 크리스천 사이언스 치유사의 딸이었죠. 사랑과 신에 대한 이야기, 내가 신의 소중하고 완벽한 딸이라는 말을 얼마나 듣고 싶어 했는지 몰라요. 우리 집에서는 아무도 그렇게 생각하지 않는 것 같았거든요. 유대인 가족과 가깝게 지내기는 했는데, 유대인은 그냥 그렇게 태어나는 것이니까 부모님도 뭐라 하지 않으셨어요. 불교 신자도 용납되었는데 1950년대 후반과 60년대 초반에 활동한 뛰어난 아방가르드 작가 중에 불교 신자가 아주 많았거든요. 그래서 불교 신자가 되어볼까도 했는데 우연한 계기로 기독교 신자가 되었죠.

데비 지금은 영적으로 무엇을 믿나요?

앤 전 기독교인이지만 어디든 진리가 있는 곳에서 진리를 취하는 편이에요. 스무 살 무렵에 『지금 여기 존재하라Be Here Now』 같은 람 다스의 초기작들을 읽으면서 그분에게 큰 감화를 받기도 했죠. 샌프란시스코에서 1960년대를 보낸 사람으로서 『지금 여기 존재하라』가 제게 미친 영향은 지대하다고 할 수 있어요. 람 다스는 정말 웃기고 솔직하지만 예민한 분이셨어요. 그의 입장은 자기는 단 한 번도 신경증을 극복해본 적이 없다는 거였어요. 하지만 그럼에도 사랑하고 깨어 있는 사람이 되는 법을 배웠다고 하죠. 그가 하고자 하는 말은 우리가 깨어 있는 것 awareness을 사랑하고 있다는 것, 그게 다예요. 우리가 누구든 어디에서 왔든 말이죠. "이러니저러니 해도 우리는 그냥 걸어서 서로를 집에 바래다주고 있을 뿐이다"라는 말씀을 오래전에 하셨는데, 저는 지금도 그 말을 가슴에 새기고 살아가고 있어요. 『거의 모든 것Almost Everything』을 비롯해 제 최근작 다섯 권에 인용하기도 했는데, 그만큼 제게 큰 도움을 준 말이에요. 그를 보러 갔던 날이 기억나네요. 사람들이 다 바닥에 앉아 있었는데 마치 집에 온 기분이었어요. 최고로 좋은 의미에서 큰 충격을 받았는데, 진실이 제가 생각했던 것보다 훨씬 넓다는 것을 깨달았기 때문이에요. 저는 내가 옳고, 그리고 더 옳기 위해서 더 공부해야 한다고 믿으면서 자랐거든요. 내가 얼마나 옳고 똑똑한 사람인지 보여주면 나보다 더 멋지고 똑똑한 사람도 날 좋아하게 될 거라고 믿으면서 말이죠. 그런데 람 담스 덕분에 집중하고 호흡하고 사랑하고 봉사할 수 있게 된 거예요.

데비　　그런 경험을 또 하신 적이 있나요?

앤　　가우처 칼리지에서 영성과 종교와 관련해 심오한 경험을 두어 번 한 적이 있어요. 하지만 제가 그 어떤 것보다, 심지어 커서 작가가 되는 것보다 더 바란 것이 있었다면 기독교인은 절대 되지 말아야 한다는 것이었어요. 그게 가장 중요했던 이유는 부모님, 특히 아버지를 너무 사랑했기 때문이었어요. 아버지가 돌아가시고 몇 년 뒤, 서른 한 살 때였나, 술에 취해 한 교회를 찾게 되었어요. 장판이 다 울고 퀴퀴한 냄새가 나는 작은 교회였는데, 마음 둘 데가 없어서 그냥 거기를 다니기 시작했어요. 벼룩시장에서 기름진 음식을 얻어먹고 괜히 근처를 어슬렁거렸죠. 그런데 아무도 저한테 뭐라고 하지 않더라고요. 교리 수업을 받으라거나 등록을 하라는 말도 없었고요. 종교에 대해 조금씩 사랑과 친근감이 느껴지기 시작했어요. 내 미친 짓과 상처, 자기 파괴에 마침내 지치기도 했고요. 저는 이 사람들이 좋았고 그들도 저를 좋아해줬어요. 저를 사랑해주고 거기 앉게 해주고 자기들과 함께 있게 해주었어요. 저한테 아무것도 묻지 않았고요. 저는 거기에 굴을 파고 들어갔죠.

데비　　결국 그 덕분에 맨정신이 될 수 있었다고 생각하나요?

앤　　글쎄요. 교회가 중독에서 빠져나오는 데 도움을 주진 않았어요. 신도 마찬가지고요. 파국적으로 바닥을 찍고 지긋지긋할 정도로 아프고 지쳤던 경험이 도움이 되었다면 되었겠죠. 당시 저는 매일 아침 필로폰이나 다른 약을 조금 하곤 했어요. 그리고 뜨거운 물로 샤워하고 뛰러 나가죠. 아직 젊어서 그게 가능했어요. 그러고 나서 커피를 많이 마시고 열네 살 때부터 했던 마리화나를 피웠죠. 그럴 수 있었어요. 그런데 갑자기 더는 그게 안 되더라고요. 그래서 해결책이 바닥나고 이렇게는 하루도 더 못 살겠다 싶을 때 사람들이 취할 법한 행동을 했죠. 약을 끊은 친구에게 전화해서 "도움이 필요해"라고 말한 거죠.

데비 알코올의존증이었을 때 이런 말씀을 하시기도 했어요. "내 자만심이 아무리 극에 달해도 내 자존감은 돼지보다도 낮다"고요. 어떻게 그런 상태에서 빠져나올 수 있었나요? 어떻게 달라질 수 있을 거라는 희망을 가지게 되었죠?

앤 전 여전히 제가 태어난 나라에 살고 있고 친척들도 다 여기에 있어요. 분에 넘치는 사랑을 받았고, 책도 이미 세 권이나 나온 터였죠. 정말이지 나이에 비해 많은 걸 이룬 셈이었어요. 저는 젊고 유머러스한 데다 매력적이라 모두가 절 사랑했죠. 그런데 속은 스위스 치즈처럼 구멍이 뻥뻥 뚫려 있는 거예요. 기독교에서는 그걸 죄로 인한 병이라고 불러요. 제게는 이렇게 두 개의 다른 세상이 있었는데, 사랑받고 인정받고 존경받고 책을 내고 달리기를 하고 테니스를 치는 세상은 잘 돌아가고 있었죠. 술이나 마약에 중독된 사람들은 어쩌다가 일이 이 지경이 됐는지 자꾸 스스로에게 설명하려고 해요. 그러다가 나 자신에게 이런 말을 해주기 시작했어요. 나에겐 믿음이 있으니 찾을 수 있는 모든 곳에서 영적인 진실을 찾는 길을 걷겠다고요. 제게는 신이 있었고 선함이 있었죠. 삶이 미쳐 돌아갈지라도, 남자들, 특히 남의 남자들과 선 긋기를 잘 못할지라도 나 자신이 사랑받는 존재라는 것을 조금씩 믿기 시작했어요. 그때는 만취한 채 대중 앞에 나타난 적도 많았죠.

데비 맨정신이 되고 싶지 않았다고 쓰신 걸 봤어요.

앤 당연히 맨정신이 되고 싶지 않았죠. 술에 취하는 걸 정말 좋아했거든요. 술을 마시는 것도 좋았고요. 마리화나와 필로폰도 사랑했죠. 메타암페타민을 무진장 했을 거예요. 체중이 거의 안 나가다시피 했는데, 그것도 마음에 들었어요. 지금보다 10킬로그램이 덜 나갔죠. 그리고 약에 취하는 게 정말 좋았어요. 신과 정말 연결된 것 같은 기분이 들었거든요. 술이나 약에 취해 자기 자신이나 가족의 얼굴에 먹칠을 하고 있노라면 질병과 마주 앉아 질병에 대해 수다를 떨고 있는 것 같은 기분이 들어요. 그러다 질병을 껴안고 키스하는데 갑자기 다른 사람들이 나를 조종하려 하는 것 같다는 생각이 들면서 비통하고 억울해지죠. 그게 다 저들이 멍청하고 자유롭지 않고 예술가가 아니기 때문이라고 생각하며 또 술을 마시게 되죠. 마침내 어느 날 아침 침대에서 일어나 사흘 전 또는 3주 전과 달라진 게 아무것도 없다는 것을 깨달아요. 더는 안 되겠다는 걸 직감하고 "이제 그만하자"라고 말하죠. 그건 굉장히 고통스러운 일이었고 더 이상 글을 쓰지 못하게 될까 봐 두렵기도 했어요. 왜냐하면 작가들은 다 알코올의존자여야 한다는 것이 미국 작가, 어쩌면 모든 작가의 전통이다시피 했거든. 8, 9개월 동안 글을 쓰지 못하다가 제 인생 최고의 책을 썼는데, 그게 『모든 새로운 사람들All New People』이었어요. 맨정신이 된다는 것은 유리창을 닦는 것과 비슷한 것이더군요. 저는 나이 서른둘에 성인이 되기 위한 법을 아주 기초부터 배워야 했어요.

데비   1994년, 역대 최고의 글쓰기 지침서 중 한 권으로 꼽히는 『쓰기의 감각Bird by Bird』을 발표했어요. 책 제목은 당신의 오빠가 새에 대한 장문의 리포트를 쓰면서 힘들어할 때 아버지가 건넨 조언에서 따왔다죠. 그냥 새 한 마리씩 차근차근 처리하면 된다고 말씀하셨다고요.

앤   아버지는 당시 4학년이었던 오빠한테 이렇게 말씀하셨어요. "펠리컨에 대해 읽어보고 너의 언어로 그 새에 대해 한 단락을 써보도록 해. 그리고 설명하는 거야. 그다음엔 박새를 해보자. 박새가 어떤 새인지 일단 그냥 읽어봐. 그리고 너의 언어로 한 단락을 써보렴." 이 조언은 사람들에게 늘 도움이 되었던 것 같아요. 사실 좀 웃긴 일인데, 출판사는 이 책을 출간하고 싶어 하지 않았어요. 제가 소설가로 유명해졌기 때문에 소설을 내는 게 낫다고 생각한 거죠. 하지만 당시 저는 '글쓰기에 대해 내가 아는 모든 것'이라는 이름의 글쓰기 강좌를 수년간 진행하고 있었어요. 주로 글쓰기 학회 같은 데서요. 글쓰기 학회에 오는 사람 중 자기 책을 팔거나 에이전트를 구해서 떼돈을 벌고 남은 평생 자존감을 지키며 살아가는 사람은 거의 없을 거예요. 저는 작가가 되고 싶어 하는 이 사람들에게 글쓰기를 통해 원하는 걸 다 가질 수 있지만 출판은 다른 이야기라는 걸 말해주고 싶었어요. 출판사에서 그다지 원하지 않는 책이었기 때문에 제게 주어진 시간은 고작 7개월이었죠. 강의를 오래 한 덕분인지 책에 쓸 내용이 그냥 막 쏟아져 나오더군요.

데비　앤, 당신은 자신의 예술적 여정과 진정한 자신을 찾게 된 경위에 대해 이렇게 말했죠. "마치 내가 세상의 시간을 다 갖기라도 한 양 무의식적으로 사는 것을 그만두어야 했다. 자연의 사랑과 선의, 평화, 만물은 언젠가 정체를 드러내겠지만, 이 모든 것이 나를 따라잡기 위해 전속력으로 질주해야 한다면 힘들지 않겠는가." 이 부분을 읽고 좀 소름이 돋았는데, 저는 늘 뛰고 있고 뛰는 걸 그만두고 싶지 않거든요. 어쨌든 당신은 그렇게 살기를 그만두었고 "근본적 행위"로서 더 많은 시간을 낭비했어요. 멍하니 허공을 응시하기도 하고요. 어떻게 이런 새로운 삶의 방식을 창조하게 되었나요?

앤　세상의 시간을 다 가진 것처럼 사는 건 자연스러운 일이죠. 하지만 좀 더 나이가 드니까, 이를테면 아버지가 돌아가시고 나서 풍선이 빵 터지는 것 같은 느낌이 들더군요. 내가 앞으로 얼마나 더 살지 알 수 없다는 걸 실감하면서, 이른바 한 번뿐인 이 소중한 인생을 낭비하지 않는 법을 진지하게 고민하게 되었어요. 그러다가 어릴 적 배웠던 온갖 교훈들을 떠올렸죠. 예컨대 나는 지금 부엌 테이블에 앉아 있고 학교 또는 친구네 집에서 일어났던 어떤 일에 대해 생각하는 중이에요. 나는 거기 앉아 점토를 주무르면서 그때 그게 다 무슨 의미였는지 알아내려고 애쓰고 있죠. 그런데 갑자기 어른 한 명이 나타나 "할 일 없어? 숙제는 다 했니?" 하고 묻는 거예요. 그렇게 멍 때리면서 생각이나 하고 있으면 안 된다고 말하는 거죠. 하지만 작가가 되고자 한다면 멍 때리는 법도 알아야 해요. 고양이처럼 중경을 응시해야 하죠. 괜찮아지기 위해서 저는 정말 많은 규칙들을 잊어야 했어요.

데비 당신의 책 『거의 모든 것』 서문에 이런 대목이 나와요. "사랑, 선의, 세상의 아름다움, 인간애는 우리에게 희망이 있는 이유다. 하지만 우리가 아무리 열심히 재활용을 하고 하이브리드 자동차를 타고 법을 지켜도 우리의 아름다움은 탐욕과 잔인한 어리석음에 파괴되고 짓밟히고 있다. 그렇지만 우리는 사랑과 착한 마음이 승리하는 것을 지켜보기도 한다. 모든 역경에도 두려움은 공동체로, 그리고 용기와 옳은 행동으로 이어지고, 이것이 우리에게 희망을 준다." 지금 같은 시기에 낙관적으로 세상을 바라보기도 하나요? 아니, 지금 같은 시기에 어떻게 낙관적인 생각을 가질 수 있을까요?

앤 저는 늘 낙관적으로 생각해요. 트럼프 행정부에 경악하고 몸서리를 치기는 하지만요. 이렇게 말해버렸네요. 이름은 언급하지 않을 생각이었는데. 어쨌든 몸서리치고 있어요. 분노하고 행진하고 이 모든 것을 무너뜨려 주기를 바라는 단체에 후원금을 보내기도 하지요. 모두가 느끼는 그런 감정을 저도 똑같이 느끼고 있어요. 또 한편으로는 근본적 행위로서 정말 아름답고 감동적이고 소중한 것이 얼마나 많은가를 떠올리기도 하지요. 저는 곧 결혼을 하고 65세가 될 거예요. 믿기지 않을 만큼 훌륭한 손주 녀석이 우리랑 같이 살고요. 대상포진 예방 접종을 이제 막 맞았다는 사실도 마음에 들어요. 저를 사랑해주는 사람들은 아주 좋은 사람들이에요. 마음이 울적할 때는 나만 알고 있는 나의 안 좋은 면에 집착할 수도 있겠지만 내 친구들이 생각하는 나, 멋지고 똑똑하고 상냥한 마음씨를 가진 나를 믿어줄 수도 있겠지요. 희망을 가질지 안 가질지는 자신이 선택하는 거예요.

데비 "실수를 해야 자신이 어떤 사람이 아닌지를 알 수 있다. 행동을 해야 통찰이 따르는 법이다. 생각만으로 자기 자신이 될 수는 없다"고 쓰셨어요. 희망이 도움이 되나요?

앤　　제가 이렇게 희망적인 이유는 온갖 역경에도 우리가 변할 수 있다고 보기 때문인 것 같아요. 우리는 정말 변해요. 마음도 말랑말랑해지고 스스로에게 훨씬 더 다정하고 너그러워지죠. 스스로를 치유하는 근본적인 방법을 배우게 되는 것 같아요. 그리고 변화하죠. 사람들 눈치만 보던 그 불안하고 겁 많던 사람이 지금은 이렇게 그딴 거 신경도 안 쓰는 사람이 되었잖아요. 그것만으로 희망이 생기죠. 그리고 저는 스스로를 용서해요. 여전히 나 자신에게 아주 화가 나고 좌절할 때도 있지만 그래봤자 한 시간이나 갈까요. 예전 같았으면 수십 년을 앓았겠지만요.

2018. 11. 5 🐚

"Please

don't think you have to have any of it figured out or that you have to be any certain place at any certain age.

It's such a lie.

And it will rob you of the ability to be present in the moment, and that this is the only place where the good stuff is, where the juice is, where the creative energy is, where the healing is, and where the possibility is."

"뭘 꼭 알아내야 한다거나 특정 나이에는 특정 장소에 있어야 한다는 식으로는 부디 생각하지 않았으면 좋겠어요. 그건 완전히 거짓말이거든요. 그리고 그런 생각에 빠지면 지금 이 순간에 존재하는 능력을 잃게 돼요. 지금 당신이 있는 이곳이 온갖 좋은 것, 활기, 창의적 에너지, 치유, 가능성이 있는 유일한 곳이라는 것을 보지 못하게 되는 것이죠."

채니 니컬러스
점성술사, 작가
2020.1. 28

ALBERT

앨버트 왓슨은
1970년 처음 이름을 알린 이후
세상에서 가장 성공한 다작 사진작가가 되었다.

지난 30년간 슈퍼모델들의 사진을 전담해왔고, 오크니의 입
석, 마오쩌둥의 리무진, 가장 널리 알려진 스티브 잡스 사진,
우주로 나간 첫 원숭이, 루이지애나의 사형수들, 라스베이거
스의 도미네이트릭스이상성애자들의 성적 요구를 해소해주는 여성,
아폴로 14호 우주 비행사들, 엘비스 프레슬리의 금색 정장을
비롯해 수백 명의 예술가, 유명인, 왕족, 문화적 리더들을 사
진에 담았다.

WATSON

데비 오늘날 활동하는 최고의 사진작가이시죠. 그런 당신이 오른쪽 눈을 실명한 채 태어났다는 것을 알면 놀랄 사람들도 많을 것 같은데요.

앨버트 많은 사진가들이 카메라를 들여다볼 때 한쪽 눈만 씁니다. 별로 신경 쓰지 않으면 정상처럼 보이기도 하죠. 하지만 시력에 집중해서 보면 오른쪽 눈이 보이지 않는다는 것이 아주 잘 느껴집니다.

데비 처음 사진을 찍었을 때 계시를 받은 것 같았고 계속 더 찍고 싶다는 마음이 들었다는 이야기를 하신 적이 있어요. 스물한 번째 생일을 맞아 렌즈 일체형 후지 자동카메라를 아내 분께 선물 받고 나서였죠.

앨버트 당시 우린 땡전 한 푼 없었는데, 아내가 30달러 가까이하는 그 작은 카메라를 샀지요. 나는 감사히 받았고요. 사용법을 익히고 그 카메라로 할 수 있는 최대치를 뽑아냈죠. 내 카메라가 생기니 정말 좋더군요.

데비 사진 기법을 익힐 때 본인은 전통파라 기술적인 면을 배워야 할 필요성을 느꼈다고 했어요. 하지만 그 과정이 아주 힘들었다면서 젊은 사진작가들에게 기술적인 부분은 일단 제쳐두고 스트레스를 받지 않아도 될 만큼 일단 능숙해지라는 조언을 남기셨죠. 기술적인 부분을 배우는 것이 처음에 왜 그렇게 힘들었나요?

앨버트 내가 그다지 기술적인 사람이 못 되기 때문입니다. 물론 아직 많은 사진작가들이 이렇게 작업하고 있겠지만, 나는 작업물을 디지털 작업소로 보내고 거기서 작업한 것을 다시 받는 방식이 낯설었어요. 그 사람들은 아주 유능한 기술자들이었고 그들의 도움을 받는 것이 아주 중요했죠. 그 사람들과 일하는 것은 이미지를 조절하는 아주 좋은 방법이기도 했는데, 내 최우선 관심사가 인화이기 때문입니다. 당연한 얘기지만 초기에는 암실에 관심이 있었어요. 소위 젤라틴 실버 프린트라고 하는 것에 관심이 많아서 전통적인 암실에 익숙했지요. 디지털로 옮겨올 때 이게 아주 큰 도움이 됐어요. 그때 익힌 많은 인화 기술을 디지털 세계, 이후에는 포토샵에 적용할 수 있었습니다.

데비　전문 기술의 각 단계를 완전히 익힐 때까지 시간이 얼마나 걸린 것 같나요?

앨버트　정말로 능숙해지기까지 10년, 12년 14년도 더 걸린 것 같네요. 그쯤 지나고 나서야 어떤 비전이나 창의적인 아이디어가 떠오를 때 그것을 바로 실행할 수 있는 기술을 가지게 되었어요. 나는 늘 배우고 있습니다. 지금도 여전히 나를 깜짝 놀라게 해줄 무언가, 내 뜻대로 되지 않는 무언가를 기다리고 있지요.

데비　배우는 것 자체를 좋아하시는 건가요?

앨버트　물론입니다. 시도해보고 싶은 새로운 것들은 늘 등장하기 마련이죠. 스티브 잡스와 흥미로운 대화를 나눈 적이 있는데, 그때 나는 그에게 한 가지만 주문했어요. 그가 충분히 받아들일 만한 요구라고 생각했고 그라면 쉽게 할 수 있을 거라고 생각했습니다. 이렇게 말했지요. "강렬한 눈빛으로 카메라를 똑바로 쳐다보면 좋겠어요. 테이블 건너편에는 당신 생각에 동의하지 않는 사람들이 대거 포진해 있는데 당신은 자신이 옳다는 걸 확신하고 있다고 상상해보세요." 그는 미소를 짓더니 이렇게 말했어요. "아, 그건 쉽네요. 내가 맨날 하는 일이거든요." 그러고 나서 스티브 잡스의 그 유명한 사진을 찍었습니다. 그냥 그 한 가지만 준비시켜서 찍은 거예요. 일이 그렇게 단순하게 풀릴 때도 있습니다.

데비　하지만 그 한 가지를 떠올리려면 굉장히 많은 것을 알아야 하지 않나요?

앨버트　스티브 잡스의 경우는 그랬죠. 그의 전기나 회고록이 출간되기 전이었지만 그 사람과 관련된 자료는 닥치는 대로 구해서 읽었으니까요.

데비   스티브 잡스 촬영을 할 때 주어진 시간은 30분이었다죠. 다른 예술가들이나 대
        상들을 촬영할 때도 그렇게 구체적으로 주문해서 여러 장면을 찍는 편인가요?
        아니면 스티브 잡스 때만 그랬던 건가요?

앨버트   〈킬빌〉 영화 포스터를 생각해보세요. 우마 서먼이 노란 점프수트를 입
        고 있는 포스터 말이에요. 아주 다양한 의상이 있었지만 관계자들이 원
        한 건 그 노란 점프수트였어요. 누군가는 액션 장면을 찍으라고 했고 그
        것도 괜찮겠다고 생각했습니다. 어쨌든 〈킬빌〉은 액션영화니까요. 하
        지만 단순한 인물 사진로 꽤 근사한, 어쩌면 살짝 불길해 보이기까지 하
        는 이미지를 연출할 수 있을 것 같다는 생각이 들었어요.

데비   당신이 찍은 최고의 사진들에는 여러 층위의 감정이 존재하는 것 같아요. 감정
        의 다양한 면들이 동시에 느껴진달까요.

앨버트   타이밍이 가장 중요하죠. 대상을 정말 유심히 관찰해야 합니다.

데비   사진작가의 최고의 무기는 조명도 카메라도 아닌 소통 능력이라는 말씀을 하
        셨어요. 대상이 마음을 열고 당신을 편안하게 생각하고 신뢰하게 만들기 위해
        어떻게 하나요?

앨버트   되도록 솔직하게 그들을 대하면서 자연스럽게 행동하려고 합니다. 대
        상을 속여서 뭘 어떻게 해볼 생각은 절대 하지 않아요. 내가 어떤 것을
        얻고자 하는지, 그리고 어떤 것을 얻었는지에 대해 늘 솔직하게 말하는
        편입니다. 그들이 머리 손질이나 메이크업을 받으러 가면 같이 따라가
        서 지켜보기도 하지요. 미용사나 메이크업 아티스트와 나누는 스스럼
        없는 대화에서 뭔가를 느낄 때도 있거든요. 대상이 스튜디오에 들어오
        는 순간부터 그들의 일거수일투족을 놓치지 않으려고 합니다.

데비   러네이 젤위거의 사진을 찍을 때는 서로 다른 두 감정에 집중해달라고 요청했

었다고요. 화가 나면서 동시에 사랑에 빠진 느낌으로요. 대상에게서 어떻게 그
런 걸 끌어내나요?

앨버트   그래서 배우들이 소중한 겁니다. 많은 계획을 요하는 일은 아니에요. 그
저 한 가지 계획만 있으면 되죠.

데비   관객들이 그 러네이 젤위거 사진에서 무엇을 본다고 생각하세요?

앨버트   그녀의 무게감을 느꼈으면 좋겠다는 생각이 드는군요. 내가 그렇게 찍
었으니까요.

데비   단순히 유명인들 사진만 찍지는 않으셨어요. 라스베이거스에서 도미네이트릭
스로 일하는 한 여성을 대상으로 놀라운 연작을 찍기도 했는데요. 버짓 스위츠
호텔에서 장장 14시간 동안 촬영한 끝에 하이힐을 신은 채 레인지를 밟고 선
다리 한쪽이 담긴 엄청난 사진을 찍었다고요. 그 사진에 대해 누가 "계획하고
찍은 것인가?" 하고 묻자 당신은 "그건 아니다. 환경이 그것을 가능하게 해주
었을 뿐이다. 그런 것을 보면 즉시 붙잡아야 한다"라고 답했다지요. 그런 것을
순간적으로 알아채나요, 아니면 나중에, 이를테면 필름을 다 본 후에 발견하시
나요?

앨버트   그런 프로젝트는 생수나 자동차 같은 상품을 광고하는 게 아니잖아요.
"내 명품 시계가 꼭 나오게 해달라"거나 "귀걸이가 잘 보이게 해달라"고
요청하는 사람도 없고요. 창의력을 무한 발휘할 수 있는 기회라는 겁니
다. 뭐든지 할 수 있죠.

데비   사진 기술과 나이 듦에 대해 이런 말씀을 하셨어요. "사진작가들은 자기들이
배운 기술에 의존해 사진을 찍다가 나이가 들면 그 기술들을 사용해 사진을 찍
는데, 그로 인해 완전히 다른 사람이 되기도 한다. 그런 경험으로 인해 더 풍요
로운 사람이 되는 것이다."

앨버트   사진작가들은 운이 좋기도 하고 나쁘기도 한데, 사람들이 은퇴 안 하느냐고 입버릇처럼 묻기 때문입니다. 당연히 은퇴는 안 하지요. 그저 하던 대로 멋대로 살아갈 뿐입니다. 사진작가들을 와인에 빗대며 '오래 놔둘수록 맛이 더 좋아진다'며 환상을 품는 사람도 있겠지요. 나는 새로운 일을 특히 좋아하지만 예전에 했던 일도 좋았습니다. 우리는 앞을 향해, 그리고 위를 향해 사다리를 올라가고 있어요. 그 사다리에 올라가 내가 무엇을 할 수 있는지 보고 싶다는 희망을 늘 가지고 있습니다.

2018. 11. 19

"Our

ability to create
is what separates us."

"우리를 구분 짓는 것은
창조 능력입니다."

체이스 자비스
사업가, 사진가, 작가
2019. 2. 4

MARILYN

매릴린 민터는 앤디 워홀 이후
상업 미술과 순수 미술 사이를
누구보다 능란하게 오가고 있다.

여성의 몸을 포토리얼리즘적으로 묘사한 그녀의 작품은 아름답고 에로틱한 동시에 불편한 감정을 유발한다. 민터는 자신의 재능과 독특한 관점을 정치적 영역에 적용시키기도 했다. 이 인터뷰에서 우리는 삶, 일, 팬데믹 시대의 예술, 트라우마의 영향, 패멀라 앤더슨과 마일리 사이러스와 일한 경험 등에 대해 이야기를 나누었다.

MINTER

데비	유년 시절을 보낸 플로리다에 대해 '부모 없는 땅'이라고 묘사한 적이 있어요. 무슨 뜻인가요?
매릴린	많은 사람들이 플로리다에 도주 목적으로 와요. 특히 플로리다 남부는 더 심하고요. 다 타지에서 온 사람들이지요. 사방에서 파티가 벌어지고 있고요. 저희 어머니는 마약중독자였고 아버지는 알코올의존증과 도박 강박증에 빠진 사람이었어요. 마이애미로 이주한 것도 아버지가 아바나에 가서 도박하려고 그랬던 것 같아요.
데비	여덟 살 때쯤 부모님이 이혼하셨죠. 아버지가 어머니의 친구와 눈이 맞아 어머니를 버렸다고요. 저도 비슷한 시기에 비슷한 경험을 했어요. 아버지가 같은 동네에서 사는, 어머니의 절친한 친구랑 바람이 나서 어머니를 떠났죠.
매릴린	와. 그럼 당신도 트라우마가 얼마나 극심할 수 있는지 알겠군요.
데비	정말 끔찍하더군요.
매릴린	가족 구성원들만 갈가리 찢어지는 것이 아니라 지인들도 어느 한편에 서게 되죠. 저희 어머니는 왕따를 당하셨어요.
데비	그 일이 있기 전부터 당신은 알아서 혼자 커야 했던 것 같던데요.
매릴린	그때 우리 집에 와봤으면 무언가 단단히 잘못되었다는 걸 대번에 알아볼 수 있었을 거예요. 제가 아주 어렸을 때부터요.
데비	고등학교를 다닐 때는 완전히 문제아였다고 했어요. 인종주의적인 교사들에게 맞서다가 곤경에 처하기도 했다고요.
매릴린	정말 소름 끼치는 일이었죠. 우리는 인종주의, 반유대주의, 반아랍주의

등 모든 걸 반대하는 이념에 빠진 사람들 손에 자랐어요. 자기 가족들 얼굴에 먹칠을 하는 그런 사람들이 우릴 가르친다니, 뭐가 잘못돼도 너무 잘못되었다고 생각했죠. 일주일에 한 번은 학생처장실에 불려가곤 했어요. 그래서 틈만 나면 학교를 빼먹고 해변에 갔어요. 가난한 문제아들이 있는가 하면 중산층 문제아들도 있는데, 저는 중산층 문제아들의 리더 격이라 할 수 있었죠.

데비   성장 환경을 고려했을 때 당신의 도덕적 잣대는 어디에서 온 것 같나요?

매릴린   저도 그렇고 제 남자 형제들도 그렇고 참 신기하게 생각하는 것이 이렇게 퇴행적인 환경에서 자란 우리가 어쩌다 이런 진보주의자들이 되었을까 하는 것이에요. 근데 저도 모르겠어요. 불의를 보면 늘 못 참았고 맨날 욕을 얻어먹으며 자랐어요. 그야말로 문제아였죠. 어머니가 마약중독자였기 때문에 문제아이기도 했지만, 마약중독자 입장에서도 최악의 자식이었을 거예요. 저는 통제가 안 되는 아이였거든요. 밤새 집에 안 들어와서 어머니를 미쳐버리게 만들기도 했어요.

데비   자신이 성공할 수 있을 거라는 생각을 해본 적 있나요?

매릴린   나에게 비전이 있다는 건 알았어요. 남들보다 똑똑하다는 것도요. 하지만 저는 마약에 취한 채 태어났고, 모유를 먹어본 적도 없고, 지금까지 산수도 할 줄 모르죠. 뭐든 외우는 건 자신 있었는데 그게 저의 생존법이었기 때문이죠. 하지만 뭔가 하고 싶은 말이 있다는 건 늘 알고 있었어요. 아무도 나에게 그 어떤 격려의 말도 해주지 않았는데 말이죠. 어쨌든 저는 예술을 하게 되었는데 그건 그냥 예술이 주는 기쁨이 너무 컸기 때문이에요. 보는 사람이 있느냐 없느냐는 중요하지 않았어요.

데비   플로리다대학교 게인즈빌 캠퍼스를 다닐 때 어머니를 대상으로 일련의 흑백 사진들을 찍었어요. 잠옷 차림으로 담배를 피우며 몸단장을 하는 어머니의 모습이 담긴 사진들이었죠. 전설적인 사진작가 다이앤 아버스가 학교를 방문했을 때 다른 학생들이 찍은 조개껍데기며 하늘 따위를 찍은 로맨틱한 사진들은 다 싫어했는데 당신의 어머니 사진은 엄청 마음에 들어 했다고 들었어요. 그때 기분이 어땠나요?

매릴린   저희 학교는 세상 보수적인 게인즈빌에 있었어요. 사진을 인화해서 수업에 처음 가져가자 다들 "세상에, 이분이 너희 어머니야?" 식의 반응을 보이더군요. 수치심이 밀려들면서 '이제 이건 아무한테도 보여주지 말아야겠다'는 생각이 들었어요. 강사들은 그렇게 나쁘게 보지 않은 것 같았지만 동기들이 엄청 충격을 받았거든요. 1995년이 되어서야 그 사진들을 정식으로 인화했죠. 1971년 제가 대학원을 다닐 때 다이앤이 사망했는데, 그제야 그가 어떤 사람인지 알았어요. 《라이프》에도 등장한 작가라는 걸요. 그전에는 그분이 중요한 예술가라는 걸 몰랐어요.

데비   그 사진들을 25년간 서랍 속에 숨겨놓았다고요.

매릴린   네, 맞아요.

데비   게인즈빌에서 대학교를 졸업한 뒤 시러큐스대학교에서 석사 과정을 밟았어요. 재학 중에 앤디 워홀의 작업실에 전화해 실크스크린 기법을 알려달라고 한 적도 있다면서요.

매릴린   작업실 전화번호가 《에버그린 리뷰》라고 하는 급진주의 잡지 뒷페이지에 실려 있었어요. 전화했더니 방법을 알려주더군요. 네, 저는 늘 야심이 넘치는 사람이었답니다.

데비   하지만 정작 그 시기는 자신감이 부족했던 때라고 하기도 했잖아요.

매릴린   네, 자신감이라고는 전무했죠.

데비   참 흥미로운 속성들의 조합이네요. 자신감은 없지만 야심은 넘치는.

매릴린   도움을 요청하는 건 조금도 어렵게 생각하지 않았어요. 저도 경력을 쌓아야 했으니까요. 당시 저는 페미니즘의 영향을 받아 남성과 여성 사이에 그 어떤 차이도 없다는 결론을 내렸어요. 남자가 하는 일이라면 뭐든 나도 할 수 있을 거라고 결심했죠. 아마 1980년대 후반쯤이었을 거예요. 당시 저는 남성 예술가가 여성 예술가보다 훨씬 더 큰 관심을 받는다는 사실에 불만이 많았어요. 조앤 미첼의 작품을 보는데 '젠장, 진짜 대단하다. 저렇게 잘하는데 왜 드 쿠닝처럼 관심 받지 못한 거지?'라는 생각이 들더군요. 그런 생각을 안고 메트로 픽처스 미술관에서 열리는 마이크 켈리의 훌륭한 전시를 보러 갔죠. 봉제 동물 인형들을 기워서 그림을 만들고, 펠트 천으로 현수막을 만들고, 데쿠파주 기법나무, 금속, 유리 등의 표면에 그림을 붙이고 그 위에 바니시를 칠한 장식 기법을 사용해 입술과 입으로 뒤덮인 서랍을 만드는 식이었어요. 열세 살짜리 소녀의 머릿속에 들어갔다 나오기라도 한 것처럼 쇼핑몰 문화, 반짝이, 무지갯빛 색상을 총동원했더군요. 저는 그걸 보고 '와, 저 사람 진짜 똑똑하구나. 여성 예술가가 이런 걸 만들었으면 아무런 관심도 못 받았을 텐데'라고 생각했죠.

**나에게 뭔가 하고 싶은 말이 있다는 건 늘 알고 있었어요.
아무도 나에게 그 어떤 격려의 말도 해주지 않았는데
말이죠. 어쨌든 저는 예술을 하게 되었는데 그건 그냥
예술이 주는 기쁨이 너무 컸기 때문이에요.
보는 사람이 있느냐 없느냐는 중요하지 않았어요.**

데비   어쩌면 왕따를 당했겠죠.

매릴린   왕따를 당하거나 관능주의자 취급을 받았을 거예요. 저는 '이거 참 기발하다. 저 사람은 우리가 다 아는 걸 가지고 작품을 만들었구나' 생각했어요. 관객들이 아주 열광하더라고요. 그래서 생각해봤죠. 여자가 만들면 전적으로 무시될 게 뻔하지만 남자가 만들면 의미가 달라진다는 이유로 여성 작가가 절대 다루지 않는 주제가 하나 있다면 그게 무엇일까? 그러다가 이런 답에 이르게 되었어요. '여성 작가가 성적인 이미지를 가져와서 자신의 것으로 만들고 이것을 복제하면 어떨까?' 그렇게 해서 포르노 작업을 하게 된 거예요. 비슷한 작업을 하는 예술가는 제가 알기로 주디 번스타인과 캐롤리 슈니먼 단 두 명뿐인데, 둘 다 비교적 평이한 포르노를 다뤘어요. 그래서 사정 장면같이 정말 센 걸 해야 의미가 있을 거라는 결론에 이르게 되었죠. 당시 사정 장면은 하드코어로 여겨졌거든요. 그렇게 해서 나온 게 〈포르노 그리드Porn Grid〉라는 연작 시리즈예요. 학대의 역사에서 비롯된 이미지를 가져와 새로운 목적에 맞게 고쳐 씀으로써 정치적으로 올바른 판타지라는 것은 없다는 것, 이제 여자들도 자신의 즐거움과 쾌락을 위한 이미지를 만들 때가 되었다는 것을 보여주고자 했어요. 여성이 성적인 이미지를 만드는 주체가 되어야 한다는 것이었죠. 당시 이런 생각은 모든 사람을 소스라치게 놀라게 했고, 그건 지금도 마찬가지예요. 저는 질문만 있고 해답이 없었기 때문에 몰락의 길을 걸었어요. 저를 페미니즘의 배신자라고 규정하는 건 너무 쉬운 일이었지요. 한마디로 예술계에서 쫓겨나다시피 했어요. 전시는 일주일 일찍 끝났고 작품은 하나도 못 팔았죠.《타임스》와《빌리지 보이스》에 제 전시에 대한 혹평이 실렸고요. 전 정말 망연자실했는데 성적으로 자극적인 걸 의도한 건 아니었기 때문이에요.

데비   사람들이 불편해했던 진짜 이유가 뭐라고 생각해요?

매릴린   여성이 이런 힘을 소유하려고 한 것을 불편하게 생각했던 것 같아요. 여자들은 자신이 남자를 상대로 이런 힘을 가지고 있다는 걸 늘 알고 있었거든요. 남자들은 여기에 두려움을 느끼고 다른 여자들도 두려움을 느껴요. 그런 것을 만드는 주체가 된다는 것은 여전히 모두에게 엄청난 두려움을 자아내죠. 하지만 이제 나는 나이 많은 여자라 그런 시선을 적당히 피해 갈 수 있어요. 하지만 젊은 여자가 성적인 이미지를 다루면 여전히 예술계에서 끔찍한 여성 비하에 시달리죠.

데비 사람들이 지금 당신의 작업을 더 잘 받아들일 수 있게 된 게 당신이 나이가 들었기 때문이라고 생각해요?

매릴린 제가 늘 예로 드는 작품이 하나 있는데요. 엄청나게 큰 딜도를 손에 들고 활짝 웃고 있는 루이즈 부르주아를 찍은 로버트 메이플소프의 유명한 사진이에요. 모두가 다 그런 그녀를 사랑스럽다고 생각하지만, 만약 젊고 아름다운 예술가가 그랬다면… 남자고 여자고 다 겁을 집어먹었을 거예요.

데비 섹슈얼리티, 동성 결혼 등에 대해 약간은 더 열린 시각으로 보는 지금의 시대적 분위기가 중요하게 작용하지는 않았을까요?

매릴린 현시대의 아름다운 점은 지금까지 무시되고 배제되어 온 모든 이를 마침내 정면으로 바라보게 되었다는 거예요. 여성이 성적인 이미지를 다룰 수 있는 언어 역시 이전에는 존재하지 않았어요. 그런 걸 아는 것만으로도 숙녀답지 못하다는 평가를 받았죠. 저는 지식인은 아니지만 이런 것이 너무나 잘못되었다고 생각해요. 예술계가 얼마나 클리셰 덩어리냐면, 제가 1995년에 어머니 사진들을 공개하자 갑자기 절 진지한 예술가로 취급하기 시작하더군요. '문제 있는 가정에서 성장했으니 좋은 예술가임에 틀림없다'고 생각한 거죠. 드로잉 센터에서 일하던 제 친구가 설치를 요청해서 그 사진들을 아주 큰 사이즈로 청사진 인화blueprint press를 하고 핀으로 고정해 벽에 걸기만 했는데, 반응이 정말 엄청났어요. 제가 다시 미술계로 받아들여진 것도 그때예요. 저는 창조적인 과정에 대해 이렇게 생각해요. 자신의 내적 비전에 귀를 기울여 작품을 하다 보면 언젠가는 시대정신을 만나게 될 거라고요. 저는 운이 좋은 사람 축에 드는데, 살아생전에 시대정신을 만났기 때문이죠.

데비 매릴린, 당신은 사람들의 심기를 거스르는 작품이 아마도 좋은 예술일 것이라고 말한 적이 있죠. 왜 그렇게 생각하나요?

매릴린 대부분의 예술가들은 예술처럼 보이는 작품을 만들어요. 그런데 다른 언어로 된 무언가를 보면 새로운 비전이 담겨 있어요. 어딘가 위협적인 느낌이 들기도 하고요. 그러면 거기서 도망가고 싶다는 생각이 드는데 내가 차지할 수도 있었던 공간을 빼앗긴 기분이 들기 때문이에요. 그건 새로운 예술에 대해 취할 수 있는 그야말로 최악의 태도라 할 수 있죠. 저는 성장하고 변화하고 싶은데, 그러기 위해서는 힘든 대화도 마다하지 말아야 하고 나에게 이상하게 보이거나 나의 세계를 혼란에 빠뜨리거나 나를 뒤떨어지게 만드는 것도 받아들일 수 있어야 해요. 저는 그렇게 하려고 노력하는 편이에요. '그래, 내가 할 수 있는 최선은 저 예술가에게 가서 그를 끌어안고 정말 대단하다고 말해주는 거야'라고 생각하죠. 그러면 질투가 사라져요. 그런 식으로 독을 제거하죠.

데비 여성이 어떻게 성적 이미지를 만드는 주체가 될 수 있다고 생각하세요?

매릴린 제가 이 일을 처음 시작했을 때는 이 주제에 대해 지적으로 접근하는 성 노동자들이 거의 없다시피 했어요. 포르노 스타 중에는 착취당하거나 포르노 중독인 경우가 태반이었고요. 하지만 패멀라 앤더슨은 주체적이었죠. 그녀는 이렇게 말했어요. "나는 댄서도 아니고 배우도 아니다. 나는 핀업 걸이다." 그리고 자기 일을 정말 잘했어요.

데비 최근 10년간 작업한 작품 중에 패멀라 앤더슨, 레이디 가가, 마일리 사이러스와 함께한 일련의 인물 사진들이 있어요. 이 사진들을 찍을 때 모두에게 앞머리를 내려달라고 요청했는데, 왜죠?

매릴린 그때 마흔이었던 패멀라의 순수한 모습을 보여주고 싶었어요. 그녀는 정말이지 열렬한 동물권 운동가거든요. 그녀가 핀업 걸로 활동하던 중에 그런 대의를 위한 일에 착수했다는 점이 정말 흥미로웠어요. 그녀의 그런 공감 능력을 보여주고 싶었어요. 앞머리를 자르고 얼굴에서 화장기를 싹 지워내면 동물 학대나 고통에 동질감을 느끼는 순수한 모습을 연출할 수 있을 거라고 생각했죠. 가가와는 〈스타 이즈 본〉이 나오기 직전에 작업했는데 화장을 전혀 안 한 상태였어요. 자기 자신을 새로이 만들어내던 시점이었죠. 덕분에 그녀가 긴장이 좀 풀려 있을 때 같이 작업하게 되었어요. 내가 자기를 보고 있다고 생각 안 하고 경계심을 늦추곤 했는데, 그때 찍은 사진이 《뉴욕 타임스》에 발표한 사진이에요.

데비 새로운 프로젝트를 시작하기 전에 늘 스트레스를 받고 실패를 걱정한다고 쓰셨어요. 자신이 하는 모든 일이 다 대단하다고 생각하는 사람도 있을까요? 그런 사람을 아시나요?

매릴린 오만이 동력인 사람들은 알지요. 하지만 좋은 예술가는 대부분 자신에 대한 회의를 가지고 있어요. 실패는 창조적 과정의 일부라고 생각해요. 자신의 두려움을 마주하고 예술을 해야 한다고 생각해요.

데비 "쾌락은 일시적이다. 봉사를 하거나 사회운동을 하거나 다른 이를 돕는 것에서 쾌락을 느껴야 한다. 그런 것이 끝내주는 섹스보다 더 오래가는데, 원하는 것을 다 얻으면 만족할 것 같지만 절대 그렇지 않기 때문이다"라고 말씀하셨어요.

매릴린 제가 경험한 바로는 그래요. 타인을 돕고 불의와 싸우는 행위에서 진정한, 참된 행복을 얻을 수 있지요. 그러지 못했다면 아마 지금쯤 저는 미쳐버렸을 거예요. 또 그 덕분에 예술 활동을 할 수 있기도 하고요.

데비 인간의 미래에 대해 어떤 생각을 가지고 있나요?

매릴린 지금과 같은 상황이 끝나더라도 우리가 알았던 방식과 형태의 문화를 되돌릴 수 있을 거라고는 생각하지 않아요. 최선의 시나리오는 깨끗한 공기와 바다를 가진 건강한 나라를 만들려고 애쓰고 오늘날 세상에서 벌어지는 잔혹 행위를 줄이는 것이겠죠. 하지만 그런 일은 지금까지 단 한 번도 가능하지 않았는데 이번이라고 다를까요. 무슨 일이 일어날지는 저도 모르겠네요.

데비 남편과 함께 살면서 여전히 작업을 하고 계세요. 팬데믹 와중에 어떻게 작업을 이어가고 있나요?

매릴린 저는 운이 상당히 좋은 편이죠. 뉴욕 근교에 집을 짓고 살아서 주변을 걸어 다닐 수 있거든요. 남편이나 저나 면역력이 약한 편이어서 매우 조심하고 있지만요. 하지만 좀 떨어져서 작업하는 것에는 아무 문제가 없어요. 매일 작업을 하고 있답니다. 정말 다행이죠. 거기서 진정한 기쁨을 얻고 있어요. 또 나의 팀이 활동을 지속할 수 있도록 일하고 있기도 해요. 그들이야말로 제가 책임감을 느끼는 사람들이거든요.

데비 이 시기를 겪으면서 작품에 변화가 생기기도 했나요?

매릴린 정말 추접한 무언가를 만들고 있어요. 이건 어쩔 수가 없네요.

데비 어떤 종류의 추접한 것을 만들고 있는데요?

매릴린 음, 사실 그렇게 추접하다고 할 수 없을지도 몰라요. 그냥 제가 그렇게 느끼는 것일 수도 있죠. 은유적으로 말하면 숨이 턱까지 찬 느낌이에요. 앞으로 무슨 일이 생길지 생각하면 정말 끔찍해지죠. 하지만 제가 일러스트레이터는 아니잖아요. 제 감정을 거울처럼 반사하는 은유적 이미지를 만들어보려고 하고 있어요. 그걸로 뭘 할지는 모르겠지만, 여전히 작업 중입니다.

2020. 4. 6 ✺

"We

propose using the word
'pussy' instead of vagina.
Vagina comes from the
Latin word for 'sword holder.'
So we basically call our
pussies a thing you put a
penis in. I don't believe
a body exists as an object
of service to the penis."

"우리는 질vagina 대신 '보지pussy'라는
단어를 사용하라고 제안합니다.
질은 '칼 꽂는 곳'을 뜻하는 라틴어에서
유래했다고 해요. 그러니까 보지를 남근을
넣는 곳이라고 부르는 셈이죠.
저는 몸이 남근에 봉사하는 대상으로서
존재한다고 생각하지 않아요."

조이 맨덜슨
작가, 저널리스트
2019. 7. 29

STEVEN

HELLER

15년에 걸친 14번의 인터뷰

글 | 재커리 페팃

"사실 저는 활판 인쇄로 찍은 마지막 《뉴욕 타임스》의 지면 작업을 했어요." 그가 말했다. "필름에 담았으면 좋았겠다고 생각한 순간이었죠. 어두운 방 안에 조명 하나가 인쇄기를 비추고…"

#음악 큐

때는 2005년이었고 데비 밀먼은 〈디자인 매터스〉의 첫 시즌을 절반쯤 마친 상태였다. 스티븐 헬러가 그녀의 게스트였고, 늘 그렇듯 대화가 최고조에 이르던 바로 그때 음악이 삽입되면서 광고 시간을 알렸다.

"할 얘기가 너무 많이 남아 있는데요. 아무래도 한 번 더 출연해줘야겠어요, 스티브."

선견지명이 있는 말이었다.

스티븐 헬러의 세계를 뚫고 들어가다 보면 높이 쌓인 수백만 단어들로 된 탑 앞에서 스스로 작아지는 기분이 든다. 이건 그냥 비유로 하는 말이 아닌데, 헬러가 썼거나 공동 집필했거나 편집한 200권이 넘는 디자인 관련 책들을 가져다 쌓아놓으면 정말로 거대하고 심오한 그림자를 드리울 것이기 때문이다.

지금까지 〈디자인 매터스〉에 총 14번 출연해 단어 수로 치면 토마스 핀천의 『중력의 무지개』와 맞먹는 7만 6000여 개의 단어를 기록으로 남긴 헬러는 이 프로그램이 시작된 이래 독보적으로 최다 출연한 게스트다.

밀먼이 처음 헬러를 인터뷰했을 때 그는 30년 이상 《뉴욕 타임스》의 아트 디렉터를 맡아왔고 책은 고작 90권 낸 상태였다. 훗날 헬러는 이 프로그램에 다시 출연해 이렇게 말하게 된다. "안 입는 옷을 팔려고 옷장 정리를 하다가 내가 썼다는 것도 잊어버린 책을 세 권이나 발견했다니까요."

왜 시즌이 거듭될 때마다 헬러는 어김없이 또 등장하는가? 이 질문에 답하려면 시작부터 거슬러 올라가야 한다.

#음악 큐

　　헬러는 해마다 책을 쏟아냈고 밀먼은 그때마다 그를 초대해 책에 대한 이야기를 나누었다. 하지만 밀먼이 자서전적 느낌이 다분한 특유의 〈디자인 매터스〉식 인터뷰를 진행한 것은 헬러가 13번째로 출연한 2018년이 되어서였다. 애틀랜타에서 열린 미국그래픽아트협회AIGA 행사에서 생방송으로 진행된 인터뷰였는데 그때 밀먼은 그의 뿌리를 거슬러 올라가 뉴욕 주택 단지에 살면서 신문을 만들어 몇 페니에 팔았던 어린 시절을 끄집어냈다.

　　신문 첫 호에 영감을 준 것은?

　　"아이젠하워에게 우리 집으로 저녁 먹으러 오라고 초대 편지를 쓴 적이 있는데, 답장이 왔어요. 그런데 못 온다는 거예요. 진짜 실망했죠. 그 얘기가 첫 호에 들어갔어요."

　　〈디자인 매터스〉 인터뷰뿐 아니라 헬러의 모든 작품, 생각, 대화를 관통하는 주제인 정치 참여는 비교적 일찍 시작했다. 열 살 때 자원봉사를 하겠다고 케네디 선거운동 본부로 가서 봉투에 전단지를 넣는 작업을 비롯해 갖가지 일을 했다. ("한 블록 떨어진 루스벨트 호텔에 자리 잡은 닉슨 본부로 가서 내가 나눠주겠다고 전단지를 받아와서는 냉큼 버리기도 했어요"라고 말하기도 했다.)

　　사회운동가 꿈나무 시절 헬러는 케네디를 두 번 마주쳤다. 쿠퍼 휴잇과 스미스소니언 디자인 박물관에서 수여하는 디자인 마인드상 수상자가 되어 2011년 백악관에서 미셸 오바마와 만났을 때 화제로 삼았을 법한 일화다. ("대략 2분 30초간 화기애애한 분위기가 흘렀지요.")

　　헬러는 언더그라운드 신문에 만화를 그리기 시작했고 열일곱 살에 《뉴욕 프리 프레스》에 자리를 잡았다. 일러스트레이터 브래드 홀랜드를 만난 것도 그즈음이다.

　　"그 사람 덕분에 잡지 만드는 일과 일러스트레이션에 관심이 생겼어요. 일러스트레이션이 무엇을 하는지보다 무엇을 말할 수 있는지를 보게 되었죠. 일러스트레이션은 글의 내용을 알기 쉽게 해주는 역할을 하지만 그 자체로 의미가 있으며 보충이 아니라 보완을 해야 한다는 것이 그 사람의 신조였어요."

패티 스미스와 나란히 잡지사 《록Rock》에서 일했고, 워홀이 창간한 잡지 《인터뷰》를 새로 디자인하기도 했다. 뉴욕의 첫 섹스 타블로이드 잡지인 《스크류Screw》에서 일한 적도 있다. 그는 길거리에서 실시간으로 디자인을 배웠다.

밀먼이 인터뷰에서 지적했듯이 이것은 헬러가 10대 후반과 20대 초반의 나이에 쌓은 경력이다. 일반적인 출판계 상황을 고려하면 허레이쇼 앨저 소설에나 나올 법한 자수성가형 주인공이 따로 없다. ("내가 말하고 싶은 건 내가 기똥차게 운이 좋은 사람이라는 겁니다. 하고 싶었지만 못한 일은 거의 없거든요. 영국인 배우가 되는 것만 빼면 말이죠.")

헬러는 뉴욕대학교에 입학했으나 자신의 철학과 교수를 《스크류》 만화에 등장시키고, 학교에서 강제한 상담 치료를 거부했다는 이유로 퇴학당했다. 베트남 전쟁 때 징병 검사에서 1-A 등급(군 복무 가능자)을 받고 스쿨 오브 비주얼아트에 입학했지만, 전설적인 일러스트레이터 마셜 애리스먼이 그를 내쫓았다(2년 뒤에 그를 강사로 채용하고 둘이 책 몇 권을 공동 집필하기는 했지만 말이다).

그래도 그는 운 좋게 궁지에서 벗어났다. 《뉴욕 타임스》가 스물셋의 그를 칼럼면 책임자로 고용한 것이다. 그의 가족은 안도의 한숨을 내쉬었다.

"저희 부모님이 보시기에 그건 의사가 된 거나 마찬가지였어요. 세상에 《뉴욕 타임스》라뇨. 《스크류》와는 비교도 할 수 없었죠."

그리고 《뉴욕 타임스》에서 일하는 동안 책을 쏟아 내기 시작했다.

*

밀먼과 헬러 판 『중력의 무지개』를 읽다 보면 두 주인공 사이에 넘쳐흐르는 즐거운 기운에 새삼 놀라게 된다. 헬러가 브랜딩 술책에 대해 독설을 늘어놓을 때를 유쾌하게 언쟁을 벌이기도 하고(참고로 헬러는 밀먼이 스쿨 오브 비주얼아트에 브랜딩 석사 과정을 설립할 수 있도록 도왔다), 디자인 역사에 대한 이야기가 나오면 덕후들만 알 법한 이야기들을 늘어놓으며 신나 한다(헬러는 이 분야의 절대적 거장이어서 디자인 역사의 전당을 거닐며 그가 한 말, 그가 연 심포지엄, 그가 쓴 유명한 글이나 악명 높은 글 등을 한 번도 마주치지 않고 지나가기란 불가능하다. 그는 언제나 업계의 과거라는 미로 도처에 도사리고 있다). 고도로 지적인 대화를 나누는가 싶으면 대중문화와 관련된 시시껄렁한 잡담을 늘어놓고, 샛길로 빠졌다가도 어느새 본론으로 돌아와 자유자재로 대화를 이끈다. 이런 점은 주로 밀먼이 노련하게 대화를 이끌어가는 다른 〈디자인 매터스〉 인터뷰와 차별화되는 지점일 것이다. 2015년 밀먼 역시 이렇게 말한 바 있다. "스티브, 당신이 나오면 가장 좋은 점 중 하나는 우리의 대화가 참 다양한 방향으로 뻗어 나갈 수 있다는 거예요."

그동안 그들이 인터뷰에서 다룬 주제만 해도 10대 잡지의 역사, 그래픽 상징으로서 스와스티카의 진화, 벨벳 레터링에 대한 헬러의 사랑, 이제는 고인이 된 디자인계의 전설 폴 랜드에게 장난을 쳤던 일화 등 무궁무진하다. 예를 들어 유대교 신자인 그에게 유대교 안식일마다 전화를 걸어 받게 한 다음 "딱 걸렸어요"라고 말했다고 한다. 정통파 유대교에서는 안식일에 전화나 컴퓨터를 쓰는 것을 엄격히 금지하고 있다.

밀먼은 2015년 인터뷰를 시작하면서 이렇게 말했다. "매번 출연할 때마다 헬러는 그래픽디자인의 역사, 관습, 문화에 대해 무언가 새롭고 매혹적인 것을 가르쳐주었지요. 스티븐 헬러가 어떤 사람인지 안다면 조금도 놀라울 게 없는 소식이겠지만, 그가 쓴 신간이 몇 권 나왔어요. 아직 봄도 채 지나지 않았는데 말이죠."

책들.

그가 쓴 첫 책은? 『예술가들의 크리스마스 카드Artist's Christmas Cards』(1979)라는 모음집이다. 밀먼이 말했듯이 헬러는 아이디어를 하나 떠올리면 아내이자 레터링의 거장 루이즈 필리가 잠에서 깰 때쯤 이미 책 출간 계약까지 다 마쳐놓는다는 농담도 있다.

헬러는 이렇게 말한다. "아이디어가 떠오르면 일어나자마자 바로 컴퓨터로 가서 누군가에게 편지를 쓰고 '오케이'라는 말을 들을 때까지 들들 볶아요."

그는 자신이 생산하는 아이디어가 책으로 나오는 것보다 10배 정도 많을 것으로 추산한다. 밀먼이 〈디자인 매터스〉의 한 에피소드에서 밝혔듯이 그녀가 첫 책을 계약하게 된 데에도 헬러가 중요한 역할을 했다. 한 출판사가 그의 제안에 흥미를 느끼고 연락했는데 그가 자기 대신 밀먼을 저자로 추천했던 것이다. 그렇게 해서 탄생한 책이 밀먼의 『위대한 그래픽디자이너의 사유How to Think Like a Great Graphic Designer』이다. ("그 제목은 지금 생각해도 최악인 것 같아요"라고 밀먼은 말했지만.)

아이디어가 떠오르면 일어나자마자 바로 컴퓨터로 가서 누군가에게 편지를 쓰고 '오케이'라는 말을 들을 때까지 들들 볶아요.

"스티브에게 영향이나 도움, 지도를 받은 사람들의 이야기는 100만 개도 더 있을 거예요"라고 밀먼은 2018년 인터뷰에서 말했다. "당신의 삶의 방식이나 자신의 기회를 타인과 나누는 그런 관대함은 제가 단 한 번도 접해보지 못한 것이었어요." 〈디자인 매터스〉 에피소드 중 개인적으로 가장 좋아하는 에피소드는 2011년 헬러가 출연한 부분이었다. 과정에 대한 통찰을 엿볼 수 있고 대화가 흥미로웠기 때문이다. 헬러는 늘 서로 다른 책을 열 권 정도 동시에 작업하고 있는데, 책이 너무 많아서 알파벳 순서로 개인 홈페이지에 정리해놓는다고 한다. 『풍자 예술The Art of Satire』, 『그래픽·디지털 디자이너가 되는 법Becoming a Graphic & Digital Designer』, 『빌린 디자인: 역사적 형식의 사용과 남용Borrowed Design: Use and Abuse of Historical Form』, 『브리티시 모던: 양 대전 사이의 그래픽디자인British Modern: Graphic Design between the Wars』, 『표지 프린트: 75커버, 75년Covering PRINT: 75 Covers, 75 Years』, 『디자인 컬트Design Cult』, 『디자인 사업가The Design Entrepreneur』, 『디자인 유머Design Humor』, 『에드워드 고리Edward Gorey』, 『그래픽 스타일 랩 Graphic Style Lab』, 『더 모던The Moderns』, 『스텐실 타입Stensil Type』, 『스와스티카The Swastika』, 『타이폴로지』. 이런 식으로 끝없이 이어진다.

이 모든 것에 더해 그는 자신의 블로그 〈데일리 헬러〉에 주 5회 글을 올리고 있고 그 밖에 수많은 매체에 활발하게 기고하고 있다.

헬러의 2019년 인터뷰는 이런 식으로 마무리되었다. "스티브, 마지막 질문은 앞으로 나올 다른 책들에 관한 거예요. 지금까지 쓴 게 200권쯤 되죠? 정확히 몇 권인가요?"

"저도 세는 걸 관뒀어요." 헬러가 무덤덤하게 말했다. 이것이 농담으로 한 말인지 아닌지는 청취자가 해석하기 나름이다.

그래서 인터뷰를 14번이나 한 이유는 도대체 뭐란 말인가? 진실을 드러내기 위해 조각상을 조금씩 깎아내는 것도 아니고 조각 그림을 맞추거나 모자이크를 만드는 것도 아닌데 말이다. 그보다는 두 탁월한 지성인이 즐겁게 노는 모습에 가까울 듯하다. 마치 재즈처럼.

두 사람이 직접 상호 작용하는 것을 지켜보는 것은 창의성의 연금술과도 같다. 밀먼은 사적으로도 그렇지만 방송 중에 내가 '헬러리즘'이라고 부르는 헬러 특유의 성향을 최대치로 끌어내는 재능이 있다(그러면 나는 신중한 자세로 그가 한 말을 노트에 받아 적는다).

어떤 작가들이 오직 지면에만 쓸 수 있을 법한 말을 헬러는 실시간으로 한다. 이를테면 이런 식이다.

"디자인은 우리의 세계, 우리의 문화를 표현하는 방식이에요. 우리가 가진 모든 것, 우리가 하는 모든 것은 전부 디자인된 것이죠."

"폴 랜드가 한 말인 것 같은데, 그래픽디자인 혹은 상업 예술의 세계에서 독창적이라는 것은 본질적인 미덕이 아닙니다. 무언가를 잘한다는 것은 독창성, 특히 독창성의 전복을 포함하는 개념이고 이것이 가장 중요합니다. 독창적이 되기 위해 너무 애쓰지 말아요. 너무 무리하다 보면 오히려 더 멀어지는 것이 독창성이니까요. 독창적이 되려면 여러 아이디어를 으깨고 융합할 수 있어야 해요. 잘하려고 노력하다 보면 혁신적인 무언가가 알아서 따라올 것입니다."

"디자인은 사회적 역할을 수행해야 한다고 늘 생각해요. 제가 광고계로 가지 않은 이유는 누군가에게 그들이 원하지도 않는 물건을 팔고 싶지 않았기 때문이에요. 브랜딩 분야로 가지 않은 이유는 역사랄 것도 없는 무언가에 대해 허구의 이야기를 만들어주고 싶지 않았기 때문이죠."

"우리 모두가 알 듯이 역사는 살아남은 사람들이 쓰는 것입니다. 그리고 어떤 역사적 사실들은 절대 다뤄지지 않죠. 그래픽디자인에서도 얼마나 많은 것들이 누락되는지 몰라요. 마침내 누군가 그것들을 발굴하기 전까지는 말이죠. (…) 역사책에 들어갈 법한 어떤 것들은 너무 단명했다는 이유로 무시됩니다. 우리는 영웅들을 기억하지만, 그 영웅이 누군지는 다른 누군가가 우리에게 얘기해준 것이겠죠. 아니면 영웅들 자신이 우리에게 얘기해줬거나요."

헬러는 《뉴욕 타임스》에서 30여 년간 일한 뒤 은퇴했고 스쿨 오브 비주얼아트와 오랜 인연을 이어가고 있다. 현재 디자인학과 석사 과정 공동 학과장을 맡고 있으며 디자인 비평, 브랜딩, 소통 디자인, 제품 디자인 등을 연구하는 석사 과정을 공동 설립했다.

디자인스쿨 중퇴자인 그가 아직까지 디자인스쿨에 남아 묵묵히 일하게 된 비결은 무엇일까?

〈디자인 매터스〉의 한 에피소드에서 헬러는 자신이 설립한 과정의 유명한 성공담 중 하나를 언급한 바 있다. 데버라 애들러가 재학 중에 작업한 혁신적인 약통 디자인이 타깃, 그리고 나중에는 CVS에 채택된 사례 말이다.

2010년 신간 『팝: 그래픽디자인은 어떻게 대중문화를 형성하는가 POP: How Graphic Design Shapes Popular Culture』를 들고 네 번째로 밀먼을 만났을 때 헬러는 이렇게 말했다.

헬러 "학생들의 작업물을 보는 게 그냥 너무 좋아요. 당신도 그렇겠지만, 그들이 성공해서 잘사는 모습을 보면 정말 너무너무 기뻐요. 그런 인생을 바꾸는 경험에 내가 조금이나마 도움을 줄 수 있다면 내 인생도 좀 더 소중하게 느껴질 것 같아요. 너무 감상적으로 말한 것 같기는 하지만, 어쨌든 굉장히 좋은 일이죠. 아트 디렉터가 되는 것과 크게 다르지 않은 일이기도 하고요.

데비   "『팝』에서 가르치는 일에 대해 얘기하면서 하찮은 것도 중요하게 볼 수 있어야
       한다는 말을 했어요. 제가 생각하기에 당신의 탁월한 재능 중 하나는 중요한
       것이든 하찮은 것이든 지극히 강력하고 중요한 역할을 할 수 있음을 세상에 보
       여준다는 거예요. 우리를 위해 그런 일을 해줘서 고마워요, 스티브."

헬러   "늘 저의 기쁨이죠. 다섯 번째 인터뷰도 하는 겁니까?"

데비   "그거야 당연하죠. 지금 농담해요?"

                              #음악 큐

언어는 중요하다

스티븐 헬러

상업 인쇄에서 떨어져 나와 계열은 같을지언정 독립적인 직종으로 자리 잡은 후에도 그래픽디자인은 이를테면 예의 바른 어린이 같은 존재감을 오랫동안 유지했다. 많이 보이기는 하지만 전문 직업인의 세계나 업계지를 제외하면 어디서도 소식을 들을 수 없는 그런 존재였다는 말이다. 그래픽디자인은 예술이나 문화적 현상으로 여겨지지 않았고, 설령 누가 이 주제에 대해 진지하게 이야기를 하거나 글을 쓰더라도 소위 상업 예술의 실무나 기술에 초점을 맞춘 경우가 대부분이었다. 19세기 후반에 책, 포스터, 광고, 신문, 잡지 등에 쓰이던 활자와 레이아웃은 대중 전달을 하기 위한 수단이었을 뿐 그 자체로 예술적인 목적이 있었던 것은 아니기 때문이다.

하지만 훗날 그래픽디자인이라 불리게 되는 이 분야에 대한 관심이 높아지면서 그래픽디자인은 광범위한 지적 탐구의 대상이 되기에 이르렀다. 학문의 한 분야로 인정받으며 저명한 혁신가들과 거장들을 거느리게 되었고 이들은 형식과 내용에 대한 탁월한 말과 글로 우리에게 큰 가르침을 주었다(심지어 재미도 주었다). 20세기 초 이후 대중은 그래픽디자인에 대해 훨씬 더 많은 관심을 기울이게 되었고 더 많이 이야기하기 시작했다. 오늘날 그래픽디자인을 업으로 하는 우리는 강연이나 토론을 비롯해 책, 잡지, 블로그, 각종 음성·영상 매체를 통해 그래픽디자인에 대해 이야기하고 듣고 논쟁하고 불평하는 것을 즐긴다.

16년 전 데비 밀먼이 인터넷 라디오 방송 〈디자인 매터스〉를 시작했을 때(마침 인터넷이 거대한 방송 플랫폼으로 공격적으로 활동을 개시하던 시점이었다), 그녀는 디자이너들에게 자신의 일, 영향력, 클라이언트, 구기술, 신기술, 괴상한 방법들뿐만 아니라 직업적, 사회적, 개인적 삶에 대해서도 이야기를 주고받을 수 있는 대화의 장을 연 것이었다. 디자인업계 사람들이 다른 디자이너들의 발표를 듣고 싶어서 참가료까지 내면서 강연이나 워크숍을 듣는다면, 적어도 이 사람들만큼은(그리고 어쩌면 이 분야에 관심이 있는 일반인들도) 집이나 작업실에서 편하게 컴퓨터나 아이팟을 사용해 무료로 디자인에 대한 이야기를 더 듣기 위해 기꺼이 일주일에 한 시간을 할애할 것이라는 게 밀먼의 판단이었다.

〈디자인 매터스〉라는 영리한 제목을 단 그녀의 선구적인 팟캐스트는 단 한 번도 인상적인 말 한마디를 노리고 낚시성 질문을 던진 적이 없다. 프로그램이 계속 진화하면서 밀먼은 인터뷰이의 생각과 동기, 그리고 당연하게도 일에 더 깊이 파고들었다.

하지만 〈디자인 매터스〉의 가장 큰 차별점은 애정 어린 시선으로 디자인 문화의 모든 측면을 파고드는 진행자에 있다. 그녀의 질문들은 게스트에게서 종종 새롭고 예상치 못한 대답을 끌어내는데, 이것이 밀먼 스타일의 핵심이다. 모든 인터뷰에서 밀먼은 최근작에 관한 이야기로 시작해 흥미진진한 주제로 대화를 발전시켜나간다. 솔직한 화법으로 인터뷰이의 마음을 무장해제해 인터뷰이 자신이나 청중이 생각지도 못했던 말이 튀어나오게 한다. 모든 게스트들에게 공평하게 적정량의 어려운 질문을 던진다. 뻔한 대답이 나올 게 분명한 홍보용 질문은 하지 않는다.

방송 초기에는 (이제는 450회를 넘어가고 있다) 그래픽, 제품 및 산업디자이너, 사진작가, 일러스트레이터, 타이포그래퍼, 그 밖의 시각 예술가들을 주로 초청해서 〈디자인 매터스〉가 제목 따라 디자인업계로 범위를 한정하는 듯 보이기도 했다. 하지만 그건 잘못된 예측이었다. 최근에 그녀가 인터뷰한 사람들만 봐도 소설가와 논픽션 작가, 뮤지션과 작곡가, 과학자와 혁신가, 공연 예술가와 연예인 등 각양각색이다. 납득이 간다. 〈디자인 매터스〉는 근본적으로 디자인의 언어를 넘어서서 더 넓은 의미의 언어를 다루고 있기 때문이다. 밀먼이 다음 프로젝트를 시작한다면 제목은 〈랭귀지 매터스Language Matters〉라고 불러도 되지 않을까. 당신의 생각은?

PART

2

진실을
말하는
사람들

크리스 웨어

브레네 브라운

에스터 페렐

팀 페리스

아난드 기리다라다스

에델 로드리게스

카먼 마리아 마차도

린다 배리

샤넬 밀러

셰릴 스트레이드

가브리엘 해밀턴

CHRIS

**크리스 웨어의 책
『빌딩 이야기Building Stories』는 사실상 상자다.**

상자를 열면 14개의 아름다운 작은 물건이 나오는데 훗날 인쇄 산업이 남긴 유물로 보존될 만한 것들이다. 신문, 만화, 팸플릿, 잡지, 양장본, 보드게임, 동화책 스타일의 반짝반짝한 표지를 두른 얇은 책자까지 판형이나 양식도 각양각색이다. 각각의 구성물에는 다리 한쪽이 없는 3층 여자부터 창가 화단에 사는 벌 한 마리에 이르기까지 시카고의 어느 3층짜리 브라운스톤 건물에 사는 거주자들의 이야기가 담겨 있다. 이 시리즈를 이해하는 데 시간적 순서는 별 의미가 없다. 시작도 없고 끝도 없다. 『빌딩 이야기』는 크리스 웨어가 10년 넘게 심혈을 기울여 작업한 야심찬 책이다. 이 인터뷰에서 우리는 이 걸작이 만들어진 과정에 대해 심도 깊은 대화를 나누었다.

WARE

데비 어렸을 때 찰리 브라운에게 너무 감정 이입한 나머지 밸런타인데이에 카드를 보냈다는 게 사실인가요?

크리스 사실입니다. 네, 정말 그랬어요. 찰리가 밸런타인데이에 카드를 받은 적이 한 번도 없다는 게 너무 속상했거든요. 그래서 카드를 썼고 어머니에게 대신 보내달라고 했어요. 어머니는 그것을 가상의 캐릭터들에게 가는 편지만 접수하는 우편함에 넣었다고 하는데, 그게 정확히 어디에 있는지는 저도 잘 모르겠네요. 어쨌든 찰리가 그 카드를 못 받은 건 확실해요.

　이건 찰스 슐츠가 얼마나 대단한 만화가인지 보여주는 일화라 할 수 있지요. 그는 과거에도 그리고 지금도 독자들에게 그런 감정을 불어넣을 수 있는 예술가예요. 이 말을 전에도 한 적이 있는 것 같은데, 저는 그가 독자들이 감정 이입할 수 있는 캐릭터를 만들어낸 최초의 만화가라고 생각합니다.

데비 만화가가 되고 싶다는 생각은 언제 처음 했나요?

크리스 어렸을 때, 열한 살 즈음이었을 거예요. 찰튼 만화 출판사에 몇 페이지짜리 만화를 보낸 적이 있어요. 그때 무슨 이유에선지 거기서 투고를 받는다고 생각했는데 사실은 그게 아니었던 것 같아요. 어렸을 때부터 제가 망상이 좀 심했거든요. 그래도 내 이름으로 만화책을 낼 수만 있다면 정말 행복할 것 같다고 생각했던 것은 또렷이 기억나요.

데비 처음 만화를 출판하기 시작한 것은 대학을 다니면서 《데일리 텍산Daily Texan》에 매주 연재하면서부터죠. 《데일리 텍산》은 당시 전국에서 가장 규모가 큰 대학 신문이었어요. 여기서 퀴비 더 마우스를 비롯해 세상에서 가장 똑똑한 아이 지미 코리건의 초기 버전을 그리기 시작했는데, 이 캐릭터들을 어떻게 만들게 되었나요?

크리스 그때 저는 좀 더 인간적이면서 의미 있고 강력한 무언가를 만들어내고 싶었어요. 동시에 미술대학에 다니는 학생으로서 보다 예술적인 그림도 그려야 했고 조각도 하고 있었지요. 학교 수업 과제를 하면서 동시에 만화를 그리는, 일종의 이중생활을 하고 있었달까요. 수업을 다섯 개씩 듣던 때라 수시로 시험 준비를 하고 과제를 제출해야 했는데 동시에 만화 연재까지 해야 했죠. 그래서 대부분의 경우엔 머릿속에 떠오르는 것을 아무거나 그렸어요. 그렇게 신문에 실릴 만한 것을 매주 쥐어짜내면서 어떤 면에서는 제대로 훈련을 받은 셈이었죠. 하지만 대부분의 경우 결과물이 썩 만족스럽지 못했어요. 다행히 편집국에서는 별로 신경 쓰지 않았지만요.

데비   재학 중에 잡지 《로Raw》의 편집장이자 그래픽노블 시리즈 「마우스Maus」로 유명한 아트 스피글먼의 주목을 받았다고 들었어요. 어느 날 그가 불쑥 당신에게 전화해 작품을 보자고 했다는 게 사실인가요? 혹시 장난일지도 모른다는 생각은 안 했어요?

크리스   정말 장난인 줄 알았어요. 그의 작품을 수년간 챙겨 읽고 있었거든요. 처음 잡지 《로》를 발견한 건 네브래스카주 오마하에 있는 '드래건스 레어'라고 하는 만화책 가게 뒷방이었어요. 저희 할머니가 저를 거기까지 태워다 주고 차 안에서 기다려주곤 했죠. 처음에는 거기서 슈퍼히어로 만화책들을 찾았는데, 나중에는 주인이 포르노 잡지와 언더그라운드 만화책이 있는 뒷방에 들어가게 해주었어요. 어느 날 거기서 'Raw'노골적인, 음란한 등의 의미로 쓰이기도 한다라는 단어가 쓰인 잡지를 발견하고는 '드디어 찾았다!' 생각했죠. 그런데 꺼내봤더니 요스트 스바르트와 이버 묄런요스트 스바르트는 네덜란드 만화가이자 그래픽디자이너이다. 이버 묄런은 벨기에 일러스트레이터이자 만화가로 활동하고 있다의 그림이 그려져 있는 거예요. 실망스럽게도 포르노 잡지는 아니었지만 어쨌든 그 잡지를 샀어요. 그때부터 아트의 작품들을 챙겨 읽기 시작했죠. 그는 프랑수아즈 물리와 함께 그 잡지를 발행하면서 동시에 거기에 「마우스」를 연재하고 있었어요. 대학에 진학하면서도 《로》는 전권을 챙겨 갔어요.

아트는 만화 장르에서 진지하고 인간적이며 강력한 무언가를 시도하는 유일한 사람이었죠. 대학교 1학년 때 기숙사 방에서 종이를 접어 『마우스』와 동일한 사이즈의 팸플릿으로 만들고는 '좋아, 이제부터 나도 나만의 그래픽노블을 써보겠어'라고 생각했던 것이 아직도 생생히 기억나요. 그렇게 한 페이지 반 정도 그렸을까요. 무슨 내용이었는지는 기억도 안 나네요. 차마 눈 뜨고 못 봐줄 수준이었죠. 그에게 전화를 받았을 때쯤 저는 형편없이 낡은 건물에 월세 195달러를 내고 살고 있었어요. 그때 무슨 이야기를 했는지는 전혀 기억이 나지 않아요. 제가 완전히 얼이 빠져 있었다는 것만 기억날 뿐이죠.

그때부터 아트와 저는 좋은 친구로 지냈어요. 그는 세상에 둘도 없는 저의 절친한 친구이자 제 인생의 은인입니다. 정말 훌륭하고 관대한 사람이에요.

데비 자, 이제 『빌딩 이야기』 이야기를 해보죠. 『빌딩 이야기』를 책이라고 불러도 될지 모르겠어요. 그냥 책이라고 하기에는 너무 다양한 요소들이 섞여 있어서 말이죠. 『빌딩 이야기』를 이루고 있는 14개의 개별 구성물은 시카고의 한 아파트 건물에 살고 있는 거주자들의 얽히고설킨 이야기를 놀라운 방식으로 들려주고 있는데요. 이것을 어떤 방식으로 구성할지 전략을 짜놓고 임하셨나요? 무엇을 책으로 하고 무엇을 보드게임으로 할지에 대해서요?

크리스 그런 부분도 없지 않겠지만 전체적으로는 아니에요. 작업을 하면서 그때그때의 판단에 따르는 식이었지요.

처음에는 그 건물에 사는 캐릭터별로 책 내용을 나누려고 했어요. 하지만 한 캐릭터의 시점으로 책 전체를 끌고 가는 것이 좋겠다는 판단이 들면서 개별 구성물 역시 그녀의 관점에서 서술하기로 했죠. 어떤 것은 그녀가 글쓰기 수업을 받으면서 과제로 제출한 것이기도 해요.

데비 그녀를 다리 한쪽이 없는 사람으로 설정한 이유는 무엇인가요?

크리스   학교 다닐 때 다리 한쪽이 없는 한 여자가 버스를 기다리는 모습을 본 적이 있어요. 그때 저 사람의 삶은 어떨까, 저 사람은 어떤 사람일까 생각하게 되었죠. 그 여자 생각이 종종 났어요. 어쩌면 그녀가 흥미로운 캐릭터가 될 수도 있겠다는 생각이 들었죠.

      그리고 또 다른 이유가 있는데, 학교 다닐 때 어떠어떠한 것에 대해서는 쓰지 말라고 이야기하던 선생님들이 있었거든요. 이를테면 남자는 여자를 대상화할 수 있기 때문에 여자를 주인공으로 쓰면 안 된다는 식이었죠. 저는 그런 게 말도 안 된다고 생각했어요. 글을 쓴다는 것이 바로 그런 거잖아요. 다른 사람을 이해하려고 노력하는 것이요. 다른 사람을 이해하려 하되 그 사람의 입장에서 생각하려고 노력하는 것이잖아요. 그래서 주인공이 다리 한쪽이 없는 여성인 것에 대해서도 별로 대수롭지 않게 생각하고 싶었어요.

데비   그녀는 굉장히 입체적인 캐릭터예요. 현실에서 마주칠 법한 진짜 사람처럼 느껴지죠. 최근에 디자이너 에밀리 오버먼에밀리 오버먼의 인터뷰는 4부에 나온다과 당신에 대해 이야기하다가 "크리스에게 질문을 하나 한다면 어떤 것을 물어보고 싶어요?"라고 물었어요. 그랬더니 그녀가 이렇게 써서 보냈더군요. "왜 그렇게 슬픈가요?"

저는 그냥 제가 경험한 삶의 느낌을 담아내고자 할 뿐이에요.
슬픔을 의도한 것은 아니지만 삶에는 대개 오랜 기다림이나
의심, 불안, 긴장 같은 것이 따르기 마련이잖아요.
저의 경우에는 슬픔이 삶의 한 부분인 것이고요.

크리스   저는 그냥 제가 경험한 삶의 느낌을 담아내고자 할 뿐이에요. 슬픔을 의도한 것은 아니지만 삶에는 대개 오랜 기다림이나 의심, 불안, 긴장 같은 것이 따르기 마련이잖아요. 저의 경우에는 슬픔이 삶의 한 부분인 것이고요. 슬픔을 피할 생각은 없지만 슬픔을 대단히 흥미로운 것처럼 포장할 생각도 없어요. 그저 그것이 진짜처럼 느껴지길 바랄 뿐이죠.

저는 오즈 야스지로 감독의 영화 〈동경 이야기〉를 정말 좋아하거든요. 아마 제일 좋아하는 영화일 거예요. 두 번째로 그 영화를 보고 나서 감독이 삶의 그런 느낌을 기가 막히게 포착했다는 것을 깨달았어요. 우리가 감정을 억누르며 보내는 시간이 너무 많다는 것이 느껴지면서 불현듯 가슴이 막 아파오고 공감 능력이 되살아나면서 어떤 식으로든 좋은 사람이 되고 싶다는 생각이 드는 거죠.

어렸을 때는 항상 그런 마음으로 살았잖아요. 그러다가 어른이 되면서 감정을 억누르거나 제쳐두는 법을 배우게 돼요. 그렇게 사는 게 너무 힘드니까 그냥 무덤덤하게 살아가게 되는 거죠. 그 영화가 전달한 느낌의 1000분의 1이라도 제 작품에 담을 수 있다면 제가 목표한 바를 이루었다고 생각할 것 같아요.

데비　『빌딩 이야기』에서 가장 놀라운 캐릭터는 빌딩 그 자체인 것 같아요. 이 건물은 영혼이 있는 건물이잖아요. 아이들의 경쾌한 발소리를 사랑하고, 여기서 몇 명이 살았고 라디에이터는 몇 개를 갈아치웠으며 아이는 몇 명을 낳았는지, 벌레는 몇 마리를 잡았고 전화는 몇 통이 왔으며 오르가슴, 주먹 다툼, 비명, 아침 식사는 몇 번이나 행해졌는지 다 기억하고 있어요. 어떻게 건물에 그런 인간성을 부여하게 되었나요?

크리스　한편으로 그것은 주인공이 글쓰기 수업 과제로 의식적으로 만들어낸 창조물이라고 할 수 있지요. 보통 초보 작가들이 그런 거창한 실험을 하다가 끔찍한 실패를 맛보곤 해요. 하지만 간혹 예상치 못한 감정을 불러오기도 하죠. 다른 한편으로는 제가 개인적으로 관심을 가지고 있고 자주 생각하는 주제이기도 해요.

저는 건물의 역사라든지 거기에서 일어나는 일들에 대해 종종 생각하거든요. 좀 미친 소리처럼 들릴 수도 있겠지만, 오랜 세월을 버텨온 건물은 살아 있는 생명체처럼 느껴지기도 해요.

시카고 문화사를 연구하는 제 친구 팀 새뮤얼슨은 건물에 대해, 그리고 건물이 여러 세대를 거쳐 경험한 것들에 대해 진정으로 공감할 수 있다고 말하지요. 그런 점에서 그에게 큰 영향을 받은 것 같아요. 결국 모든 것은 공감으로 설명됩니다. 건물에 미안한 감정을 느낀다면 그것을 되도록 허물지 않으려고 하겠죠.

누군가에게 미안함을 느끼거나 그들의 감정을 이해하려고 하다 보면 직접 만났을 때에도 덜 공격적인 태도를 보일 테고요. 또 어떤 집단이나 국가에 공감을 느끼면 해당 집단이나 국가에 대해 덜 공세적인 태도를 취하게 될 것입니다. 저는 그것이 인간을 인간답게 만드는 것이라고 생각해요. 인간으로서 배울 수 있는 가장 중요한 것이자 후대에게 전수해야 할 가장 중요한 것이기도 하고요. 저도 어머니와 할머니에게서 그런 것을 배웠거든요.

데비　책에 이런 구절이 나와요. "밤에 건물이나 주택가를 지나가면서 사람들 사는 모습을 슬쩍 엿볼 생각으로 반쯤 처진 커튼이나 블라인드 사이를 곁눈질해보지 않은 사람이 어디 있을까? 어떤 것이든 상관없다… 찰나의 움직임, 불쑥 나타난 누군가의 머리, 머리카락 몇 가닥, 미스터리한 그림자, 언뜻 드러난 살갗이 살가운 인사나 계산된 친절보다 왠지 모르게 더 많은 것을 드러내는 듯하다… 실망스럽게도 속 커튼이 드리워져 있을 때조차 말할 수 없는 온갖 다채로운 비밀들을 품고 있는 것만 같다." 그러고 나서 주인공 캐릭터가 이런 말을 하죠. "바보 같은 짓이라는 건 알지만 어쩔 수가 없다. 어렸을 때부터 나는 사물에게 늘 미안한 마음이 들었다… 생명이 없다는 것을 알면서도 그런 감정에 휩쓸리곤 했다. 테이블의 다리를 껴안거나 의자에게 작별 인사를 하는 식이었다. 나는 강박적으로 모든 것에 인격을 부여했다." 당신도 실제로 이런 행동을 하나요?

크리스　크리스마스 시즌에 특집 방송이 나오면 텔레비전에 뽀뽀를 하곤 했어요. 앞으로 1년간은 다시 못 볼 테니까요.

데비　저는 미스터 로저스에게 뽀뽀했어요.

크리스 그거 멋지네요. 그는 제 영웅이기도 해요. 프레드 로저스〈미스터 로저스의 이웃〉이라는 유명한 어린이 프로그램을 오랫동안 진행한 미국 방송인는 20세기를 산 가장 위대한 미국인 중 한 명이라고 생각합니다. 그러면 당신의 그런 행동을 고맙게 생각해주었을 것 같네요. 그가 나오는 훌륭한 다큐멘터리를 본 적이 있는데, 인터뷰에서 이런 말을 했어요. "텔레비전과 아이들의 눈 사이에는 절대 침범할 수 없는 성스러운 공간이 있다"라고요. 정말 진지하고 확신에 찬 얼굴로 이 말을 하는데, 저 사람은 평생을 저렇게 살았구나 하는 것이 느껴지더군요.

데비 당신은 도발적인 소재도 기피하지 않는 것 같아요. 이를테면 주인공은 책 전반에 걸쳐 낙태의 기억에 시달리지요. 또 깊은 외로움에 빠져 있고 자신의 몸을 증오하죠. 『빌딩 이야기』에 나오는 모든 여성 캐릭터가 자신의 몸과 불화하고 있는 것처럼 보이기도 해요. 자기 자신을 못마땅하게 여기고 대부분 자신의 외모에 만족하지 못하죠. 섹슈얼리티를 인상적으로 드러내는 장면도 많은데요. 성행위를 하거나 자기 몸에 무언가 재밌는 짓을 하고 있는 사람들을 보여주는 식으로요. 이런 장면들을 그릴 때는 감정 모드가 좀 바뀌기도 하나요?

크리스 중요한 것은 캐릭터의 마음을 느끼고 캐릭터에게 마음을 쓰는 것이겠죠. 우리가 왜 소설을 읽겠어요? 이건 언젠가 아트가 저한테 한 말인 것 같은데, 우리가 모두 같은 비밀을 가지고 있다는 것을 발견하기 위해서잖아요.

데비 여러 캐릭터들에 공통적으로 나타나는 특징은 이들이 깊은 자기혐오에 빠져 있다는 거예요.

크리스 그건 아마 제 문제일 거예요. 어쨌든 이 책은 제 의식을 거쳐서 나온 것이니까요.

데비 문제가 뭘까요?

크리스 　잘 모르겠어요. 작업을 마치고 내가 쓴 것을 보면 '이런 세상에, 저건 너무 끔찍하잖아. 어떻게 저런 걸 그릴 수가 있지? 이런 멍청한 이야기는 왜 한 거야'라는 생각이 들어요. 아니면 이야기 자체가 아예 성립이 안 되던가요. 어쨌든 제가 느끼는 감정은 그래요.

　내 일에 대해 때때로 약간의 확신을 가질 수 있다면 정말 좋을 것 같아요. 물론 제가 생각했던 것만큼 결과물이 나쁘지 않다고 느낄 때도 있기는 해요. 하지만 대부분의 경우는 그렇지 않죠. 최대한 긍정적으로 말한들 잘되면 좋겠다, 최선을 다하겠다, 이 정도일 거예요. 저처럼 생각하지 않는 작가들이 정말 부러워요.

우리가 왜 소설을 읽겠어요?
우리가 모두 같은 비밀을 가지고 있다는 것을
발견하기 위해서잖아요.

데비 　『빌딩 이야기』에 나오는 캐릭터들을 좋아하시나요?

크리스 　네, 좋아해요. 그건 확실하게 말씀드릴 수 있네요. 미친 소리 같겠지만 저는 제가 만든 모든 캐릭터들과 좋든 싫든 사랑에 빠진답니다.

데비 　미친 소리 같지 않아요. 당신은 아무리 고약하고 불만 많고 잔인한 캐릭터라도 공감할 수 있게 그리잖아요. 결국 그들을 응원할 수밖에 없게 되죠.

크리스 　사람들이 고약하고 불만 많고 잔인하게 굴 땐 이유가 있는 법이거든요. 때로는 이들도 자신이 왜 그러는지 모르는 것 같아요. 그 이유를 알아내는 것은 작가나 독자 몫이죠.

데비 　『빌딩 이야기』에 주인공이 이렇게 말하는 대목이 나와요. "나는 우리 집 화장실과 모든 점에서 완벽하게 똑같이 생긴 그 화장실에 1, 2초간 서서 삶이 지금처럼 흘러가게 만든 것이 정확히 무엇이었을까 생각했다." 혹시 이 질문에 대한 답을 알고 있나요?

크리스   아니요, 저도 전혀 모르겠어요. 그래서 이야기를 쓰는 거겠죠. 운과 우연, 의지와 충동, 동정과 공감, 이 모든 것들이 섞인 결과겠죠. 좋은 사람이 되려고 애쓴 결과가 아닐까요.

2012. 10. 19 ◯

"As

an illustrator, someone's calling on
you to create a universe,
to create a whole new world for
readers or viewers to experience.
And I think if I was just going to
recreate the same story,
I might as well just take a
photograph and I'm not a great
photographer."

"일러스트레이터로서 저는 독자나
관객이 경험할 수 있는 하나의 우주,
완전히 새로운 세상을 창조하라는
주문을 받았다고 생각해요.
그저 똑같은 이야기를 재현할 생각이었으면
그냥 사진을 찍는 편이 나았겠죠.
어차피 전 사진도 잘 못 찍지만요."

브라이언 레아
일러스트레이터, 디자이너, 작가
2019. 9. 23

BRENÉ

취약성
수치심
실패

우리는 우리 자신의 이런 면에 대해 생각하기를 꺼리지만, 브레네 브라운은 이런 주제를 집중적으로 연구한다. 연구 교수이자 비즈니스 리더로서 그녀는 취약함이 어떻게 우리를 더 용감하게 하고, 더 공감할 수 있게 하며, 보다 인간적으로 만들어주는지에 대해 연구해왔다. 이 인터뷰에서 우리는 그녀의 책 『진정한 나로 살아갈 용기』, 소속감, 용기, 그녀의 인생을 바꾼 TED 강연, 정치적으로 분열된 시대의 취약함에 대해 이야기했다.

BROWN

데비	4학년 때 뉴올리언스를 떠나 텍사스 휴스턴으로 이사를 갔죠. 그리고 6학년 때 휴스턴에서 워싱턴 D.C.로 이사를 갔고요. 그러다가 8학년 때 도로 휴스턴으로 돌아왔어요. 이때 굉장히 힘들었을 것 같은데요.
브레네	정말 끔찍했어요. 저는 늘 전학생 신세였죠. 그래서 이렇게 소속감에 대한 책을 쓰게 된 것 같기도 해요. 소속감을 느끼지 못했던 인생의 시기를 달력에 표시할 수 있을 정도였죠. 휴스턴으로 돌아왔을 때 최악이었던 점은 6학년 때 다녔던 학교로 다시 전학을 왔다는 거예요. 하지만 2년이라는 시간이 흐른 뒤였기 때문에 그때 어울리던 친구들과는 데면데면한 사이가 되어버렸죠.
데비	최종적으로 다시 휴스턴으로 이사를 온 뒤, 부모님 사이가 심각하게 틀어지기 시작했다고 들었어요. 8학년이 끝나갈 때쯤인 그 시기에 당신은 8년간 발레를 배웠던 경험을 바탕으로 응원단 치어리더에 도전했다지요.
브레네	흰 가죽 카우보이 부츠에 흰 술 장식이 달린 짧은 파란색 새틴 치마를 입고 흰색 카우보이모자를 쓴 여자애들의 모습을 상상해보세요. 가발을 쓴 양 하나같이 밖으로 뻗친, 도리스 데이 스타일의 짧은 단발을 하고 있는데 머리카락 색은 또 제각각이고요. 립스틱은 꼭 체리 색이어야 했죠.
데비	『진정한 나로 살아갈 용기』를 보면, 인생에서 무언가를 가장 간절하게 바랐던 때가 응원단원이 되고 싶어 했던 그때였던 것 같다고 했어요. 응원단원이 되는 것이 소속의 상징처럼 느껴졌다고요. 그때 무슨 일이 있었나요?
브레네	우리 가족이 다시 이사를 온 게 선발 시험이 있기 이틀 전쯤이었을 거예요. 선발 시험은 8학년 말에 치러지거든요. 부모님 사이에는 일촉즉발의 긴장감이 감돌았지만 응원단원들은 참 밝고 반짝반짝해 보였어요. 선발 시험 날 체육관에 가 주위를 둘러보았죠. 저는 혼자 차를 몰고 왔

는데, 다른 여자애들은 전부 전날 밤을 함께 보내고 온 듯했어요. 손을 잡고 까르르 웃으면서 체육관 안으로 뛰어 들어오더군요. 하나같이 완벽하게 화장을 하고 잔뜩 부풀린 머리에 금색, 파란색, 은색이 섞인 의상을 차려입고 있었어요. 저는 검은색 레오타드에 회색 맨투맨 티를 입고 무용화를 신고 있었는데 말이죠.

저는 늘 하던 동작을 선보였어요. 식은 죽 먹기였죠. 누구보다 힘차게 발차기를 했어요. 시험을 괜찮게 봤다고 생각하며 집으로 갔죠. 합격자 발표는 서너 시간 뒤에 예정되어 있었어요. 가족과 함께 샌안토니오에 있는 할머니 댁에 가기로 해서 부모님이 가는 길에 저를 다시 학교까지 태워줬어요.

벽보를 향해 걸어가던 저의 모습이 기억나네요. 저는 62번이었어요. 8학년 여학생 중 가장 반짝반짝 빛나던 크리스라는 여자애가 달려와서 자기 번호를 찾더니 이내 환호성을 터뜨렸어요. 그 애 아버지는 차에서 뛰쳐나와 달려오더니 그 애 손을 붙잡고 빙글빙글 돌았고요. '아이고, 난 안 되겠구나' 하는 생각이 절로 들더군요. 다시 차로 돌아온 저는 울기 시작했어요. 부모님은 그런 저를 보고도 입을 꾹 닫으셨어요. 그렇게 침묵 속에서 세 시간을 운전해 샌안토니오에 갔죠.

아이를 키우는 건 이래서 어려워요. 그때 저는 풋볼팀 주장이었던 아버지와 응원단장이었던 어머니가 절 창피해한다고 생각했어요. 사실 그 순간 부모님은 무슨 말을 해야 하는지 몰랐을 뿐인데 말이죠. 저에게는 그 순간이 결정적이었어요. 내가 내 가족에게 더 이상 속하지 않는다고 느낀 순간이었거든요. 참 웃긴 일이죠. 왜냐하면 지금 부모님에게 그때 이야기를 하면 부모님은 "우리도 어찌해야 할지 몰랐단다"라고 할 뿐이거든요.

제가 부모들에게 늘 하는 말이 있어요. 부모가 아이들의 생각을 통제할 수는 없다, 부모가 유일하게 할 수 있는 일은 아이들이 "나 지금 이런 생각이 드는데, 혹시 내가 창피해?"라고 대놓고 물어보거나 "나만 빼고 다 잘나가는 것 같아"라고 터놓고 말할 수 있도록 환경을 조성하는 것뿐이라고요.

선발 시험에 지원한 건 그때가 마지막이었어요. 어쨌든 고등학교 때는 튀지 않게 묻어가는 것이 절대적으로 중요했기 때문에 맥주를 마시고 마리화나를 피우기 시작했죠. 응원단에서 춤추지 않는 무리와 어울리기 시작했고요. 그런 일련의 행동들로 나라는 사람이 규정되는 게 기분이 썩 좋지 않더군요. 힘들었어요. 그런 마음이 20대 초반까지 이어졌죠.

데비 고통에 대응하는 방식은 오직 세 가지뿐이라고 쓰셨어요. 늘 고통 속에 사는 것, 고통을 부정하는 것, 그리고 용기를 내 앞으로 나아가는 것. 이 세 가지 방식에 대해 좀 더 이야기해줄 수 있나요?

브레네 이 책은 백인 우월주의와 '흑인의 목숨도 소중하다Black Lives Matter'로 대변되는 오늘날의 정치 문화를 다루는 책인데, 어쩌다 보니 응원단과 소속감에 대한 이야기로 책을 시작하게 되었죠. 물론 다루어야 할 더 중요한 문제가 있는 것은 사실이지만 가족에 소속감을 느끼지 못하는 이들에게 이것보다 더 중요한 문제는 없는 것 같아요.

데비 아니면 이 이 세상에 속하지 않는다고 느끼거나요.

브레네 그렇죠. 왜냐하면 그런 느낌이 들면 함께 저항하거나 목소리를 높이기 어려워지거든요. 제 데이터를 보면 고통에 대응하는 방식은 세 가지로 압축돼요.
첫 번째는 완전히 기진맥진해서 쓰러질 때까지 고통이 없는 척하는 거예요. 하지만 몸은 이 모든 것을 기억하고 있고 결국 고통이 늘 승리를 거두기 마련이죠. 두 번째 방식은 자신이 받은 고통을 남에게 떠넘기는 것이에요. 오늘날 세계 곳곳에서 벌어지고 있는 일이죠. 고통을 유발하는 것이 자신의 고통을 인정하고 견뎌내는 것보다 쉽기 때문이에요. 마지막은 고통을 인정하는 것이에요. 이 유형의 사람들은 고통을 극복해나가면서 세상과 타인들의 고통을 알아보는 예리한 눈을 가지게 되죠.

제가 선택한 건 이 마지막 방식이었어요. 제게 일어난 작은 기적은 저의 부모님도 저와 함께 성장했다는 것이에요.

데비 인생을 결정짓는 그런 초기의 상처는 어떻게 극복하나요? 가족에 소속감을 느끼지 못하던 아이가 기꺼이 그 이유를 들여다보고 마침내 세상에 소속감을 느끼게 되기까지 어떤 과정을 거쳤을까요?

브레네 중요한 것은 이야기의 주인이 되는 거예요. 이야기를 계속 부정하면 이야기에 휘둘릴 수밖에 없어요. 이야기는 변하지 않기 때문에 당신이 할 수 있는 일은 둘 중 하나예요. 마치 그런 일이 없었다는 듯이 굴거나 이야기의 주인이 되어 이야기 속으로 걸어 들어가는 거죠. 샬러츠빌에 횃불을 들고 모여든 남자들2017년 버지니아주 샬러츠빌에서 발생한 백인 우월주의 극우 폭동 사태를 말한다을 보면 자신이 받은 상처를 어찌하지 못하고 다른 사람들에게 고통을 가하고 있다는 생각이 들어요. 이야기의 주인이 되어 상처를 치유하던가 다른 사람들에게 위험한 존재가 되든가 결국엔 둘 중 하나가 되는 것 같아요.

데비 다른 누군가에게 자신의 힘을 과시해야만 하는 사람이 정말로 강한 사람일 리 없잖아요.

브레네 방금 제 분야에서 가장 논란이 되는 부분을 건드리셨어요. 저는 사회복지를 연구하는데, 특히 가정 폭력과 성폭행에 대한 연구를 굉장히 일찍 시작했어요. 가정 폭력의 가해자에 대해 논란이 참 많은데요. 과연 가해자의 행동이 힘과 통제를 보여주는 행동인가 하는 것이죠. 제가 발견한 바로는 그런 행동은 힘이 아니라 힘이 없다는 것에 대한 반응이라는 거였어요. 자신에게 힘이 있다고 생각하는 사람은 그런 식으로 반응하지 않아요. 인간이 경험할 수 있는 것 중에 무력함보다 더 무섭고 치명적인 위험은 없으니까요.

데비 왜 그렇죠?

브레네 무력하다고 느낄 때 사람들은 어떻게 하나요? 절망에 빠지게 되죠. 무력감은 굉장히 위험해요. 그렇다면 샬러츠빌에 모여든 백인 우월주의자들은 정말 무력할까요? 그들은 주류 문화의 일원이고 남자고 대부분 이성애자에 기독교 신자일 거란 말이죠. 그들이 무력하다는 담론이 어떻게 형성된 것인지는 모르겠지만 바로 이때가 사람들이 위험해질 때예요. 지금 우리가 보고 있는 것은 힘을 나눠 갖는 것에 대한 반발이라고 할 수 있어요.

데비 이 책을 쓰게 된 계기는 뭔가요?

브레네 당시 소속감에 대해 굉장히 큰 생각의 변화를 겪고 있었어요. 마음속에 소속감을 지닌 채 산다는 것이, 나의 소속감을 타인과 협상하지 않아도 된다는 것이 무슨 의미인지 마침내 이해할 수 있을 것 같았죠. 그런 생각을 5분쯤 하다가 깨달았어요. 오늘날의 현실 정치에 대해 이야기하지 않고 관계와 소속감에 대해 쓰는 것은 불가능하다는 것을요. 정치와 시사에 파고들 의도는 아니었지만 과학자는 데이터를 따라야 하기 때문에 그런 방향으로 가게 된 거죠.

데비 취약성을 연구하기 시작하면서 당신 스스로가 취약성에 대해 모순된 감정을 가지고 있다는 것을 인지하게 되었다고 했어요. 자신에게 놀이와 휴식을 허용하지 않는 사람이었을 뿐만 아니라 놀이와 휴식 자체를, 그리고 그런 것을 중요하게 생각한 사람들까지 부정적으로 보고 있었다고요.

브레네 관계에 대해 분석하면서 이런 질문을 해보았어요. 타인과 연결된 사람들은 남녀 불문하고 공통적으로 어떤 특징을 보이는가? 그리고 그들이 어떤 행동을 하고 어떤 행동은 하지 않는지 추려보았죠. '하지 않는 행동' 목록에는 이런 것이 적혀 있었어요. 멋진 사람이 되려고 애쓰기. 완벽해지려고 노력하기. 내가 얼마나 피로에 찌들어 있는지, 얼마나 열심히 일했는지에 따라 나의 지위가 결정된다는 것을 기억하기. 전부 저를 가리키는 행동이었어요. '이런 세상에' 하는 생각이 절로 들었죠.

데비 우리는 왜 그러는 걸까요? 왜 남의 시선을 의식해 이런 겉모습에 연연하는 거죠?

브레네 지위 때문이죠. 피곤하다는 것은 지위를 가리키는 상징이라 할 수 있어요. 주목받고 소속되기를 간절히 바라기 때문이죠. 우리 자신이 사랑받는 존재라는 것을 믿고 싶어 하고요. 연결되지 않으면 늘 고통이 따르니까 연결되어 있다는 확신을 받고 싶어 하는 거예요.

데비 이런 사회적 보증, 혹은 외부의 평가가 취약성과 반대되는 개념이라고 생각하는 이유는 뭔가요?

브레네 취약성은 본질적으로 타인의 시선을 통제할 수 없을 때 자신을 기꺼이 드러내려는 마음이거든요. 갑옷을 벗어 던지고요.

데비 저는 수십 년간 수치심뿐만 아니라 실패하고 거절당한 경험에 대해서도 숨기려고만 한 것 같아요. 그런 것을 드러내면 낙인이 찍히고, 상처를 받고, 다시는 사랑받지 못할 거라고 생각했죠. 결국엔 내가 사랑받는 존재라는 확신이 없어서 그랬던 게 아닌가 싶어요.

브레네 방금 말씀하신 공포는 우리 모두가 공통적으로 가지고 있는 거예요. 취약성의 역설이라고 하죠. 쉽게 말해, 상대의 취약한 점은 제일 먼저 찾으려고 하면서 자신의 취약한 점은 끝까지 보여주지 않으려는 태도예요. 나의 취약성은 감추면서 남의 취약성은 눈에 불을 켜고 찾는 꼴이랄까요.

데비 우리가 그렇게 들키기를 두려워하는 게 뭘까요?

브레네 내가 사랑받을 수 없는 존재라는 것이요.

데비 만나자마자 아, 이 사람은 좋은 부모 밑에서 정말 잘 컸구나 싶은 생각이 드는 사람은 드문 것 같아요. 궁극적으로 좋은 부모가 되려면 아이에게 자기가 사랑받는 존재라는 것을 잘 알려줘야 한다고 생각해요.

브레네 맞아요. 우리는 99.9퍼센트의 부모들이 양육에 최선을 다하고 있고 자기들의 부모보다 훨씬 잘하고 있다고 생각하는데, 이건 잘못된 생각이에요.
　누군가가 나를 사랑하지 않았거나 사랑할 수 없었다고 해서 내가 사랑받을 수 없는 사람이라는 뜻은 아니에요. 내가 배우자나 부모의 사랑을 받지 못했다고 해서 내가 사랑받을 수 없는 사람이 되는 건 아니라는 거죠. 그 생각을 바꾸면 삶이 달라질 수 있어요.

데비 『진정한 나로 살아갈 용기』에 마야 안젤루가 빌 모이어스와의 인터뷰 때 한 말이 인용되어 있는데, 그 구절이 책의 주제를 선명하게 보여주고 있는 것 같습니다.
　"우리는 우리 자신이 어디에도 속하지 않는다는 것을 깨달을 때 비로소 자유로워진다. 우리는 모든 곳에 속하기도 하고 그 어떤 곳에도 속하지 않기도 한다. 치러야 할 대가는 크지만 돌아오는 보상 역시 크다." 이 말이 오랫동안 당신을 괴롭혔다고요.

브레네 네, 맞아요. 그래서 빌 모이어스와의 인터뷰를 구글에 검색해보았죠. 인터뷰 전체를 본 적은 없었거든요. 빌 모이어스는 그녀의 대답에 다시 이렇게 질문해요.
　"정말이요? 아무데도 속하지 않는다고요?" 그녀는 잠시 침묵하더니 이렇게 대답하죠. "네, 사실 저는 마야에게 속해요. 그리고 마야를 아주 많이 좋아하죠."

  그 답변을 보고 '와, 세상에. 어떻게 이런 멋진 생각을 할 수 있지? 나도 브레네에게 속하고 싶다' 하는 마음이 들었어요. 그러고 나서 소속감에 대한 연구를 시작하게 되었죠.

데비 마야 안젤루의 그 말 덕분에 책을 쓰고 진정한 소속감에 대한 이론을 발전시켜 나가게 된 셈이군요. 진정한 소속감 이론에 대해 설명해주시겠어요?

브레네 진정한 소속감이란 나 자신을 믿고 내가 나에게 속한다는 것을 굳게 믿는 영적 실천이라 할 수 있어요.

  진정한 소속감을 가지면 있는 그대로의 나 자신을 세상에 내보일 수 있게 되고, 무언가의 일부가 되든 황야에 홀로 서든 신성함을 발견할 수 있게 되죠. 진정한 소속감을 가지면 나 자신을 바꿀 필요가 없어요. 그냥 나대로 존재하면 되는 거죠.

데비 왜 많은 사람들은 혼자가 되는 것을 그토록 두려워하는 걸까요?

브레네 제 생각에는 자기가 자신에게 속하지 못하기 때문인 것 같아요. 진정한 소속감을 가진다는 것은 무언가의 일부가 되는 것에서 그치지 않고 혼자 서야 할 때 혼자 설 수 있는 용기를 가지는 것을 의미하거든요. 이를테면 기분 나쁜 농담을 들었을 때, 무언가 잘못되었다는 판단이 들 때, 남들과 다른 의견을 가지고 있을 때, 가족 식사 자리에서 상처가 되는 말을 들었을 때 같은 때 말이죠.

  혼자 서야 할 때 혼자 서지 못하면 진정한 소속감을 가졌다고 할 수 없어요. 소속감은 혼자 설 수 있는 용기에서 나오는 것이거든요. 저 또한 연구를 하면서 이런 것을 새로이 알게 되었죠.

  지금 저는 혼자가 되는 것이 두렵지 않은 인생의 한 지점에 와 있는 것같아요. 그래서 이제 나 자신에게 온전히 속할 수 있게 되었죠. 우리가 처한 지금의 상황을 저는 단절로 인한 영적 위기라고 불러요. 저는 영성을 우리 자신보다 큰 어떤 것에 의해 우리가 서로 밀접하게 연결되어 있다는 믿음으로 정의하는데요. 어떤 이는 그것을 신이라 하고, 낚시나 예술이라고 하는 사람도 있겠죠. 영성은 우리가 떼려야 뗄 수 없는 방식으로 서로에게 연결되어 있다는 믿음 그 이상도 그 이하도 아니에요. 사람들 간의 연결을 끊어낼 수는 없지만 그 사실을 망각할 수는 있겠죠. 우리는 지금 우리가 서로 밀접하게 연결되어 있다는 것을 잊고 있어요.

제가 옳다고 믿는 무언가를 위해 홀로 목소리를 높이고 있을 때도 저는 제가 세상의 다른 모든 사람과 연결되어 있고 그 무엇도 우리의 연결을 영구적으로 끊어낼 수 없다는 것을 알아요. 그리고 지금은 홀로 서야 할 때라는 것도 알죠. 반면 우리가 서로 연결되어 있다는 것을 잊어버린 사람들은 자신이 혼자라고 생각할 뿐만 아니라 외로움을 느껴요. 그런 차이가 있는 것 같아요.

혼자 서야 할 때 혼자 서지 못하면 진정한 소속감을 가졌다고 할 수 없어요. 소속감은 혼자 설 수 있는 용기에서 나오는 것이거든요.

데비   TED 강연으로 일약 스타가 되셨는데요. 그 전부터 이미 강연과 저술 활동을 꽤 오래 해오셨어요. 2007년에 출간된 첫 책 『수치심 권하는 사회』는 2004년에 『여성과 수치심Women and Shame』이라는 제목으로 자비 출판한 책이었다고요. 거절 편지를 어찌나 많이 받았던지 그걸로 벽지를 바를 수 있을 정도라고 쓰셨어요. 심지어 부모님께 돈을 빌려 자동차 트렁크에 책을 싣고 다니며 팔기도 했다고요.

브레네   아무도 수치심에 대해서는 이야기하지 않던 시절이었죠. 출판사들도 "수치심에 대한 책이라고요? 고맙지만 사양할게요. 흥미로운 주제 같긴 하지만 우린 관심 없어요" 하는 반응이었고요.

데비   그런데 어떻게 굴하지 않고 계속 그 길을 갈 수 있었나요?

| 브레네 | 거의 초탈한 마음이었죠. 눈물도 많이 흘리고 좌절도 많이 하고 울기도 많이 울고 거절도 수없이 많이 당했어요. 그래도 자비 출판한 책을 꽤 많이 팔아치운 덕에 펭귄 출판사와 책 계약을 하게 되었죠. 그때 얼마나 수치심을 많이 느꼈는지 몰라요. 특히 동료 학자들이 제가 자비 출판했다고 절 좀 그런 눈으로 보더라고요. 펭귄이 제 책을 사갔을 때 저는 절대로 책 판매에는 관여하지 않겠다고 다짐했어요. 홍보도 일절 안 하고 느긋하게 앉아서 책이 알아서 잘 팔리기만을 기다리려고 했죠. 하지만 책은 실패하고 말았죠. 두 달 후 출판사에서 전화가 왔는데, "재고를 할인가로 팔 것이고 그것도 안 되면 폐기하겠다. 이제 끝이다. 당신은 실패했다"라고 하더군요. |

| 데비 | 그래서 어떻게 했나요? |

| 브레네 | 처음엔 화가 폭발했죠. 하지만 전 무언가를 배울 수만 있다면 리스크와 실패를 잘 견뎌내는 편이에요. 그래서 내가 여기서 무엇을 배울 수 있는지 자문해보았죠. 그리고 내가 내 일을 가치 있게 여기지 않는다면 다른 누구도 내 일을 가치 있게 여겨주지 않으리라는 교훈을 얻어냈어요. 다행히 문고본을 출간하면서 한 번의 기회를 더 얻을 수 있었죠. 그러니까 『수치심 권하는 사회』에서 제가 얻은 교훈은 이거예요. 온 마음을 다했지만 실패하면 실패해도 괜찮다는 것. 하지만 건성으로 대충대충 해서 실패하면 그건 나 자신이 용납할 수 없다는 거죠. |

| 데비 | 제가 학생들에게 자주 하는 질문이 있어요. "네가 두려워하는 게 뭐니? 뭘 주저하는 거야?" 한 학생의 대답이 잊히지가 않는데, "이걸 했다가 실패하면 너무 상심해서 죽어버릴 것 같아요"라고 하더군요. |

| 브레네 | 일을 하면서 상처를 받지 않는 사람은 자기 일에 사랑이나 열정이 없는 사람뿐이에요. 상처는 받을 때는 고통스럽지만 자신이 정말 사랑하는 일을 하기 위해 치러야 하는 작은 대가일 뿐이랍니다. |

저는 튼살과 흉터로 뒤덮인 마음이 말끔하고 새것처럼 반짝이는 마음보다 훨씬 훌륭하다고 생각해요. 담대하게 용기를 내는 거죠.

용감한 삶을 살면 분명 실패로 몸부림칠 날이 있을 거예요. 하지만 그것은 과정의 일부라는 것을 명심해야 해요.

2017. 10. 23

"Survival

of the species has as much to do with cooperation over resources as competition. In fact, you can't actually compete for resources unless a group of people are cooperating."

"종의 생존을 위해서는 경쟁만큼 협력도 중요해요.
집단이 협력하지 않으면 사실상 개인들이
서로 경쟁할 수도 없죠."

도리 턴스톨
디자인 인류학자, 작가, 교육가
2011. 10. 7

ESTHER

**에스터 페렐은 10년 전, 문화적·종교적으로
다른 배경을 가진 커플들에 대한
임상 연구로 잘 알려진 심리 치료사였다.**

그러던 중 관계와 섹스라는 주제에 관심이 생기면서 『왜 다른 사람과의 섹스를 꿈꾸는가』라는 책을 썼다. 장기 연애에서 생기는 욕망에 대해 이야기한 그녀의 2013년 TED 강연은 조회수 1000만 회를 뛰어넘었으며, 보다 최근에 이루어진 TED 강연은 『우리가 사랑할 때 이야기하지 않는 것들』이라는 제목의 신간으로 이어졌다. 이 인터뷰에서 우리는 관계에 환멸을 느끼게 되는 이유, 사람들이 불륜을 저지르는 진짜 이유, 깨진 신뢰를 회복하는 법 등에 대해 이야기했다.

PEREL

데비　에스터, 당신의 부모님은 나치 강제수용소 생존자시잖아요. 가족사의 밑바탕에 트라우마가 깔려 있다고 스스로 말씀하기도 했는데요. 그런 것이 유년기에 어떤 영향을 준 것 같나요?

에스터　한편으로는 잘 체감되지 않았어요. 다른 한편으로는 수인 번호를 문신한 사람들이나 한밤중에 일어나 문단속을 하는 어머니를 통해 느껴지는 바가 있었죠. 표면적으로 보면 우리 집은 지극히 정상이었지만 그 밑에는 엄청난 공포가 깔려 있었던 것 같아요. 동시에 우리가 살아남은 것을 헛되게 흘려보내지 않겠다는 다짐 같은 것이 있었어요. 최선을 다해 살 생각이었죠. 하루하루를 맹렬히요. 그런 에너지가 제 안에 내재해 있었어요. 내가 삶의 상징이자 부활의 상징이라는 자각과 함께요. 저를 포함해 그때 태어난 사람들 다수가 살아남지 못한 다른 모든 사람에게 이런 부채 의식을 가지고 있었던 것 같아요.

데비　당신에 관한 자료를 찾던 중에 제게 큰 울림을 준 문장을 하나 발견했는데요. "죽지 않은 것과 살아 있는 것 사이에는 하늘과 땅만큼의 차이가 있다"는 말이었어요.

에스터　『왜 다른 사람과의 섹스를 꿈꾸는가』에 그런 말을 썼던 것 같네요. 남편 잭(그이는 벨뷰 고문 생존자를 위한 지원 프로그램을 공동 설립한 사람이에요)이랑 대화하다가 피해자들이 다시 자신의 삶으로 돌아오는 것은 언제일까라는 이야기가 나왔어요. 어쩌면 그들이 다시 시시덕거릴 수 있을 때가 아닐까 싶었죠. 그 말은 다음에 어떤 재난이 닥칠지 더 이상 생각하지 않는다는 뜻일 테니까요. 다시 위험을 감수할 수 있게 될 때 삶으로 돌아오는 것 같아요. 그 점을 깨달으면서 섹슈얼리티에서 에로티시즘으로 관심사가 이동했는데, 에로티시즘이야말로 그런 생명력이기 때문이에요. 그러고 나서 그 이론을 저의 공동체에 적용해보았죠. 저는 앤트워프에서 자랐는데, 거기엔 두 종류의 사람이 있었어요. 죽지 않은 사람과 삶으로 돌아온 사람이요. 그때 같이 놀았던 아이들과 그 아이들의 부모님이 생각나요. 친구들 집에 가면 어떤 병적인 기운을 감지할 수 있었어요. 또 다른 유형의 생존자를 보면 저희 부모님 같은 분들이셨어요. 삶을 충만하게 살려는 사람들이요. 그들은 죽음에 대한 해독제로 에로티시즘을 추구했죠.

데비　심리 치료사가 되고 싶다는 생각은 언제부터 하셨나요?

에스터　10대 시절부터 친구들에게 상담사 역할을 하곤 했어요. 그쪽으로 재능이 있었죠. 심리학에도 관심이 있었는데 저 자신에 대해 좋지 않은 감정이 있었기 때문인 것 같아요. 마치 내가 수용소에 있었던 것처럼 트라우마와 관련된 꿈을 많이 꿨어요. 생존자의 자녀들에게 흔한 일이죠.

데비　커플 상담이 심리 치료 중에 가장 어려운 분야라고 하셨는데요.

에스터　가장 흥미진진하기도 하지요.

데비　왜 그렇게 힘든 건가요?

에스터　관계라는 것에는 기대와 꿈이 너무 많이 들어가기 마련이라 거의 최고점에서 시작했다가 폭삭 무너지는 경우가 다반사이기 때문이죠. 사람들은 이렇게 환상이 깨지는 것에 대해 보통 상대방 탓을 해요. 상대가 어떤 잘못을 했고 어떻게 나를 실망시켰는지, 어째서 내 옆에 있어주지 않았는지, 왜 내 감정이 상대방 때문인지 등에 대해 토로하면서요. 배우자에게 느끼는 그런 비슷한 강도의 강렬한 감정을 사람들은 이전에 딱 한 번 경험해봤을 겁니다. 바로 자신을 키워준 사람들에게서요.

데비　왜 우리는 그런 패턴을 모방하는 걸까요?

에스터　우리가 느끼는 감정의 토대, 그것을 설명하는 언어, 그리고 그 언어에 부여하는 의미가 우리를 키워준 사람들에게서 왔기 때문이에요. 배우자를 선택하면서 그들이 과거의 구멍을 메꿔주기를 바라는 거죠.

데비   우리가 무의식적으로 그 패턴을 바로잡기 위해 배우자를 고른다는 의미인가요?

에스터   그 패턴을 반복하기 위해서일 수도 있겠죠. 패턴을 반복하다가 결국에는 초월하기 위해 그런 성향의 배우자를 고르는 것이라고 보는 사람도 있어요. 분명한 것은 처음에는 달라서 매력적이었던 성향이 나중에는 다르기 때문에 갈등의 근원이 된다는 거예요.

데비   사람들에게 자기 자신이 관계에 어떤 기여를 했는지 파악하게 하는 데 어떤 방식을 사용하시는지요?

에스터   취약성 사이클이라는 것을 이용해요. 제 동료가 만든 것인데, 내담자가 어떤 감정적 자극을 받으면 취약성을 드러낸다는 것을 보여주죠. 그러면 이 취약성을 방어하는 쪽으로 반응하게 돼요. 생존 전략이라고 하는 것인데, 그러면 이것이 또 상대의 생존 전략을 자극하죠. 사람들은 보통 어릴 때 생존 전략을 발전시켜요. 저는 내담자에게 관계에서 감정을 자극하는 요인이 무엇인지 물어본 다음 바로 이렇게 물어봐요. "존중받지 못한다는 느낌이 든다고 얘기했는데, 그전에도 이런 느낌을 받은 적이 있나요?" 취약성 사이클은 결혼 후에 급조된 것이 아니거든요.

데비   오늘날 사람들은 친밀한 관계에 정말 많은 것을 기대하고 있는 것 같아요. 짝을 이룬다는 것은 세계 어디에서나 통용되는 본질적인 사회적 관계이지만, 결혼해서 서로 사랑하는 사이라는 것은 상대적으로 새로운 개념이잖아요. 일에서 행복이나 의미를 찾는 것이 상대적으로 새로운 개념인 것과 마찬가지로요.

에스터   결혼은 늘 변화하는 제도인 것 같아요. 저희 부모님에게 어떻게 하면 좋은 관계를 만들 수 있느냐고 물어보면 어머니는 늘 이렇게 대답하셨어요. "많이 노력하고 타협하고 양보해야지. 잘되기를 바라는 마음이 있어야 한단다." 사랑 얘기는 일절 없었어요. 그렇다고 사랑을 하지 않았다는 것은 아니고 그냥 부산물 정도였다는 거죠. 사랑이 중요한 것이 아니었으니까요. 관계의 핵심은 의무, 책임, 정해진 성 역할이었어요. 자신에게 어떤 역할이 기대되는지 모두가 너무 잘 알았고, 그런 역할을 충실히 이행하면서 만족을 얻을 수 있었어요. 그러다가 낭만주의가 서양의 정신을 움직이는 가장 강력한 엔진이 된 거죠. 맞아요. 다른 어떤 것도 우리를 그 정도로 사로잡진 못했어요.

데비   낭만주의는 신화인가요? 사랑은 시작한 대로 끝나는 법이 없잖아요. 그렇다면 우리가 낭만적 사랑을 할 때 대체 무슨 일이 일어나고 있는 건가요?

에스터   방금 질문을 세 개 하셨어요. 첫 번째 질문은 '사랑 이야기와 인생 이야기의 차이는 무엇인가' 하는 것인데요. 사랑할 수 있는 사람은 많지만 그 사람들 모두와 삶을 함께할 수는 없잖아요. 그런데 우리는 사랑 이야기와 인생 이야기를 하나로 합치려고 해요. 결혼과 사랑이 하나가 되기를 바라는 거죠. 굉장히 먼 길을 온 셈인데요. 거의 대부분의 역사에서 결혼은 의무와 책임으로 이뤄진 경제적 사업이었어요. 결혼은 두 가족 간의 일이었지 두 개인 간의 일이 아니었단 말이에요. 그리고 출구란 없었기 때문에 당사자의 감정과는 무관하게 지속되어야 했죠. 특히 여성의 경우는 더더욱요. 19세기 말에 낭만주의, 도시화, 개인주의, 산업화가 대두되면서 결혼에 사랑이 결부되기 시작했죠. 그 전까지 열정은 결혼과는 전혀 상관없는 영역에 존재했어요. 사실 상당히 오랫동안 사랑의 영역을 차지한 것은 간통이었죠. 결혼에서 사랑을 기대할 수는 없었으니까요.

데비   남녀 모두에게요?

에스터   네. 남자는 그럴 자유가 있었기 때문에 여자보다 훨씬 많이 간통을 저지르긴 했죠. 하지만 중요한 것은 사랑이 결혼 안에서가 아니라 가장자리에서 행해졌다는 것이에요. 이제 우리는 사랑과 결혼을 합치려고 할 뿐만 아니라 섹스와 사랑을 하나로 만들어 성적 만족과 결혼 생활의 행복 사이에 관련성이 있다는 주장까지 최초로 하고 있어요. 성적 욕망을 생식에서 해방시키기 위해서는 피임 기술이 필요했죠. 그렇게 보면 교감과 쾌락을 위한 섹스는 관계 안에서 완전히 새롭게 정의한 개념이라 할 수 있어요. 전에는 결코 존재하지 않았던 개념이죠. 저희 어머니 세대의 여성들이 의무를 다하기 위해 결혼한 것과는 달리 지금의 우리는 결혼해서 행복해지기를 원해요. 또 친밀성이라는 새로운 개념이 등장하기도 했지요. 그러면서 우리는 소울메이트를 찾기 시작했어요. 우리가 언제부터 결혼 상대로 소울메이트를 찾았나요? 그것은 종교적으로 추구하는 것이었지 관계에서 추구하는 것이 아니었어요.

데비   세상에 당신을 위한 유일무이한 짝이 있다는 것을 믿나요?

에스터   당연히 안 믿죠. 삶을 함께할 수 있는 사람은 많다고 생각하고 유일무이한 경험을 함께할 수 있는 사람 또한 많다고 생각해요. 그런 사람이 단 한 명뿐일 거라고는 생각하지 않아요. 오늘날 우리는 그 한 명에게서 모든 것을 얻으려고 해요. 옛날 같았으면 마을 전체를 필요로 했을 만한 일인데 말이죠. 그 사람은 당신의 일에 영감도 줘야 하고 당신과 지적으로 대등해야 하며 비밀을 털어놓을 수 있는 든든한 친구면서 열정적인 연인 역할도 해야 해요. 한 사람이 이 모든 것을 다 해줄 수 있을 거라는 믿음은 그 엄청난 기대감만으로 무너질 수밖에 없어요. 한 사람의 어깨에 이렇게 많은 짐을 지운 적은 단연코 없었어요. 그리고 이것이 현대의 사랑을 근본적으로 바꿔놓았죠. 그럼에도 우리는 이 믿음에 단단히 붙들려 있어요. 그렇게 된 이유는 상당 부분 전통적인 제도의 소멸과 관련이 있어요. 한때 사람들은 온전함, 의미, 초월, 황홀경을 얻기 위해 종교에 의지했죠. 지금은 이 모든 욕구를 낭만적 사랑에서 충족하려고 해요.

데비　오늘날의 사회에서는 열심히 노력하면 배우자와 그런 사랑을 이룰 수 있을 거라고 생각하는 사람이 상당히 많은 것 같아요.

에스터　정말 그래요. 사랑은 영속적이고 친밀감은 매혹적이며 섹스는 흥미진진할 거라고 믿어 의심치 않죠. 커플이라는 이 단위는 잘해야 한다는, 행복하고 완벽해야 한다는 엄청난 압박을 받고 있어요. 게다가 다소 고립되어 있기도 하죠. 싱글인 사람들은 서로 이야기하지만, 커플들은 대화하지 않거든요.

데비　내담자들의 이야기를 들어주면서 충격을 받고 비판적이었다가 안쓰러워지면서 보호 본능이 들기도 하고 호기심이 들었다가 흥분했다가 지긋지긋해지기도 하며, 어떤 때는 한 시간 만에 이 모든 감정이 다 오갈 때도 있다고 말씀하셨어요. 불륜이 사람을 얼마나 파괴하는지에 대해서뿐만 아니라 현재 우리가 불륜을 말할 때 이야기하는 것들 중 얼마나 많은 부분이 부적절한지에 대해서도 말씀하셨는데요. 그래서 『우리가 사랑할 때 이야기하지 않는 것들』을 쓰게 된 건가요?

에스터　제가 이 책을 쓴 이유는 관계의 질이 삶의 질을 결정한다고 믿기 때문이에요. 최악의 사태가 벌어졌을 때 가장 큰 교훈을 얻을 수 있다고 믿기 때문이기도 하죠. 신뢰에 대해 알고 싶으면 신뢰가 깨졌을 때를 봐야 하는 법이거든요. 부부에게는 별의별 추잡한 일이 벌어질 수 있어요. 이런 순간에 어떤 일이 벌어지는지 잘 살펴보면 굳건하고 건강한 관계를 구축하기 위해 실제로 무슨 일을 해야 하는지 알아낼 수 있을 거라고 봐요. 현대의 불륜을 이해하려면 현대의 결혼을 이해해야 해요. 만약 당신이 상대의 유일무이한 짝으로 선택되었다면 배신은 사랑이라는 거대한 야망을 산산이 깨부술 뿐만 아니라 정체성의 위기를 초래하는 행위로 받아들여질 거예요. 이것은 현대 사회의 사랑에서만 볼 수 있는 독특한 현상이라 할 수 있지요. 오늘날 사람들이 불륜으로 인해 불행해지는 양상은 전통적 관계에서와는 다른 패턴을 보이거든요. 저는 이원적 관점이라는 렌즈를 사용하기도 합니다. 불륜은 상처와 배신에 대한 것이기도 하지만 갈망, 상실, 탐색, 자아 추구와 관련된 것이기도 하거든요. 제가 아는 불륜을 저지르는 사람들 대다수는 상습적인 바람둥이가 아니에요. 오랫동안 가정생활에 충실하고 일부일처주의를 따르며 성실하게 살다가 어느 날 문득 자기가 그어놓은 선을 넘어버린 사람들이죠.

데비   무엇을 위해서요?

에스터   "살아 있다는 것을 느끼기 위해서"라는 말을 많이 하더군요.

데비   왜 그런 느낌은 관계가 오래될수록 약해지는 걸까요? 열정은 다른 무언가로 변질될 수밖에 없는 걸까요?

에스터   역할로 인한 제한 때문이죠. 아내 역할, 아이를 돌보는 역할, 남편 역할, 돈 버는 역할 등은 근본적으로 책임을 지고 정착하고 둥지를 치고 보호하는 역할이라 할 수 있어요. 에로티시즘을 해치는 요소이기도 하고요. 에로티시즘은 미지의 것, 미스터리, 여지 같은 것이 있는 토양에서 번성하는데, 이런 것들이 바로 가정생활의 적이거든요. 가정생활은 일관성, 정해진 일과, 의례, 반복을 필요로 합니다. 이런 상반되는 것을 한 장소에서 동시에 충족하기란 어려울 수밖에 없어요. 안정감을 느끼면서 동시에 모험심을 느끼거나, 소속감을 느끼면서 동시에 자유를 느끼거나, 편안함을 느끼면서 동시에 긴장감을 느끼기는 어렵다는 얘깁니다.

살아 있다는 느낌이 들었다고 말할 때 사람들은 섹스 얘기를 하는 게 아니에요. 책임감에서 벗어남으로써 주도성, 자유, 주체성 같은 것을 느끼는 것이죠. 불륜 행위 그 자체가 중요한 것이 아니라 위반의 힘이 그만큼 크다는 거예요.

데비   인터뷰 초반에 내담자들이 자신의 감정에 대해 서로 상대 탓을 한다고 말씀하셨는데요. 어떻게 누군가를 통해 살아 있다는 느낌을 받았다가 결국에는 아무것도 느끼지 못하는 단계까지 가게 되는 걸까요?

에스터   살아 있다는 느낌은 상대에게서 받는 것이 아니라 자기가 한 행동에서
오는 거예요. 약속을 위반하고 위험을 감수하면서 생기는 것이죠. 하지
만 우리는 보통 안전을 추구하는 곳에서 위험을 감수하려고 하지 않아
요. 우리가 약속을 위반하는 이유도 위험과 안전이 별개의 장소에 속해
있기 때문이죠. 저는 사랑은 상대를 경험하는 것이 아니라 상대가 지켜
보는 가운데 자신을 경험하는 것에 가깝다는 말을 늘 하곤 합니다.

데비   우리가 다른 사람에게 눈을 돌릴 때 사실은 내 배우자에게서 시선을 거둔다기
보다는 새로운 나를 보고 있는 것일지도 모른다는 생각이 드네요. 새로운 연인
을 찾는 것이 아니라 다른 버전의 나를 원하는 것이죠. 사람들이 불륜에서 발
견하는 가장 매혹적인 '타자'가 새로운 짝이 아니라 자기 자신일 수도 있다고
생각하나요?

에스터   새로운 사람과 사랑에 빠지는 것이 아니라 바로 그 다른 버전의 나와 사
랑에 빠지는 경우가 종종 있죠. 상대를 선택하는 것은 곧 이야기를 선택
하는 것이거든요. 그 이야기가 내가 연기해야 할 이야기이자 내가 연기
할 캐릭터가 되는 것이죠. 어떻게 보면 다양한 버전의 내가 나올 수 있
게 관계를 재창조하고 되살리는 능력이 성장하는 관계의 비결일 수도
있어요. 한 사람과의 관계에서 다른 내가 나오지 않는다면 다른 사람에
게서 그런 욕구를 충족하려고 할 테니까요. 기존의 관계를 끝내든가 외
도를 하는 방식으로 말이죠. 그런 행동을 정당화하려는 것은 아니에요.
그저 왜 그러는지 설명하고자 할 뿐이죠. 발각되지 않은 외도는 대부분
자연 소멸할 거예요.

데비   미스터리가 해소되었으니까요?

에스터   맞아요. 결국엔 외도 그 이상의 의미는 없었으니까요. 그것은 사랑 이야

기여야 했고, 사랑 이야기에는 끝이 있는 법이죠.

데비   오늘날의 성 역학에서 새로운 '대세'로 떠오르고 있는 폴리아모리서로를 독점하지 않는 다자간 사랑을 지칭하는 말에 대해 이야기를 해보고 싶은데요. 왜 사람들은 관계와 인생에서 이처럼 중대하고 새로운 시도를 하고 있는 걸까요?

에스터   대부분의 역사에서 일부일처제는 평생 한 사람과 짝을 맺는다는 것을 뜻했어요. 오늘날에는 한 번에 한 명씩 만난다는 뜻으로 쓰이고 있고, 결혼 전 섹스는 표준이 되었죠. 성적으로 어느 정도까지 접촉을 허용할 수 있는지에 대한 인식 역시 큰 변화를 겪었고요. 그저 번식, 의무, 동정심 때문에 섹스를 하는 것이 아니라 교감과 쾌락을 원하게 되었죠. 폴리아모리는 이러한 성적 경계가 자연스럽게 진일보한 것으로 봐야 할 것입니다.

데비   윤리적인 비일부일처주의와 폴리아모리는 같은 것인가요?

에스터   일부일처주의는 성적 경계를 강조하는 반면 폴리아모리는 서로 다른 애정 관계가 공존할 수 있다고 봐요. 중요한 것은 섹슈얼리티보다는 애착이죠. 일부일처주의를 뛰어넘으려는 사람들은 서로 다른 가치 체계를 한데 모으려고 해요. 이를테면 헌신, 개인적 성취, 개인적 표현 같은 가치 체계를요. 한 관계에서 독립과 소속이 이렇게 하나로 이어진 적은 결코 없었어요. 또 하나 특기할 만한 것은 폴리아모리에 대한 담론이 사업가적인 관점에서 생성되고 있다는 점이에요. 이들은 결혼에 기반한 낡은 경제와 문화를 해체하고 전통적인 규범을 해체하며 새로운 규범을 만들어내려고 하고 있어요. 그때 폴리아모리가 딱 맞게 등장한 거죠. 불행히도 폴리아모리는 헌신에 대해 아무것도 모르고 타인을 상품화하는 사람들에 의해 제멋대로 이용되고 있어요.

데비   타인을 상품화한다는 것이 정확히 무슨 의미인지 말씀해주시겠어요?

에스터   이 투자로 내가 얻는 것은 무엇인가? 이게 내가 정말 원한 거래인가? 소비자 경제는 서비스 경제이자 경험의 경제예요. 오늘날 우리는 결혼을 경험하려고 하죠. 그리고 그 경험으로 인해 영감을 얻고 변화할 수 있기를 바라고요.

　　현세대는 좌절을 견디지 못하는 세대예요. 뭔가 잘 안 되면 그냥 던져버리고 새것을 구하죠. 어떻게 해야 새로운 모습을 보이고 흥미를 돋우고 감정을 자극할 수 있는지 몰라요. 타인을 상품화한다는 것은 마치 상대가 존재하지도 않았던 양 유령 취급하는 것을 말해요.

데비   당신은 컬럼비아대학교 교수이자 심리 치료사이며 활동가이기도 한 책 사울과 30년 넘게 행복한 결혼 생활을 이어오고 있어요. 행복한 결혼의 비결은 무엇인가요? 아니, 비결이 있기는 한가요?

에스터   저는 그 사람이 정말 미울 때도 그이 덕분에 심심하진 않다는 말을 종종 해요. 그건 그 사람도 마찬가지고요. 서로가 사람 대 사람으로 계속 흥미를 느끼는 것 같아요. 배우자나 부모, 그 밖의 다른 역할로서만 존재하는 것이 아니라요. 존경과는 다른 차원의, 흠모의 마음이랄까요.

　　새로운 경험, 새로운 도전, 새로운 기준점을 계속 제시해야만 기존 체계가 활력 있고 신선하게 유지될 수 있는 것 같아요. 우리는 예전에 좋았던 것만 계속 되풀이하지 않아요. 특히 이제는 아이들이 다 컸기 때문에 다양하게 새로운 것에 도전하고 있어요. 더 이상 아이들이 도전 과제가 아니기 때문에 우리를 위해 새로운 도전을 만들어내는 거죠. 그중에는 상대가 완전히 혼자 있을 수 있게 해주는 것도 포함돼요. 그건 정말 선물이거든요. 우리에겐 아주 좋은 친구들이 있는데, 일부는 공동의 친구고 일부는 각자의 친구죠. 그래서 우리는 모든 것을 상대에게 의존하지는 않아요. 근본적인 차원에서 그는 제게 좋은 인생의 동반자이고, 그 사람에게 저도 마찬가지일 것 같아요.

2017. 10. 30

179

TIM

아이 하나를 키우려면 온 마을이 필요하다지만, 아이가 다 크면 그때는 어떻게 할 것인가?

팀 페리스는 우리 모두에게 멘토가 필요하다고 말한다. 그리고 신간 『지금 하지 않으면 언제 하겠는가』에 다양한 멘토들을 소개한다. 팀 페리스는 다섯 권의 저서를 《뉴욕 타임스》 베스트셀러에 올린 작가이자 테크 기업 투자자이고, 누적 4억 회 이상 다운로드를 기록하며 폭발적인 인기를 누리고 있는 팟캐스트 〈팀 페리스 쇼〉의 진행자다. 이 인터뷰에서 팀은 우울증, 인내, 타인의 지지에 대해 속 깊은 이야기를 털어놓았다.

FERRISS

데비 먼저 최근에 출연한 TED 강연에 대해 이야기해볼까요? 그 강연에서 우울 삽화depressive episode, 기분의 저하와 함께 전반적인 정신 및 행동의 변화가 나타나는 시기를 말한다를 50회 넘게 겪으며 힘든 시간을 보냈다고 털어놓았는데요. 이 경험을 통해 무엇을 배우셨나요?

팀 이 문제를 해결하기 위해 여러 실험을 하면서 많은 것을 배웠어요. 그러면서 좀 더 잘 대처하는 법을 배웠죠. 삽화 초기에 증상을 완화하는 것이 한 방법이었어요. 독감을 잡는 것이랑 거의 비슷하다고 할 수 있죠. 초기 증상을 알아채면 되거든요.

데비 초기에 어떤 증상이 있죠?

팀 일단 피로감이 들면서 카페인을 과다 섭취하게 되죠. 그러면 불안감이 높아지고 흥분하기 쉬운 상태가 돼요. 인터넷에서 부당하게 공격을 받는다거나 피해를 보고 있다는 생각이 들면서 화가 치밀고 속이 상하기도 하죠. 동시에 이 모든 것이 부질없다는 생각도 들고요.

데비 무력감이 들겠군요.

팀 시간을 생산적으로 쓰지 못하게 되죠. 저는 분열적인 온라인 공격에 과다하게 노출될 때 개인사나 과거의 트라우마가 쉽게 촉발되는 유형이에요. 스스로 '멘탈'이 꽤 강하다고 생각하는 사람도 이런 일에 예민하게 반응하는 경우를 요즘엔 곧잘 보게 되는데요. 사람들로 인해 나의 못난 면이 나오면서 좀 위험한 방향으로 흘러간다 싶으면 순전히 제 정신 건강을 위해 주변에 유익한 사람들을 전면 배치하고 해로운 사람을 차단하는 등 예방적 조치를 취하고 있죠.

데비 우울 삽화를 겪고 있을 때 내적인 삶과 외적인 삶을 어떻게 조정하나요? 저는 2015년 9월에서 2016년 2월까지 유난히 힘든 시기를 보낸 적이 있는데요.

한동안 보지 못했던 사람을 우연히 길에서 마주치고 울음을 터뜨리기도 했어요. 그녀는 "이런, 세상에! 페이스북 보고 잘 지내는 줄 알았는데"라고 하더군요. 저는 "페이스북에서야 누구나 다 잘사는 것처럼 보이지"라고 말했고요.

팀　페이스북에서는 모두가 다 셀럽이고 연예인이죠.

데비　그때 저는 제가 내적인 삶을 살고 있다는 것을 확실히 깨달았어요. 친구들과 가까운 동료들은 제 사정을 알지 몰라도, 나머지 사람들 눈에는 그냥 다 괜찮은 것처럼 보이겠구나 싶었죠.

팀　우울증이 좀 심해진다 싶을 때 제가 제일 먼저 하는 일은 친구들과 모임 약속을 잡는 것이에요. 저는 좀 패배적인 성향이 있어서 이럴 때 스스로를 고립시키곤 하거든요. 그래서 최소 일주일에 한 번 정도는 친구들과 단체 식사를 하려고 해요. 그러면 제 머릿속에서 어떤 바보 같은 생각이 맴돌고 있더라도 현재에 집중함으로써 주의를 분산시킬 수 있거든요. 예방적 조치로 매일 아침 명상을 하는 것도 도움이 된다고 생각해요. 명상은 이름을 바꾸는 게 좋을 것 같아요. '명상'이라는 단어에 질색하는 사람들이 너무 많거든요. 저도 그랬고요. 지금은 휘둘리지 않으면서 자신의 생각을 차분히 관찰하는 훈련이 곧 명상이라고 생각해요.

　머릿속에 떠오른 생각에 즉각적으로 반응하기보다는 마치 영화를 보듯 반응하는 것이죠. '흠, 그것참 흥미로운 선택이군, 감독 양반' 하는 식으로요. 기분 나쁜 이메일이나 카페에서 무례하게 구는 사람도 그렇게 영화의 한 장면처럼 바라보면 생각이 구름처럼 스르르 바뀌면서 내가 애써 그것을 쳐낼 필요도 없게 돼요. 그런 일 때문에 스스로를 미워할 필요도, 화낼 필요도 없죠. 즉각적으로 반응하기보다는 약간의 간극을 두고 '잠깐 멈춰 보자. 내가 어떻게 반응할지는 나 스스로 선택하겠어' 하는 태도로 접근하는 것이죠. 그러면 소용돌이가 되기 전에 전에 하향 나선을 멈출 수 있어요.

데비 나이가 들어서 좋은 점이 있다면 하향 나선이 일시적인 현상이라는 것을 알게 되었다는 거예요. 어쨌든 이 상태가 평생 가지는 않을 거라는 걸 아니까요.

팀 최근에 저는 열흘간의 묵언 수행을 했는데요. 사실 모든 사람에게 추천하고 싶지는 않아요. 상당히 힘들더군요.

데비 스스로에 대해 무엇을 배웠나요?

팀 내가 무언가를 아무리 꽁꽁 숨기고 칸막이를 치더라도, 혹은 다시는 돌아올 수 없게 쫓아내더라도, 놀랍게도 그것은 여전히 그 자리에서 나를 기다리고 있다는 것을 배웠어요. 그런 과정을 통해 마음에 겹겹이 쌓인 층이 무너지는 것 같았어요. 결국 내 안의 모든 문제를 다루게 되죠. 제가 이런 이야기를 하는 이유는 우리 모두가 선택적 자세를 취하기 때문입니다. 페이스북만 보고, 혹은 슈퍼히어로처럼 보이는 사람들의 겉모습만 보고 저 사람들은 다 저렇게 잘사는데 나만 이렇게 망가진 장난감처럼 평생을 살 것 같다는 생각이 들 수도 있어요. 하지만 대부분의 사람들은 저마다의 방식으로 악과 싸우고 끔찍한 일을 겪은 사람들이에요. 그게 보통의 삶인 거죠. 나만 망한 것 같고 하자가 있는 것처럼 느껴질지도 모르겠지만 절대 그렇지 않아요. 제가 정신적으로 가장 위험하다고 느끼는 시기는 나 스스로에게 "와, 나 진짜 망했구나"라고 말할 때예요. 그때는 제가 우울할 뿐만 아니라 우울하다는 사실에 화가 나 있는 시기거든요.

데비 수치심을 기록하는 웹사이트를 만들어야 할 것 같아요. 무섭고 긴장되고 스스로에게 화가 날 때 사람들이 글을 올릴 수 있는 공간을 만드는 거죠. 전 세계가 수치심 나선에 합류할 수 있도록 말이에요.

팀 그럼 저는 초콜릿 쿠키 한 상자를 해치우고 흰 팬티 차림으로 찍은 제 사진을 올려야겠네요.

데비 TED 강연에서는 2004년에 당신의 인생을 완전히 바꿔놓은 도구에 대해 집중적으로 이야기했어요. 그때 동갑내기 절친한 친구가 췌장암으로 돌연 세상을 떠나고 여자 친구도 당신을 떠났다고 했죠. 그러다가 정말 뜻하지 않게 그 도구를 발견했다고 했어요. 이쯤에서 궁금한 것은, 운명을 믿으시나요?

팀 이야기의 방향을 살짝 틀어서 일단 그 도구에 대해서만 이야기할게요. '두려움 설정하기'라고 하는 방법인데요.

데비 두려움 설정하기는 무엇이고 어떻게 하는 것인가요?

팀 구체적이지 않은 목표는 달성하기 어렵다고들 하잖아요. 아주 뚜렷한 목표가 있어야 한다는 것이죠. 두려움을 극복하고 싶다면 이 또한 굉장히 구체적으로 접근해야 해요. 그것이 이 연습의 핵심입니다. 그리고 아주 간단하죠. 종이 한 장을 꺼내서 가로 방향으로 놓은 다음 세 개의 열을 만들어보세요. 종이 맨 위에는 시도해보고 싶지만 제쳐놓았거나 우려되는 일을 적으시고요. 일을 그만두면 어떨까? 이러이러한 회사를 차려보면 어떨까? 5년간의 연애를 끝내면 어떨까? 10년 만에 첫 휴가를 다녀오면 어떨까?

데비 그게 당신이 두려워하는 것 중 하난가요?

팀 네, 그랬었죠. 쉽게 설명하기 위해 이걸 예로 들어볼게요. 저는 4주간 휴가를 다녀오고 싶었어요. 방금 말씀하셨던 것처럼 오래 사귀었던 여자 친구와 헤어져서 힘든 시기였거든요. 체력적으로도 많이 지쳐 있었고요. 낮에는 어떻게든 일을 계속하기 위해 각성제를 복용했고 밤에는 잠을 자기 위해 술을 마시고 진정제를 복용했죠. 일상에서 벗어나 4주간 런던 여행을 가려고 했어요. 임시 휴업을 하거나 시스템을 재실행하는 방법을 찾아 병목 현상에서 벗어날 생각이었죠. 하지만 결국 여행은 가지 못했어요. 대신 이렇게 했을 때 뭔가 잘못될 수 있는지에 대해 생각했죠.

　첫 번째 열은 '정의하기'예요. 구체적으로 어떤 나쁜 일이 벌어질 수 있는지 최소 열다섯 가지 정도를 적어보는 거죠. 이를테면 국세청에서 날아온 중요한 통지서를 놓쳐서 회계 감사를 받다가 법적 문제에 봉착하게 되고 그것이 소송으로 이어지면서 모든 게 끝장날 수도 있겠죠. 런던 여행으로 인해 일어날 수 있는 나쁜 일의 한 예를 들어보자면요.

데비　그러니까 항목 중 하나는 '노숙자가 될 수도 있다'는 것이네요?

팀　열다섯 개 항목 중 하나가 되는 거죠. 조금만 기다려보세요. 적어도 한 시간 정도 떠들 만한 가치가 있는 이야기니까요. 인생의 갈림길에서 이 방법을 사용할 때마다 삶이 근본적으로 바뀌었고 결국에는 옳은 길을 선택할 수 있었거든요.

　다음 열은 '예방하기'예요. 첫 번째 열에 작성한 모든 항목에 대해 어떻게 하면 그런 일이 일어나지 않도록 할 수 있는지 생각해보는 거예요. 국세청 문제의 경우, 주소를 변경하고 사람을 시켜 내 앞으로 오는 모든 우편물을 스캔해 이메일로 보내라고 할 수도 있겠죠. 이렇게 세세하게 따져보다 보면 나의 두려움이라는 것이 얼마나 하찮은 것인지 점차 깨닫게 될 거예요. '하찮다'는 말은 좀 센 단어인데, 그 정도 두려움쯤이야 충분히 이겨낼 수 있다, 혹은 뒤집을 수 있다는 의미입니다.

　마지막 열에는 '이 모든 예방 조치를 다 취했는데도 우려했던 일이 결국 벌어진다면 어떻게 할 것인가'를 고려해야 해요. 다시 일어서려면 혹은 피해를 되돌리려면 무엇을 해야 할까요? 이제는 절망적이거나 무력하다는 느낌은 들지 않을 거예요. 나에게는 선택지가 있으니까요. 이런 식으로 목록을 작성하는 겁니다.

데비　이것이 '정의하기-예방하기-바로잡기' 단계군요.

팀　두 번째 페이지는 '이런 시도를 함으로써 혹은 부분적으로나마 성공을 거둠으로써 얻을 수 있는 이득은 무엇인가'에 대한 것이에요. 실패와 성공을 이분법적으로 생각하기 쉬운데 결과가 그렇게 이분법적으로 나오는 경우는 사실 드물어요. 제임스 캐머런 감독이 말했듯(정확한 워딩은 아닐 수 있어요) 목표를 높이 세우면 실패를 하더라도 남들이 성공한 것보다 많은 것을 성취할 수 있어요. 예를 들어 휴가를 가거나 사업을 시작하는 경우 이런 질문을 해볼 수 있겠죠. 이 프로젝트를 통해 발전시킬 수 있는 기술이나 관계 중에 나중에 다른 일을 할 때도 써먹을 수 있는 것은 어떤 것이 있는가? 이런 것은 득이 되는 방향으로 눈덩이처럼 불어나는 법이거든요. 이번 일이 실패하더라도 이 경험으로 무엇을 배울 수 있는지에 대해 생각해봐야 해요. 많은 것을 배우겠죠. 새로운 관계도 많이 맺게 될 테고요. 다시 일어서기까지 잠시 바텐더로 일해야 할지도 모르겠지만, 뭐, 멀쩡히 잘 살아 있으니 다음 기회를 노리면 되잖아요.

데비 내가 정말 나 자신을 믿을 수 있는지 자신을 테스트해보는 것도 중요하다고 생각해요.

팀 그게 점진적 조절progressive conditioning이라고 하는 것이죠. 사실 이런 과정을 통해 불확실성에 대한 두려움을 완화할 수 있는데, 그거야말로 나 자신에게 줄 수 있는 커다란 선물이라고 생각해요. 사실 제 첫 사업은 엄청난 실패였어요. 하지만 그때 얻은 기술과 관계는 아직까지 제게 큰 도움을 주고 있죠. '이런 시도를 함으로써 혹은 부분적으로나마 성공을 거둠으로써 얻을 수 있는 이득은 무엇인가'를 묻는 것은 나 자신에 대한 기대치를 터무니없이 높이 잡지 않기 위해서라도 중요해요. 기준을 너무 높게 잡으면 계속 하던 대로만 하게 될 뿐이거든요.

데비 현상 유지가 얼마나 큰 손해를 낳는지 반드시 알아야 한다고도 했어요.

팀 네, 그게 마지막 페이지의 내용이에요. 이 부분은 다른 사람들, 특히 토니 로빈스의 아이디어를 차용해 만들었는데요. '아무것도 하지 않는 것의 비용은 얼마인가?'를 고려하는 단계라고 할 수 있죠. 우리는 성공할 경우 무엇을 얻을 수 있는지, 무언가를 바꾸려 할 때 어떤 것이 잘못될 수 있는지에 대해서는 잘 따져보지만, 그냥 하던 대로 하면 얼마나 큰 손실이 나는지에 대해서는 별로 고려하지 않는 경향이 있어요. 그런 선택이 나와 내가 사랑하는 사람들에게 신체적, 정서적, 재정적으로 어떤 영향을 미칠 수 있는지 잘 생각해봐야 해요. 많은 경우 이것은 대참사를 가져오지만 직접 종이에 써보지 않는 한 환영처럼 쓸데없이 머릿속에 둥둥 떠다니기만 할 거예요. 일단 써놓고 보면 '와, 아무것도 하지 않는 것의 비용이 뭐라도 하는 것보다 10배는 더 많이 들겠구나' 하는 것을 깨닫게 될 겁니다.

데비   최근에 나온 책 『지금 하지 않으면 언제 하겠는가』에 대해 이야기해보죠. 이 책을 쓰게 된 계기는 뭔가요?

팀   제가 쓰는 책들은 공통된 탄생 비화를 가지고 있어요. 일단 제가 읽고 싶은데 찾을 수 없는 책을 쓴다는 거죠. 이제는 성격이 너무 급해져서 제가 직접 전문가들을 만나 이야기를 듣고 내용을 정리하는 편이 차라리 편하거든요.

데비   『지금 하지 않으면 언제 하겠는가』에는 당신이 직접 만난 130여 명의 명사들이 다양한 주제로 들려주는 조언이 담겨 있어요.

팀   제게 가장 도움이 되었던 조언은, 내가 가장 가까이하는 사람 다섯 명의 평균이 나라는 사람을 말해준다는 것이었어요. 독자들에게 가까이하면 좋을 사람들을 다양하게 보여주고 직접 선택할 수 있게 하고 싶었어요. 역대 최고의 서퍼로 평가받는 켈리 슬레이터부터 데이비드 린치와 벤 스틸러까지 전부 엄청난 분들이죠.

데비   마흔이 코앞인데 미래에 대한 계획이 하나도 없었다는 고백으로 책을 시작하고 있는데요.

팀　　상징적으로 마흔이라는 나이는 멈춤 버튼을 누르고 지금까지 살아온 삶을 재평가하면서 중요한 질문들을 던질 적기라는 생각이 들었어요. 어떤 것에 "아니오"라고 말해야 할지 좀 더 섬세하게 판단해 아닌 것은 아니라고 더 잘 말할 수 있게 되길 바랐고, 내가 가장 중요하게 생각하는 몇 안 되는 것들에 대해서는 보다 분명하게 "네"라고 말할 수 있게 되기를 바랐어요. 과거의 제가 그랬듯 노동 집약적으로 나 혼자 모든 것을 알아내려고 하기보다는 '팟캐스트를 하면서 사람들도 많이 만나봤으니 그 경험을 살려 고등학교나 대학교 시절 내가 신처럼 우러러본 사람들을 찾아가 내가 고민하는 문제들을 물어보면 어떨까?' 생각하게 되었죠. 그리고 그렇게 했고요.

데비　　당신이 추구하는 목표가 정말 당신이 바라는 것인지 아니면 바라야 할 것 같은 것인지를 묻는 질문도 있었죠. 어떤 답을 찾았나요?

팀　　저는 제가 그토록 열렬히 추구했던 많은 목표가 사실은 제가 정말 원한 게 아니었다는 것을 지금도 깨닫고 있어요. 내가 무엇을 바라는지 확실히 알지 못했기 때문에 사람들이 경쟁하는 것을 보고 이길 수 있는 방법을 찾는 데만 몰두했던 것 같아요.

　　우리끼리 이런 이야기를 전에도 한 적이 있기 때문에 당신은 별로 놀라진 않겠지만, 저는 거의 평생 스스로를 멸시하며 살았어요. 극히 최근에 이르기까지 나 자신을 좋아하지 못했죠. 스스로에게 증오와 분노를 느끼는 것이 기본값에 가까웠달까요.

데비　　그 말을 들으니 마음이 아프네요.

팀　　하지만 그게 사실인걸요. 30년이 넘는 세월 동안 제가 스스로에게 한 말은 너무 적대적이고 나쁘고 해로워서 다른 사람에게는 결코 할 수 없을 만한 말이었어요. 나 자신을 사랑하는 것이 방종하고 터무니없는 일처럼 느껴졌기 때문에 대신 경쟁에서 살아남는 능력을 택한 거죠. '자, 이제부터 내 자존심은 그 어떤 지독한 고통도 견뎌내는 능력을 개발하고 다른 사람들보다 열심히 일해서 승리를 거두는 데서 온다'는 식이었죠. 재정적인 목표를 비롯해 수많은 목표를 세웠는데 다른 누구보다 열심히 노력해 많은 성과를 거두고 이길 수 있을 거라고 생각했기 때문이에요. 그렇게 굳게 믿으며 살았죠.

데비   그러면서 어떤 점을 깨달았나요?

팀   총알도 많이 맞고 피해도 많이 입는다는 것을 알게 됐죠. 승리의 기쁨을 누리기 위해서라기보다는 지지 않았다는 안도감을 느끼기 위해 그러고 있다는 것도 알게 됐고요. 그리고 그 정도로 갑옷을 껴입어도 다치지 않으리라 보장할 수 없다는 것도요. 갑옷은 무언가가 못 들어오게 막기도 하지만 못 나가게 하기도 하거든요.

데비   자신의 새로운 면을 열심히 탐색하고 받아들이고 있는 것 같네요.

팀   그동안 배운 것이 정말 많아요. 첫 번째는 흥분과 열정을 불러일으키는 목표와 계획을 추구해야 한다는 것이에요. 일시적으로 안도감을 얻으려고 하기보다는요. 두 번째는 모두가 무언가를 위해 경쟁하고 있거나 무언가를 얻으려고 애쓰고 있다고 말한다면 그것이 정말 무엇인지 모르는 것일 수도 있다는 거예요. 마지막은 목표 선택과 관련된 것인데요, 누군가를 우상화하거나 모방하기 전에 그들의 삶을 최대한 전체적으로 보라는 것입니다.

2017. 12. 1

"Our

number one addiction is to our thoughts. Meditation is not about getting rid of those thoughts—it's about focusing, and acknowledging them. That gives you a moment to release yourself from the bondage, even if it's just for a moment."

"우리가 가장 중독돼 있는 것은 우리의 생각입니다.
명상은 이런 생각들을 제거하기 위한 것이 아니에요.
집중함으로써 그런 생각들을 인정하기 위한 것이죠.
그렇게 하면 속박에서 벗어날 수 있어요. 비록 한순간일지라도."

수키 노보그라츠
활동가, 자선가
2018. 3. 12

ANAND

아난드 기리다라다스는 10년 전 맥킨지 인도 뭄바이 사무소에서 일하고 있었다.

그는 비즈니스 컨설팅을 그만두고 저술과 언론 활동을 시작했고 그 이후로 다시는 뒤를 돌아보지 않았다. 《인터내셔널 헤럴드 트리뷴》과 《뉴욕 타임스》에 기고하면서 두 곳 모두에 칼럼을 썼다. 두 권의 책을 집필하기도 했는데, 그중 한 권인 『진정한 미국인: 텍사스에서의 살인과 자비The True American: Murder and Mercy in Texas』에서는 자신을 죽이려 했던 백인 우월주의자의 사형 집행을 막아 달라고 나선 어느 이슬람교도 이민자의 이야기를 다루었다. 신간 『엘리트 독식 사회』는 금권 정치와 기업의 탐욕을 통렬하게 비판한 책이다. 이 인터뷰에서 우리는 미국인이 된다는 것의 의미와 특권의 격차에 대해 이야기를 나누었다.

GIRIDHARADAS

데비　부친께서 단돈 7달러를 들고 인도에서 미국으로 오셨다고 들었어요. 인도에 대해 제일 먼저 알게 된 사실은 부모님이 그곳을 떠나기로 했다는 것이었다고 쓰신 바 있죠. 어렸을 때 인도에 대한 인상이 어땠나요?

아난드　인도는 저희 부모님이 떠나온 곳이자 특히 아버지께서 당신의 잠재력을 마음껏 펼칠 수 없으리라 판단한 곳이었어요. 그래서 제게 인도는 탈출 서사로 각인된 나라였죠. 저를 비롯한 2세대 이민자들은 이런 현실에 대해 터놓고 이야기하지 않아요. 우리의 부모들이 자기 발로 고국을 떠나기로 했다는 것을 말이죠. 유년 시절에 인도에 놀러가 좋은 시간을 보내기도 했지만 이곳이 떠날 만한 곳이라는 것을 계속 확인하고 확인받으려고 하기도 했죠.

데비　유년 시절에 온 가족이 프랑스 파리로 이주하기도 했어요. 어떻게 그런 결정을 내리게 되었나요?

아난드　부모님께서 다시 다른 나라로 이주하고 싶다고 해서 파리로 가게 되었죠. 하지만 미국인이 되는 것이 프랑스인이 되는 것보다 한결 수월하다는 것을 깨닫고 다시 미국으로 돌아왔어요. 두 나라 간에 차이가 있었죠.

데비　미국에서보다 프랑스에서 적응하는 것이 정말 더 힘들었나요?

아난드　그 질문은 우리가 미국이란 나라를 어쩌다가 얕보게 되었는가 하는 본질적인 문제와도 연결되는데요. 누구나 다 미국인이 될 수 있다고 말하는 이 나라의 DNA에는 굉장히 특별한 점이 있어요. 거기서 배제된 사람이 있나요? 네. 미국이 그런 이상에 부합하지 못하는 모습을 보이기도 하나요? 네. 400년의 역사에 걸쳐 흑인이 철저히 소외되고 있지 않나요? 네. 이런 것들에 대해서만 이야기하고 수많은 사람이 얼마나 놀라운 방식으로 미국인이 됐는지에 대해 이야기하지 않는 것은 중요한 점을 놓치는 겁니다. 제가 유럽에 가서 어디에서 왔느냐는 질문에 "미국에서 왔다"라고 말하면 사람들은 제 말을 믿지 않아요. 미국에서는 그런 말을 믿지 않는 사람은 인종 차별주의자밖에 없죠. 제가 미국인이라는 사실이 미국에서는 전혀 놀라운 일이 아니에요. 인도에서는 경악할 만한 일이죠. 미국을 얕보기는 쉽지만 이 나라는 미국인이라는 정체성이 후천적으로 얻어질 수 있다고 실제로 믿는 나라예요. 그리고 이론적으로 누구나 다 미국인이 될 수 있다고 믿고요. 이런 이상에 실제로 부합하기 위해 해야 할 일이 산적해 있는 것은 사실이지만 제가 가본 대다수의 나라는 이런 이상을 가져볼 생각조차 하지 않았죠.

데비 대학을 졸업하고 나서 곧 미국을 떠나 맥킨지 인도 사무소에서 근무를 시작했어요. 그곳에 살면서 인도에 대한 생각이 어떻게 달라졌나요?

아난드 인도에 대해 가졌던 부정적인 인식 때문에 그곳에 가게 된 셈인데, 거기서 살면서 그런 인식이 변하게 되었어요. 제가 생각했던 인도는 거대한 하나의 덩어리가 아니었어요. 여기저기서 들은 온갖 이야기들과 저나 제 부모님이 그 이야기들에 부여한 다양한 의미들의 콜라주였죠. 인도에 가서 제 눈으로 실상을 바라보면서 이런 이야기들이 얼마나 사실에 부합하는지 테스트해볼 기회를 얻은 셈이었어요.

데비 인도에 돌아가겠다고 했을 때 부모님 반응은 어땠나요?

아난드 제가 당신들의 이야기를 이어가고 있다고 여기신 것 같아요. 부모님은 부모님 나름대로 미래를 개척했고, 저는 저대로 미래를 개척하고 있었는데 저의 미래가 공교롭게도 부모님의 과거가 된 셈이었죠.

데비 《뉴욕 타임스》가 《인터내셔널 헤럴드 트리뷴》을 인수했을 때 맥킨지를 그만두고 국제 특파원으로 취직했어요. 《뉴욕 타임스》에 이런 글을 쓰셨죠. "워싱턴 D.C. 외곽에 자리 잡은 나의 부모님은 나를 바라보며 역사의 아이러니에 혀를 내두른다. 당신의 아들이 당신이 떠난 나라에서 자신을 만들어나가고 '자신'이

라는 말이 한때 저속한 단어로 여겨졌던 나라에서 보란 듯이 자신을 만들어나
가는 젊은 세대에 대한 글을 쓰고 있으니 말이다." '자신'이 여전히 인도에서 저
속한 단어라고 생각하세요?

아난드 인도는 매우 광대하고 급격히 변화하고 있어요. 변화가 거의 없는 많은
지역에서는 여전히 그 말이 저속한 단어로 여겨지고 있지요. 솔직히 인
도의 여성들에게 '자신'은 지금도 저속한 단어입니다. 이 개념이 반감을
사는 이유는 자신을 내세우는 것이 공동체에 반한다고 여겨지기 때문
이죠. 남을 돌보거나 아이와 노인을 우선시하는 태도에도 반하는 것이
고요. 사회보장제도와 건강보험이 부재한 시스템에서 '자신'은 사회 인
프라 전체를 위협하죠. 제가 『인도의 부름India Calling』에서 다룬 것도
인도에 '자신'이라는 개념이 침투하면서 일어나기 시작한 혁명에 대한
것이라고 할 수 있습니다.

데비 페이스북에 대해 거침없는 발언을 이어가고 있고 트위터 프로필에 다음과 같
은 트윗을 메인으로 걸어놓기도 하셨어요. "마크 저커버그는 억만장자 구원자
라는 망상의 시대에 걸맞은 비극적인 인물로 역사에 기록될 것이다. 그는 세
상을 바꾸겠다고 큰소리를 치면서 자신의 나라를 불구로 만들고 있고, 자신이
병을 퍼뜨리고 있다는 사실을 망각한 채 질병 없는 세상을 만들겠다고 다짐한
다." 왜 이렇게 생각하는지 좀 더 자세히 말씀해주실 수 있을까요?

아난드 제 책 『엘리트 독식 사회』에서 연구 대상으로 삼은 역설은 이런 겁니다.
우리는 지금 돈과 권력을 가진 사람들이 '변화를 만들고' 세상을 바꾸려
애쓰는 놀라운 시대를 살고 있어요. 수치로만 보면 인류 역사상 자선사
업이 가장 활발한 시대라고 할 수 있죠. 부자면서 가진 것을 돌려주겠다
고 말하지 않는 사람이 예외에 속할 정도입니다. 하지만 지금 미국은 수
백 년 전보다도 더 불평등한 사회가 되었습니다. 평균적으로 절반에 달
하는 미국인이 1979년 이후 임금 인상을 받지 못했어요. 전 세계 인구의
1퍼센트가 부의 50퍼센트를 소유하고 있고, 10퍼센트가 부의 90퍼센트

를 소유하고 있죠. 엘리트층의 사회 참여는 굉장히 활발하지만 시스템은 그 어느 때보다 잔인하고, 발전에 따른 대부분의 수익은 극소수에게 돌아가고 있는 역설을 마주하게 된 것입니다. 저는 이 두 현상 사이에 어떤 관계가 있는지 이해해보고자 했어요. 이렇게 많은 사람이 돕겠다고 나서는데 왜 시스템은 악화일로인 걸까요? 제가 깨닫게 된 것은 세상을 바꾸겠다는 이런 선언이, 심지어 승자들의 선한 의도와 세상을 바꾸려는 노력조차도 세상을 지금과 같이 유지하는 데 오히려 결정적인 역할을 하고 있다는 것이었습니다.

데비 어떻게 그렇게 되는 거죠?

아난드 이 억만장자 구원자들은 좀 더 평등한 사회를 이루기 위해 자신들이 단순히 조력자에 머물지 않고 리더의 역할을 해야 한다고 말하지만, 이들이 세상을 바꾸겠다며 내세우는 방식은 자신들의 특권을 보호하기 위한 것일 때가 많아요. 사회질서를 흔들 생각도 없고 자신들이 소중히 여기는 것을 내놓을 생각도 없죠. 차터 스쿨¹은 주 정부의 지원과 기부금으로 충당하되 학교 운영은 사립학교처럼 자유롭게 할 수 있는 공립학교은 설립해도 공립학교를 균등하게 지원하는 방법에 대해서는 입을 닫는 식이죠. '린 인'² 페이스북 최고운영책임자인 셰릴 샌드버그는 자신의 자서전에서 여성이 직장과 가정에서 적극적으로 자기 목소리를 내야 한다고 주장했다 페미니즘은 해도 유럽 전역의 경력 단절 여성에게 실질적인 도움을 준 것으로 증명된 보편적 보육을 실행할 생각은 전혀 하지 않아요. 골드만삭스가 기업의 사회적 책임을 부르짖으며 1만여 명의 여성들에게 기회를 준 것은 환영해도 금융위기 때 그보다 훨씬 많은 여성이 골드만삭스로 인해 집을 잃은 일에 대해서는 절대 말하지 않죠. 마크 저커버그는 후드 티를 입고 자신의 회사를 절대 회사로 부르지 않는 남자의 전형이라 할 수 있어요. 그는 늘 회사를 '공동체'라 부르고 어딘가의 누군가를 해방시키고 있다고 말합니다. 아프리카에 인터넷을 보급하고 있든 무료 인터넷으로(사실상 망 중립성을 훼손하는 행위에 가까웠지만) 인도인들을 해방시키고 있든 말이죠. 그는 자신의 권력을 사용해 자신이 인류의 해방자임을 주장하고 있지만 사실은 칭기즈칸처럼 비즈니스를 하며 미국의 수많은 미디어 산업을 파괴하고 있어요.

데비 2017년 오바마 재단 서밋에서 그들이 말하는 변화가 왜 가짜인지를 이야기하기 시작하셨죠. 이런 말씀도 하셨어요. "어둠의 시대가 오면 눈은 어둠에 적응한다. 지금 그림자 속에서 어른거리고 있는 것은 마법과 상실의 시대에 공동체를 등한시했다는 사람들의 깨달음이다. 주위의 수많은 사람이 시민권에 눈뜨고 있다. 수십 년간 우리는 민주주의가 언제든 필요한 것이 있을 때 들를 수 있는 슈퍼마켓 같은 것이라고 생각했다. 이제는 민주주의가 뿌린 대로 거두는 농장이라는 사실을 기억한다." 민주주의를 농장에 빗대다니 정말 아름다운 비유예요.

아난드 실제로 이런 일들은 일어나고 있어요. 투표권 나이를 16세로 낮춰 달라고 주장한 파크랜드의 청소년들, 트럼프 반대 시위에 참가한 수많은 여성들, 트럼프 시대에도 놀라울 정도로 건재한 우리의 시민 의식, 역대 최대를 기록한 여성 후보 등을 보면 그렇지요. 하지만 우리가 트럼프 시대를 온전히 살아남을 수 있을지는 잘 모르겠습니다.

데비 무슨 뜻이죠?

아난드 트럼프로 인해 우리의 제도, 세계에서의 위상, 외교 정책 등이 심각하게 퇴행해서 그가 퇴임할 때쯤이면 이 모든 것이 끝장나 있을 수도 있어요. 규범이 와르르 무너지는 거죠. 우리가 이 추락에서 영원히, 온전히 회복하지 못할 가능성도 적지 않아요. 하지만 저는 우리가 트럼프 시대를 헤쳐 나온 뒤 그 어느 때보다 강해질 가능성이 더 높다고 생각합니다. 좋은 국가를 만드는 것은 국민에 달렸다는 교훈을 배웠기 때문이에요. 조용히 경제 활동만 하면서 위대한 나라의 국민이기를 바랄 수는 없어요. 사회적 기업을 설립하는 것만으로 이 나라의 기본 시스템이 잘 작동하고 있다고 안심할 수는 없는 노릇이라고요. 지금 전국의 많은 사람이 미국이 어떤 나라인지, 어떤 나라였는지 되새겨보면서 각성하고 있어요. 민주주의는 주는 만큼 받는다는 것을 깨닫고 있는 것이죠. 우리는 시민으로서 노력과 애정을 기울여야 해요. 반대편 사람과 소통하지 않으려는 사람은 반대 진영과 소통하지 않는 나라를 가지게 될 것입니다. 우리 모두는 사회의 퇴행에 집단 책임이 있는데, 그것은 우리 개개인이 퇴행의 공모자이기 때문입니다. 지금 대단히 흥미로운 점은 사람들이 시민으로서의 의무를 각성하고 있다는 거예요.

데비 "시민의 각성이 흑인들의 저항에서 시작해 주류 문화로 스며들면서 이들의 메시지가 전파하고자 하는 복음이 아닌, 통과해야 할 테스트처럼 되어버렸다. 매사 올바른 용어를 쓰고 자신의 특권을 철저하게 점검하지 않으면 애초에 틀렸다고 여기는 식이다"라고 말씀하셨어요. 그러면서 이런 질문을 던지셨죠. "이미 각성한 사람들은 여전히 각성 중인 사람들을 위해 자리를 마련해놓았는가?" 이 질문에 어떻게 답하실 건가요?

아난드 제가 미국이라는 나라를 보는 관점은 '이 나라는 늘 높은 이상을 추구했고 그 이상에 부합하는 데 늘 실패했으며, 그 차이를 좁히기 위해 늘 노력했다'는 것이에요. 어떤 때는 그 차이를 더 잘 좁히기도 했고, 어떤 때는 그러지 못하기도 했죠. 그럼에도 미국은 지금도 엄청난 정체성의 변화를 겪고 있는 놀라운 나라입니다. 인류 역사상 가장 강력한 국가가 다수화된 소수자의 나라(문자 그대로 세계 각지에서 온 사람들이 다수를 이룬다는 의미에서)라는 것은 정말이지 굉장한 일이에요. 참고로 유럽의 어느 나라도 버락 오바마 같은 사람을 가져보지 못했습니다. 여러 면에서 미국은 국민성에 있어 전통보다는 개성이 우선시되는 나라를 만드는 데 앞장서고 있어요. 그 목표가 얼마나 옳고 당연한 것이든 그것이 엄청나게 힘든 일이라는 것은 외면할 수 없는 사실입니다. 사람들은 자기 확신, 정해진 일상, 자기 몫의 자리를 웬만해서는 잃고 싶어 하지 않거든요. 제가 "이미 각성한 사람들은 여전히 각성 중인 사람들을 위해 자리를 마련해놓았는가?"라고 질문한 이유는 이미 각성하고 준비된 사람들만 맞으려고 해서는 작고 폐쇄적인 집단이 될 수밖에 없기 때문입니다. 새로운 미국을 빨리 맞이하고 싶다면 우리 쪽으로 사람을 한 명이라도 더 데려올 수 있는 방법을 찾아야 해요. 변화를 약간 두려워하는 사람, 시스젠더생물학적 성과 성 정체성이 일치하는 사람는 무엇이고 백인 특권은 무엇을 말하는지 모르는 사람, 인종에 대해 말하기 불편해하는 사람, 자신이 백인 우월주의의 공모자라는 말 자체가 무슨 말인지도 모르는 사람 등을 대상으로 말입니다. 우리는 이 새로운 미국을 향해 절뚝거리며 다가오는 사람들을 위해 자리를 좀 더 잘 마련해줄 수 있을 거예요. 정치에서는 작은 숫자가 많은 것을 의미합니다. 도널드 트럼프에게 투표했던 사람의 5퍼센트만 "아니야, 이건 잘못됐어"라는 결론에 이르러도 반대가 압도적으로 이기는 결과를 가져올 수 있습니다.

데비   우리가 그런 사람들까지 신경 쓸 필요는 없다고 말하는 이들에 대해서는 어떻게 생각하나요?

아난드   그런 사람들의 이야기를 너무 오래 들어주었기 때문에 더는 그들을 신경 쓸 필요 없다고 느낄 수도 있겠죠. 하지만 그래도 우리는 그들을 돌볼 필요가 있습니다. 그들은 그저 자신의 다른 가능성을 상상하지 못하는 사람들이거든요. 우리가 그들을 돕지 않으면 다음 40년간 더 잔혹한 꼴을 보게 될 것입니다. 훨씬 더 많은 인종 차별자와 엉터리 정치인이 나타날 것이고 훨씬 더 많은 분노, 훨씬 더 많은 뉴스를 보게 될 거예요. 이 모든 것은 우리가 지나치기 쉬운 질병의 증상입니다. 이 나라가 너무 급격하고 근본적으로 변하고 있어서 사람들이 두려워하고 있다는 것이죠. 토니 모리슨은 이런 근사한 말을 남겼어요. "당신이 두려워하는 것이 진짜인지 아닌지가 뭐가 중요한가?" 중요한 것은 앞으로 도래할 나라에서 자신이 어떤 사람이어야 하는지 모르는 사람들이 감당할 수 없을 정도로 많다는 거죠. 이 문제를 해결하는 것이 우리 모두의 과제입니다.

2018. 4. 30 🌀

"I
beggan to
start to think about
what poverty actually is.
And it's not just about wealth.
Poverty is about a lack of dignity.
It is about a lack of choice,
about lack of opportunity.
It's a lack of visibility."

"가난이 실제로 무엇인지 생각해보았어요.
그것은 단순히 부의 문제가 아니에요.
가난은 존엄, 선택, 기회를 갖지 못하는 것입니다.
시야에서 사라지는 것이죠."

재클린 노보그라츠
사업가, 작가
2020. 9. 22

E D E L

**1980년 4월, 암울한 경제 상황에
지칠 대로 지친 수백 명의 쿠바인들이
망명을 요구하며 주아바나 페루 대사관을 급습했다.**

그렇게 며칠이 흐르자 망명을 요구하는 사람이 만 명을 넘어섰다. 이에 피델 카
스트로는 보트를 구할 수만 있으면 누구든 쿠바를 떠날 수 있게 마리엘항을 열
어주었다. 미국에 거주하는 가족과 지인들이 서둘러 플로리다에서 수백 개의
보트를 보내주었고, 12만 명이 그 보트를 타고 쿠바를 탈출했다. 그중 한 명이었
던 아홉 살 소년 에델 로드리게스는 훗날 미국에서 가장 유명한 일러스트레이
터가 되었다. 이 인터뷰에서 그는 어렸을 때 그림 그리기가 어떤 역할을 했는지
들려주고 정치적으로 논쟁적인 이미지를 창조할 때 사회관계망서비스SNS를
활용하는 방법에 대해 설명했다.

R O D R I G U E Z

데비 아바나 외곽의 작은 시골 마을에서 자라셨죠. 가족들이 매일 먹을 것과 기본 물품을 구하기 위해 애를 써야 했다고 들었어요. 심지어 가지고 놀 장난감도 당신이 직접 만들었다고요. 그때의 경험을 어떻게 기억하나요?

에델 그냥 평범한 삶이었어요. 우리가 가난하다고는 절대 생각하지 않았어요. 원래 사는 게 이런 것이려니 했죠. 아침에 일어나면 가지고 놀 장난감을 스스로 만들었어요. 밭에 나가 사탕수수를 베고 그걸로 배를 채웠고요. 사실 아주 재밌었어요. 저야 아무 생각이 없었지만, 먹을 것도 훨씬 많았고 정부의 감시도 그렇게 심하지 않았던 혁명 전을 살아본 부모님은 상황이 심상치 않다는 걸 알고 계셨죠. 그래서 걱정이 많으셨고 우리를 데리고 떠나고 싶어 하셨어요. 하지만 저는 그냥 재밌게 지냈던 것 같아요. 쿠바에서 살았던 기억이 좋게 남아 있어요.

데비 어떤 장난감을 만들었나요?

에델 나무로 총을 만들었어요. 병뚜껑을 총알 삼아서요. 늘 손을 놀리고 있었죠. 그때부터 지금까지 늘 손으로 무언가를 만드는 것 같아요.

데비 고모가 운영하던 쿠바의 약국에서 그림과 스케치에 재능을 보이기 시작했죠. 어쩌다가 거기서 그림을 그리게 되었나요?

에델 약국에 종이와 연필이 있었거든요. 고모는 제가 약국 뒤편 책상에 가만히 앉아 있기만 한다면 뭐든 해도 좋다고 생각한 것 같아요. 그래서 제게 종이와 연필을 주었고 저는 그림을 그리기 시작했죠. 주로 탱크를 그렸어요. 당시 군용 탱크에 빠져 있었거든요.

데비 가족들이 당신의 그림 실력에 대해 어떻게 생각했나요?

에델 그냥 애들이 다 하는 놀이 정도로 생각하셨어요. 미국에서는 아이가 잠재력을 보이면 미술 수업이다 뭐다 다 시키겠지만, 쿠바에서는 아니에요. 아버지는 늘 절 격려해주시면서 전시회 같은 곳에 데려가주시곤 했지만, 그 외엔 아무도 제 그림에 대해 진지하게 생각하지 않았어요.

데비 미국으로 이주할 거라는 소식을 들었을 때 기분이 어땠어요?

에델 미국으로 이주하는 줄 몰랐어요. 미국에 있는 가족을 만나러 가는 줄 알았죠. 당시에는 학교에서 학생과 그 가족을 공산당 본부에 고발하기도 했거든요. 그래서 부모님이 제게 아무 말씀도 안 해주신 것 같아요.

데비 플로리다에 처음 도착했을 때 영어를 전혀 못 했지만 그림으로 의사소통을 할 수 있었다고 말씀하셨어요. 당시에 어떤 그림을 그렸나요?

에델 점심시간에 괴롭힘을 당한 적이 있었어요. 아이들이 제 점심을 훔쳐가곤 했죠. 그런데 뭐라고 말해야 하는지 모르겠는 거예요. 다른 친구의 도움이 필요할 땐 '쟤가 나를 때렸다'는 것을 스케치로 표현했죠. 그렇게 만화를 그려 기본적인 의사소통을 하며 선생님과 아이들에게 무슨 일이 있었는지 설명할 수 있었어요. 그 일은 여름학교 때 있었던 일이고요. 가을 학기가 시작하면서 쿠바 아이들은 전부 마이애미로 옮겨가게 되었고 두 개 반으로 나뉘어 들어가게 되었죠.

데비 쿠바에 살 때 부친께서 사진사, 식당 매니저, 택시 운전사 등 다양한 직업을 가졌던 걸로 알고 있어요. 미국에 정착한 초기에는 트럭 운송 회사를 운영하셨죠. 부친께서 공부하라고, 그렇지 않으면 자신처럼 된다고 하셔서, 그 말씀 덕분에 열심히 살 수 있었던 것 같다고 했어요. 자기처럼 되지 말라는 아버지 말씀이 속상하게 들리진 않았나요?

에델 아니요. 아버지는 그 말씀을 매일같이 하셨어요. 가장 하기 싫은 일을 할 때 그 말씀을 하셔서 인상이 더 깊게 남은 것 같아요. "학교 가라. 이런 쓰레기 같은 일 하지 않아도 되게"라고 하는 식이었죠. 그 말이 가슴에 남았어요. 아버지는 끊임없이 더 나은 것을 찾는 분이에요. 무언가를 하겠다고 마음먹으면 위험도 마다하지 않는 무모한 구석도 있으셨죠. 쿠바를 떠나는 것도 아버지 생각이었어요. 상황은 나쁘기도 했지만 괜찮기도 했거든요. 어머니는 매우 편하게 지내셨고요. 우리가 떠날 수 있었던 건 아버지가 어머니를 끈질기게 쫓아다니며 "가야 돼. 가야 돼"라고 노래를 불렀기 때문이에요. 나중에 제가 마이애미를 떠나 뉴욕에 가겠다고 했을 때 저를 공항까지 데려다준 사람도 저희 아버지셨어요.

데비   어머니는 같이 안 가려고 하셨죠?

에델   네. 어머니는 공항에 가는 것도 싫어하셨어요.

데비   당신이 떠나는 것이 싫어서요?

에델   네. 아버지는 절 공항에 데려다주시고는 현금을 쥐여주셨어요. 늘 그런 식이었죠. 약간 몽상가 기질이 있달까요. 열여덟 살 때 처음으로 비행기를 타고 뉴욕에 갔는데, 가서 일주일 지내보니까 '여기서 살 방법을 찾아봐야겠다'는 생각이 들더군요. 집에서는 저 때문에 난리가 났지요. 쿠바를 떠나면서 고생을 많이 했기 때문에 제가 가족을 또 떠난다고 하니 어머닌 너무 싫었던가 봐요. 어머니에게는 "3년 후에 돌아올게요. 빨리 하고 올 거예요"라고 말하고 뉴욕에 왔어요.

데비   그게 몇 년 전이었나요?

에델   28년 전일 거예요.

데비   현재 스쿨 오브 비주얼아트에서 강의를 하고 계시죠. 오늘날의 젊은 일러스트레이터들에게 관심이 상당히 많은 것으로 알고 있는데요. 다양성 측면에서 업계가 변화하고 있는 것 같나요?

에델 　10년, 15년 전부터 여러 다양한 이유로 변하기 시작한 것 같아요. 무엇보다 인터넷의 영향이 컸던 것 같은데, 다른 나라 출신의 예술가들과 일러스트레이터들이 미국 시장에서 일할 수 있게 되었기 때문이에요. 그러면서 다양성이 많이 강화되었죠.

데비 　《타임》에서 임시직으로 시작해 역대 최연소로 캐나다판과 중남미판을 총괄하는 아트 디렉터 자리에 올랐어요. "나는 정말 열심히 일하는 소작농과 농부 집안 출신이라 사무직이나 일러스트레이션 작업을 그렇게 힘든 노동이라고 생각하지 않는다. 그렇게 생각하면 가끔 웃음이 날 정도다. 내 부모와 조부모가 일했던 것을 생각하면 이건 정말 아무것도 아니다. 이 모든 것을 보다 균형 잡힌 시각에서 볼 필요가 있다"라고 말씀하셨는데요. 이렇게 성공한 당신을 보고 부모님은 어떤 생각을 하실까요?

에델 　굉장히 기뻐하고 자랑스러워하시지만 혼란스러워하시기도 해요.

데비 　무엇을 혼란스러워하시죠?

에델 　제가 하는 일에 대해서요. 그래픽이니 비주얼이니 하는 것들에 대해 잘 모르겠다는 반응을 보이기도 하세요.

데비 　다양한 잡지 표지를 디자인하셨는데요. 그 이야기를 좀 해보죠. '실리콘밸리가 여성을 바라보는 시각'이라는 제목이 달린 《뉴스위크》 표지는 내셔널 매거진상을 수상했지만 많은 논쟁을 일으키기도 했어요. 트럼프를 풍자한 《타임》 표지로 프린스, 톰 포드, 데이비드 보위, 비욘세 등과 나란히 2016년 애드 에이지Ad Age에서 선정한 '올해의 가장 창의적인 50인'에 뽑히기도 했고요. 이런 표지들의 등장으로 잡지 표지 일러스트레이션의 추세가 확 바뀐 것 같다는 생각이 드는데요. 훨씬 더 강렬하고 직접적이고 살벌해졌달까요.

에델   살벌하다는 것이 딱 맞는 표현인 것 같네요. 우리가 직면했던, 그리고 지금도 직면하고 있는 위험은 중립에 대한 강박인 것 같아요. '양쪽 다 주장하는 바가 있으니 둘 다 들어보자'는 거죠. 특히 자유주의적 성향이 강할수록 이런 방식을 고수하는 경향이 있어요. 그런데 이런 경향이 너무 심해지다 보니까 오히려 여기에 좀 맞설 필요가 있겠다는 생각이 들더군요. 미국에서 거의 파시즘에 가까운 것이 나타나고 있는데, 파시스트는 달래려고 하면 안 되는 거잖아요. 그런 것에는 되도록 강하게 맞서야 한다고 생각해요. 제 표지도 그런 의도에서 나온 것이었고요. 트럼프를 오렌지색으로 표현한 것은 시각적으로 굉장히 강렬한 시도였어요. 그의 외형적인 특징을 가져와 이리저리 비틀어보았죠. 저는 그런 힘을 원했어요. 잡지 측에서 저를 믿고 지지해주어서 든든하기도 했죠. 일단 《타임》이 스타트를 끊고 나자 다른 이들도 '우리도 같은 방식으로 맞설 수 있겠구나' 하는 것을 알게 되었죠.

데비   트럼프를 그리는 일은 웬만하면 안 하고 싶다는 말씀도 하셨는데요. 작업을 하려면 그 얼굴을 굉장히 많이 들여다봐야 할 텐데 어떻게 그 일을 해내시나요?

에델   사실 얼굴을 막 들여다보지는 않아요. 그 사람 사진도 보지 않고요. 제 머릿속에 있는 상징과 그래픽으로 작업을 하지요. 보통 10분에서 15분 정도 소요되는 것 같아요. 사실 인터넷에 올리는 이미지는 정말 후딱 만들어요. 표지 같은 경우는 당연히 시간이 더 많이 걸리죠. 서너 시간은 잡아야 할 거예요. 사실 저는 그 사람의 눈이나 코를 꼼꼼히 그려가면서까지 이 일에 몰두하고 싶지는 않아요. 그보다는 그를 대상이나 브랜드처럼 생각하고 접근하는 편이죠. 그 사람의 어떤 브랜드 같은 것을 만들어낸 다음 이리저리 비틀고 변형해보는 거예요. 어떻게 보면 그 사람 자체를 다룬다기보다는 그 사람에 반하는 브랜드를 만드는 일에 가깝다고 할 수 있죠. 하나의 브랜드를 만들고 모든 수단과 방법을 다해 그것을 파괴하는 일이랄까요.

데비	《슈피겔》 표지는 거기서 한 발 더 나갔어요. 트럼프가 자유의 여신상을 참수하고 있는 이 이미지는 순식간에 인터넷을 강타했죠. 이런 그림 하나에 전 세계가 반응하는 것이 재밌다고 생각했다고요.
에델	확실히 그 이미지가 가장 논란이 많이 되고 보도도 많이 되긴 했죠. 1년이 지난 지금도 여전히 언급되고 있으니까요.
데비	심장을 멎게 하는 일러스트레이션이에요.
에델	반가운 소리네요. 그게 바로 제가 원했던 반응이거든요. 뒷이야기를 조금 해드리자면, 원래는 이슬람국가ISIS를 비판하는 굉장히 센 이미지를 10개쯤 작업했었어요. 그들이 끔찍한 짓을 너무 많이 한 나머지 이제는 자기 자신마저 죽이고 있는 것은 아닌가 하는 생각을 했거든요. 그때 작업한 이미지 중 하나가 한 손에는 칼을 들고 다른 손에는 자신의 잘린 머리를 들고 있는 ISIS 테러리스트의 이미지였어요. 그러다 어느 날 뉴스를 보는데 하룻밤 사이에 이슬람교도 입국이 금지되었다는 보도가 나왔어요. 비행기가 아직 하늘에 떠 있는데 말이죠. 부모도 없이 혼자 온 어린이들이 그 비행기에 타고 있었어요. 비행기가 공항에 도착했지만 이 아이들은 공항을 떠날 수도 없었어요. 이 나라에 와도 된다는 허가증이 없었기 때문이죠. 그걸 보면서 아홉 살 때 이 나라에 온 저 자신이 떠올랐어요. 그때 저는 따뜻한 환영을 받았거든요. '대체 이 나라에 무슨 일이 있었나' 하는 생각이 들더군요. 자유의 여신상은 우리 집에서 성스러운 존재였어요. 뉴스를 보는데 오만 가지 생각이 다 들더군요. 정말 역겨웠어요. 그건 카스트로나 할 짓이거든요.
데비	트럼프를 카스트로에 비교하시는군요.
에델	우리가 쿠바를 떠나려고 했을 때 카스트로와 공산당이 했던 짓이 바로 그런 짓이었어요. 우리는 일주일간 감금되었어요. 무슨 일이든 일어날

수 있었죠. 그렇게 다른 사람의 삶과 감정을 마음대로 주무를 수 있다는 생각에 분노를 느꼈어요. 어찌나 화가 났던지 저는 그 ISIS 테러리스트 이미지를 그대로 가져와 새로운 작업에 착수했어요. 트럼프를 그리고 한 손에 자유의 여신상 머리를, 다른 한 손에는 테러리스트가 들고 있던 바로 그 칼을 그렸죠. 진짜 테러리스트는 도널드 트럼프라는 직접적인 상관관계를 성립시킨 거예요. 그때 생명 줄을 쥐고 있었던 사람은 트럼프였으니까요. 이슬람교도 입국 금지와 관련해 '그가 ISIS 테러리스트다'라는 주제를 전달하고자 했죠. 작업을 마치고 트위터, 페이스북, 그밖에 제가 사용하고 있던 모든 미디어 채널에 이미지를 올렸어요. 순식간에 아주 난리가 났죠. 그러고 나서 하루나 이틀쯤 후에 《슈피겔》에서 연락이 왔어요. "이슬람교도 입국 금지에 관한 표지를 준비 중인데 뭐 아이디어 없어요?"라고 묻더군요. 그 표지가 실린 호가 나오기도 전에 시위 현장이며 공항에 그 이미지가 쫙 깔려 있었어요. 사람들이 인터넷에서 보고 출력한 것이었죠.

데비   시위에 활용하는 경우에 한해 그래도 된다고 허락도 해줬잖아요, 그렇죠?

에델   당시엔 그런 생각을 할 겨를도 없었어요. 사람들이 트위터에서 다운로드한 이미지로 거대한 포스터를 만들어서 여기저기에 쓰기 시작했죠. 그때부터 메시지며 이메일로 온갖 욕이 날아오기 시작했죠. 공산주의자라는 둥 뭐라는 둥 욕이란 욕은 다 들어본 것 같아요. 저는 이런 일들을 아무렇지도 않게 받아들여서는 절대 안 된다고 생각해요. 이건 마치 나라 전체가 끊임없이 가스라이팅을 당하는 것이나 마찬가지라고요. 베네수엘라, 쿠바, 러시아, 그리고 다른 여러 나라에서도 있었던 일이죠. 더 이상은 안 돼요. 결국 제가 하는 일은 사람들을 반응하게 하는 일인 것 같아요. '와, 내가 미치지 않았구나. 내가 느낀 걸 다른 사람도 느끼고 있구나' 하고 생각할 수 있게 말이에요.

2018. 4. 16

"Corporations

**and politicians
don't make changes
unless we—
as consumers
and citizens—
demand them."**

"기업과 정치인은 우리가
소비자이자 시민으로서
먼저 요구하지 않는 한
절대 변하지 않습니다."

타티아나 슐로스버그
기자, 작가
2020. 1. 13

CARMEN

카먼 마리아 마차도의 단편집
『그녀의 몸과 타인들의 파티』는
전미도서상 소설 부문 후보에 올랐다.

MARIA

동화와 신화를 좋아한다면 이 책은 당신을 위한 책이다. 호러와 SF 애호
가들의 취향도 저격할 것이다. 실험적인 소설, 퀴어 이론, 현란한 스토리
텔링을 중시하는 사람도 흥미를 가질 법하다. 이 인터뷰에서 우리는 그녀
의 작가로서의 경력, 그녀가 철저한 실용주의자인 이유, 그녀가 마법을 믿
고 싶어 하는 이유 등에 대해 이야기를 나누었다.

MACHADO

데비   카먼, 펜실베이니아 앨런타운에서 성장할 때 가족들, 특히 쿠바 출신의 할아버지가 이야기를 많이 들려주었다고 했어요. 그때 어떤 이야기를 들었고 그것에 어떤 영향을 받았나요?

카먼   할아버지는 쿠바에 살던 시절과 쿠바를 떠나고 나서의 삶에 대해 주로 들려주셨어요. 매우 기이하고 어두운 이야기가 많았죠. 당시엔 그 어둠을 제대로 알아보거나 이해하지 못했던 것 같지만요. 이를테면 할아버지가 반려동물로 키웠던 수탉이 있었는데 어느 날 저녁을 먹다가 "그 수탉 어디 있어요?"라고 물었더니 가족들이 "네가 지금 먹고 있잖니"라고 했다는 거예요. 할아버지가 이야기를 들려주시는 방식은 웃기면서도 서글프고 구성적으로 굉장히 흥미로운 구석이 많았어요. 유머와 어둠이 서로 닿을 듯한 사이를 두고 대결하는데, 그것이 쿠바인 특유의 화법이라는 것을 그때 알게 되었죠.

데비   어렸을 때 책을 정말 많이 읽었다면서요. R. L. 스타인의 『구스범스』 1권을 읽고 너무 무서워해서 어머니가 구스범스 시리즈를 일절 못 읽게 했다고 들었어요. 하지만 당신은 책이 그런 두려운 감정을 유발할 수 있다는 것에 만족을 느꼈다고요. 책 한 권이 그런 일을 할 수 있다는 것은 정말 대단한 일인 것 같다고도 하셨어요.

카먼   네, 웃긴 이야기죠. 심지어 그 책에 나온 목각 인형 머리가 달린 에나멜 펜을 사기도 했어요. 왠지 그걸 가지고 있어야 할 것 같더라고요. 늘 옷깃에 걸고 다녀야 할 것 같은 물건이었죠. 예전에 인터뷰를 하면서 이 이야기를 했더니 인터뷰어가 그걸로 체온을 바꿀 수도 있겠다고 하더군요. 그 말에 저는 "맞아요. 제가 좋아하는 작품은 사람들의 체온을 바꾸는 작품이에요"라고 답했지요. 체온이 달라지면 무언가를 느끼게 되거든요.
        뭘 했는데 아무런 느낌이 없을 때도 있잖아요. 행복하지도 않고 슬프지도 않고 무섭지도 않고 아무것도 안 느껴지는 상태요. 그냥 그렇게 잔

잔한 상태가 제가 제일 끔찍하게 여기는 상태예요. 독자이자 저자로서 저는 누군가 "당신 책을 읽었는데 아무런 느낌이 없었어요"라고 말하는 것보다는 차라리 "당신 책 너무 싫었어요"라고 하는 것이 더 낫다고 생각해요. "내 책을 읽고 그런 감정을 느꼈다니 정말 기쁘네요"라고 기꺼이 답해줄 것 같아요. 그런 점에서 구스범스 시리즈, 특히 1권은 정확한 이유는 저도 잘 모르겠지만, 제가 감정을 느끼는 방식에 큰 영향을 준 책이라고 할 수 있어요. 무서워서 잠도 제대로 못 잤고 일주일간 불도 끄지 못했어요. 어머니는 "이게 무슨 말도 안 되는 일이니, 대체 왜 그러는 거야"라고 닦달을 했고요.

데비   당신의 단편소설에는 어떤 근원적인 긴장감 같은 것이 깔려 있는데, 그런 긴장감을 잘 활용해 독자들을 쥐락펴락하는 것 같아요. 이렇게 강렬함을 차곡차곡 쌓아가는 작품은 저로서는 처음 읽어본 것 같아요.

카먼   단편소설은 실험실과 비슷하다고 생각해요. 실험이 실패하더라도 실패한 대로 놔두고 다음 작품으로 넘어갈 수 있으니 좀 더 다양한 시도를 해볼 수 있는 것이죠. 극히 제한된 공간에서 실험을 하는 셈인데, 긴 호흡의 작품에서는 독자들이 원하지 않을 만한 것도 단편소설에서는 과감히 시도해볼 수 있거든요. 어쨌든 이유는 잘 모르겠지만 단편이 저랑 정말 맞는다고 생각해요.

데비   저도 단편소설이 잘 맞는 것 같아요. 감정을 추스르기 더 수월한 느낌이랄까요.

카먼   제가 학생들에게 늘 하는 이야기가, 장편이 하루 종일 두들겨 맞는 것이라면 단편은 코에 크게 한 방 맞는 것이라는 거예요. 다른 방식의 읽기라는 것이죠. 저는 코에 크게 한 방 맞는 것을 선호합니다. 왜인지는 모르겠지만요.

데비   마법을 믿으시나요?

카먼 마법을 믿고 싶어요. 좀 희한하게 보일 수도 있는데, 저는 철저하게 실용주의자면서 그 무엇보다 마법을 믿고 싶어 하죠. 세상의 무언가를 바꿀 수 있는 힘이 있다면 저는 초자연적인 현상이 진짜라는 것을 알고 싶어 할 것 같아요.

데비 워싱턴 D.C.에 있는 아메리칸대학교를 다녔죠. 처음에는 저널리즘을 공부했던 걸로 아는데, 이유를 물어봐도 될까요?

카먼 작가가 되고 싶었는데, 아버지께서 작가 중에 의료보험이 지원되는 유일한 정규직은 기자라고 하셨어요. 한 학기 동안 기사 작성 수업을 들었는데, 에이미 아이스먼이라는 출중한 기자 출신 강사가 강의하는 수업이었어요. 정말 똑똑하고 괜찮은 사람이었는데 저 때문에 고생을 많이 했죠. 글에서 형용사를 빼라고 그렇게 지적을 했는데 제가 "안 돼요. 더 이상의 형용사는 포기할 수 없어요"라고 맞섰거든요. 그러다가 "이 일이 너한테 맞는 일인지 잘 모르겠다"라는 말까지 들었어요. 결국 전공을 바꿨는데, 그런 방식으로 글을 쓰고 싶지는 않았기 때문이에요.

데비 대학을 졸업하고 아이오와 작가 워크숍에 지원해 합격했지요. 전 세계에서 최고로 꼽히는 글쓰기 과정이라고 할 수 있을 텐데요. 어떻게 그런 결정을 내리게 되었나요?

카먼 사실 그사이에 공백이 좀 있었는데요. 대학 졸업 후 캘리포니아 버클리로 이사를 갔었어요. 하필 경기 불황이 시작될 때 최악의 결정을 내린 셈이었죠. 제가 가진 건 아무짝에도 쓸모없는 학위와 학자금 대출뿐이었으니까요. 전국에서 가장 비싼 곳으로 이사해놓고 갖은 고생을 했죠. 정신적으로 너무 힘들어서 석사 과정에 지원했어요. 지푸라기라도 잡고 싶은 심정이었죠. 스물다섯 곳인가 스물여섯 곳인가, 아무튼 터무니없이 많은 곳에 지원을 했는데, 그중 아이오와에 합격했어요. 그리고 다시는 뒤를 돌아보지 않았죠.

데비 작가가 되고 싶다. 작가가 되야겠다고 마침내 인정하게 된 것이 그때인가요?

카먼 직업적으로 첫발을 뗀 것은 그때가 처음이었죠. 그전에는 뭔가를 쓰고 있기는 했지만 '책을 써보면 어떨까?'라는 생각은 하지 않았거든요. 이런저런 실험을 해보고 새로운 것들을 시도하면서 모든 것이 제자리를 찾은 느낌이었어요. 본격적으로 책을 쓴 것은 석사를 마친 후지만 아이오와에서 공부를 하면서 해보고 싶었던 것을 능동적으로 추진해보자는 결심을 하게 되었죠.

데비 책을 내기까지 과정이 쉽지 않았다고 들었어요. 문학 에이전트를 구하기는 했지만 1차로 원고를 돌린 후에도 당신 책에 관심을 보인 출판사가 하나도 없었다고요. 마침내 그레이울프 출판사와 계약을 체결하기까지 어떤 과정을 거쳤나요?

카먼 출간 계약까지 가는 과정은 정말이지 험난해요. 특히 이제 막 데뷔작을 쓴 작가는 시스템 밖에 있기 때문에 더 스트레스를 받을 수밖에 없어요. 에이전트를 찾는 것도 아주 낯선 경험이었는데, 에이전트를 찾기 위해 문의 편지를 써서 보내면 "흥미롭긴 한데 우리랑 잘 맞는 작품은 아닌 것 같네요. 장편을 쓰게 되면 알려줘요"라는 답을 받곤 했죠. 단편소설은 아무도 사려고 하지 않아요.

데비 왜죠?

카먼 잘 안 팔리니까요. 제 책은 예외였고, 조지 손더스 같은 경우가 예외라 할 수 있겠죠. "단편을 원래 별로 안 좋아하는데 당신 것은 좋다"라는 말을 여러 사람에게 들었어요. 제게 출간을 제안한 유일한 출판사가 그레이울프였죠.

데비 이 단편집은 엄청난 호평을 받으며 출간되었어요. 바드 소설상과 전미도서비평가협회 존레너드상을 수상했고, 전미도서상, 셜리잭슨상, 커커스상, LA타임스도서상 소설 부문, 딜런토마스상, 펜/로버트빙엄상 데뷔 소설 부문 최종 후보에 올랐죠. 정말 대단하세요.

카먼   네, 감사합니다. 좀 웃기다고 생각하는 것은, 물론 이 책은 좋은 책이고 저도 아주 사랑하고 자랑스럽게 생각합니다만, 시기적으로 봤을 때 도널드 트럼프가 대통령이 아니었다면 이 책이 이렇게까지 잘 팔렸을까 하는 거예요.

데비   왜 그렇게 생각하죠?

카먼   우리는 지금 젠더 위기에 처해 있어요. 이런 위기는 #미투 운동, 힐러리 클린턴 지지 여부와 별개로 대선에서 그녀가 소비된 방식, 여성들이 얼마나 만연한 성차별에 노출되어 있는지를 보면 알 수 있지요. 이런 것들은 많은 여성에게 큰 트라우마를 남겼는데요. 우리는 이 트라우마를 충분히 인정하고 해결하지 못했어요. 그러기도 전에 선거 결과가 나오면서 모두가 공포에 사로잡혔기 때문이에요. 많은 사람들이 이런 문제들과 감정에 대처하려고 애쓰고 있을 때 시의적절하게 이 책이 나온 거죠. 여성을 대하고 여성에 대해 이야기하고 여성의 몸을 취급하는 방식은 늘 끔찍했어요. 그건 앞으로도 달라지지 않을 것 같아요. 그 문제에 대해서는 비관적일 수밖에 없네요.

2018. 6. 11

"**I**
am definitely
an aggressive woman,
without a doubt—and I'm not
going to make any apologies for it.
I'm grateful to be an aggressive woman.
It's served me very well."

"분명한 것은 제가 공격적인 여자이고
그 점에 대해 변명할 생각이 추호도 없다는 점이에요.
저는 제가 공격적인 여자인 것에 감사합니다.
그 덕을 단단히 보았어요."

셜리 맨슨
뮤지션, 배우
2018. 12. 3

LYNDA

「어니 푹의 코믹Ernie Pook's Comeek」은
30여 년간 미국 전역의 대안 주간지에 실렸다.

린다 배리는 고딕체 대문자로 또박또박 쓴 글씨와 털과 여드름을 강조한 그림을 조합해 어니 푹이라는 남자아이와 말리스 멀튼이라는 여자아이가 일상에서 마주하는 모험을 그려내 만화계에 큰 반향을 일으켰다. 그녀의 책 또한 지대한 영향을 미쳤다. 1988년에 출간된 첫 삽화 소설『좋은 시절 이 나를 죽이고 있어The Good Times Are Killing Me』를 시작으로 가장 최근에 는『만화 만들기Making Comics』라는 제목의 신간을 냈다. 그녀는 위스콘신 대학교 매디슨 캠퍼스 창의성 협동 과정의 교수로 재직 중이고 최근에 맥 아더 펠로십미국 맥아더 재단이 탁월한 창의성과 통찰력을 보인 인재 25명 내외를 선 정해 매년 수여하는 상으로, 일명 '천재들의 상'이라 불린다을 수상했다. 그러니 이제 공식적으로 말할 수 있게 되었다. 린다 배리는 천재다. 이 인터뷰에서 그녀 는 네 살짜리와 공동 작업한 경험, 그림 그리기가 초능력인 이유, 알파벳을 통해 이미지 세계로 건너간 사연, 자신의 의견이 해로울 수도 있는 이유에 대해 이야기했다.

BARRY

데비 맥아더상 수상을 축하드려요. 당연히 받으셔야 할 상을 마침내 받으셨어요. 연락하기 정말 힘든 분으로 유명한데 주최 측에서 어떻게 연락을 해왔나요?

린다 자동 녹음 전화인 줄 알고 일곱 번이나 전화를 그냥 끊었어요. 자꾸 똑같은 번호로 전화가 오길래 누군지 몰라도 단념을 시켜야겠다 생각하고 전화를 받고 바로 끊어버렸죠. 전원을 아예 꺼놓고 있기도 했고요. 그러다가 누군가 제 연락을 바라고 있다는 소식을 다른 경로로 듣고 제가 전화를 걸었죠. 연락해달라고 한 사람 이름이 말리스여서 내 만화 캐릭터 말리스에 대한 용건이 있나 보다 했어요. "나도 같은 이름을 가졌어요"라고 말하고 싶어 하는 사람들이 가끔 있거든요. 그러면 저는 "아, 네"라고 답하고요. 이번에도 그런 "아, 네"를 하게 될 줄 알았는데, 웬걸 "아, 네?"가 돼버린 거죠.

데비 수상 이후 삶이 어떻게 변할 것 같나요?

린다 처음에 든 생각은 스트레스 받는 강의 업무는 다 덜어내고 좋아하는 일, 그러니까 학생들과 같이 작업하고 연구하는 일만 하자는 거였어요. 제가 가장 흥미를 가지고 있는 연구는 글쓰기와 그림 그리기가 아직 분화되지 않은 인간 유형과의 협업이에요. 바로 네 살짜리 아이들이죠. 그 나이대의 아이들과 함께 그림을 그리는 것은 서로에게 엄청나게 득이 돼요. 제 성인 학생들도 그 덕을 톡톡히 봤죠. 이런 프로그램을 시작하게 된 계기는, 대학원생들이 너무 힘들어하는 것을 봤기 때문이에요. 그런데 학계는 그걸 그냥 당연하게만 여기죠. 이들의 삶이 편안해질 수 있도록 할 수 있는 모든 시도를 해야 한다고 생각했어요. 어쨌든 대학원생은 무언가 새로운 것을 발견하는 사람이니까요. 그래서 제 지도 학생들에게 박사 논문 쓰는 것을 도와줄 공동 연구원을 붙여주겠다고 했죠. 그 공동 연구원이 네 살짜리라는 말은 안 했지만요. 대학원에서는 너무 자기 분야만 좁고 깊게 파다 보니 목표와 직접적으로 연관되지 않은 것은 다 이질적인 것으로 취급하는 경향이 있어요. 하지만 무언가를 발견하는 것은 그런 식으로 해서 되는 것이 아니잖아요. 저는 학생들이 완전히 열린 마음을 가진 사람들과 시간을 보내기를 바랐어요. 그리고 저 역시 그럴 필요가 있다는 것을 곧 깨달았죠. 아이들과 시간을 보내면 늘 내 일에서 무언가 새로운 것을 발견할 수 있었어요.

데비 신간 『만화 만들기Making Comics』에서 인상 깊었던 대목 중 하나가, 아이들이 그림, 노래, 춤을 즐기지 않으면 걱정을 하면서 어른들이 그런 것을 하지 않는 것에 대해서는 별로 걱정하지 않는다는 것이었어요. 또 방금 말씀하셨던 것처럼 아이들이 크면서 글쓰기와 그림 그리기가 분리된다는 이야기도 나오는데요. 네다섯 살 이후에도 이 두 가지가 같이 갈 수 있게 하려면 어떻게 해야 할까요?

린다 주변 환경만 제대로 조성된다면 자연스럽게 그렇게 될 수 있어요. 저는 아이들과의 작업을 되도록 많이 하려고 하는데 부모 동반일 때가 많아요. 놀라운 점은 부모들이 웬만해서는 그림 그리는 일에 동참하려 하지 않는다는 거예요.

데비 못 그릴까 봐 그러는 건가요?

린다 그런 두려움이 굉장히 강하죠. "함께 그려보실래요?"라고 물어보면 팔짱을 끼고 손부터 숨긴다니까요. 마치 손이 뜻하지 않게 그리기를 시작하기라도 할 것처럼요. 손은 그리고 싶은데 억지로 못 하게 막는 것처럼 보이기도 해요. 그림 그리기에 대한 두려움이 얼마나 심각하냐면, 마치 통제 불능의 상태에서 갑자기 체액이 빠져나올 때와 비슷한 공포를 느끼는 것 같아요. 갑자기 코피가 터지기라도 한 양 겁에 질리는 것이죠. 저는 왜 그런 공포를 느끼는지 알고 싶어요. 어른들의 그런 공포를 덜어줄 수 있는, 혹은 두려움이 미처 개입하기 전에 후딱 해치울 수 있는 그리기 과제를 많이 시도해보기도 했는데요. 외양은 성인일지 몰라도 아이들과 작업하고 있다는 느낌이 들었어요. 이 사람들 머릿속에는 여덟 살 때 그림 그리기를 포기한 기억이 있거든요. 아마도 코를 못 그린다는 이유로 말이죠. 대부분의 위기는 여덟 살쯤에 코나 손으로 오니까요.

데비 내가 잘하지 못한다고 느끼는 것을 시도하는 것은 두려운 일이에요. 하지만 해 보지 않고 잘할 수는 없는 거잖아요. 많은 사람이 무언가를 하고 싶기는 한데 잘하지 못하는 것에 수치심과 굴욕감을 느끼는, 일종의 정체 상태를 겪고 있는 것 같아요.

린다 사실 잘해야 할 필요도 없어요. 그건 마치 랜스 암스트롱처럼 자전거를 잘 타지 못할 거면 아예 자전거를 타지 말라는 소리나 마찬가지잖아요. 아니, 랜스 암스트롱조차도 랜스 암스트롱처럼 자전거를 타지는 못한 다고요. 그림을 그리는 것은 일종의 경험인데, 사람들은 그걸 평가해야 할 일처럼 여기고 있어요. 제가 만화를 좋아하는 이유도, 만화는 재현의 문제를 단번에 뛰어넘거든요. 아무도 찰리 브라운에게 극사실주의적 으로 묘사된 코나 손을 바라지 않아요. 그러면 오히려 더 무섭게 보이겠 죠. 우리가 쓰는 알파벳과 숫자에는 가장 아름다운 형태들이 보존되어 있고, 그것이 만화를 만들어내는 기본 형태라 할 수 있어요.

데비 저는 그래픽디자이너 칩 키드가 자신이 편집한 『피너츠』 책 표지를 처음 보여 줬던 순간을 절대 잊지 못할 것 같아요. 그냥 찰리 브라운의 눈을 클로즈업한 이미지였는데 마치 C, 마침표, 마침표, C 모양으로 보였어요. 처음엔 내가 뭘 보고 있는 건지 이해를 못 했는데 깨닫고 나니까 분명히 보이더라고요. 정말 천재적이었죠.

린다 네, 바로 그거예요. C, 마침표, 마침표, C 모양이라고 하셨는데, 제 네 살 짜리 동료들이 딱 그렇게 말하거든요. 그 아이들에게 내 성인 학생들이 무엇을 어려워하는지에 대해 이야기할 때가 있어요. 제 문제를 상의하 기도 하고요. 이를테면, "손을 그리는 것을 두려워하더라"라고요. 그러 니까 한 아이가 그러더군요. "손은 쉬워요. 눈덩이, 엄지, 엄지, 엄지, 엄

지, 엄지예요." 혹은 귀가 문제가 될 수도 있겠죠. 아이들은 귀가 알파벳 C 안에 숫자 5가 들어 있는 모양이라고 할 거예요.

데비   정말 딱인데요.

린다   아이들에게 그리기는 제스처와 같아요. 인간이 자연스럽게 취하는 동작이라 할 수 있죠. 이것이 잘 드러나는 또 다른 분야가 과학인데요. 저는 대학에 있다 보니 과학자들이 머릿속으로 생각할 때 손이 화이트보드 위에서 어떻게 움직이는지 종종 목격하곤 해요. 그들의 손 모양과 그들이 그려내는 그림의 형태는 네 살짜리의 그것과 놀라울 정도로 유사하답니다. 어쩌면 선을 하나 긋는다는 것은 단순히 어떤 아이디어의 표현이 아니라 그 자체로 아이디어를 제공하는 원천일 수도 있겠다는 생각이 들었어요. 그리기가 단순히 머릿속에서 종이로 옮겨가는 것만을 말하는 것이 아니라 종이에서 손을 타고 올라와 머릿속으로 들어가는 것까지 포함할 수도 있다는 거죠. 아이들이 그림을 그리는 방식이 그렇거든요. 그림을 그리면서 자신이 무얼 그리고 있는지 보죠.

데비   처음으로 무언가를 만들어낸 기억은 무엇인가요?

린다   알파벳 O요. 1학년 때 알파벳 공부를 하다가 O를 배울 차례가 되었어요. 태평양 연안 북서부 지역에서 자라서 단 한 번도 본 적은 없었지만 저는 O자로 시작하는 단어로 오렌지 과수원을 그렸죠. 과수원 가운데 개울이 흐르는 그림이었어요. 전 좀 이상한 아이였고 정서적으로도 문제가 좀 많았는데, 평상시 저한테 별로 호의적이지 않았던 몇몇 여자아이들이 그 그림에 엄청 관심을 보이더군요. 자기들한테 그 그림을 각자 한 장씩 그려 달라고 하기까지 했어요. 그림이 일종의 소통이 될 수 있다는 것을 그때 처음으로 깨달았어요. 그냥 누굴 보고 말을 건네는 것과는 완전히 차원이 다른 소통이요.

데비   만화를 보려고 글을 깨쳤다고 했어요. 아주 어렸을 때 평생 읽을 만화 다섯 편을 선정하기도 했다고요.

린다   그때 '평생'이라는 말을 막 배웠을 거예요. 그 생각을 하다가 펜스 옆을 지나가면서 '이 펜스를 평생 기억해야지'라고 생각했던 것이 기억나요. 그리고 정말 평생 기억하게 되었죠. 그 만화들을 선정했던 것도 기억해요. 우리 집은 좀 문제가 많은 집이었는데, 작은 가위, 큐티클을 제거할 때 쓰는 그런 작은 가위들이 여기저기 널려 있었어요. 제게는 장난감이 별로 없었기 때문에 만화에서 흑백으로 된 캐릭터를 잘라내 그걸 가지고 놀곤 했죠. 엄마가 불안 장애가 심해서 물건들을 제게서 빼앗아 가곤 했는데, 이건 제가 숨길 수 있었기 때문에 너무 좋았죠. 그렇게 만화에 큰 애착을 느끼게 되었어요. 요즘 덕후들처럼 작가부터 시작해 만화의 모든 걸 다 알고 그런 식이 아니라, 캐릭터 자체에 정을 붙이게 된 거죠.

데비   집에 책은 없었지만 매일 신문이 왔고 글을 깨치기도 전에 「패밀리 서커스 Family Circus」를 평생 읽을 만화로 뽑았다고 쓰신 바 있어요. 「패밀리 서커스」는 이미지가 원 안에 들어가 있는데 그 원 안의 삶이 참 좋아 보였다고요.

린다   지금도 좋아 보여요.

데비   「패밀리 서커스」에는 당신 같은 아이들을 위한 지도와 나침반이 숨어 있었죠. 그 만화에 등장하는 부모들은 아이들을 사랑했고 안정적인 가정을 꾸렸어요. 당신이 바라던 가족의 모습이 아니었을까 싶은데요.

린다   맞아요. 만화, 그리고 세상의 놀라운 점이 뭔지 알아요? 내게 어울리지 않는 가정, 사랑이 부족한 가정에 태어날 수도 있겠지만 그럼에도 이 세상은 온갖 캐릭터들로 꽉 차 있다는 거예요. 놀랍게도 아이들에게 자기에게 필요한 캐릭터를 사랑하는 법을 가르쳐주는 사람은 아무도 없어요. 그냥 천 쪼가리에 불과한 것이 어떻게 아이들의 밤을 지켜주는 애착

담요가 될 수 있는지 아무도 가르쳐주지 않는 것처럼요. 우리에겐 캐릭터를 사랑하고 그들을 이용할 수 있는 타고난 능력이 있는 셈이죠.

데비 아이들을 안심시키는 역할을 하는 거죠.

린다 저는 캐릭터로 이루어진 가정에서 태어났고 「패밀리 서커스」가 제게 그런 역할을 해주었어요. 그 작은 원 안에 든 행복한 삶을 들여다보는 걸 좋아했죠. 그러다 어느 날 그 만화를 그린 제프 킨을 만나게 되었는데, 글쎄 벌컥 눈물이 쏟아지지 뭐예요. 지금도 그 이야기를 하니까 눈물이 맺히네요. 그의 손을 만지는 순간 그 원 안으로 들어간 것 같은 기분이 들었어요. 저 자신도 그림을 그리기 때문에 가능한 일이었죠. 인생은 제가 생각한 것보다 훨씬 좋은 것이더라고요.

데비 그가 「패밀리 서커스」에 당신을 제프의 꼬마 친구로 등장시켰을 때 기분이 어땠나요?

린다 끝내줬어요! 이렇게 멋진 일이 일어나다니 믿을 수가 없었어요.

데비 부모님은 당신이 열두 살 때 이혼하셨어요. 같은 해에 마약을 처음 경험했다고요. 이름도 Linda에서 Lynda로 바꿨고요.

린다 열두 살은 제가 뮤지컬 〈헤어〉를 처음 본 나이이기도 해요. 정말이지 제 인생을 바꾼 경험이었죠. 극단이 시애틀에 올 거라는 소식을 듣고 학교를 빼먹었던 기억이며 표를 샀던 기억이 다 남아 있어요. 그때 어떤 느낌이었냐면, 공연을 보러 집을 떠나면서 "다시 집에 돌아올 때 난 지금의 내가 아닐 거야"라고 혼잣말을 할 정도였어요. 그리고 정말 그렇게 되었지요. 세상 어딘가에 저 사람들이 기다리고 있는 곳이 있다는 생각에 가슴이 부풀어 올랐어요. 물병자리 시대Age of Aquarius, 뮤지컬 〈헤어〉의 주제곡으로 〈햇빛이 들어오게 하라Let the Sunshine In〉라고도 한다. 시대가 물고

기자리 시대에서 물병자리 시대로 옮겨가고 있다는 점성학적인 믿음을 가사에 담았다가 있다는 것과 세상을 사는 다른 방식이 존재할 수 있다는 것도 알게 되었죠.

데비 햇빛이 들어오게 하라.

린다 네, 맞아요. 그건 우울의 정반대라 할 수 있어요. 전 늘 이미지의 세상에서 제가 필요로 하는 모든 사람을 찾아냈던 것 같아요. 예술가들은 시작이 느릴 수 있어요. 하지만 늦게 시작해서 처음엔 고생을 하더라도 무언가를 계기로 좋아질 수도 있다는 것을 알았죠.

데비 열두 살 때 일어난 또 하나의 결정적 사건은 만화가 R. 크럼의 작품을 발견한 것이었어요. 어떻게 그의 작품을 알게 되었나요?

린다 아마 7학년 때였을 거예요. 수학 시간에 세 번째 열에 앉아 있는데 옆에 앉은 애가 《잽 #0》이라는 만화 잡지를 가지고 있더라고요. 좀 봐도 되냐고 했죠. 몇 페이지를 보다가 그 애에게 하룻밤만 빌려 달라고 했던 것이 기억나네요. 크럼은 평범한 사람을 전혀 평범하지 않게 그렸는데, 거기서 어떤 특별함을 느꼈던 것 같아요. 가게 안의 풍경을 그린 장면이 있었는데, 거리를 오가는 사람이나 가게 안에 있는 사람이나 다 그냥 평범한 사람들인데, 그들을 그려낸 방식은 형태도 그렇고 옷차림도 그렇고 정말 비범했단 말이죠. 저는 즉각 그를 따라 그리기 시작했어요. 만화가들은 그렇게 많이 배우거든요. 그가 세상과 세상의 평범한 부분들을 보는 방식이 뇌리에 박혔던 것 같아요. 방을 그릴 때는 천장에 생긴 금과 전등에 달린 줄을 그려 넣는 식이었죠. 성적인 묘사나 다른 것들로 더 유명한 사람이긴 했지만, 제가 보기엔 그런 것은 그가 그려낸 평범한 세상에 비하면 오히려 밋밋하게 느껴질 정도였어요.

데비 열여섯 살부터 스무 살까지 병원 잡역부로 일했어요. 어머니 역시 잡역부로 일하셨죠. 워싱턴주에 있는 에버그린주립대학교에서 학사를 마쳤고요.

린다 거기서 정말 좋은 선생님을 만났어요. 매릴린 프래스카라는 분인데 우리를 대학원생처럼 가르치고 이끌어주셨죠. 그때 정말 열심히 했어요. 졸업할 때쯤 되니까 어떻게 일을 해야 하는지, 어떻게 이 일을 계속할 수 있을지 알 것 같더라고요. 내가 이 일을 하고 싶어 한다는 것을 잘 알았기 때문에 이 욕구를 어떻게 뒷받침할지 그 방법만 찾아내면 됐죠. 일단 할 수 있는 일은 다 해보자 생각했어요. 하지만 대부분의 사람들은 좋아하는 일을 지금 당장 직업으로 삼고 싶어 하죠. 그건 현실적으로 어려울 뿐만 아니라 꼭 좋은 생각이 아닐 수도 있는데, 처음에는 주로 윗사람의 지시를 일방적으로 따라야 하기 때문이에요. 그러다가 자기 색깔을 잃고 망가져버리는 수도 있어요. 돌이킬 수 없이 말이죠.

데비 이미지란 무엇인가에 대해 매릴린 프래스카가 큰 가르침을 주었다고요.

린다 열아홉 살 때 선생님이 "이미지는 무엇인가?"라는 질문을 던지셨어요. 저는 그냥 그림이라고 생각했어요. 선생님이 원한 대답도 그런 건 줄 알았고요. 하지만 이제는 이미지를 완전히 다른 세계로 보고 있어요. 예를 들자면 이런 거예요. 오늘 지하철을 타고 여기 오는데 제 바로 맞은편에 한 남자가 앉아 있었어요. 키가 크고 호리호리한 남자였는데 약에 취한 듯 보였죠. 언젠가 본 적 있는 피카소 그림에 딱 들어맞는 포즈를 취하고 있었어요. 그냥 맞은편에 앉은 약쟁이처럼 보이기도 했지만 너무나 매혹적인 자세를 취하고 있어서 그에게서 눈을 뗄 수가 없었어요. 그가 거기 앉아 있는 현실이 있고 그에게서 풍겨 나오는 이미지가 있었던 거죠. 그러니까 어떤 상황에 처해 있든 우리는 다른 관점으로 그 상황을 볼 수 있다는 거예요. 우리가 지구에서 보내는 시간이 두 배로 늘어나는 셈이죠. 시간이 아코디언 바람통처럼 늘어나고 내가 어딘가로 훌쩍 날아가 투명 인간이 될 수도 있어요. 책을 읽을 때 바로 이런 일이 일어나잖아요. 내가 어딘가에 있는데 보이지 않게 되는 거죠. 어떤 장면을 보

면서 마치 내가 날고 있는 듯한 느낌을 받기도 하고요. 어렸을 때 우리
가 상상했던 초능력이 이미지 세계에 있었던 거죠.

데비 당신의 만화가 어떻게 처음 출판되었는지에 대해 두 가지 버전의 이야기를 읽
었어요. 두 개 다 〈심슨 가족〉의 원작자 맷 그레이닝이 관련되었는데요. 그와
대학을 같이 다녔죠.

린다 그게 어떻게 된 거냐면, 학교 신문 편집장이 된 맷이 누구든 만화를 투
고하면 다 실어주겠다고 했어요. 저는 반신반의했죠. 그때 저는 아주 끔
찍한 만화를 그리고 있었는데, 제가 편집국 문 아래로 밀어 넣은 것도
그런 만화였어요.

데비 어떻게 끔찍하다는 건가요?

린다 아버지가 신문을 읽고 있는데 어린 딸이 그날 학교에서 배운 것을 아버
지에게 보여주려고 하고 있어요. 아버지는 보는 둥 마는 둥 하지만 아이
는 자신의 팔과 다리를 잘라내는 법을 배웠지요. 사지 절단이 난무하는
만화였어요. 다리가 없는 남자와 명청한 남자가 누구 인생이 더 최악인
지 말다툼을 벌이는 만화도 있었죠. 사람을 아주 조잡하게, 이게 사람인
지 뭔지 알 수 없을 정도로 그려놓고 밑에 "이 그림은 무엇이 잘못되었
나요?"라고 질문을 달아놓기도 했어요. 제가 무엇을 투고하든지 맷은
무조건 신문에 실어주었죠. 문 아래로 들어가면 신문 지면에 나타나는
식이었어요. 우린 아주 좋은 친구가 되었죠.

데비 어니 푹은 어떻게 창조하게 되었나요?

린다 그 제목은 제 남동생에게서 따 왔어요. 저보다 여덟 살이 어린데요, 어
렸을 때 모든 걸 '어니 푹'이라고 부르곤 했죠. 양말이며 당장 먹고 있는
음식이며 모든 걸요. 단 숫자를 붙여서 차별화를 꾀했죠. 어니 푹 32번,

어니 푹 422번, 이런 식으로요. 시애틀에 소재한 작은 주간 잡지사에 만화를 연재하기로 하고 나서 제목을 붙여야 했는데 오로지 남동생을 위해 '어니 푹의 코믹'이라는 제목을 붙였어요. 녀석이 엄청 재밌어할 거라고 생각했는데, 제가 신문을 보여주면서 "이것 좀 봐"라고 하자 도리어 "어니 푹이 누구야?"라고 묻더군요. 모든 것에 그 이름을 붙였던 기억이 전혀 없나 보더라고요.

데비 코믹Comeek은 무슨 뜻인가요?

린다 당시에는 슈퍼히어로가 나오는 만화, 일간지에 실리는 만화, R. 크럼이 했던 것 같은 언더그라운드 만화가 나오고 있었어요. 저나 맷이 그리는 만화는 설 자리가 없었죠. 한동안은 '펑크 아트'라고 불리기도 했는데 저는 무언가 다른 이름으로 부르고 싶었어요. 다시 말하지만 무엇보다 제 남동생을 웃기고 싶었고요. 또 저희 친척들이 말하는 방식에 착안한 말장난이기도 해요. 제일 처음 그린 만화는 퍼레이드에 참가하고 나서 병이 난 아이들에 대한 거였어요. 가서 뭘 잘못 먹고 탈이 났는데, 그게 끝이었어요. 그때는 제가 앞으로 30여 년간 이 캐릭터들(말리스, 아놀드, 프레디)을 그리게 될 줄 꿈에도 몰랐죠. 그 그림을 그리고 나서 딱히 마음에 들어 하지 않았던 것이 기억나요.

데비 왜죠?

린다 저도 잘 모르겠어요. 그때 그걸 그냥 쉽게 버렸을 수도 있었겠구나 생각하면 아찔하기도 해요. 매릴린이 제게 일깨워준 놀라운 교훈이 하나 있는데요. 선생님이랑 같이 제가 그린 그림을 보고 있을 때였어요. 제가 "이 그림은 별로 마음에 들지 않아요. 이걸 어떻게 생각해야 할지 모르겠어요. 좋은 것 같지 않아요"라고 하니까, 선생님이 잠시 침묵하다가 이렇게 말씀하셨어요. "그건 네가 상관할 바가 아니야." 그건 제가 누구한테 들어본 말 중에 가장 충격적인 말이었어요. '내 마음에 드느냐 안 드느냐가 아니라 다른 관점에서 이 그림을 보는 것이 가능하다고?'라고 생각했죠. 그것이 저의 버팀목이 되어주었어요. 그 짧은 한 문장이 예술가로서의 제 삶에 결정적인 역할을 했죠. "그건 네가 상관할 바가 아니야."

데비 장기가 제 기능만 하면 되지 예쁘기까지 할 필요는 없는 것처럼 그림도 제 역할을 하는 것이 중요하고 그림 자체를 좋아할 필요는 없다고 말씀하신 적도 있어요.

린다 우리는 무언가를 만들 때 내 마음에 든다, 안 든다를 굉장히 중시하는 경향이 있어요. 일단 그런 생각에서 벗어나고 나니까 어떤 작품이든 그것 나름의 존재 가치가 있고 어쩌면 내가 짐작도 할 수 없었던 기능을 할 수도 있다는 것을 깨닫게 되었어요. 무언가를 볼 때 개인적인 호불호나 판단을 내려놓고 보는 법을 배웠죠. 작품이 먼저 앞으로 나와 존재할 수 있게 말이에요.

데비 지금 우리는 모든 것이 '좋아요'로 평가되는 시대를 살아가고 있어요.

린다 그러게 말이에요.

데비 『만화 만들기』에서 만화를 가르치기로 결심하기까지 많이 망설였다고 했어요. 어떻게 결심을 굳히셨나요?

린다 글쓰기는 잘 가르칠 수 있을 거라고 생각했어요. 글쓰기 수업 시간에 야금야금 드로잉을 가르치면서 이것이 얼마나 도움이 될 수 있는지, 학생들의 반응이 얼마나 열광적인지 확인하기도 했죠. 확실히 드로잉이 좀 더 종잡을 수 없는 미지의 영역이기는 했지만요. 하지만 저는 만화를 아주 빨리 그리는 스타일도 아니고 그림체가 아주 뛰어난 스타일도 아니잖아요.

제 작품을 전혀 모르는 사람이 저에게 뭘 그려달라고 해서 제가 그려주면 절 약간 측은하게 보기도 했어요. '그래, 네 꿈이 이런 거구나. 한번 열심히 해봐라'라고 말하는 듯한 표정이랄까요. 아무래도 제 드로잉 스타일은 약간 펑키한 면이 있으니까요.

데비   하지만 당신도 잘 그릴 수 있잖아요. 마음만 먹으면 르네상스 스타일도 가능할 텐데요.

린다   마음만 먹으면 할 수 있죠. 좀 경직된 그림이 나와서 그렇지 할 수는 있어요. 하지만 저는 그런 그림을 그리는 데는 관심이 없어요. 거친 것에 관심이 있죠. 동서남북 방향은 모르겠지만 어쨌든 무언가 거친 것이요.

데비   『만화 만들기』의 마지막 구절은 이러해요. "내 인생의 좋은 것은 모두 내가 그림을 그렸기 때문에 가능했다. 당신도 언젠가 그림을 그리기를 바란다. 나는 늘 당신의 그림이 보고 싶을 것이다."

린다   맞아요, 그건 사실이에요. 언제나 보고 싶을 거예요.

2019. 10. 28

233

CHANEL

그것은 캠퍼스 강간을 둘러싼 논의에
전 국가적으로 불을 붙인 사건이었다.

2015년 1월 17일, 스탠퍼드대학교에 다니는 열아홉 살 청년 브록 터너가 에밀리 도(가명)를 강간했다. 해당 사건을 맡은 판사가 터너에게 고작 6개월 형을 선고하자 언론의 집중포화가 시작되었고, 2년 후 그 판사는 주민 소환 투표로 해임되었다. 선고가 내려진 다음 날 에밀리 도의 피해자 의견 진술서가 공개되면서 인터넷은 들끓었다. 이제 우리는 에밀리 도가 샤넬 밀러라는 것을 안다. 《뉴요커》는 그녀의 회고록 『디어 마이 네임』에 대해 다음과 같이 평했다. "성폭행으로 촉발되었을지는 몰라도 결과물은 그 끔찍한 시작을 무력화하는 것이다. 밀러의 이야기는 강력하다. 자기 자신을 지우는 근엄함, 혼란과 분노가 덕지덕지 들러붙은 결론 따위는 더 이상 없다. 그녀의 이름을 알라, 그녀의 목소리를 알라."

MILLER

데비 팰로앨토 태생이세요. 당신이 자란 집은 온갖 것이 자라고 무얼 흘리거나 떨어뜨려도 다 용서되는 곳, 누가 몇 시에 찾아오든 환영받고 어둠이 비집고 들어올 수 없는 곳이라고 했는데요. 그런 가정에서 자라는 것은 어땠나요, 샤넬?

샤넬 저는 그 사랑을 단 1초도 의심해본 적이 없어요. 제가 지금 어둡고 캄캄한 곳으로 가서 힘들었던 경험에 대해 터놓고 이야기할 수 있게 된 것도 그 사랑 덕분인 것 같아요. 제게는 돌아갈 토대가 있으니까요.

데비 참 잘 자라셨네요. 당신이 손에 연필을 쥔 채 태어났다고 하신 할머니의 이야기가 책에 나오는데요. 지금도 늘 그림을 그린다고요. 속상할 때, 심심할 때, 슬플 때요. 좀 괜찮아졌다 싶으면 재발하는 식으로 계속 우울증을 앓아왔다는 이야기도 공개했어요. 우울증을 앓던 초기에는 어떻게 대처했나요?

샤넬 그림을 그리면서 눈에 보이진 않더라도 내 안에 굉장히 많은 것이 있다는 사실을 상기하려고 해요. 내 안에 사는 이 작은 존재들 때문이라도 절대 나 자신을 포기해서는 안 된다는 생각을 하죠. 그 녀석들에게 그림으로 표출될 기회를 주지 않는다면 뭔가 불공평할 것 같거든요. 재판 생각으로 마음이 울적할 때도 그림을 그리면 나에게 그런 바보 같은 뭔가를 만들어내고 싶어 하는 강한 욕구가 있다는 것을 확인하게 돼요.

데비 우울증이 있을 때와 우울증이 없을 때를 민달팽이와 말을 타고 달리는 것에 비유했어요. 어떤 의미인지 좀 더 자세히 이야기해줄래요?

샤넬 생산성이 높아졌다가 낮아졌다가 하는 상태, 아침에 일어나는 것이 가뿐했다가 힘들었다가 하는 상태가 계속 왔다 갔다 해요. 마치 행복이 당연한 것인 양 우울증을 실패로 여기지 않으려고 굉장히 노력하고 있어요. 사실 우울은 행복과 동등한 상태예요. 그 두 상태를 오가는 저 자신을 받아들이려고요.

데비　캘리포니아대학교 샌타바버라 캠퍼스 창작 학부에서 문학 학사를 받으셨어요. 다양한 작가들의 책으로 책장을 꽉 채웠고, 글을 쓰거나 그림을 그릴 때 세상이 느려지면서 외부에 존재하는 모든 것을 잊게 된다고 했죠. 그 시절에는 어떤 직업을 꿈꿨나요?

샤넬　동화를 쓰고 싶었어요. 레미 찰립이 쓴 『팔짱을 끼고Arm in Arm』라는 책이 있는데, 첫 페이지에 문어 두 마리가 나와요. 그리고 어린아이들이 놀면서 "눈 오는데 따뜻한 침대 말고 밖에 있으니까 좋지 않니?"라고 말하는 장면이 나오지요. 이어서 침실 장면이 나오고 조그만 사람들이 조각보 이불을 덮은 채 "눈 오는데 밖이 아니라 따뜻한 침대에 있으니까 좋지 않니?"라고 말해요. 저는 '아, 관점의 차이를 말하는 거구나' 생각했죠. 찰립은 눈 뭉치 하나하나를 렌틸콩 4분의 1 크기로 그려 페이지 전체를 꽉 채우다시피 했어요. '어른들은 엄청 바쁘던데 이 사람은 이 작은 눈 뭉치 하나하나를 정말 정성을 다해서 그리는구나. 나도 저런 것에 시간을 쓰고 싶다'라고 생각했던 것이 기억나요.

데비　졸업하고 나서 집으로 돌아와 인터넷 스타트업 회사에서 근무했어요. 거기서 주로 어떤 일을 했나요?

샤넬　주 업무는 사무 관리였지만, 회사에서 콘텐츠를 만드는 일도 하게 해주었어요. 앱에 들어갈 온갖 이미지를 만들곤 했죠. 이상하게 생긴 새, 스모 선수, 존 뮤어 미니 초상화, 크완자 축제와 페루 일러스트 같은 것들요. 좋은 업무 환경이었다고 생각해요.

데비　그때 당신 앞에 어떤 삶이 펼쳐질 거라고 상상했나요?

샤넬　그 사무실에서 동료들과 함께 성장했을 거라고 생각해요. 지금도 가끔 회사 사람들을 보러 가곤 하는데 저를 반갑게 맞아줘요. 내가 그들을 잃지 않았다는 것을 확인받으면 큰 위안이 돼요. 그게 정말 중요했거든요.

덕분에 내가 나의 길을 가기 위해 너무 많은 것을 잃지 않아도 된다는 사실을 받아들일 수 있었어요.

데비 2015년 1월 17일 밤, 모든 것이 변했어요. 이 사건에 대해 잘 모르는 사람들을 위해 본인이 너무 힘들지 않은 선에서 무슨 일이 있었는지 간단히 말해줄 수 있을까요?

샤넬 스탠퍼드대학교 캠퍼스에서 열린 사교 클럽 파티에 갔었어요. 저는 대학을 이미 졸업한 상태였는데 동생과 동생 친구 몇 명이랑 같이 갔죠. 우린 웃긴 춤을 추면서 재밌게 놀았어요. 그러다가 동생이랑 테라스로 나와 맛없는 미지근한 맥주를 마셨는데, 제가 기억하는 것은 딱 거기까지예요. 그 파티에서 제가 아는 사람은 한 명도 없었고 동생이랑 동생 친구들 말고 다른 사람이랑은 말도 섞지 않았어요. 그런데 정신을 차렸을 땐 손에 피를 묻힌 채 병원에 누워 있었죠. 속옷을 입지 않은 채였고 머리카락에는 솔잎이 잔뜩 붙어 있었는데 그 솔잎들이 목 언저리를 찌르며 제가 누워 있던 들것 위로 떨어지고 있었어요. 그러고 나서 법의학적 증거 수집을 위해 몇 시간에 걸쳐 온몸을 샅샅이 점검하는 검사를 받았고 그때 찍은 멍이며 찰과상 사진이 훗날 법정에서 공개되었죠.

데비 그러니까 강간을 당하신 거죠?

샤넬 네, 강간을 당했어요.

데비 『디어 마이 네임』 서문에서 이 책이 개인적인 고발이나 블랙리스트, 재탕이 아니라는 점을 명시했어요. 이 책이 그런 성격의 책이면 안 되는 이유가 있나요, 샤넬?

샤넬 복수 서사는 초점을 다시 내게 맞춘다기보다는 그 남자, 혹은 그 남자를 쫓는 나에 대한 이야기라는 느낌이 강하잖아요. 저는 이 이야기가 저를 중심으로 돌아가기를 바랐어요. 그런 점에서 이기적이고 싶었고 이 모든 시선의 방향을 바꾸고 싶었어요. 또 세상에는 그런 남자가 수천 명도 더 있다는 사실을 말하고 싶었고요. 이런 이야기는 끝없이 되풀이되고 있거든요. 단순히 '저 남자 대 나'라는 대결 구도에서 벗어나 더 큰 그림에 집중하고 싶었어요.

데비 의식을 잃은 상태에서 성폭행을 당했어요. 의식을 잃은 것 자체가 문제라는 식으로 말하는 사람들에게 어떻게 대응했나요?

샤넬 저는 그저 "그렇다고 해서 날 성폭력해도 괜찮다는 뜻은 아니다"라고 거듭 말하는 수밖에 없었어요. 그런 짓을 정당화하는 논리는 이 세상에 존재하지 않아요. 어떤 상황이든 말이죠. 동의 없는 삽입에 대해서는 그 어떤 변명도 할 수 없어요.

데비 사람들은 취약한 사람을 공격한 그보다 스스로를 취약한 상태로 만든 당신에게 더 화를 내는 것처럼 보였다고 했죠. "음주는 그 자체로 비도덕적인 행동이 아니다. 과음한 날 필요한 것은 두통약과 물 한 잔인데, 술에 취해 강간을 당한 것은 비난받아야 할 일이 되었다"라고 썼어요. 사람들은 당신이 스스로를 보호하지 못했다고 비난했고, 저는 그런 사람들에게 너무 화가 났어요. 당신은 이런 반응을 어떻게 받아들였나요?

샤넬 사람들이 강간을 마치 당연한 것처럼 받아들이는 것에 경악을 금치 못했어요. "이런 일이 아주 자주 일어난다는 것을 익히 알고 있지 않았냐, 사교 클럽 파티에서 그런 일이 비일비재하게 일어난다는 것을 알면서 왜 스스로를 챙기지 못했냐"라고 말하는 식이었죠. 저는 이렇게 묻고 싶어요. "왜 그런 일이 흔한 일이 되어야 하고, 그런 일이 일어나지 않게 끊임없이 경계하는 것은 왜 우리 몫이 되어야 하는가"라고요. 처음에는 이 모든 부정적인 여론과 비판을 내재화했는데 그러면서 몸이 너무 아팠어요. 나중에는 제 몸이 사진을 통해 노출되었죠. 이런 식으로 제 몸을 쫓는 것은 공정하지 않아요. 제 몸은 제가 돌봐야 하고 제가 아껴줘야 해요. 제가 제 몸이 더 좋아지도록 더 많은 것을 요구해야 하죠. 그렇게 해야 한다는 것을 배웠어요. 저 자신을 잘 돌봐야 한다는 것을요.

데비   여자가 과음하면 무슨 일이 일어나든 여자가 욕을 먹는데, 남자가 과음해서 여자를 해치면 그래도 여자가 욕을 먹어요. 도대체 왜 그렇게 되는지 저는 도저히 이해할 수가 없어요.

샤넬   더 나은 세상, 이런 일이 일어나지 않는 세상을 꿈꾸는 것이 왜 이토록 어려운 일인지 저도 잘 모르겠어요. 술을 마셔도 여자를 성폭행하지 않는 남자도 있잖아요. 술을 마셨다고 해서 인간을 인간으로 대하는 법을 자동적으로 잊게 되는 건 아니니까요.

데비   사건이 일어나고 바로 부모님에게 사실을 말하지 않았어요. 왜죠?

샤넬   보호하려는 마음, 늘 그것 때문이죠. 또 저 자신한테 무슨 일이 있었는지 정확히 몰랐기 때문에 부모님에게 뭐라고 해야 할지 모르기도 했어요. 뭔가 이야기하기 전에 구체적인 사실부터 파악하고 싶었죠. 부모님을 최대한 보호하고 싶었고 최대한 늦게 알리고 싶기도 했어요. 나 혼자서는 아무것도 할 수 없다는 것을 깨닫기 전까지는요. 제가 배운 것이 있다면 도움은 최대한 빨리 요청하는 것이 좋다는 거예요.

데비   사건에 대한 자세한 정보를 당국이나 병원이 아니라 인터넷 기사를 통해서 알게 됐다고요. 이런 정보들이 얼마나 빨리 언론을 통해 퍼져 나갔는지 알고 있나요?

샤넬   경찰 보고서가 제출되면 대중에게 공개되기 때문이죠. 하지만 저는 그것이 무슨 이야기가 될 거라고 생각조차 못 했어요. 이야기라고 할 것도 없었으니까요. 이 모든 일은 저에게 아주 낯설었고 인터넷에서 기사로 그 일에 대해 알게 된 것은 매우 유체 이탈적인 경험이었어요. 다시 제 몸을 되찾기까지 굉장히 오랜 시간이 걸렸고요.

데비 사람들이 인터넷상에서 당신에게 끔찍할 정도로 잔인하게 굴었어요. 따뜻한 말은 묻히고 잔인한 말들은 더 커져만 갔죠. 가족들은 이런 잔혹 행위에 어떤 반응을 보였나요?

샤넬 가족들도 상처를 많이 받은 것 같아요. 가족들이 상처받는 것을 보면서 저도 상처를 받았고요. 그럼에도 더 꿋꿋해져야겠다고 마음을 다잡기도 했어요. 여전히 부정적인 기억과 트라우마가 남아 있지만 이제는 다른 각도에서 바라볼 수 있게 된 것 같기도 해요. 좀 더 다정한 눈으로 나 자신을 볼 수 있게 되었고 수많은 사람이 나를 보살피기 위해 최선을 다하고 있다는 것을 기억하게 되었죠.

데비 '1인 2역'으로 살았던 시간에 대해 이렇게 쓰셨어요. "아침에는 동료가 마우이에서 찍은 사진을 보며 너스레를 떨다가 정오에는 강간범과 싸우러 나가는 방식을 고수할 수는 없었다. 그것은 완전히 다른 존재 방식을 필요로 하는 일이었다." 처음에는 일을 그만두고 싶지 않았지만 결국 그래야만 했죠. 그때까지만 해도 당신에게 그런 일이 일어났다는 것을 아는 사람은 직계 가족과 남자 친구뿐이었어요. 그렇게 아무도 모르게 1인 2역을 하면서 4년을 보냈죠. 그동안 얼마나 외로웠을까요?

샤넬 기막힐 정도로 외로웠죠. 특히 지금과 비교하면요. 사람들에게 많은 것을 받고 있고 직접 얼굴을 맞대고 이야기할 수도 있게 된 지금에 와서야 그때 제가 얼마나 많은 것을 놓치고 있었는지 깨달을 수 있었어요. 스스로에게 정말 못 할 짓이었죠. 병원에서 성폭력 진단 검사를 받을 때 누워서 천장에 그려진 돛단배를 본 기억이 있는데, 지금 생각해보면 이후 1년 반이라는 시간 동안 제게 위안을 준 이미지는 그것이 유일했어요. 그 어떤 공간에도 미술, 음악, 감정, 심지어 식물도 허용되지 않았죠. 그 어디에서도 힘이 되어줄 만한 신호를 찾을 수 없었어요. 그런 공간에는 더 많은 사람이 들어올 수 있어야 해요. 혼자 있으면 벌 받는 것 같은 기분이 들거든요.

데비 당시 동생과도 사건에 대해 이야기하면 안 된다는 지침을 받았다고요. 재판을 돌아보면 내내 애썼던 기억뿐이라고 했어요. 뒤처지지 않으려고, 망치지 않으려고, 법정에 쓰이는 전문 용어를 익히려고, 주의를 기울이려고, 규칙을 지키려고 말이죠.

샤넬 피해자의 인간성을 철저히 파괴하고 짓밟지 않으면서도 정의를 실현할 수 있는 방법을 찾아야 한다고 생각해요. 제가 고립될 수밖에 없었던 주된 이유는 저 자신도 뭐가 뭔지 알 수 없었고 그것에 대해 이야기하지 않는 것만이 냉정을 유지할 수 있는 유일한 방법이었기 때문이에요. 자기 가족과도 이야기할 수 없는 상황은 괜찮지 않아요. 제 동생은 법정에서 제 동생일 수가 없었어요. 그저 증인이었을 뿐. 남자 친구도 마찬가지였고요. 그들과 사건에 대해 이야기할 수 없었죠.

데비 그들이 증언할 때 같은 공간 안에 있는 것조차 허용되지 않았죠.

샤넬 네. 그래서 동생을 지지해줄 수도 없었어요. 그냥 누가 오라고 하면 와서 묻는 질문에만 답하고 퇴장하는 역할로서만 존재했죠. 제 가족은 무너져버렸어요. 우리는 오랫동안 길을 잃고 방향을 잃은 채 말도 하지 않으려 했죠. 너무나 끔찍했어요. 그 누구도 그런 경험을 하지 않으면 좋겠어요.

데비 현실을 타개하고 자기 자신에게 돌아가기 위한 방법으로 로드아일랜드 디자인 스쿨에서 여름 학기 동안 판화 수업을 들었어요. 다시 손을 사용해 작품을 만들어보니 어떻던가요?

샤넬 작업실에 들어가 다시 잉크 냄새를 맡는 것만으로도 집에 돌아온 기분이 들었어요. 내가 뭔가를 만들어낼 수 있다는 사실이 좋았어요. 늘 뭔가를 빼앗기고 있다는 기분에 사로잡혀 있지 않고 말이죠. 제가 찍어낸 판화를 벽에 전부 걸어놓고 이렇게 말했어요. "봐, 넌 많은 걸 할 수 있어. 색채 없는 공간에 이렇게 많은 색채와 이미지를 불어넣을 수 있다고. 이 모든 것이 결여된 공간에 있을지라도 너에게는 그곳에 빛을 불어넣을 수 있는 능력이 있어. 그러니 행여나 네게 이런 것이 없을 것 같다는 생각 따윈 하지 마. 너 자신을 자유롭게 표현할 수 있는 여건만 갖춰지면 언제든 다시 나올 테니까."

데비 그 사건 이후 심리 치료를 받기 시작했어요. 치료가 도움이 되던가요?

샤넬 음, 중요한 것은 제 이야기를 전부 털어놓은 것이 8개월 만에 처음이었다는 사실이에요. 몇몇 사람에게 이야기를 하기는 했지만 어느 정도는 편집해서 들려줄 수밖에 없었거든요. 이야기를 다 털어놓고 나자 마침내 그 일을 직시하고 보다 객관적인 시선으로 볼 수 있게 되었죠. "내 마음은 왜 이렇게 엉망진창일까? 왜 모든 것이 이렇게 꼬여버렸을까? 난 왜 제대로 기능할 수 없지?"라고 하소연하기보다는 "내 인생에 닥친 이 일을 어떻게 할 것인가?"라고 묻게 된 거죠.

데비 치료사에게 상처받은 자신을 잘 보듬어주라는 조언을 들었다고요. 그렇게 하는 것이 어렵지 않았나요?

샤넬 굉장히 어려웠죠. 평결문이 낭독되고 나서야 그 말이 무슨 뜻이었는지 알았어요. 배심원단이 성폭행을 포함한 세 개 혐의에 대해 유죄 평결을 내리고 나서야 '내가 왜 나 자신을 의심했을까?' 하는 생각이 들더군요. 병원에 있던 나로 돌아간 기분이었어요. 전 그때의 나를 완전히 유기했던 거예요. 1년 반 동안 그렇게 방치했어요. 왜 처음부터 날 그냥 보듬어주지 못했을까? 그때의 저에게 필요한 것은 그런 거였는데 말이죠. 좀 더 일찍 나 자신을 보살펴주었어야 했어요.

데비   그건 정말 하기 힘든 일이에요, 샤넬.

샤넬   네, 맞아요. 그때 저 자신과 약속했어요. 앞으로는 그러겠노라고.

데비   당신의 인종과 관련해 법정 기록에 문제가 좀 있었다지요. 오죽하면 당신이 주
먹으로 테이블을 내리치고 의자를 박차고 일어나 "전 중국인이라고요"라고 외
치기까지 했다고요. 당신이 부당한 대우를 받은 것에 인종적 요인이 얼마나 영
향을 미친 것 같나요?

샤넬   저는 제가 얕보였다고 진심으로 믿고 있어요. 사람들이 대놓고 인정은
하지 않지만 제가 아시아인이라서 만만하게 본 거죠. 판사는 제가 설사
형량에 불만을 품더라도 소란을 피우진 않을 것이라 여겼던 것 같아요.
그냥 놔두면 알아서 사라지겠거니 생각했을 거예요. 호랑이 엄마예일대
학교 로스쿨 교수 에이미 추아가 자전적 에세이 『타이거 마더』에 소개해 유명해진 교
육법으로 중국식 통제와 관리, 엄격한 규칙을 강조한다고정관념에 대한 이야기
를 많이 하는데, 제 어머니는 그런 유형이 전혀 아니에요. 제가 싸우는
것을 두려워하지 않는 것도 어머니 덕분이죠. 어머니는 공산주의 정권
하에서 성장해 자유롭게 말할 권리를 위해 싸우다 자신의 의지로 미국
으로 왔어요. 어머니가 자신보다 훨씬 거대한 세력과 싸울 수 있었다면
저 또한 이 구태의연한 조그만 법정에서 저 자신을 위해 싸울 수 있다고
생각했죠.

데비   브록의 인종적 배경이 그에게 유리하게 작용한 것은 분명한 사실이죠. 당신은
그 점을 지적하며 이렇게 썼어요. "스탠퍼드대학교에 다니는 열아홉 살 운동선
수가 아니라 사교 클럽 주방에서 일하는 히스패닉계 열아홉 살 청년이 그런 범
죄를 저질렀다고 상상해보자. 그러면 이야기의 결말이 달라졌을까?" 저는 결
말이 달라졌으리라 확신해요.

샤넬	사람들은 놀랍도록 빨리 그에게 연민을 느끼고 그가 저지른 성폭행을 단발적인 사건으로 취급했어요. 그를 잘 보듬어주고 가르쳐서 다시 제 갈 길을 갈 수 있게 이끌어주기만 하면 된다고 생각한 거죠. 그가 비난을 받거나 범죄자 취급을 받은 적은 단 한 순간도 없었어요. 그는 그저 잠시 길을 잃은 청년일 뿐이었죠. 젊고 장래가 촉망되는, 위협적이지 않고 누구를 해칠 리도 없다고 생각했어요. 그냥 혼란스럽고 술에 많이 취했을 뿐.
데비	만약 그가 이 일이 벌어진 직후에 자신의 범행을 자백했다면, 그리고 사과를 했다면 결과가 달라졌을 거라고 생각하나요?
샤넬	네, 사실 저는 처음에 사과를 기대했어요. 제가 증언을 해야 할 거라고는 생각도 못 했죠. 그의 사과를 들을 준비가 되어 있었고 받아들이려고 했어요. 그런데 그는 오히려 더 격렬하게 저항하더군요. 일이 자기 뜻대로 되지 않자 무기를 동원했고요.
데비	거짓말을 했죠.
샤넬	그들은 자기들이 원하는 방향으로 재판을 끌고 가기 위해 수단과 방법을 가리지 않았어요. 저 사람들 눈에는 내가 결코 보이지 않았던 거죠. 그걸 느꼈고 알게 되었어요. 내가 그들 앞에서 울고, 스크린에 내 벌거벗은 사진이 뜨고, 그들과 얼마 떨어지지 않은 자리에 내가 버젓이 앉아 있는데도 내 존재를 그렇게까지 인정하지 않을 수 있다는 것에 저는 여전히 경악해요.
데비	성폭행을 당한 적 있는 당신의 친구가 해주었다는 말이 책에 아주 인상적으로 나와요. 이 일이 모든 성폭행 피해자를 위해 변화를 가져올 기회가 될 거라고 했다고요.

샤넬 법정에 서는 것은 정말 싫었지만 한편으로는 이런 생각이 들었어요. '이 끝에 뭐가 있는지 보기 위해서라도 이 길을 가야겠다. 정의는 실현된다 고 하는데, 그 말이 사실인지 나는 확인해야겠다'라고요. 증거가 충분하 다면 피해자가 정의를 얻을 수 있다고 하는데, 저한테는 증거가 있었어 요. 자, 그럼 제게 정의를 주실 겁니까? 그런데 결국 제게 돌아온 대답은 '아니오'였어요.

데비 브록 터너는 결국 세 가지 중죄에 대해 유죄를 선고받았어요. 하지만 각각의 범죄에 대해 고작 한 달 실형을 산 셈이었죠. 담당 판사 에런 퍼스키는 브록에 게 좀 더 긴 형량을 주지 않은 이유에 대해 그에게 미칠 심각한 영향을 고려했 다고 말했는데요. 판사가 그 사건이 당신에게는 어떤 심각한 영향을 주었는지 이해하고 있다는 느낌을 한 번이라도 받은 적이 있나요?

샤넬 아니요. 게다가 판사는 그 사건 이후에 벌어진 일은 조금도 감안하지 않 았어요. 그 사건의 여파로 저는 엄청난 피해를 입었는데, 사람들은 그런 건 쉽게 간과하기 마련이죠. 멍 크기 따위에 집착하는 이유는 내적인 피 해, 정신적인 피해, 감정적인 피해의 크기를 재는 방법을 모르기 때문이 에요. 그 사건은 그날 밤에 끝난 게 아닙니다. 이어지는 모든 밤 속으로 스며들었죠. 저 자신뿐 아니라 제 가족들에게까지 여파가 미쳤고요. 지 금도 이해가 잘 가지 않는 방식으로 제 가족들의 삶을 바꿔놓았어요. 이 모든 것이 전혀 고려되지 않았죠.

데비 샤넬, 당신의 노력 덕분에 강간과 관련된 캘리포니아주 법이 바뀌었어요. 새롭 게 바뀐 법이 어떤 것인지 알려줄래요?

샤넬 의식이 없는 피해자를 성폭행했을 경우 보석을 허락하지 않는다는 거 예요.

데비 고마워요. 당신 덕분이에요. 트라우마는 시간의 흐름을 특수하게 경험하게 한다고 썼죠. 몇 년이 순식간에 사라지기도 하고 과거의 공포가 지금 당장 일어 나는 일처럼 소환되기도 한다고요. 아직도 그런 것을 경험하고 있나요?

샤넬 네, 물론이에요. 차이가 있다면 이제는 제 상태를 훨씬 잘 알고 저 자신 을 늘 확인한다는 거죠. 그런 자기 모니터링은 전과는 정말 다른 점인 데, 예전에는 참을 수 있을 때까지 참다가 한계점에 이르면 폭발하는 식 이었거든요. 또 내가 낼 수 있는 속도, 내가 할 수 있는 정도가 여기까지 구나 하는 것을 받아들이게 되었어요. 더 이상은 안 되겠다 싶은 지점에 이르더라도 내가 부족하기 때문이 아니라 내 몸이 더 많은 양분을 필요 로 하기 때문이라는 것을 알았고 그것을 존중해주기로 했죠.

데비 회복의 일환으로 시작한 미술 작업은 어떻게 되어가고 있나요?

샤넬 미술 세계와 법정 세계는 늘 완전히 별개의 것으로만 느껴졌는데, 이 둘 을 하나로 합치는 일을 계속하고 싶어요. 대기실이나 팸플릿에 그림을 넣는 작업에 관심이 있어요. 이미지는 사람들에게 힘과 온기를 불어넣 어 줄 수 있는데 제가 만든 캐릭터들로 그런 것을 표현할 수 있으면 좋 겠다는 생각이 들어요. 어두운 공간에 와 있는 사람들에게 벗이 되어줄 수 있는 캐릭터를 만드는 거죠. 그런 이미지들을 계속 만들어서 사람들 이 자신의 진짜 감정을 좀 더 잘 알아갈 수 있게 돕고 싶어요.

데비 구상 중인 프로젝트가 또 있나요?

샤넬 네, 있어요. 전 앞으로 영원히 한 가지 주제에 대해서만 말하게 될 수도 있다고 생각했어요. "그림 작업에 대해 좀 더 이야기해주세요"라고 누가 물어봐주는 것만으로도 굉장히 힘이 나는걸요. 제게 많은 가능성이 열 려 있고 사람들이 저의 성장을 허락해준다는 뜻일 테니까요.

2020. 2. 10 ◖

CHERYL

셰릴 스트레이드는 개작에 강하다.

그녀의 회고록 『와일드』는 리스 위더스푼 주연의 영화로 각색되었다. 또다른 책 『안녕, 누구나의 인생』은 그녀가 연재했던 「디어 슈거Dear Sugar」라는 상담 칼럼을 개작한 것으로 니아 발다로스와 토마스 케일이 연극 무대로 옮겼다. 또 「디어 슈거」는 《뉴욕 타임스》 팟캐스트 〈슈거 콜링Sugar Calling〉으로 재탄생하기도 했다. 이 모든 것에 관해 이야기하기 위해 코로나 19가 전 세계적으로 유행하던 시기에 오리건주 포틀랜드의 자택에서 가족과 격리 중인 셰릴과 원격 인터뷰를 진행했다. 우리는 부모의 상처를 치유하는 법, 고되고 힘든 장거리 여행의 매력, '후레자식처럼' 글 쓰는 법에 대해 이야기를 나누었다.

STRAYE

D

데비   최근에 팬데믹으로 인해 본인이 작가라는 사실을 확실히 알게 되었다는 말씀을 하셨어요. 그 사실을 정말 의심했던 적이 있나요?

셰릴   아니요. 하지만 『와일드』가 베스트셀러가 되면서 글쓰기 말고 다른 기회들이 갑자기 너무 많이 쏟아지긴 했어요. 지금 저는 대중 강연자로 아주 활발하게 활동하고 있지요. 놀랍게도 제가 강연을 썩 잘하고 그 일을 즐기더라고요. 그래서 제안이 오면 흔쾌히 승낙하곤 해요. 거절하는 경우도 많지만, 강연 덕에 돈도 벌면서 내가 세상에서 무언가 흥미롭고 중요한 일을 하고 있다고 느낄 수 있게 된 것 같아요. 글쓰기를 대체하지는 못하지만 글쓰기보다는 수월하게 느껴지기도 하고요. '아이고, 오늘은 강연 때문에 댈러스에 가야 하니까 글을 못 쓰겠네'라고 퉁치는 식이죠. 그런데 이제 그런 행사가 모조리 취소된 거예요. 그래서 '그래, 다시 출발점으로 돌아가자. 글을 써서 이 상황을 이겨내는 거야'라고 생각하게 된 거죠. 처음엔 이 팬데믹이라는 것을 받아들이지 못했어요. 길어야 8주 정도 갈 줄 알았죠. 그렇게 몇 주가 흐른 뒤에야 내가 남들에게 수차례 한 조언을 이제는 내가 따를 때라는 것을 깨달았어요. 아무것도 할 수 없을 때는 그냥 항복하고 받아들여야 한다는 것을 말이죠. 저는 지금 진실을 받아들이려 애쓰면서 미래를 놓아주려고 하고 있어요.

데비   과거 이야기를 좀 해볼까요. 당신은 펜실베이니아 스팽글러에서 셰릴 나일랜드로 태어나 여섯 살 때 미네소타 채스카로 이주했지요. 이주 직후에 부모님이 이혼하셨고요. 어머니가 돌아가신 때와 더불어 그때가 당신의 인생에서 가장 어두웠던 시절이 아니었을까 싶은데요. 그 당시에 당신도 그런 생각을 했나요?

셰릴   굉장히 흥미로운 질문이네요. 아이가 생각할 만한 수준에서 그런 생각을 하긴 했던 것 같아요. 저는 극단적인 집에서 태어났어요. 어머니는 아주 다정하고 따뜻하고 낙관적인 분이셨죠. 저보다 세 살 많은 언니와 저보다 세 살 어린 남동생이 있었고요. 어머니는 늘 저희에게 경이감과

250

사랑과 빛을 전해주셨죠. 아름다운 것들을요. 하지만 우리 집은 솔직히 말해 끔찍했어요. 아버지는 폭력과 학대를 일삼았어요. 우리 모두를 정서적으로 학대했죠. 어머니에게 물리적인 폭력을 휘둘렀고요. 우리 삼남매가 모두 무시무시한 폭력을 목격했죠. 성인이 된 후에도 그것을 능가하는 폭력을 보지 못했을 정도예요. 어린 저는 어머니가 아버지에게 맞아서 거의 죽을 뻔하고, 아버지에게 강간당하는 모습을 봤어요. 그러니 그 시절이 제게 공포, 슬픔, 암흑으로 점철되어 있는 것은 당연한 일이에요. 하지만 그게 제 삶이었기 때문에 어머니가 마침내 아버지에게서 벗어난 후에야 '아, 이런 게 행복이구나. 원래 이래야 하는 거였구나' 하는 것을 깨달을 수 있었죠. 우리는 아주 가난했고 대단히 정신없고 혼란스럽게 살았지만 무수히 많은 빛과 기쁨, 재미도 누릴 수 있었어요. 폭군이 사라져 더 이상 두려움에 짓눌리지도 않았고요.

데비 "아버지는 아이들에게 전사가 되는 법을 가르쳐주어야 한다. 필요할 때 말에 올라타 전쟁터로 향할 수 있는 용기를 주어야 한다. 아버지에게 그런 것을 배우지 못하면 스스로 터득해야 한다"라고 쓰신 바 있어요. 스스로 터득해야 했던 가장 중요한 교훈은 무엇인가요?

셰릴 내가 이 세상에서 괜찮은 존재라는 것이요. 살다 보면 말을 타고 전장으로 가야 할 때가 올 것이고 그때 어떻게 할 것인지 스스로 터득해야 해요. 그런 본질적인 자존감을 부모에게 얻지 못했다면 성인이 된 후에 스스로 배워야겠죠. 저는 많은 것을 치유해야 했지만, 무엇보다 나의 회복력과 생존하고 지속하는 힘을 믿는 법을 마음 깊숙한 곳에서부터 배워야 했어요. 그건 원래 부모가(부모가 우리를 정말 사랑한다면) 가르쳐주는 것이죠. 그걸 배우지 못하면 우리 스스로 세상에서 찾아내야 해요.

데비 『와일드』를 다시 읽고 영화를 보면서 당신에게 그 여행은 스스로를 믿을 수 있는지 알아보기 위한 여행이 아니었을까 하는 생각을 하게 되었어요.

셰릴　저는 우리 모두가 그런 여행을 할 필요가 있다고 생각해요. 아버지는 폭력을 휘두르는 사람이었고 어머니는 돌아가셔서 사실상 고아가 된 저 같은 사람은 말할 필요도 없고요. 그런데 인생살이란 원래 그런 것 아닌가요. 심지어 사랑을 듬뿍 받으며 행복한 가정에서 안락하게 사는 제 아이들 역시 언젠가는 자신의 길을 찾아 힘과 용기를 내야 할 때가 올 거예요. 『와일드』를 다 쓰고 나서야 제가 그 여행을 하면서 저 나름의 통과의례를 치렀다는 것을 알게 되었어요. 인간은 오랜 세월에 걸쳐 그런 의식을 치러왔어요. 어떤 문화권이든, 어느 대륙이든 말이죠. 이제는 이런 여행을 전처럼 많이 하지는 않는데, 애석한 일이에요. 불편하거나 힘든 상황에 던져짐으로써 자신이 정말 누구인지 알 수 있고 그 경험을 통해 얻을 수 있는 것이 많다고 생각하거든요.

데비　당신에 관한 뜻밖의 흥미로운 정보를 몇 가지 발견했는데요. 열세 살 때 미네소타 북부 아주 시골로 이주했다고요. 엄마와 양아버지와 함께 직접 집을 짓고 살았는데 수년간 전기, 수도, 실내 배관 시설조차 없이 지냈다고요. 이런 환경에서도 당신은 고등학교 때 치어리더로 활동했고 홈커밍 퀸으로 뽑히기도 했어요. 이주한 첫날부터 과잉 성취자였던 거죠.

셰릴　이주하고 처음 6개월 동안은 타르지로 지은 방 하나짜리 판잣집에 살았어요. 우리 가족이 직접 집을 지을 동안 말이죠. 할 일도 많았고 굉장히 힘들었어요. 그때 저는 10대였어요. 예쁘고 싶고 인기 있고 싶어 할 나이였죠. 옥외 화장실에 가고 연못에서 목욕해야 하는 삶을 바라진 않았어요. 그것이 저의 일상이었지만요. 10대 시절의 저에게 반항이란 내가 되고 싶은 내가 되는 것이었어요. 능력 있고 우아하고 침착한 느낌을 내고 싶었죠. 인기 있는 아이가 되고 싶었는데 인기가 있다는 것은 사랑받는다는 것을 의미했기 때문이에요.

데비　세인트폴에 있는 세인트토머스대학교에 진학했고 2학년 때 미니애폴리스에 있는 미네소타대학교에 편입해 영문학과 여성학을 공부했어요. 그 시기에 꿈꿨던 직업은 뭐였나요?

셰릴 대학교 1학년 때는 저널리즘 전공이었어요. 저널리즘을 공부하면 글을 쓰고 싶다는 제 욕망을 충족할 수 있을 거라고 생각했죠. 기자는 돈을 받으면서 글을 쓸 수 있는 직업이니까요. 미네소타대학교로 편입했을 때도 여전히 전공은 저널리즘이었죠. 하지만 시인 마이클 데니스 브라운의 수업을 듣고 생각이 완전히 바뀌었어요. '이걸 믿어야겠어' 하는 생각이 들더군요. 그래서 영문학으로 전공을 바꿨어요. 그때 전 제가 위대한 작가가 될 거라고 생각했어요. 성공할 때까지 가차 없이 밀고 나갈 생각이었죠. 지금 이런 말을 하면서도 내 안의 여성성은 '위대한 작가가 되고 싶다는 말 같은 건 하지 마. 건방져 보이잖아. 잘난 척하는 것 같아'라고 생각하고 있어요. 하지만 바로 이런 마음가짐 덕분에 제가 버틸 수 있었던 거예요. 제게는 의도, 계획, 야심이 있었죠. 저는 작가로서의 나 자신을 위해 무자비한 전사이자 후레자식이 되어야 했어요.

데비 후레자식처럼 써야 한다고 했죠?

셰릴 네, 맞아요.

데비 도보 여행을 하는 동안 당신이 외웠던 주문이 생각나는군요. "난 두렵지 않아, 난 두렵지 않아, 난 두렵지 않을 거야"라고 했다죠.

셰릴 제가 그 주문을 언제 외웠을까요? 두려울 때 외웠어요. 지금도 글쓰기는 너무 힘들어요. 여전히 저는 전사이자 후레자식이 되어야 하죠. "셰릴, 넌 할 수 있어. 넌 할 거고 포기하지 않을 거야. 2등이 되지 않을 거야. 결승선에 도착할 때까지 끝까지 갈 거야"라고 여전히 말해야 해요.

데비 1991년 3월 당신이 스물두 살 때 어머니가 마흔다섯의 나이로 암 투병 끝에 세상을 떠나셨어요. 어머니의 죽음이 여러 면에서 당신의 기원 설화가 되었고 당신의 '와일드한 시절'의 시작점이 되었다고 말한 바 있는데요. 약물 남용, 무절제한 섹스 등 그때 저지른 무모한 행동은 사랑을 찾기 위한 것이었다고도 했죠. 왜 우리는 상처를 받으면 스스로를 해치는 걸까요?

셰릴　왜 사람들은 자신이 망가졌다는 느낌이 들 때 스스로를 파괴할까요? 그건 주변 사람들에게 보내는 신호예요. 도와달라고 말하고 있는 거죠. 또 테스트이기도 해요. 나를 도와줄 만큼 날 사랑하는 사람이 있는지 시험해보고 싶은 거죠. 저는 제 경우를 이렇게 해석하기도 하는데요. 이제는 내 곁에 없는 좋은 어머니와 나를 버린 사악한 아버지라는 신화적인 구분이 있었던 거죠. 내가 만약 어머니가 가르친 대로 야심차고 너그럽고 환한 빛 같은 사람이 못 된다면, 아버지의 영향을 받아 무가치하고 비열하고 쓰레기 같은 사람이 될지 모른다고 생각했어요.

　저는 제게 분노의 대상이자 이해하고 바꿔보려고도 했던 이 근원적 관계라는 것이 도대체 무엇인지 알아내야 했어요. 「디어 슈거」 상담 칼럼을 쓸 때 제게 편지를 보낸 사람들을 보면 많은 경우 어떤 한 문제를 가지고 이야기하는 것 같지만 진짜 문제는 모든 문제들 밑에 흐르고 있는 깊은 강 같은 것이라 할 수 있어요. 그 지하 수로는 바로 부모예요. 어렸을 때 어떤 이야기를 들었는지, 무엇을 얻고 무엇을 잃었는지, 어떤 상처를 치유해야 하는지 같은 것들요. 때로는 치유의 과정이 추하기도 해요. 저의 경우에는 온갖 것을 다 거쳐야 했지요. 엄마가 돌아가신 후에 내가 모든 것을 잃게 되리라는 걸 알았을 때 저는 헤로인에 손을 뻗었어요. '좋아, 어차피 집이 타서 없어질 거라면 나는 땅 전체를 다 태워버리겠어' 하는 마음이었죠.

　그런 방식의 문제가 뭐냐면, 거기에 머무는 사람도 있다는 거예요. 길을 잃은 채 그냥 거기 있는 거죠. 영원히 잿더미 속을 거닐면서 말이에요. 그게 저의 운명이 아니었다는 것에 얼마나 감사한지 몰라요. 제가 아버지가 키워낸 사람이 아니라는 것을 깨닫기 위해서라도 저는 그 짓을 다 해야 했어요. 아버지는 저를 키우지 않았어요. 저는 어머니가 키운 사람이었죠. 그래서 그 모든 행동이 결국은 사랑을 찾기 위한 것이었다고 말한 거예요. '이 놀라운 여자는 이 세상에 없고 나는 너무 힘들다'라는 것을 이 세상에 보여주고 싶었어요. 그 상실이 얼마나 어마어마하게 큰지 제 삶으로 증명하고 싶었던 것 같아요. 하지만 그럴 수 있는 유일한 방법은 결국 나의 선의를 지키는 것뿐이라는 사실을 깨달았죠. 『와일드』에 썼던 것처럼 어머니 방식대로 잘 자란 여자가 되는 것으로 말이에요. 제 삶을 살면서 저의 삶으로 어머니를 기릴 수 있어야 했어요. 그런데 놀랍고도 멋진 일은 제가 정말 그걸 해냈다는 거예요. 전 세계 사람들이 저의 엄마 이름을 알게 되었잖아요.

데비   당신은 당신의 글로 어머니를 되살렸고, 어머니는 어머니의 삶으로 당신을 되살렸군요.

셰릴   어머니가 돌아가셨을 때 제 나이가 딱 어머니가 절 임신하셨을 때 나이였어요. 그러니까 어머니가 절 가졌던 나이에 전 어머니를 잃은 셈인 거죠.

데비   스물여섯 살 때 석 달간 혼자 1770킬로미터에 달하는 퍼시픽 크레스트 트레일을 걸었어요. 같은 곳을 걸을 생각을 하고 있는 사람들에게 어떤 조언을 해주시겠어요?

셰릴   일단 가세요. 저와 똑같은 곳을 가든 다른 장거리 코스를 걷든, 하고 싶은 생각이 들면 일단 하고 보는 거예요. 장거리 걷기 여행을 갔다 온 사람들을 굉장히 많이 만나봤는데, 모두가 입을 모아 "내가 나 자신을 위해 한 일 중 가장 잘한 일"이라고 하더군요. 걷기, 특히 여러 날에 걸쳐 쉬지 않고 걷는 장거리 여행은 아주 도전적인 일이에요. 자신에게 힘이 얼마나 있는지, 어려움과 단조로움, 고통을 견디는 능력은 어느 정도인지 알 수 있게 되죠. 외적으로 한 발이 다른 발 앞으로 나갈 때 내적으로도 같은 일이 일어나요. 영혼, 정신, 가슴이 알아야 할 것을 몸을 통해 배운다는 말을 참 좋아하는데, 장거리 걷기 여행을 할 때 바로 그런 일이 일어나죠.

데비   책을 다시 읽고 영화를 다시 보면서, 휴대전화로 끊임없이 이메일을 확인하고 문자를 주고받으며 여행하지 않았던 시대의 마지막 순간을 보는 것 같다는 생각을 했어요. 여행 내내 전화기를 꺼놓은 채 혼자 1770킬로미터를 걷는다는 것은 지금으로서는 상상도 하기 힘들어요.

저는 작가로서의 나 자신을 위해
무자비한 전사이자 후레자식이 되어야 했어요.

셰릴   그때가 1995년이었어요. 『와일드』 원고를 절반 가까이 쓰고 나서야 '내가 쓰고 있는 것이 이제는 과거가 되어버린 세상에 대한 역사적 회고록이구나' 하는 사실을 깨달았어요. 지금 우리가 대자연을 경험하는 방식은 굉장히 달라졌는데, 일단 인터넷으로 모든 것을 조사할 수 있게 되었잖아요. 저도 하는 데까지 준비를 하기는 했지만 당시엔 인터넷이 없었어요. 미니애폴리스 공공 도서관에 가서 "퍼시픽 크레스트 트레일을 다룬 책이 뭐가 있어요?"라고 물어봤는데 달랑 한 권 있더라고요. 그마저도 제가 아웃도어 전문 매장에서 이미 구입한 책이었고요. 구할 수 있는 정보라는 게 애초에 많지가 않았어요. 일단 가서 직접 보는 수밖에 없었죠. 게다가 저는 전적으로 혼자였어요. 여행을 시작하고 8일간 사람을 한 명도 못 봤을 정도였죠. 공중전화를 이용하거나 편지를 부치지 않는 한 누구랑 연락할 방법도 없었고요. 하지만 그런 시기에 여행을 간 것에 대해 정말 감사하게 생각해요. 그때가 아니었으면 아마 트위터 하는 데 시간을 많이 소비했을 거예요.

데비   그리고 인스타그램도요. 아주 근사한 사진을 많이 찍었잖아요.

셰릴   네. 그리고 사람들과 댓글도 주고받았겠죠. 그냥 조용히 혼자 앉아 있기보다는요. 깊은 고독에 잠기면 오로지 나 혼자가 되어 나 자신에 대해 생각하는 것 말고는 달리 할 일이 없어지잖아요. 그저 기억들이 떠오르기를 기다리는 거죠. 걷기가 끝나갈 때쯤 저는 제 인생에서 기억나는 모든 것, 모든 관계며 모든 사람에 대해 생각해본 것 같았어요. 정말 치유되는 경험이었죠.

데비 그때 당신이 짊어지고 다녔던 배낭을 괴물이라고 불렀다죠. 가장 무거울 때는 30킬로그램, 가장 가벼울 때조차 20킬로그램에 달했다고요. 괴로웠던 시간을 기억하는 행위가 나중에는 즐거움을 줄 수 있다고 했는데요. 왜 그런 거죠?

셰릴 저는 그걸 회고적 재미라고 부르는데요. 장거리 하이킹이나 여행을 떠나고 싶어 하는 사람들에게 저는 이런 조언을 해줘요. 우리가 한 일 중 가장 잘한 일들은 고통스럽고 복잡하고 힘들고 지치고 익숙하지 않은 것일 때가 많다는 것을 인정해야 한다고요. 여행이 내가 상상한 그대로 진행되고 모든 것이 마냥 목가적이고 즐겁기만 하다면 '그래, 그때 재밌었지'라는 생각은 할 수 있지만 어떤 질감 같은 것은 전혀 느끼지 못하게 되죠.

데비 투지가 없는 거죠.

셰릴 맞아요. 투지가 강해질수록 그 경험에서 더 많은 것을 배우거든요. 힘들게 배운 교훈은 절대 잊어버리는 법이 없죠. 저는 배낭여행 초보에서 시작해 전문가가 되었어요. 도저히 못 하겠다고 생각했는데 해냈죠. 끊임없이 저 자신에게 "더 이상은 못 하겠어"라고 말했지만, 늘 해내고 말았어요. 그러면 그 경험이 나라는 사람을 이루는 중요한 부분이 돼요. 10년 후, 5킬로그램짜리 아이를 분만할 때도 '이건 못 하겠어'라고 생각했지만, 내 안의 깊은 목소리는 이렇게 말하더군요. '네가 할 수 있다는 걸 너도 알잖아.'

데비 『와일드』를 집필하는 동안 온라인 문학 잡지 《럼퍼스》에 상담 칼럼 「디어 슈거」

를 기고하기도 했죠. 자기계발서에 대해 지적으로 안일하다고 지적하신 적이 있는데요. 당신이 어떤 조언을 해주기 위해 『와일드』를 쓴 것은 아니지만 그 책을 그렇게 읽은 사람들도 꽤 있는 것 같아요.

셰릴   『와일드』를 쓰면서 누가 그 책을 읽고 용기를 얻을 거라고는 생각도 못 해봤어요. 전 그저 그 경험에 대해, 나의 슬픔과 장시간 대자연을 걸으면서 나의 길을 찾은 경험에 대해 최대한 날것 그대로 진솔하게 쓰고자 했을 뿐이거든요. 어떤 독자들은 제 데뷔 소설 『횃불Torch』에 대해서도 자기 인생을 구해준 책이라는 식으로 말하더군요. 사실 그리 놀라운 일은 아닌데 저 역시 문학에서 비슷한 것을 얻기 때문이에요. 책이 저의 종교라는 말은 바로 그런 의미에서 하는 것이죠. 『제인 에어』나 앨리스 먼로의 단편소설을 읽으면서 구원받고 이해받는 느낌이랄까요. 토니 모리슨의 『빌러비드』, 메리 올리버의 시에서 나를 발견하기도 하죠. 제 책이 자기계발서로 읽힌다면 그건 제가 의도한 것은 아니에요. 『안녕, 누구나의 인생』이 출간되었을 때는 대다수 서점에서 대놓고 자기계발서로 분류해서 좀 놀라긴 했죠. 저는 저 자신을 뜻하지 않게 자기계발서 작가로 분류된 사람이라고 생각해요. 「디어 슈거」 칼럼은 자기계발적인 성격이 있기는 했지만 동시에 문학이기도 하거든요.

데비   다양한 기회들이 많이 생겨서 어떻게 보면 지금 당신은 교차로에 서 있다고 할 수 있겠는데요. 가장 의미 있고 중요한 것은 하나의 질문, '내가 정말 이것을 하고 싶은가?'로 귀결된다고 말씀하셨어요. 어떤 것이 정말 하고 싶은 일인지 어떻게 아나요?

셰릴   저의 경우엔 저 자신을 넘어서는 무언가를 만들 수 있을 것 같을 때 그런 판단이 들어요. 책을 쓴다고 하면 내가 세상에 내놓고자 하는 어떤 심오하고 진실한 것을 심오하고 진실하게 표현하는 것에서 그치지 않고 그것이 다른 사람들에게도 의미 있는 무언가가 될 수 있을 것 같다는 판단이 들 때를 말하죠. 그렇게 세상에 기여할 수 있다고 봐요. 스스로에게 '이 사명을 완수하면 나 자신의 작고 사소한 삶을 넘어설 수 있을까?'를 묻는 거죠.

데비   다음에 가장 하고 싶은 일은 뭔가요?

셰릴   다음 책을 마치는 거요. 그럴 준비가 되어 있어요. 『와일드』와 『안녕, 누구나의 인생』은 2012년에 넉 달 간격으로 출간되었어요. 이후의 제 삶은 마치 활화산 같았죠.

데비   영화에 아카데미 시상식까지 대단했죠.

셰릴   『안녕, 누구나의 인생』은 영화와 연극으로 만들어지기도 했죠. 저는 팟캐스트를 하고 대중 강연자로 경력을 쌓았고요. 또 아이들이 있죠. 이제 각각 열네 살, 열여섯 살이 된 두 아이를 키우고 있어요. 이제는 정말 저기 앉아서 책을 쓸 수 있을 것 같아요. 지금 그렇게 하는 중이고 또 그것을 간절히 원해요. 두렵고 의심스럽고 무섭기도 하지만, 글을 쓸 땐 저의 온갖 모습이 다 튀어나오기 마련이죠. 그거야말로 제가 제 다음 책을 쓰고 있다는 증거예요.

2020. 6. 1

GABRIELLE

**가브리엘 해밀턴은
팬데믹 이전 시대에 뉴욕 이스트빌리지에
비스트로 프룬을 열고 운영해왔다.**

---

1. 그러나 2020년 3월 그녀는 전 직원을 해고하고 20년간 운영해온 식당 문을 닫아야 했다.

2. 봉쇄 정책이 외식업계에 미친 피해는 대참사에 가까워서 사람들이 다시 안전하게 서로 만날 수 있을 즈음엔 식당이 몇 개나 살아남아 있을지 알 수 없을 정도다.

3. 하지만 다행스럽게도 가브리엘 해밀턴의 재능은 부엌을 넘어 확장된다.

4. 제임스비어드상을 네 차례 수상한 이 셰프는 베스트셀러가 된 회고록 『피, 뼈, 그리고 버터: 마지못한 셰프의 부주의한 교육Blood, Bones & Butter: The Inadvertent Education of a Reluctant Chef』의 저자이기도 하다.

5. 또 에미상 수상에 빛나는 PBS 프로그램 〈셰프의 마음The Mind of a Chef〉에 출연했고 《뉴욕 타임스》에 칼럼을 기고하고 있다.

HAMILTON

데비 가브리엘, 당신은 뜻밖의 장소에서 인생 최고의 음식을 맛봤다고 했어요. 배고픈 게 무엇인지 절절히 배웠고, 그런 두려움과 배고픔의 상태에서 난생처음 보는 사람들이 주는 음식을 먹은 것이 당신 인생에서 가장 중요하고도 설득력 있는 음식 경험이 되었다고도 했죠. 어째서 그런가요?

가브리엘 지금까지 먹어본 최고의 음식을 정의하라고 하면, 저는 배고플 때 정말 먹고 싶은 것을 만족스럽게 먹었을 때라고 말하고 싶어요. 저는 돈 한 푼 없이 종종 끼니를 거르면서 여러 국가를 오가는 긴 여행을 하곤 했어요. 그러면 누군가 와서 "너 배고파 보이는데. 지금 사흘째 이 버스 뒷자리에서 꿈쩍도 안 하고 있잖아. 내가 샌드위치라도 사다줄까?"라고 하는 거죠. 글자도 못 읽겠는 외국 땅에 떨어졌는데 누가 날 반겨주면서 테라스로 데려가 사과, 우유, 꿀을 믹서기에 갈고 갓 구운 빵에 놀라울 정도로 맛있는 버터를 바르고 올리브오일로 달걀프라이를 해서는 괜찮냐고 묻지도 않고 가져다주기도 하고요. 그게 최고의 음식이고 최고의 보살핌이에요. 정말 소중한 경험이죠. 나 자신의 감각에 대해 많은 것을 배울 수 있었어요.

데비 그 경험이 요리를 직업으로 삼는 데 어떤 영향을 미쳤나요?

가브리엘 레스토랑을 개업했을 때 전 요리 실력은 아주 좋았지만 식당 운영에 대해서는 아무것도 몰랐어요. 결벽증에 가까울 정도로 위생 관념이 철저하고 열심히 일한다는 것 말고는 내세울 게 하나도 없었죠. 자격이라고는 하나도 갖추지 못했달까요. 하지만 저는 제 경험을 믿었어요. 무언가를 필요로 하는 누군가에게 그것을 가져다주는 경험을 여러 번 했으니까요. 아니, 저의 경우에는 내가 필요하지만 혼자서는 얻을 수 없었던 무언가를 받았다고 할 수 있겠죠. 덕분에 새로운 세상에 눈뜰 수 있었어요. 도식적인 정보나 건물 용도 허가에 대한 이해 부족 같은 것은 배워서 해결할 수 있어요. 중요한 것은 누군가를 잘 대접하고 보살피는 것이 무엇인지에 대해 제가 아주 예리한 감각을 지녔다는 것이죠.

데비 '외식업계에서 가장 고약한 곳'이라고 스스로 칭한 곳에서 10년간 일했어요. 거기는 어떤 곳이었고 왜 가장 고약한 곳이라고 생각했나요?

가브리엘 음, 약간 과장을 한 건데, 그 문장을 읽으면서 당신이 약간이라도 웃었기를 바라요. 제가 유머 욕심이 좀 있거든요. 사실 저는 대량 주문과 고급화에 최적화된 뉴욕의 케이터링 업계에서 일했어요. 그 세계는 믿기 힘들 정도로 놀랍고 창의적이기도 한 곳이에요. 자연사 박물관 뒤쪽 복도에서 금속 통, 깡통 연료, 주방용 랩, 강력 접착테이프를 사용해 손님 1000명에게 제대로 요리한 저녁 식사를 따끈따끈하게 차려내는 것을 보면 정말 대단하다 싶거든요. 하지만 영혼은 좀 없죠. 공장 일 같기도 하고요. 하루 종일 조그만 주머니 모양의 필로 페이스트리 6만 개를 만들다가 냉장되지 않은 밴 뒤쪽에 20리터짜리 양동이를 뒤집어놓고 그 위에 앉는 식이죠. 아니 어쩌면 그 20리터짜리 양동이는 텅 빈 채 뒤집혀 있는 것이 아니라 브라운소스로 꽉 차 있을지도 몰라요. 당신은 그 위에 앉아 롱아일랜드 고속도로를 타고 햄프턴으로 가는 중일 수도 있죠. 자동차 네 대가 들어가는 누군가의 차고에 임시 식당을 차리려고 말이에요. 양상추가 시들기 전에 접시에 빨리 담아야 하죠. 손에는 장갑을 끼고 머리에는 헤어네트를 쓰고 있어요. 직원들은 대체로 용병 느낌이 나는데, 그럴 만도 해요. 당신은 그냥 빨리 일을 마치고 돈을 받아서 가고 싶을 뿐이에요. 마요네즈에 사워크림이 들어가고 생크림에 마요네즈가 들어가지만 누구도 신경 쓰지 않죠. 저는 일을 제대로 하기를 좋아해요. 내가 어디에 있든 최선을 다하려고 하죠. 나랑은 다른 생각을 가진 사람들에 둘러싸여 불편한 상황에 처할 때도 있는데 그러면 자동적으로 혼자 있을 때 모난 성격이 나오더군요. 마침내 거기서 나와 내 가게를 직접 운영하고 모든 것을 내가 생각한 대로 굴러가게 할 수 있어서 천만다행이었어요.

데비 그 시기에 당신은 일찍이 자립에 대한 이해에서 비롯된 투철한 직업관을 제외하고 일적으로 다른 무엇을 제공할 수 있는지 모르겠다는 생각을 하고 있었고,

과연 자신이 여전히 의미와 목적이 있는 삶을 살 수 있을지도 의심했다고 했어요. 그래서 학교로 돌아가 소설 쓰기 석사 과정을 시작한 건가요?

가브리엘　네. 햄프턴에서 부자들을 위해 요리하면서 너무 긴 세월을 보내고 나니까 제 목적이 무엇이었는지도 잘 모르겠다 싶더라고요. 당시 저는 글을 쓰고 있지도 않았어요. 프리랜서를 하는 이유는 자유를 보장받으면서 내가 진짜 하고 싶은 것을 할 수 있을 만큼의 돈을 벌기 위해서잖아요. 저는 명목상으로는 프리랜서였을지 모르지만 주당 80시간을 일했어요. 쉬는 날에는 그저 먹고 마시고 자고 싶기만 했죠. 위대한 소설을 쓰겠다는 생각 따위는 눈곱만큼도 들지 않았어요. 그래서 사람들이 기로에 섰을 때 혹은 길을 잃었을 때 흔히들 하는 행동을 해보기로 했죠. 학교로 돌아가는 것이요. 대학원에 지원했고 미시간대학교에 합격해서 소설 쓰기 전공으로 석사 과정을 밟았어요.

데비　대학원은 어땠나요?

가브리엘　정말 끝내주는 시간을 보냈어요. 휴가 같았죠. 20년 만에 처음으로 맞는 휴가요. 너무 너무 좋았어요. 낮에도 밤에도 내내 읽고 쓰기만 했어요. 일하는 시간이 상대적으로 아주 짧게 느껴지더라고요. 이전 20년은 주방에서 보냈는데 그때는 훨씬 더 긴 시간을 일했거든요.

데비　당시 어떤 글을 쓰고 있었나요?

가브리엘　이런 말을 해도 되는지 모르겠지만, 사실 그때는 공부를 설렁설렁 했어요. 수십 년 전이니까 감안해주기를 바라지만, 고등학교 때 썼던 엉터리 같은 글을 워크숍에 제출하기도 했죠. '이런, 20페이지 분량의 과제를 목요일까지 내야 하네? 가만, 내가 예전에 써놓은 걸 좀 뒤져볼까' 하는 식이었죠. 그래도 석사 논문은 다 썼어요. 미시간에서 지내는 동안 스트리퍼로 일하기도 했고요.

데비　　그 경험에 대해 쓰기도 했나요?

가브리엘　　그게 제 석사 논문이었어요. 스트리퍼에 대한 소설을 썼거든요. 논문을 쓰긴 쓰되 그것이 데뷔작이 되지 않게 하는 것이 좋은 것 같아요. 그냥 미시간대학교 도서관 책장에서 생을 마감하게 하는 거죠.

데비　　졸업 후에 뉴욕으로 돌아와 다시 웨스트사이드 하이웨이라는 케이터링 업체에서 임시직으로 일했어요. 왜 그런 결정을 내렸죠?

가브리엘　　그게, 뉴욕에 돌아와서 여기서도 스트리퍼 일을 좀 했어요.

데비　　정말요? 어디서요?

가브리엘　　베이비 돌이랑 블루 에인절이라는 곳에서요.

데비　　저도 그럴 몸이 있었으면 그 일을 해보고 싶어 했을 것 같아요. 하지만 몸에 대해서는 절대 자신감이 안 생기더군요. 앞으로도 그럴 거고요.

가브리엘　　있죠, 많은 사람이 잘못 생각하는 것이 바로 그거예요. 남자들이 찾는 건 그런 게 아니에요. 중요한 건 몸이 아니라고요.

데비　　그럼 뭐가 중요하죠?

가브리엘　　그들이 무엇을 느끼느냐가 중요한 거죠. 누가 나를 배려하고 공감하고 만져주고 안아주는 느낌 같은 것이요. 우리 모두가 그런 걸 원하잖아요. 그런데 친구 한 명이 자기가 아는 한 케이터링 회사에서 임시 셰프를 구하고 있다면서 일자리를 물어다 줬어요. 그리고 그 일을 하는 중에 훗날 프룬이 될 레스토랑이 임대 매물로 나왔고요. 그때가 정말 일생일대의 기로에 선 순간이었어요. 아시다시피 저는 임대 계약을 했죠.

데비   그때는 왜 글쓰기를 힘들어했나요?

가브리엘   저는 누군가가 원해야만 일을 할 수 있는 사람인 것 같아요. 세상이 제 이야기를 목을 빼고 기다리고 있다고 생각하며 아침에 눈을 뜨지는 않잖아요. 저는 누군가를 기쁘게 해주기 위해 일해야 해요. 그래서 계약서니 마감이니 선금 같은 것이 제게는 아주 효과적이죠. 갚아야 할 빚이 생긴 셈이니까요.

> 저는 누군가가 원해야만 일을 할 수 있는 사람인 것 같아요.
> 세상이 제 이야기를 목을 빼고 기다리고 있다고 생각하며
> 아침에 눈을 뜨지는 않잖아요.

데비   머지않아 프룬이 될 그 공간을 빌릴 수 있는 기회가 처음 왔을 때 레스토랑을 운영하며 글도 써야겠다고 다짐했나요? 아니면 레스토랑을 가졌으니 작가로서의 삶은 포기해야 한다고 생각했나요?

가브리엘   제가 가장 고통스럽게 무언가를 깨달았던 순간은 레스토랑 셔터를 올리면서 이제 20년 묵은 나의 꿈, 작가가 되겠다는 나의 야심과 작별해야 한다는 것을 이해한 순간이었어요. 결코 쉬운 일은 아니었죠. 잠시 바닥에 드러누워 머리가 아프도록 울어야 했다고요.

데비   장차 프룬이 될 그곳에 발을 들인 순간 그 공간의 잠재성을 알아차리고 전율을 느꼈던 것 같은데요. 그럼에도 당신의 인생이 어떻게 변할지를 생각하며 슬퍼하기도 했군요. 그 두 가지 마음 상태를 어떻게 항해했나요?

가브리엘   제가 가장 먼저 한 일은 작가가 되겠다는 생각을 버림으로써 갈라진 마음을 봉합한 것이었어요. 왠지 더 좋아 보이는 미래, 글을 쓰며 문학을 추구하는 삶에 곁눈질하던 것을 그만두자 저 자신이 비로소 온전히 하나가 된 듯했어요. 저는 눈과 마음을 한 가지에 집중하고 이렇게 말했

죠. "넌 그냥 작가가 아닌 거야. 넌 요리사야. 그러니 이제 받아들이자." 그러고 나니까 굉장히 해방된 기분이 들더군요. 내가 올바른 방향으로 가고 있구나, 내가 무척 좋아하지만 서로 상충하는 두 가지 일에 양다리를 걸치지 않아도 되는구나 생각하니까 에너지와 목적의식, 의미가 샘솟았어요. 그때는 몰랐던 놀라운 사실은 저 앞에서 그 두 길이 다시 만난다는 거였죠. 우리 앞에 뭐가 있는지는 아무도 모른다니까요.

데비   프룬은 젠트리피케이션이 아직 덮치지 않은, 여전히 그라피티로 뒤덮여 있던 이스트빌리지에서 탄생했죠. 오픈하자마자 호평이 대단했는데요. 혹시 그런 초기 반응에 놀라셨나요?

가브리엘   대단히 놀랍고 압도적이며 전혀 예상하지 못했던 일이었죠. 프룬이라는 상호만 해도 논란의 여지가 있잖아요. 사실 레스토랑에 전혀 어울리지 않는 이름이죠. 변비 치료제라는 이미지가 박혀 있으니까요. 레스토랑을 개업하고 5년쯤 됐을 때 캘리포니아 플럼연합회인지 캘리포니아 프룬위원회인지 하는 곳에서 이름에 플럼이나 프룬 대신 말린 플럼을 쓰겠다고 하기도 했어요.

데비   저도 기억나요. 프룬은 정말이지 섹시함과는 거리가 멀었죠. 당신이 프룬을 다시 섹시하게 만들었어요.

가브리엘   어쩔 수 없었어요. 그게 제가 지은 이름이었고 진실이었는걸요. 이 레스토랑은 제가 즐겨 요리하거나 자연스럽게 접한 음식이 주가 되어야 했거든요.

데비   3월 15일 팬데믹으로 인해 레스토랑 문을 닫게 되었어요. 그리고 이제 당신을 비롯해 뉴욕의 수백 명의 다른 셰프들과 전국의 수천 명의 셰프들이 당신의 레스토랑, 경력, 삶의 향방을 주시하고 있죠. 당신과 당신의 반려자이자 공동 셰프인 애슐리 메리먼은 이 상황에 어떻게 대처하고 있나요?

가브리엘 유압 장치에서 유체를 전부 빼내는 데는 시간이 아주 많이 걸리는 법이죠. 아니 적어도 우리의 경우에는 그랬어요. 지난 4개월이 얼마나 힘든 시간이었는지 이 은유로 잘 전달이 되었는지 모르겠네요. 수입, 일상, 목적, 정체성이 어느 날 갑자기 완전히 끊겨버리는 것은 정서적으로나 영적으로나 엄청난 타격이죠.

데비 네, 지금도 매일 레스토랑에 가본다는 이야기를 글에서 읽었어요. 언제쯤 다시 문을 열 수 있을지 예상은 되나요?

가브리엘 전혀 모르겠어요. 제가 스스로에게 던지는 질문은 "왜 다시 문을 열려는 건데?"예요. 제 동료들에게는 "왜 열어야 하지?"를 묻고 싶고요. 지금 우리에게는 엄청난 힘이 있어요. 사람들은 빨리 식당 문이 열리기만을 간절히 바라고 있죠. 저는 우리가 일종의 집단행동에 참여해서 팬데믹 이전부터 있었던(팬데믹으로 인해 확연히 드러났을 뿐인) 몇 가지 중요한 문제들을 개선하기 전까지는 영업 재개를 거부하기를 간절히 바랍니다. 우리 모두가 의료보험에 가입할 수 있는 방법을 찾았으면 좋겠어요. 직원들에게 적정 임금을 줄 수 있는 방법을 모색하기를 바라고요. 지금처럼 레스토랑이 정부 역할을 해주기만을 바라지 말고요. 레스토랑에서 일하고 레스토랑에 가는 것은 아주 즐거운 경험이에요. 하지만 지금의 방식은, 너무 과격한 표현은 가급적 쓰지 않으려고 합니다만, 우리의 등골을 빼먹고 있어요. 사람들의 등골을 빼먹고 있다고요. 더 이상 이래서는 안 돼요. 지금 우리에게는 생각할 시간이 주어졌어요. 이 기회를 허비하지 않기를 바랍니다.

2020. 7. 20

There

is nothing that makes me happier
than when I hear someone say,
'Oh Right!
You're so-and-so on Twitter!
Didn't we have a conversation the
other day?' That's what I want.
I want people to meet up and make
connections and maybe end up
building something cool together.
A designer can meet a developer, or
you can make a connection that can
help you in your industry, or just get
you out of your cubicle."

"누군가 '아, 맞다! 당신 트위터에서 활동하는
누구누구 맞죠! 저번에 우리 대화 나누지
않았어요?'라고 말할 때 정말 기분이 좋아져요.
제가 원하는 것이 그런 것이거든요. 전 사람들이
만나서 관계를 맺고 무언가 멋진 것을 함께 만들기를
바라요. 디자이너가 개발자를 만날 수도 있을 것이고
어떤 식으로든 업계에 도움이 되는 관계를 형성할
수도 있겠죠. 그게 아니더라도 일단 칸막이 사무실을
빠져나오는 것만으로도 좋아요."

티나 로스 아이젠버그
디자이너, 사업가
2015. 6. 22

PART

3

문화를 만드는 사람들

올리버 제퍼스

마이클 베이루트

니코 뮬리

알랭 드 보통

마이크 밀스

에린 맥커운

에이미 셰럴드

세이 애덤스

말콤 글래드웰

앰버 탬블린

OLIVER

올리버 제퍼스는 시각 예술가이자 회화, 그림책, 일러스트레이션, 콜라주, 공연, 조각 등 다양한 분야에서 작업하고 있는 작가이다.

호기심과 유머는 예술가이자 이야기꾼인 올리버의 작업 세계를 관통하는 주제이다. 벨파스트에서 자란 이 일러스트레이터 겸 예술가는 그림과 글 모두로 유명한 다수의 어린이 책을 펴내 《뉴욕 타임스》 베스트셀러 1위 작가로 자리매김했다. 그의 책은 45개 이상의 언어로 번역돼 전 세계에서 1200만 부 이상이 팔렸다. 그는 또한 U2의 뮤직비디오를 공동 연출했고 세계 곳곳에서 자신의 그림을 전시했으며 TED, 애플, 록펠러 센터에 디자인 및 일러스트레이션 작업을 하기도 했다. 이 인터뷰에서 올리버 제퍼스는 일러스트레이션 작업을 하고 어린이 책을 쓰면서 자신의 회화 스타일이 어떻게 바뀌었는지에 대해 이야기했다.

JEFFERS

데비 벨파스트에서 자라면서 당신의 표현을 빌리자면 '다소 거친 분위기'의 학교를 다녔다고 들었어요. 그림에 소질이 있다는 것을 언제 알았나요?

올리버 열한 살 때였을 거예요. 크리스마스 시기가 되면 학교에서 연극을 올렸는데 저희 반에서 저랑 또 다른 남자애 한 명이 무대 장식 담당으로 매번 불려간다는 것을 어느 순간 알아챘죠. 전 수학 시간을 빼먹을 수 있으니 잘됐다고 생각했어요. 그때 내가 재능이 있나 보다 처음 생각했던 것 같아요. 그러고 나서 몇 년 지나지 않아 앞으로 이 일을 해야겠다고 결심했고요. 영국의 교육 시스템은 아주 이른 나이에 진로를 선택하게 만든다는 점에서 흥미로운데요. 그런 점이 저한테는 잘 맞았던 것 같아요. 전 이미지 만드는 것을 좋아했고 제가 시각적인 사람이라는 것을 잘 알고 있었거든요. 부모님께서도 그런 저를 적극 지지해주셨고요. 우리 가족은 이것이 제가 선택할 수 있는 직업이라는 점을 일찍부터 인정해주었어요.

데비 남의 것을 모방하기를 멈추고 자신의 손이 그리고 싶어 하는 방식에 귀를 기울이면서 예술가로서의 삶이 송두리째 변했다고 했는데요. 무슨 뜻인지 좀 더 구체적으로 설명해줄 수 있을까요?

올리버 사람들이 저마다 다른 필체를 가지고 있는 것과 똑같아요. 왜, 필체를 보면 어딘가 별나고 튀는 구석이 하나쯤 있잖아요. 그림도 마찬가지고 생각하는 것도 아마 그럴 거라고 생각해요. 뭔가를 할 때 자신만의 방식이 나오는 거죠. 내가 어떤 것을 그리기를 좋아하고 무얼 잘 그리는지 깨닫고 나자 그런 그림을 더 쉽고 거침없고 매력적으로 그릴 수 있게 된 것 같아요. 근본적으로 저의 스타일을 찾은 거죠. '사람들이 내가 그리는 방식, 내가 뭔가를 바라보는 방식을 실제로 좋아하는구나' 하는 것을 확 느끼기도 했고요. 그때 내가 이 일을 할 수 있겠다는 생각을 했어요.

데비 매력을 의식적으로 부각하거나 지우기도 하나요?

올리버   매력은 펜이나 연필을 쥐고 있는 바로 그 순간에 결정된다기보다는 다른 그림들과의 관계를 통해 드러날 때가 많아요. 속도의 문제도 있지요. 보통 빨리 그릴수록 매력이 부각되는데 아마 인간미가 있어 보여서 그런 것 같기도 해요. 결점도 많지만, 사람들은 결점을 오히려 매력적으로 보거든요.

데비   왜 그럴까요?

올리버   완벽하지 않고 완벽하지 않아도 괜찮다는 것을 말해주기 때문이 아닐까요. 쉽고 친근해 보이기도 하고요.

데비   취직을 염두에 두고 시각 커뮤니케이션을 전공했는데, 막상 졸업할 때쯤 돼서 취직을 바라지 않는다는 것을 깨달았다고요. 왜 취직할 생각이 없었나요?

올리버   시각적인 문제를 다룰 때 저는 거의 즉각적으로 답을 발견하는 편이에요. 명백하게 답이 보이는데 그걸 보지 못하는 사람들과 일하는 것은 굉장히 힘들더군요. 특히 누군가에게 일방적으로 지시를 받는 입장일 때 좌절감을 느꼈어요. 농담처럼 이야기하지만 제게는 상당히 심각한 문제입니다. 대학을 졸업하고 처음 몇 년간은 상업 일러스트레이션, 순수 회화, 그림책, 이렇게 세 가지 일을 병행했어요. 어느 한쪽에서 돈을 잘 못 벌 때도 다른 쪽에서 돈이 나왔죠. 그렇게 균형을 유지할 수 있었어요. 그러다 4년 전에 상업 일러스트레이션을 그만두었어요. 결국에는 에이전시에 소속되었고요. 상업 일러스트레이션은 머리 쓰는 연습한다고 생각하고 즐기듯 했어요. 팔굽혀펴기를 하는 것과 비슷하죠. 과제가 주어지면 그것을 어떻게 시각화하는 것이 좋은지 해결책을 찾아야 하거든요.

데비   첫 책 『별을 따는 법』으로 출간 계약을 맺기까지의 과정이 상당히 놀라운데요.

올리버   아무도 이 전략을 사용하지 않았다는 것이 전 더 놀라운데요. 대학 졸업 작품으로 그림책을 완성했는데 이걸 어린이 책으로 내면 좋겠다는 생각을 했어요. 제가 즐겨 읽는 책들을 출판하는 출판사들을 추려 목록을 작성하고 그중 어느 출판사가 저랑 제일 잘 맞을지 머리를 굴려보았죠. 그런 다음 거기서 일하는 편집자 이름을 찾아내는 작업에 착수했어요. 익명의 관리자보다는 어느 한 사람에게 메일을 보내고 싶었거든요. 그러고 나서는 무엇을 어떻게 보낼지를 심사숙고했죠. 표지만 보고 책을 판단하는 사람은 없다는 옛말은 틀렸어요. 모두가 늘 그렇게 하는걸요. 저는 남들도 다 보내는 허접한 이메일 사이에서 단연 돋보일 수 있게 정말 신경 써서 자료를 준비했고 제 전략은 통했어요. 딱 맞는 담당자를 만난 거죠. 보스 대신 메일을 확인한 보조 편집자가 제 기획안을 좋게 보고 편집자에게 즉시 전달했고, 불과 20분 만에 편집자에게 전화가 왔어요.

데비   현재 당신의 책들은 전 세계에서 30개 이상의 언어로 번역 출간되었는데요. 최근에 나온 책 중 한 권인 『이 사슴은 내 거야!』는 출간 즉시 《뉴욕 타임스》 베스트셀러 1위에 올랐고요.

올리버   그 책은 소유권에 대해 이야기하는 책인데요. 그 무렵에 제가 맨해튼 땅이 네덜란드에 팔리게 된 경위에 대해 읽고 있었어요. 원주민들은 사고 싶으면 얼마든지 사라는 반응이었다고 해요. 하지만 애초에 땅을 소유의 관점에서 생각하지 않았기 때문에 실제로 떠나는 사람은 아무도 없었다고 하죠. 네덜란드인들은 굉장히 혼란스러워했고요. 이 이야기를 곱씹어보면서 원주민들이 그렇게 생각한 것도 일리가 있다는 생각이 들었어요. 우리가 무언가를 소유한다는 것은 모두가 그 사실에 동의할 때뿐이라는 거죠. 이 개념이 아주 흥미롭다고 생각해서 반려동물의 소유권 문제에 적용해본 거예요.

데비   소유권을 둘러싸고 이중의 현실이 존재할 수도 있다는 거군요. 부친께서도 당신이 생각하는 진실이 다른 누군가가 생각하는 진실과 다를 수도 있다는 이야기를 해주셨다고 했는데요. 혹시 그 말이 당신의 작업에 영향을 주었는지 궁금하네요.

올리버   아버지께서는 갈등이 일어나면 진실이 가장 먼저 피해를 입는다는 말씀도 하셨어요. 그렇기 때문에 신문은 두 개 이상 읽는 것이 좋다고 누누이 이야기하셨죠. 내가 어떤 특정 상황에 대해 이러저러하게 생각한다는 이유로 다른 사람 역시 똑같이 생각할 거라고 판단할 수는 없다는 거였어요. 이런 생각은 고대 그리스 철학의 한 갈래라 할 수 있는 에니어그램을 통해 재확인되기도 했는데요. 이 이론에 따르면 인간의 성격 유형은 아홉 가지가 있고 똑같은 상황이라도 각각의 유형이 대응하는 방식은 완전히 다르다고 해요. 아버지는 말년에 에니어그램을 발견하셨는데 자기 자신보다는 남을 이해하는 데 큰 도움을 받았다고 하셨어요. 또 아버지는 다른 사람을 이해하려면 행동보다는 동기를 봐야 한다는 말씀도 해주셨는데, 그 말을 늘 마음에 새기며 살아가려고 해요.

데비   캐릭터를 만들 때 이런 이론을 적용하기도 하나요? 당신의 책에 나오는 캐릭터들은 영혼이랄까 본질이랄까, 어떤 확고한 성격을 가지고 있는 것 같은데요. 아까 말씀하셨던 매력보다는 훨씬 더 심층적인 차원에서요. 모든 캐릭터에게서 인간으로서의 품위 같은 것이 느껴진달까요.

올리버   그렇다기보다는 제가 본능적으로 진화해온 것 같아요. 저는 줄거리에 맞게 어떤 캐릭터를 그림으로 구현하거나 생각해낸 다음에는 그렇게 치밀하게 계산하는 편이 아니거든요. 그냥 직감적으로 이건 이럴 것 같다 혹은 이건 아닌 것 같다는 판단이 드는 거죠. 그런 판단 기준은 벨파스트 사람들의 입을 통해 자연스럽게 전해진 스토리텔링에서 기원한다고 할 수 있을 것 같아요.

데비   당신의 책은 근본적으로는 낙관적이지만 가슴 아픈 이야기를 종종 다루고 있는데요. 길을 잃은 펭귄, 별을 따고 싶은 소년, 무시당하는 것에 지친 크레용이 등장하는 식이죠. 결국엔 다 잘되는 것으로 끝나기는 하지만, 왜 이런 탐색과 갈망이 주를 이룬다고 생각하시나요?

아버지께서는 갈등이 일어나면 진실이 가장 먼저 피해를 입는다는 말씀도 하셨어요. 그렇기 때문에 신문은 두 개 이상 읽는 것이 좋다고 누누이 이야기하셨죠.

올리버   이런 질문을 전에도 받아본 적이 있는데 저도 이유를 잘 모르겠어요. 누군가는 "너무 많은 형제와 사촌과 부대끼며 자라서 책이 고독과 침묵의 도피처가 된 것은 아닌가?" 하는 추측을 하기도 하더군요. 그럴 수도 있지만 저는 제 안의 호기심 때문이라고 생각해요. 저는 세상이 늘 해피엔딩으로 끝나는 아름다운 곳은 아니라는 것을 잘 알고 있고 제가 하는 일이 세상의 이런 단면을 통렬하게 포착하는 일이라고 생각해요. 그런 정직함을 숨기기보다는 기꺼이 받아들이고 싶어요.

데비   당신의 작품집 『이도 저도 아닌Neither Here Nor There』에서 리처드 시브룩은 서문에 이렇게 썼어요. "올리버는 이중성이라는 개념에 특히 호기심을 보인다. 그것은 똑같은 것에 대해 누군가는 이렇게 생각하는데 다른 누군가는 완전히 다르게 생각할 수 있다는 것을 말한다." 왜 이중성이라는 개념에 그렇게 흥미를 느끼는 건가요?

올리버   어떤 이들은 제가 성장한 곳의 이중성을 원인으로 지목하기도 하더군요. 벨파스트는 정말이지 분열된 도시였거든요. 폭력이 난무했지만 행복이 넘치는 곳이기도 했어요. 아마 그때부터 알게 모르게 그런 영향을 받았을 거예요. 하지만 작품집을 만들면서 양자역학을 연구하는 교수를 만나 진짜 이중성 이론을 만난 것이 결정적이었다고 봐야죠. 빛이 입자이면서 동시에 파장이라는 것을 밝혀낸 이론 말이에요. 제가 그 이론을 통해 배운 것은 "어떻게 정의하느냐는 우리에게 달렸다"라는 것이었어요. 측정 도구를 우리가 선택하기 때문에 빛이 입자인지 파장인지 결정하는 것 또한 우리라는 것이죠. 중요한 것은 관점이에요.

데비   측정도 결국은 주관적이라는 말씀이군요.

올리버   우리는 뭐든 원하는 대로 보고 원하는 대로 만들 수 있는 능력을 가지고 있어요. 어느 정도까지는 말이죠. 제가 "논리적이면서 동시에 감정적으로 보는 것이 가능할까?"라는 취지로 작품을 만들기 시작한 것도 그래서고요.

데비   그림 속에 빛의 수학적 정의를 넣기도 하셨잖아요. 배경에 주스 팩이 놓여 있고 빛이 유리잔을 통해 굴절되고 있는 그림이었던 것 같은데요. 왜 이런 조합을 생각하셨나요? 어떤 점이 흥미로웠죠?

올리버   시간을 조금만 더 거슬러 올라가자면 그림에 단어나 짧은 구절을 넣었던 것이 이 프로젝트의 초창기 버전이라고 할 수 있어요. 캔버스를 이용해 일종의 내러티브를 암시하고 나머지는 보는 사람이 알아서 채우라고 한 것이죠. 그림책을 발견한 다음에는 스토리텔링에 대한 갈망을 해소하고 단어와 그림을 마음껏 섞어 쓸 수 있게 되었어요. 자연히 회화 작품에서는 단어와 내러티브를 덜 쓰게 되었고 이야기보다는 질문을 하기 시작했죠. 방금 언급하신 그림은 숫자와 그림을 조합한 첫 번째 시도였어요. 제 아내는 저와 함께 작업하기 전에 엔지니어로 일했는데, 우리가 받은 대학 교육이 정말 다르다는 것을 알게 됐어요. 미술 대학에서는 사실상 깜냥만 된다면 자기가 하고 싶은 걸 다 할 수 있어요. 뭐가 맞고 틀리고 하는 개념 자체가 없죠. 하지만 공대에는 정답이라는 것이 엄연히 존재해요. 그때 '아, 감정과 논리라는, 세상을 바라보는 두 가지 방식이 있구나. 둘 다 타당하지만 서로 달라도 너무 다르구나. 이 두 가지를 동시에 할 수는 없을까?' 생각하게 되었어요. 그렇게 수학 공식을 넣은 구상화가 탄생하게 된 것이지요. 사실 저는 그 공식이 구체적으로 무엇을 말하는지도 잘 몰랐어요. 아무 공식이나 고르기보다는 주제와 관련된 공식을 고르려고 한 게 다예요. 그래서 빛의 굴절과 관련된 공식을 고르고 그것을 광원처럼 보이게 했죠. 그 그림은 양자역학 교수가 사 갔는데 벨의 끈 이론을 담아낸 작품이라고 생각하더군요. 전 그분이 무슨 말씀을 하시는지 하나도 알아듣지 못했지만요. 그 작품을 계기로 구상화에 수학 공식을 섞어 논리적이면서 동시에 감정적으로 세상을 바라보려고 하는 프로젝트를 시작하게 되었죠.

데비   이중성이 흥미로운 이유 중 하나는 그것이 늘 답도 없고 해결책도 없는 시나리오로 이어지기 때문이라고 했어요.

올리버   이중성이 단일성이 되려면 단 하나의 사고방식만 존재해야 해요. 저는 그것이 진실이 될 수 있을지 잘 모르겠어요.

데비   왜 답도 없고 해결책도 없는 시나리오를 추구하는 건가요? 예술은 보편적 진실을 드러내야 하지 않나요?

올리버   제가 하려는 것도 사실 그런 거예요. 단 하나의 이론으로 모든 것을 설명하고자 하는 양자역학과 사랑에 빠졌잖아요. 그 뒤로 순수미술 분야에서 제가 시도한 거의 모든 것은 양자역학자들과 나눈 대화에 뿌리를 두고 있어요. 하지만 예술이 과연 세상을 다른 방식으로 보게 할 수 있을까요? 우리는 이 세계에 대해 사실은 아무것도 모르고 있는 것 같다는 생각이 들기도 해요.

2015. 6. 8

"I think that a lot of people
want to be given permission to
like art, because they think that
there's a whole set of rules.

There is not."

"많은 사람이 예술을 좋아해도 된다는 허락을
받고 싶어 하는 것 같아요. 예술에는 지켜야
할 일련의 규칙이 있다고 생각하기 때문이죠.
그런 규칙 따위는 없는데도 말이에요."

젠 베크먼
갤러리스트, 사업가
2012. 3. 2

PENTAGRAM

MICHAEL

**마이클 베이루트는
펜타그램 파트너로 일하면서 시대를 대표할 만한
유명 디자인을 만들어냈다.**

그의 클라이언트만 하더라도 할리데이비슨, 브루클린 아카데미 오
브 뮤직, 《애틀랜틱》, 뉴욕 제츠 등 다양하다. 그의 작품집 『하우 투
How To』는 그동안 그가 디자인한 수십 개의 프로젝트를 소개하는
한편 의미 있는 디자인에 관한 지혜, 철학, 통찰을 제시한다. 이 대
화에서 마이클은 경력의 여러 단계에서 대면한 그래픽디자인의 친
밀성에 대해 이야기했다.

BIERUT

데비 마이클, 최근에 발행된 《와이어드》 기사에 따르면 당신은 창의성을 믿지 않는다고요. 사실인가요?

마이클 창의적인 예술가라는 신화를 믿지 않는다고 해야겠죠. 적어도 저 자신이 그런 신화적인 인물이 아니라는 것은 확실합니다.

데비 어떤 신화를 말씀하시는 거죠?

마이클 '창의적인' 사람은 끊임없이 샘솟는 자기표현 욕구에 불가항력적으로 사로잡혀 있고 자신의 그런 표현 강박을 충족시켜 줄 후원자를 찾고 있다는 신화죠. 저 같은 경우는 아주 어렸을 때부터 주위 사람들 모두가 제가 예술적 재능이 뛰어나다는 것을 알고 있었음에도…

데비 덕분에 학교 폭력을 당할 위기에서 몇 번 벗어나기도 했죠.

마이클 네. 제가 어렸을 땐 그림을 잘 그리면 학교에서의 지위가 꽤 올라갔어요. 그래서 제가 그런 재능이 있다는 걸 모두가 알게 만들었죠. 그림을 그리면 마음이 편안해지기는 했지만 종이 위에 반드시 표현해야만 하는 어떤 아이디어가 샘솟아서 그림을 그린 건 아니었어요. 그보다는 다른 목적을 달성하기 위한 수단에 가까웠죠. 제가 그림을 잘 그린다는 걸 알면 여자아이들은 저를 실제보다 좋게 봤고 남자아이들은 제 얼굴을 한 대 칠까 하다가도 꾹 참았거든요. 저는 그래픽디자인을 할 때 꼭 필요한 순간을 위해 창의성을 아끼는 편입니다. '모든 게 다 완전히 새로워야 해. 무에서 유를 창조하자'라고 생각하기보다는 '일단 이 상황에 대해 알고 있는 모든 정보를 취합해보자. 우리가 해야 하는 일은 뭐지? 제약은 뭐고? 따라야 하는 관습은 있나?' 하는 식으로 접근하는 편이에요.

데비 대여섯 살 때쯤 아버지랑 이발소에 가다가 신호 대기 중에 아버지가 근처에 세워진 지게차를 가리켰다죠. 그다음에 무슨 일이 있었는지 말해주세요.

마이클   아버지는 "저것 좀 보렴. 아주 기발하지 않니?"라고 말씀하셨어요. 저
는 "뭐가요? 옆에 있는 지게차밖에 안 보이는데"라고 했죠. 그러자 아버
지가 "트럭 이름을 어떻게 썼는지 잘 봐"라고 하시는 거예요. 트럭 제조
사가 클라크, C-L-A-R-K였는데 L의 아래쪽 획이 A의 왼쪽 다리를 들
어 올리는 모양새였어요. 아버지께서는 "저 트럭이 하는 일이 저런 거
란다"라고 말씀하셨죠. 그때 '와, 이런 세상에. 아버진 저걸 어떻게 아셨
지? 저런 게 또 있나? 우리에게 기쁨과 놀라움을 선물하려고 저런 걸 만
들고 있는 건가?'라고 생각했던 기억이 나요. 누군가 이런 일을 했다는
게 너무 좋았어요. 왜 하는지, 목적이 뭔지는 몰랐지만요. 그때 저는 '로
고'라는 게 있는지도 몰랐어요. '상업 미술가' 혹은 '그래픽디자이너'라
는 직업이 있는지도 몰랐고요. 어떤 과정을 거쳐 저런 결과물이 나왔는
지는 전혀 알지 못했지만 엄청난 충격을 받았죠.

데비   당신이라면 왠지 그래픽디자인에 대해 여전히 그런 마음을 가지고 있을 것 같
은데요. 그래서 당신이 이 업계의 기술과 분야에 대해 말해줄 최적의 사람인
거고요. 그래픽디자인의 어떤 점이 그렇게 끊임없이 매혹적인가요?

마이클   이 문제에 대해 오랫동안 생각했는데 아주 최근에 와서야 제가 저의 옛
날 보스 마시모 비넬리와 근본적으로 의견을 달리한다는 것을 깨달았
어요. 마시모는 모든 디자인 분야가 하나라고 생각했어요. 어떤 것 하나
를 디자인할 수 있으면 뭐든 다 디자인할 수 있다고 생각했죠. 숟가락에
서 도시까지요. 저는 그래픽디자인이 소통의 세상에 참여하기 때문에
특별하다고 생각해요. 우리가 시민으로서 존재하는 방식은 아이디어,
욕구, 요구, 저항, 이 모든 것에 대해 소통하는 능력에 달려 있어요. 말과
글을 사용해서 말이에요. 그런데 소통에 압박이 가해질수록 그래픽디
자인이라고 불리는 이 일을 하는 누군가의 개입이 필요하게 되죠. 다른
디자인 분야도 물론 문화적으로 역할을 하지만 아이디어를 이쪽에서
저쪽으로 옮기는 데 그래픽디자인만큼 즉각적이고 친밀한 역할을 하지
는 못하는 것 같아요.

데비 어렸을 때 있었던 또 한 가지 일에 대해 여쭤보고 싶은데요. 고등학생 때 학교 연극 〈어두워질 때까지〉의 홍보 포스터를 만들었다고 알고 있어요. 포스터를 완성하고 나서 며칠 후에 학교에 갔더니 당신이 만든 그 포스터가 사방에 붙어 있었다죠. 그때 계시를 받은 느낌이었다고 했는데, 어떤 점에서 그랬나요?

마이클 어렸을 때 제가 '예술적 재능'이 있다는 것이 분명해지자 부모님은 매주 토요일 아침 클리블랜드 미술관에서 열리는 미술 강좌에 저를 등록시켜주셨어요. 클리블랜드 미술관은 미국은 물론 전 세계 어디에도 빠지지 않는 최고 수준의 컬렉션을 자랑해요. 정말 아름다운 그림들을 볼 수 있죠. 그때 그 그림들을 보면서 감탄하다가 약간 미안한 감정을 느꼈던 것을 기억해요.

데비 왜요? 외로워 보여서요?

마이클 네. 미술관에 갇혀 있는 그 그림들이 외로워 보였어요. 어떤 때는 그림을 봐주는 사람이 저밖에 없기도 했거든요. 그런데 제가 만든 포스터는 인쇄되어 사방에 붙어 있고, 제 망상일지는 모르겠지만 덕분에 저는 학교에서 최고로 잘나가게 되었단 말이죠. 실제로 연극을 보러 간 사람보다 그 포스터를 본 사람이 더 많았을 것이고, 그들이 연극을 보러 가야겠다고 결정하는 데 제 포스터가 결정적인 역할을 했을 수도 있어요.

데비 자신이 중요한 일을 하고 있다는 생각이 들었겠군요.

마이클 네, 맞아요. 다른 친구들처럼 연기를 하는 것도 연극에 참여하는 한 방식이겠죠. 하지만 연극 포스터를 만드는 일은 정말 끝내줬어요.

데비 오하이오에서 대학교까지 쭉 다니셨죠. 그런데도 처음 뉴욕에 가서 유일하게 챙겨온 기념품이 비넬리가 만든 지하철 노선도 하나였다면서요. 지도를 거의 부적처럼 생각했다고요. 그때 마시모 밑에서 일하고 싶다는 생각을 했나요?

마이클 아니요. 당시엔 마시모 비넬리라고 하는 사람이 그 노선도를 만들었다는 것도 몰랐을걸요.

데비 하지만 그것이 누군가의 디자인을 거쳤다는 건 알았겠죠.

마이클 네, 그건 알았어요. 아름답고 신비로운 지도라는 생각도 했고요. 결국 폐기되고 만 악명 높은 비넬리 노선도를 말하는 겁니다.

데비 실제 지리가 반영이 잘 안 됐다고 하죠.

마이클 맞아요. 노선도 자체는 모든 역 간의 관계를 정확하게 묘사한 아름다운 기하학적 다이어그램이지만 지상의 지리적 배치를 정확하게 담아내지는 못했죠. 또 놀라울 정도로 세련미가 있었는데 저로서는 완전히 새로운 것이었어요. 이 기념품을 제가 어떻게 얻었는지 아세요? 1974년에는 그냥 지하철역으로 내려가 "노선도 한 장 주세요" 하면 공짜로 줬어요.

데비 펜타그램에 들어가기 전에 마시모 비넬리 밑에서 10년을 일했어요. 비넬리 밑에서 일하면서 배운 것 중에 가장 중요한 것이 무엇이었느냐는 스티븐 헬러의 질문에 당신은 "디자이너들이 정말로 관심 있어 하는 것들은 사실 그렇게 중요한 것이 아니라는 걸 배웠다"라고 했죠. 좀 더 자세히 말씀해주시겠어요?

마이클 디자이너가 되기 위해 교육을 받을 때 저도 그랬지만 보통은 바닥부터 시작하죠. 기술을 마스터하는 일부터 시작하는 거예요. 아주 비슷해 보이는 서체를 구별한다거나, 레이아웃에서 여백을 조정한다거나, 다양한 상황에서 잘 조화되는 색상을 신중히 고른다거나, 곡선의 휘어짐 정도를 '정밀하게' 조정하는 식의 일이죠. 한동안 저는 그게 그래픽디자이너가 할 수 있는 가장 고차원적인 일이라고 생각했어요. 실제로 마시모 밑에서 일할 때 그도 그런 세세한 부분까지 신경 쓸 것을 요구했고요. 하지만 마시모의 디자인이 성공할 수 있었던 건 그런 디테일 때문이 아니었어요. 그건 그저 성공을 보조했을 뿐이죠. 그는 훌륭한 편집자이자 뛰어난 시각적 이야기꾼이었어요. 어떤 것이 어떻게 보여야 하는지 전체적인 그림을 제시할 수 있는 사람이었죠. 예컨대 책을 디자인한다고 생각해봐요. 젊었을 때의 저라면 어떻게 하면 페이지 번호를 좀 더 참신하게 매길 수 있을까 고민했을 것입니다. 반면 마시모는 사람들이 책을 읽어나갈 때 단지 글을 읽고 그림을 보고 싶어 할 뿐이라는 것을 이해했죠. 그렇다면 이 그림들을 어떻게 배열할 것인가? 그림의 크기는 어떻게 변화를 줄까? 논리적으로 필연적이면서 의외성도 있는 레이아웃을 만들려면 어떻게 해야 하는가? 이런 결정들은 직관적으로 내리는 거예요. 기술적으로 어느 경지에 이르러야 할 수 있는 일이지만 기술만으로 되는 일은 아니죠. 꽤 오랫동안 저는 점진적으로 시야를 넓혀야겠다는 생각을 했어요. 그런데 그렇게 시야가 좀 넓어지고 나니까 갑자기 서체 간의 차이가 다시 흥미롭게 보이더군요. 참 신기하게도 말이죠.

데비 '마이클 베이루트만의 느낌'이 살아 있는 확고한 스타일이 없는 것 같다는 말씀을 책에서 하셨어요. 그건 의도하신 건가요?

마이클 아니요. 전 너무 우유부단해요. 앞으로 뭘 하든 이 방식을 고수하겠다는 결심 같은 건 할 수도 없거니와 그 방식이 최선이라는 말조차 잘 못 하는 사람이에요. 그런 면에서 누가 봐도 그 사람 글씨라는 걸 알 수 있는 특유의 필체를 가진 사람을 보면 부럽다는 생각이 들어요. 어떻게 보면 그런 거야말로 예술가적인 정신이 살아 있는 거죠. 반면 저는 예술이며 음악이며 이런 온갖 것들을 굉장히 사랑하기는 하지만, 제가 정말로 우러러보는 예술가들에 비하면, 글쎄요. 한때 저는 모타운 레코드의 작곡 팀인 홀랜드 도지어 홀랜드의 이야기에 푹 빠져 있었는데요. 라몬트 도지어, 에디 홀랜드, 브라이언 홀랜드는 모타운 레코드사의 배리 고디 밑에서 일하는 월급쟁이였어요. 퇴근 후나 주말에는 클럽에 가서 자신들이 좋아하는 음악을 연주하곤 했지요. 정말 훌륭한 재즈를요. 주중에는 돈을 벌기 위해 "뻔하고 상투적이다"라는 평을 받을 법한 음악을 양산

해냈고요. 그 일도 잘했습니다만 자신들의 재능을 최대로 활용하고 있다고 생각하지는 않았을 것 같아요. 그들이 남긴 작품 중에는 〈Where Did Our Love Go?〉와 〈Dancing in the Streets〉를 비롯해 수십 개에 달하는 차트 1위 곡이 있는데, 이 중 하나라도 들으면 온전한 하나의 세계가 떠오를 거예요. 아름답고 신나면서 향수를 자극하는 이 세계는 수년간 사람들에게 영감을 주었지요. 이들은 그냥 싸구려 상업 음악을 하는 사람들이었어요. 그렇게 상업적 목적에 충실하면서도 누군가에게 영감을 줄 수 있는 아름다운 작품을 남기는 것, 지게차 로고 같은 그런 것이 제가 지향하는 바입니다.

데비   일할 때 제약 조건을 필요로 하시는 것 같네요. 완전한 자유가 주어지면 오히려 일이 잘 안 풀리는 스타일이시죠. 자유, 편안한 클라이언트, 빈 테이블, 백지수표보다는 제약, 깐깐한 클라이언트, 부족한 예산을 선호하실 것 같은데요.

마이클   맞아요. 그래픽디자인은 일종의 게임이라고 생각해요. 하지만 그 게임이 재밌어지려면 규칙이 필요합니다. 사실 저는 뭐든 하고 싶은 대로 하라고 하는 클라이언트를 제일 꺼리는 편이에요. 그런 제안이 오면 그냥 거절하기도 하죠. 너무 쉬워 보이면 왠지 못 하겠더라고요.

데비   『하우 투』의 장 제목은 문제 해결 방법처럼 제시되었는데요. 이를테면, 기존의 마을을 혁신하는 방법, 10억 달러를 모으는 방법, 교회에서 매너를 지키는 방법 같은 식이죠. 이런 방식으로 책을 구성하게 된 이유는 뭔가요? 사람을 울리는 방법도 포함되어 있는데 여기에 숨은 이야기를 듣고 싶어요.

마이클   사실 디자인 작업을 하면서 울었던 적이 몇 번 있었어요.

데비   어떤 작업을 하셨을 때죠?

마이클   책 맨 마지막에 등장하는 내용인데요. 뉴욕의 로빈 후드 재단과 함께한 장기 프로젝트였는데 덕분에 아주 중요한 교훈을 얻었죠. 빈곤 지역의 학교 도서관을 재건하는 일이었는데 도움이 아주 절실한 상황이었어요. 저는 로고를 만들었고 그걸로 제 할 일은 끝났다고 생각했죠. 그런데 도서관을 지은 건축가 중 한 명이 우리에게 책장 맨 위 칸과 천장 사이의 공간에 벽화를 만들어줄 수 있느냐고 묻는 거예요. 초등학생 키에 맞춘 낮은 책장이라 공간이 꽤 넓었어요. 그래서 우리는 위쪽 벽을 빙 둘러 아이들 사진을 배열했죠. 그랬더니 사서들이 너무 좋아하는 거예요. 그 뒤로 스무 곳에 달하는 도서관에 비슷한 작업을 하게 되었죠. 여러 뛰어난 예술가들의 도움을 얻어서요. 이 프로젝트를 위해 그림을 그려준 예술가들이 제 사무실로 모여들게 되었어요. 평소에는 만나보지 못했던 사람들이었죠. 우리는 같이 도서관을 방문하게 되었어요. 아이들로 가득 찬 도서관을 보니 정말 감동이더군요. 사서들도 특별한 무대를 선물받았다면서 너무 좋아했어요. 그들은 이 선물을 의미 있게 만드는 것이 아이들에 대한 의무라고 여기는 듯했어요. 겨울이라 해가 짧을 때여서 마지막 도서관에 도착했을 때쯤엔 해가 저물고 있었어요. 사서가 도서관을 닫을 준비를 하고 있었죠. 그녀는 "불 끄는 걸 보여드릴게요"라고 말하더니 차례대로 불을 꺼 어린이 얼굴 벽화를 비추는 전등만 남겨 두고는 이렇게 말하더군요. "제가 매일 일터에 오는 이유를 이렇게 떠올릴 수 있어 좋아요." 이 말은 지금도 절 울게 해요. 이 아이들에게 도움의 손길을 내미는 것도 물론 중요하지만, 더 중요한 것은 도서관 사서들에게 자부심을 심어주는 일인 것 같아요. 아이들은 왔다가도 떠날 테지만 사서들은 자신의 일에 대한 열정으로 이 아이들의 삶을 바꾸는 일을 계속해야 할 테니까요. 사실 저는 어쩌다가 이 프로젝트에 참여하게 됐지만 우리가 하는 일이 사람들에게 시각적 즐거움을 주고 때로는 그들의 삶을 바꿀 수도 있다는 것을 생각하면 몹시 흥분됩니다. 그리고 이런 일은 전혀 기대하지 않았을 때 일어나는 법이죠.

2015. 11. 2

"Every

single thing around us,
everything we consume,
everything we buy on a daily basis,
is a package that somebody has designed."

우리를 둘러싼 모든 것, 우리가 소비하고
일상적으로 구입하는 모든 것은 다 누군가가 디자인한
포장을 두르고 있어요."

앤드류 깁스
사업가, 출판업자, 크리에이티브 디렉터, 교육가
2011. 12. 2

NICO

니코 뮬리는 실내악, 관현악, 오페라, 발레 음악, 영화음악 등을 작곡한다.

그는 30세 미만의 젊은 팬층을 거느린 힙한 작곡가라는 점에서 현대 클래식 음악계에서 더욱 희귀한 존재다. 클래식 음악 전통을 넘어서기 위해 꾸준히 노력하고 비요크, 그리즐리 베어, 필립 글래스 등과 협업하며 장벽을 무너뜨린 덕분에 가능한 일이었을 것이다. 이 인터뷰에서 우리는 그의 음악적 기원과 그의 음악을 해석하는 뮤지션들에 대해 이야기를 나누었다.

MUHLY

데비 어머니는 화가이자 교사셨고 아버지는 영화감독이셨어요. 부모님 영향을 상당히 많이 받았을 것 같은데요.

니코 집 안팎으로 참 많은 아이디어가 오가곤 했죠. 아버지는 다방면에 관심이 많은 영화감독이셨어요. 이집트 고고학 관련 다큐멘터리를 만들었다가 석각에 빠졌다가 남미의 동굴들을 찍는 식이었죠, 외주로 일하는 다큐멘터리 감독이었기 때문에 400개쯤 되는 주제에 대해 알아야 할 모든 것의 82퍼센트쯤은 꿰고 계셨어요.

데비 일곱 살 때 한동안 이집트 유적지 근처에서 살았다고 알고 있어요. 거기서 들개 떼에게 쫓긴 적도 있다면서요?

니코 아버지가 발굴 작업을 찍고 계셨을 거예요. 정확히 기억은 안 나지만 도시 전체가 공동묘지 같은 느낌이었어요. 여느 개발도상국에서처럼 개들은 아무 데나 막 돌아다녔고요. 그러다가 뭔가 혹하는 냄새를 맡으면 사람에게 달려들기도 하죠. 그때 저는 살구를 들고 있었을 거예요. 전 그 개들에게서 벗어나기 위해 전속력으로 달렸어요. 제게는 추상적으로만 남은 기억이지만 저희 어머니에게는 그림 형제의 동화를 방불케 하는 사건이었죠. 어머니는 그때 일을 그림으로 남기셨고 저는 아침에 옷을 입을 때마다 거울 옆에 붙어 있는 그 그림을 본답니다.

데비 개들에게 쫓기는 자신의 모습을 매일 보고 있겠군요.

니코 사실 그건 개들에게 쫓기는 소리를 표현한 것에 가까워요. 물리적인 묘사는 전혀 없죠. 그저 푸른 공간과 어머니 식으로 간략하게 해석한 소리의 표현만 존재하는데, 어떻게 보면 강력한 와이파이 신호처럼 보이기도 해요.

데비 로드아일랜드주 프로비던스에서 성장하면서 그레이스 성공회 합창단에서 노래를 부른 걸로 알고 있어요. 그때 처음으로 음악 활동을 한 건가요?

니코 그렇다고 할 수 있죠. 여덟 살에서 열한 살까지 했을 거예요. 동시에 피아노도 치기 시작했는데, 집에 피아노가 있어서 그냥 치게 된 거였어요.

데비 피아노가 지하실에 있었죠?

니코 네. 저는 그냥 보통의 아이들처럼 평범하게 피아노를 배웠어요. 일주일에 한 번씩, 어떤 때는 아주 열심히, 또 어떤 때는 대충대충 피아노를 치는 식이었죠. 그러다가 엄마가 친구의 친구에게서 그 집 아들이 합창단을 하고 있는데 전통적인 영국식 예배당 음악을 해서 낯설지만 흥미로워한다는 이야기를 전해 듣게 되었죠. 1500년대부터 이어져 온 전통이라고 하더군요. 그때 저는 그게 무슨 말인지도 잘 몰랐지만 뭔가 이상하고 특별하다는 것은 느낄 수 있었어요. 결국은 그 음악, 특히 영국 르네상스 시대의 음악에 중독되고 말았죠.

데비 예전에 지하실 피아노 이야기를 하면서 자신은 작곡을 좀 늦게 시작한 것 같다는 말씀을 하신 적이 있잖아요. 어머니 자궁에서 나오자마자 쇼팽을 연주하는 아이들도 있다고요. 자신이 정말 늦게 시작했다고 생각하나요?

니코 이렇게 말해보죠. 지금은 열두 살 미만의 어린이들이 거의 프로 수준의 음악을 배울 수 있는 시대예요. 대도시에 가면 그런 곳들이 수두룩하죠. 이를테면 토요일 학교니 일요일 학교니 하는 곳에서 아이들에게 바이올린을 연주하는 방법을 아주 제대로 가르치고 있어요. 아이들이 자진해서 열심히 하는 경우도 있는데 그건 다른 이야기니까 나중에 하고요. 어쨌든 중요한 것은 제가 줄리아드에 입학했을 때 대다수의 학생들이 저보다 훨씬 음악을 오래 했다는 거였어요. 지금 보스턴 교향악단에서 연주하는 친구가 있는데, 그 친구 집은 걔가 두 살 반 때 바이올린을 연주하는 사진들로 도배돼 있더라고요.

데비 그렇게 이른 나이에 과연 음악을 연주하는 기쁨을 느낄 수 있을까요?

니코 사실 저는 그런 주장에 그다지 동의하지 않아요. 음악을 연주하는 것은 너무 좋은 것이라 억지로 해야 할 때조차 좋거든요. 네, 아이는 부모의 강요로 괴로워하며 클라리넷을 연습했겠죠. 하지만 그건 삼각법이나 다른 어떤 것을 배울 때도 마찬가지예요. 어쨌든 우리는 그 비슷한 일을 한 번쯤은 거치기 마련이죠. 그렇게 억지로 하다가 불현듯 어떤 일이 일어나요. 줄리아드 아이들에게 많이 보이는 패턴이죠. 한국에서 두 살 때부터 지하실에 갇혀 연습만 하다가 열한 살 때 문득 깨닫는 거죠. '이제 난 누구든 이길 수 있겠구나.'

데비 그렇군요. 성장하면서 연주회 음악과 대비되는 교회 음악의 정서적 기능에 매료되었다고 하셨는데요. 교회 음악은 좀 더 방향성이 강한, 위를 가리키는 음악이라고 했죠. 음악가의 입장에서 보면 임무를 잘 수행했다는 만족감 말고는 달리 얻을 수 있는 것이 없다고도 했어요. 연주를 마치고 관중을 보면서 미소를 짓거나 우아하게 절을 하지도 않죠. 연주자뿐 아니라 작곡가도 사라지고요. 자기 할 일을 정말 잘하면 사라질 수밖에 없다고 했어요. 그런 것이 당신에게 만족감을 주나요? 사라지고 싶으세요?

니코 몹시요.

데비 왜죠?

니코 그것이 어떤 달콤한 지점을 건드리기 때문이죠. 왜, 뭔가가 너무 아름다우면 저 램프가 훌륭한 것이 아니라 이 방이 훌륭하다고 생각하잖아요. 어떤 상황 덕분에 기분 자체가 좋아지는 것이죠. 교회 음악을 연극 보듯이 분석적으로 접근하지는 않잖아요. 교회의 좋은 점은 거기에는 단 하나의 이야기, "자신이 대접받고 싶은 대로 남을 대접하라"라는 가르침만 있다는 거예요.

교회 음악은 그 자체에 관한 음악이 아니고 그 자체를 언급하는 예술도 아니에요. 모두가 줄거리를 아는 어떤 연극의 분위기를 조성하고 연출하기 위해 존재하죠. 교회 음악은 말로는 설명하기 힘든 것을 단 1초 만에 전달할 수 있어요. 예컨대 크리스마스에 대해 이야기하려면 성금요일의 고난에 대해 약간은 알고 있어야 하잖아요. 아기를 보고 '아, 이 아이가 나중에 죽겠구나' 하는 것을 이해할 수 있어야 하죠. 33년 하고도 몇 개월이 지난 후에 말이죠. 음악은 이것을 단 1초 만에 이해시킬 수 있어요.

데비   어떻게요?

니코   음표를 활용하기도 하고 가사에 기대기도 하죠. 악보에 표기하거나 나중에 연주에 반영할 수도 있을 테고요. 좀 속된 비유지만, 이것이 영화 음악으로 쓰였다면 단번에 어떤 긴장된 분위기를 알아차릴 수 있을 거예요. 모두가 줄거리를 알기 때문에 예술을 구조에 맞추게 되는 것이고, 그래서 오히려 아주 이상하고 양식화된 스타일을 시도할 수 있는 여지도 생기는 거죠. 사실 이때 음악이 가장 흥미로워져요. 이를테면 12세기의 어떤 광적인 프랑스 작곡가들은 '이 듣기 좋은 음들을 각각 1분씩 지속해보면 어떨까?' 생각하기도 했죠. 음표를 고딕화한 거예요. 정말 괴상했죠.

데비   글렌 브랑카Glenn Branca, '노웨이브'라 불리는 비타협적이고 아방가르드한 음악을 추구한 미국 현대 음악 작곡가의 음악처럼 들리네요.

니코   그보다 훨씬 전, 수 세기 전이었어요. 기독교 건축에서도 비슷한 일이 일어났죠. 일반적인 건축에서는 시도조차 못 할 고도로 양식화된 선을 실험했잖아요. 이런 경향은 재현 미술이 별로 발달하지 않은 이슬람 세계에서 특히 강하게 나타나서, 이를테면 글자가 기쁨을 표현하는 매개체가 되는 거죠. 가령 '비스밀라'알라의 이름으로'라는 뜻의 아랍어로 코란에 등장하는 첫 단어이다'를 쓴다고 하면 글자를 아주 크게, 마치 공작새처럼 보이도록 화려하게 쓰는 거예요. 그런 것이 제게는 종교 예술의 재미처럼 느껴졌어요.

데비 〈디자인 매터스〉에 꽤 많은 음악인을 모셨는데요. 그때마다 제가 개인적으로 최대 미스터리라고 생각하는 문제에 대한 답을 찾으려고 하고 있어요. 음악은 어디에서 오는 걸까요? 당신에게는 어떻게 오나요?

니코 그 문제에 대한 답을 찾으면 그 즉시 이 일을 그만둬도 될 것 같은데요. 표현은 저마다의 방식이 있어요. 삶에 음악을 위한 공간이 마련되어 있다면 음악은 자연히 따라오게 되는 것 같아요. 현실적으로 말하자면 마감이 중요하죠. 좀 덜 현실적으로 말하자면 전에 봤던 것을 모방하는 노력이 필요할 테고요. 스승에게 배운 것, 음악회에서 들은 음악이나 누군가가 흥얼거린 콧노래 같은 것들이 모여서 침묵을 채워줄 무기가 되죠.

데비 좋아요. 하지만 오페라 〈두 소년Two Boys〉을 쓸 때를 생각해봐요. 그 작업은 머릿속에서 어떻게 이루어졌나요?

니코 당신이 원하는 것은 이런 현실적인 대답이 아닐 것 같기는 하지만, 중요한 것은 텍스트를 보고 "여기서 우리가 할 일은 무엇인가? A에서 B까지 어떻게 가야 하는가? 이 곡이 연주되는 동안 우리는 어디로 향할 것인가?" 같은 질문을 하는 겁니다. 이렇게 작품의 구조를 파악하고 나면 자연스럽게 음악의 톤을 잡을 수 있고, 무엇이 되고 무엇은 안 되는지 알 수 있게 되죠. 보통은 잘 안 되다가 어느 순간 딱 해결이 되는데, 미스터리가 풀릴 때의 그 느낌이 아주 짜릿하답니다.

데비 무에서 무언가를 창조하는 것이군요.

니코 클래식 음악의 경우 작곡에 들어가기 전에 해야 할 일이 아주 많아요.

태국 음식을 요리하는 것에 비유하자면, 슈퍼마켓에 가는 것부터 재료를 조합하고 정교하게 조리 준비를 하는 것까지 다 포함되죠. 요리로 바꿔 생각하면 이해가 쉬울 거예요. 『더 푸드 랩』공학도 출신인 J. 켄지 로페즈 알트가 지은 요리책에 나온 레시피를 그대로 따라 하고 싶을 때도 있지만 가게에 가서 여섯 가지 재료만 사고 그다음 일은 그냥 집에 가서 생각하고 싶을 때도 있잖아요. 적어도 제 경험으로는 음악은 그 둘 중 한 방향으로 가게 되는 것 같아요.

데비   어떻게요?

니코   준비만 7000일을 해서 극도로 깐깐하게 작품을 완성하는 모더니즘 유파도 있기는 하죠. 이렇게 사전에 엄청난 양의 콘텐츠를 생성하는 방식도 아름답고 위대하고 훌륭할 수 있지만, 즉흥적이라고 보기는 어려워요. 하지만 다시 말하지만, 이것도 훌륭한 과정입니다. 또 다른 방식으로는 일단 모든 재료를 산 다음 이 중 무엇을 이용하고 무엇을 이용하지 않을지를 가려낼 수도 있겠지요. 관건은 나에게 있는 것을 가지고 만족할 만한 무언가를 어떻게 만들 것인가 하는 것인데, 여기서부터 기술이 중요하게 작용합니다. 이렇게 사전 작업을 약간만 하고 바로 본 작업에 들어가지요.

**교회의 좋은 점은 거기에는 단 하나의 이야기,
"자신이 대접받고 싶은 대로 남을 대접하라"라는
가르침만 있다는 거예요.**

데비   음악이 하나의 예술 형식으로서 흥미로운 점, 예컨대 문학과 비교한다면 책을 연주하는 사람은 아무도 없다는 거예요. 무언가를 창조한 뒤 다른 누군가에게 해석과 연주를 넘겨주는 것은 어떤 기분인가요?

니코   초현실적이죠. 제 친구인 극작가 스티븐 카람이 최근에 브로드웨이에 연극을 올렸는데요. 그 친구와 제가 느낀 두려움이 상당히 비슷하더군요. 우리가 한 일은 종이 위에 남았는데, 갑자기 다른 사람들이 거기에 뭔가를 하기 시작하고 거기서 뭔가를 받기 시작하는 거죠. 일은 막 벌어지고 있는데 우리는 사라진 셈이었어요. 이상하지만 거의 익숙해지기도 한 감정이에요. 참 미묘한 것은, 우리가 두 가지 일을 동시에 해야 한다는 겁니다. 돈을 받아 종이로 돌려줘야 하는 현실적인 일이 있을 테고요.

데비 종이를 종이로 돌려주는 셈이네요.

니코 그렇죠. 그리고 내가 쓴 악보가 내가 바라는 대로 구현될 수 있도록 만전을 기해야 할 것입니다. 내가 내 머릿속에서 들은 것이 실제로 어떻게 구현되어야 하는지 아주 구체적인 지침을 줄 수 있어야겠죠.

데비 누군가는 그것을 다르게 해석할 수도 있을까요?

니코 그렇기는 한데, 흥미로운 점은 이거예요. 현대 음악에 있어서 내가 쓴 음악과 실제로 구현되는 음악 사이에는 상당한 공간이 있어서 아주 다양한 길이 열려 있다는 겁니다. 존 케이지처럼 엄청난 자유를 부여하는 작곡가도 있을 테고요. 어떻게 보면 오노 요코의 『자몽Grapefruit』 같은 책도 각자가 해석하기 나름인 지침을 담고 있다는 점에서 악보라고 볼 수도 있을 것 같아요. 그와는 달리 "플루트를 이렇게 잡고 손가락은 저기에 얹고…" 하는 식으로 아주 자세한 지침을 줄 수도 있겠죠. 이렇게 자의적으로 이분법을 설정할 수도 있겠지만, 저 같은 경우 제가 죽은 뒤 혹은 제가 부재할 때 저의 음악을 연주하기 위해 모인 사람들에게 구체적인 지침을 주면서도 어느 정도는 여지를 주고 싶다는 생각을 해요. 제가 필요하다고 생각하는 만큼 늘 구체적으로 기록하려고 노력하기는 하지만 "이 요리를 하려면 레인지를 마주 보고 서서 왼손을 들고…" 하는 식으로까지 구체적이고 싶지는 않아요. 그런 악보도 있고 개중에는 훌륭한 작품들도 있습니다만, 너무 병적인 통제욕이 느껴지거든요.

데비   몰리 셰리단과 한 《뉴뮤직박스NewMusicBox》 인터뷰에서 자신을 클래식 작곡가라고 생각하기는 하지만 그렇다고 해서 다른 음악 장르를 하면 안 된다고 생각하지는 않는다면서 이렇게 말씀하셨어요. "그건 마치 네브래스카 출신인 것과 마찬가지다. 네브래스카에서 왔으면 네브래스카 출신이 맞지만, 그렇다고 해서 다른 곳에서 생산적인 삶을 살 수 없다는 뜻은 아니다. 장르가 적극적으로 행해야 하는 무언가라는 생각은 끔찍하다." 웃고 계시네요.

니코   일리가 있는 말인데요. 전 여전히 그렇게 생각해요.

데비   왜 우리는 예술을 분류해야 하는 걸까요? 무엇이 어디에서 오고 어디로 가는지, 다음에는 무슨 일이 벌어지는지 왜 의미를 부여해야 하죠?

니코   과격하게 해석하자면 그것이 최초의 식민주의적 사고라 할 수 있어요. 분류 체계를 만들어서 자기 입맛에 맞게 통제하는 것이거든요. 제게 클래식 음악이라는 것은 100만 가지 다른 것을 의미할 수 있습니다만, 가장 중요한 것은 그것이 제가 어릴 때부터 배운 예술 양식이라는 것입니다. 예술의 정의는 시시각각 변화하고 있죠. 뮤지컬과 오페라의 차이가 무엇인지 답을 찾는 것은 세 시간가량을 허비하는 좋은 방법일 수는 있을 겁니다. 그런 걸 하면서 세 시간을 보내고 싶다면 마음껏 하세요. 다만 저는 부르지 말아주세요.

데비   새로운 방식으로 음악에 접근해 클래식 음악 산업에 큰 반향을 일으켰는데요. 생각하는 방식이나 작업하는 방식, 다른 사람들에게 미치는 영향이 참 독보적인 것 같아요. 두 번째 앨범인 〈모국어Mother Tongue〉에는 한 쌍의 식칼이 서로 부딪치며 나는 소리, 쉭쉭 거리며 부는 아이슬란드의 바람 소리, 통에 담긴 고래 고기가 철벅거리는 소리 등이 담겼는데요. 악기를 어떻게 선택했는지 말씀해주실 수 있을까요?

니코   제가 자유롭게 작업할 수 있는 것은 케이지나 거슈윈, 그리고 그 전 시대 음악가들 덕분이지요. 〈모국어〉 앨범에서 저는 언어의 아카이브, 공간의 아카이브를 만들고자 했어요. 아카이브의 목적이 A에서 C까지 가기 위함은 아니에요. 시선은 오히려 사물을 향하죠. 저는 거친 자연이나 우리가 무언가에 집착하는 순간에서 악기의 가능성을 발견해보고 싶었어요. 우리가 머릿속으로 생각할 때 문장으로 생각하지는 않잖아요. 적어도 저는 안 그러는데요. '레인지 앞으로 가서 이러이러한 것을 해야지'라고 생각하진 않는단 말이죠. 그보다는 어떤 반복적인 일이 일어나고 있고, 토스트를 만들다가 잠깐 다른 생각을 했다가 밖에서 들리는 개 짖는 소리에 퍼뜩 정신을 차리는 식이죠. 이런 것을 음악화할 수 있는지 알아보고 싶었어요. 이 앨범은 무작위적으로 추출된 듯한 이런 소리들을 섞어 메레디스 몽크적인 질감을 입히는 실험이었죠.

데비　메트로폴리탄 오페라에서 작품 의뢰를 받은 역대 최연소 작곡가세요. 〈두 소년〉은 당신의 첫 대규모 오페라였죠. 《뉴요커》는 〈두 소년〉을 밝고 대담무쌍한 작품으로 추켜세우며 당신이 이 끔찍한 이야기를 연민 어린 시선으로 사려 깊게 다뤘다고 평했어요. 이 작품은 오페라 무대에서 좀처럼 볼 수 없었던 두 가지 요소를 결합했는데요. 경찰 수사극이면서 어두운 인터넷 세상을 살아가는 미스터리하고 외로운 인간들의 드라마이기도 하지요. 어떻게 이런 소재를 고르게 되었나요?

니코　새로운 시도로 보였다니 다행이네요. 사실 제게는 아주 오래된 이야기처럼 느껴졌거든요.

데비　서사시라는 점에서요?

니코　많은 위대한 오페라, 이를테면 〈파르테노페〉나 〈코지 판 투테〉 같은 작품들을 보면 두 여자가 있고 그들에게는 각자 약혼자가 있는데, 그 약혼자들이 여자들의 정절을 시험하죠. 두 남자는 군대에 가는 척하고는 알바니아인이 되어 돌아와요.

데비   셰익스피어 연극 같군요.

니코   그들은 '알바니아인처럼' 분장하고 나타나 약혼녀들이 유혹에 넘어가는
지 확인하려고 합니다. 물론 여자들은 그들과 사랑에 빠지지요. 모차르
트는 정말 천재예요. 일상적인 상황에서라면 절대 할 수 없었을 말을 서
로에게 하게 하지요. 그게 지금으로 치면 온라인 대화 같은 거예요. 서
로 얼굴을 마주할 때보다 분장을 했을 때 더 깊고 어두운 진실을 말할
수 있다는 것은 그런 점에서 아주 오래된 이야기라고 할 수 있어요.
　　제가 생각했을 때 〈두 소년〉에서 일어나는 일도 결국은 그런 거예요.
한 어린 소년이 연상의 소년에게 반하지만 1990년대 영국 북부에서 고
백은 상상할 수 없는 일이었죠. 하지만 다른 사람인 척하면 무슨 말이든
다 할 수 있었어요. 연상의 소년과 성적인 관계를 가질 수도, 연상의 소
년을 유혹할 수도, 포식자-피식자 관계를 가질 수도 있죠. 원하는 것을
다 말로 할 수 있는 거예요. 그게 제가 재미있다고 생각한 지점이었어
요. 인터넷이 셰익스피어와 모차르트 시대부터 있었던, 궁극적으로는
드라마가 탄생한 이후로 늘 존재해온 마약을 다시금 우리 앞에 물어다
주었다는 것이죠.

2016. 4 ✍

ALAIN

『여행의 기술』, 『일의 기쁨과 슬픔』, 『인생 학교』,
『프루스트가 우리의 삶을 바꾸는 방법들』

이 책들은 알랭 드 보통이 쓴 수많은 책 중 일부에 불과하다.
알랭의 글쓰기는 우아하고 재치 있고 현명하며 문화 비평서
와 소설을 가리지 않고 빛을 발한다. 그는 이 인터뷰에서 자
신의 경력, 늘 뜻밖의 각도에서 세상을 바라보는 방식, 관계
의 진화에 대한 생각을 털어놓았다.

DE BOTTON

데비 　작가가 되기 전에 다큐멘터리 영화를 만드는 데 관심이 있었다고 들었어요. 하지만 일이 너무 힘들고 돈도 많이 들 뿐 아니라 자신에게 그 일을 계속 해나 갈 용기가 없다는 걸 깨달았다고 했죠. 왜 그렇게 생각했나요?

알랭 　전 남을 기쁘게 해주고 싶어 하는 타입입니다. 영화를 하려면 아주 강력 한 비전이 있어야 할 뿐만 아니라 그 비전이 받아들여질 수 있도록 주변 의 많은 사람을 휘두르고 때로는 마음에 상처를 입히기도 해야 해요. 제 겐 아주 강력한 비전이 있지만 다른 사람들이 행복하기를 바랍니다. 글 쓰기는 혼자 할 수 있기 때문에 훨씬 나은 방식 같았죠. 다수의 사람을 설득할 필요가 없으니까요.

데비 　첫 소설 『왜 나는 너를 사랑하는가』가 1993년에 출간되었어요. 이 소설은 두 사람이 서로를 발견하는 순간부터 사랑이 끝나는 순간까지 연애가 그리는 포 물선을 묘사하고 있는데요. 연애에 관한 철학적 분석서로 쓰인 것 같다는 생각 마저 들기도 해요. 이런 방식은 의도한 거였나요?

알랭 　제 삶에도 존재하는 대립, 혹은 긴장이랄까, 그런 것들을 종이 위로 끌 어내보고 싶었어요. 그러니까 한편에는 이성적 사고, 경험, 문화적 지식 이 있고 다른 한편에는 느낌, 감정, 마음의 드라마가 있는데, 상반된 이 두 요소를 충돌시켜보고 싶었죠. 플라톤을 부엌에 데려다 놓고 연애의 소소한 순간들을 세밀하게 분석하게 하는 거죠. 학자의 눈으로 범죄 수 사하듯 사랑의 세세한 면을 들여다보고 싶었어요.

데비 　『왜 나는 너를 사랑하는가』와 이번에 새로 나온 책 『낭만적 연애와 그 후의 일 상』에서 몇몇 대목을 인용해볼 건데요. 작가님의 부연 설명을 들으면서 좀 더 심도 있는 이야기를 이어가 보도록 하겠습니다. 우리가 사랑에 빠지는 이유는 스스로에게서 도망쳐 타락한 자신과 대비되는 이상적인 누군가와 함께하고 싶 기 때문이라고 하셨어요.

알랭   사랑이라는 감정 안에는 자기 자신에게서 도망치고 싶은 욕구가 도사리고 있는 것 같습니다. 다른 사람에게 환영받고 싶어서라기보다는 자기 자신을 잊고 타인의 완벽함에 몰두하고 싶어서죠. 이건 완전히 건강한 관계라고는 할 수 없을 것 같아요.

데비   그런 관계 중에 건강한 관계가 있긴 할까요?

알랭   우리에겐 다른 누군가에게서 완벽함을 찾아낼 수 있는 엄청난 능력이 있지요. 누군가에게 첫눈에 반한다는 게 바로 그런 거고요. 첫눈에 반한다는 말이 바보같이 들리기도 하지만 이것이야말로 낭만적 사랑의 핵심이라고 할 수 있어요. 길을 걷다가 매력적인 낯선 이를 발견했다고 쳐요. 당신은 즉각적으로 이 사람이 완벽할 거라는 느낌에 사로잡히죠. 이 느낌이 터무니없다는 걸 알면서도 그 사람의 입꼬리나 눈매나 옷자락을 붙들고 있는 방식 같은 데서 미묘한 무언가를 포착하는 것이죠. 무언가가 당신에게 그런 확신을 주는 거예요. 터무니없지만 오늘날 우리가 알고 있는 사랑이라는 행성들은 이 느낌을 태양으로 삼아 공전하고 있는 것이나 마찬가지입니다. 첫눈에 반했을 때 우리는 이상형을 찾았다고 순간적으로 확신합니다. 거기에는 지독하게 많은 투사와 기만, 자기기만이 작용하죠. 그런 심리가 기저에 깔려 있다는 걸 알아내기까지 몇 년이 걸릴 수도 있어요. 하지만 스물둘에 그런 경험을 한다면 아주 강렬하게 다가올 수밖에 없죠.

데비   프로이트는 첫눈에 반하는 것을 일종의 정신병으로 얘기했던 것 같은데요. 어쩌면 사랑에 빠지기 가장 쉬운 상대는 우리가 전혀 알지 못하는 사람일 수도 있을 것 같아요.

알랭   맞아요. 상대에 대해 더 많이 알면 알수록 그 사람이 당신의 환상 밖에 존재하는 독립적인 사람이라는 것을 인정할 수밖에 없게 되죠. 프로이트는 우리가 누군가를 완벽한 사람으로 단정할 때 사실은 유년기에 느껐던 감정이 전이된 것일 수도 있다는 뜻으로 그런 말을 했을 거예요. 프로이트는 그런 감정이 초기에는 어머니와의 관계에서 일어나지만 나중에는 다른 사람들에게로 옮겨간다고 했죠. 그렇기 때문에 아는 게 적으면 적을수록 우리의 무의식이 이 이상야릇한 감정 곡예를 계속할 수 있는 겁니다.

데비   『프루스트가 우리의 삶을 바꾸는 방법들』 중 '사랑에서 행복을 얻는 방법'이라는 장에서 "보통의 인간이 자신이 온전히 이해받았다고 느끼는 순간은 얼마나 될까?"라는 질문을 하셨죠. 당신의 대답은 "15분도 채 안 될 때가 많다"는 것이었어요. 사랑이 다른 무언가로 변질된다는 뜻이겠죠. 인간은 모든 것을 변질시켜요.

알랭   맞아요. 프루스트가 우려한 것 중 하나는(그의 이런 관점이야말로 그를 매력 만점의 전형적인 예술가로 만들어주는 것이죠) 우리가 우리 주변의 것들에 내재한 아름다움과 흥미로움을 알아보는 데 종종 실패한다는 거였어요. 그는 예술이 부당하게 무시되어 온 것들의 아름다움과 흥미로움을 복원하는 메커니즘라고 생각해요. 예술사도 그런 관점에서 읽어내고요. 인상파 화가를 예로 들어보자면, 프루스트는 우리가 이들의 그림을 통해 일상의 풍경, 나무 사이로 부는 바람이나 찬장 위에 놓인 아스파라거스 한 다발 같은 것들을 새로운 눈으로 바라보게 되었다는 점에 주목해요. 그는 루브르나 오르세 미술관에 걸린 작품들을 그냥 받아들이기만 해서는 안 된다는 것을 대단히 인간적이면서도 매혹적인 언어로 주장합니다. 우리가 할 일은 예술의 보편적인 가르침, 즉 세상과의 관계를 되살리는 법을 배우는 것이라는 거죠.

데비   자신의 마음을 이해하는 것이 중요하다는 말씀을 자주 하세요. 사랑과 일에 대한 자신의 마음을 좀 더 잘 이해하기 위해 스스로에게 하는 질문이 있나요? 혹시 상담도 받으세요?

알랭   오랫동안 받고 있습니다. 엄청난 훈련이라고 생각해요. 자기 자신을 이해할 도구를 가지게 되거든요. 누군가 나에게 관심과 호기심을 보일 때 나도 나 자신에게 더 흥미를 가지게 되는 법이죠. 지금 이런 질문들을 해주셔서 제가 이렇게 제 마음을 들여다보고 있듯이 말입니다. 통상적으로 사람들은 자신의 마음을 의식하지 못하고 지냅니다. 누군가 나에게 질문을 하고 나의 말을 잘 들어주면 나 자신의 마음속으로 들어갈 수 있게 되죠. 상담 치료가 바로 그런 역할을 해주는 것이고요. 하지만 상담만이 유일한 방법은 아니에요. 혼자 할 수 있는 치료법도 있지요. 뜨거운 물에 목욕을 한다든지 시골길을 걷는다든지, 아니면 그냥 침대에 누워 펜과 종이로 머릿속에 있는 생각들을 받아 적는 방법도 있겠고요. 이 모두가 자신의 마음을 탐구하는 방식입니다.

데비   두 소설 속 캐릭터들은 모두 상대를 사로잡을 수 있는 페르소나를 만들고 싶어 합니다. 그들이 사랑에 빠지고 서로에게 최대한 좋은 인상을 주려고 노력할 때 이런 질문이 제기된다고 하셨어요. 자신이 어떤 거짓 자아를 취해야 하는지 모른다면 어떻게 진짜 자아를 버릴 수 있겠는가?

알랭   사랑에는, 특히 사랑이 시작되는 초기에는, 자신에 대해 솔직해지고 싶은 욕망과 상대의 호감을 얻고 싶은 욕망 사이에 큰 긴장이 존재해요. 물론 이상적으로는 자신을 있는 그대로 드러내면서 사랑을 받는 것도 가능하겠죠. 그러면 얼마나 좋을까요. 하지만 많은 이들, 아마도 우리 중 대다수는 갈등의 순간을 겪을 겁니다. '내가 나 자신을 너무 있는 그대로 보여주면 상대의 사랑을 받지 못할 것 같다'는 느낌이 드는 거죠. 우리는 솔직해져야 할 때 능구렁이처럼 상황을 빠져나가는 데 상당히 능숙합니다. 그럴 만한 이유가 충분히 있을 테고요. 특히 섹스와 관련되어 상대를 놀라게 하고 싶지 않을 때 이런 일이 종종 일어나죠.

     우리는 다양한 측면에서 스스로를 편집하지요. 상대와 얼마 동안 떨어져 지내고 싶은지, 얼마 동안 같이 있고 싶은지 속속들이 보여주고 싶진 않을 수도 있어요. 이건 애틋하기도 하지만 위험하기도 합니다. 성숙함이라는 것은 자신의 골치 아픈 욕망들에 대해 겁먹지 않고 안심할 수 있는 방식으로 말하는 능력을 말하는 것이 아닐까요. 나이가 들수록 이 능력은 향상되는 것 같아요. 우리의 성적 욕망은 평상시 우리의 모습과 상충할 때가 많아요. 굉장히 예외적인 것처럼 보였던 욕망도 사실은 표준에서 꽤 가까울 수도 있다는 것을 대중들이 깨닫고 있긴 합니다만, 그럼에도 이것은 아주 조심스럽게 접근해야 하는 문제입니다. 권력 문제는 침실 밖 외부 세계에서 상당히 큰 문제를 일으킬 수 있기 때문이죠. "자, 그럼 앞으로 어떻게 하면 좋을까?" 하는 질문도 그래서 제기된 것이고요. 우리 사회는 레즈비언과 게이의 욕망을 인정하고 이를 합법화하는 큰 성취를 이루었지만, 이것은 극히 일부일 뿐입니다. 어마어마하게 광범위한 인간의 성적 욕망은 대부분 여전히 무엇이 보통이고 무엇이 정상인가를 엄격하게 규정하는 의식 밖에 놓여 있어요.

데비 『낭만적 연애와 그 후의 일상』에서 주인공 라비는 자신이 불완전하다는 느낌과 완전해지고 싶은 욕망 때문에 사랑합니다. 그건 진짜 사랑은 아니지 않나요?

알랭 맞습니다. 라비는 낭만주의자예요. 그 소설은 여러 가지 면에서 낭만주의가 좀 더 정신적인 사랑으로 바뀌어가는 과정을 그린 소설이라 할 수 있어요. 소위 낭만주의적 사랑이라는 것은 기껏해야 역사가 200년이고 말썽 많은 이데올로기인데, 우리에게 이런 생각들을 심어주죠. 사랑하는 사람이 생기면 우리는 완전해질 것이다, 더 이상 외롭지 않을 것이다, 가장 친한 친구가 생길 것이다. 이런 생각들을 우리는 낭만적이라고 생각해요. 아름다운 생각이긴 하지만 문제가 많습니다. 소설은 대다수의 사람처럼 이런 낭만적인 관념을 믿었던 두 주인공이 사랑이 생각했던 것과는 조금 다른 것이구나 하는 것을 배워가는 이야기라 할 수 있습니다. 또한 사랑이 익혀야 하는 일종의 기술이라는 것을 매우 힘들게 배워가는 이야기이기도 하지요. 그 기술은 무엇일까요? 자신을 이해하고 상대방을 이해하고 두 사람을 갈라놓는 깊은 골 사이로 소통하는 법을 배우는 것입니다.

데비 제 반려자랑 얘기하다가 "나 처음 만났을 때 내가 엄청 예민한 사람인 거 몰랐어?"라고 물어본 적이 있는데, 제 반려자는 "아니, 난 자기가 엄청 자신만만하고 느긋한 사람인 줄 알았는데"라고 하더군요.

알랭 자신의 마음을 일일이 설명하는 것은 '낭만적이지 않은' 일이죠. 그래서 토라짐이 낭만적 사랑에서 매우 중요한 역할을 하는 겁니다. 왜냐하면, 토라지는 게 뭔가요? 상대방이 자신에 관한 중요한 무언가를 이해하지 못했다는 분노와 그게 뭔지 절대 설명해주지 않겠다는 오기가 섞인 상태입니다. 그러니까 자신을 이해 못 한다고 상대방을 탓하면서도 설명해주기를 거부하는 것인데, 설명하는 것 자체가 사랑에 위배되는 것처럼 보이기 때문이죠. 연애는 다방면에서 가르침을 필요로 해요. 양쪽 다 상대방이 자신을 가르치는 걸 허락하고 분노나 원망 없이 그 가르침을 받아들일 수 있어야 성공적인 연애를 할 수 있어요. 하지만 사랑의 그런 교육적 측면에 대해서는 저항이 어마어마하지요.

데비 『낭만적 연애와 그 후의 일상』에 등장하는 캐릭터인 커스틴의 어머니는 우리의 배우자보다 우리를 더 파괴할 수 있는 사람은 없다고 생각합니다. 당신도 동의하시나요?

알랭 그런 것 같네요. 결혼은 자신이 정말 아끼는 사람에게 딱히 친절을 베푸는 일은 아닌 것 같아요.

데비 그건 정말 심오한 말씀인데요. 조용히 훅 치고 들어오시는군요. 우리는 우리가 정말 싫어하는 사람들보다 반려자에게 더 못 할 짓을 많이 하는 것 같아요. 반려자는 우리가 사랑하는 사람인데도 말이죠.

알랭 맞아요. 그래도 도망가지 않을 걸 알기 때문이죠. 이런 것이 사랑의 아이러니예요. 사랑이 주는 안정감 덕분에 다른 이에게 숨기는 온갖 종류의 문제적인 모습을 가장 사랑하는 사람에게 드러내 보인다는 것이.

데비   그만큼 상대를 믿기 때문에 그런 진상 짓도 할 수 있는 거겠죠.

알랭   그렇죠, 그렇죠.

데비   아이들도 이와 비슷한 양상을 보이잖아요. 아이는 자신에게 완전히 너그러운 환경이 갖춰지기 전에는 화를 내지 못한다고 하셨어요.

알랭   절대적으로 그렇죠. 저 또한 제 아이들과 함께 매일같이 이 점을 증명하고 있고요. 우리 집 아이들도 아주 형편없이 굴 때가 종종 있거든요. 현대의 부모들 대다수는 자기 아이들에게 사랑받고 있다는 걸 확인시켜 주기 위해 터무니없이 많은 시간을 들여요. 그리고 그 대가로 아이들에게 상당히 고약한 행동을 돌려받죠. 그런 행동도 참아낼 수 있다는 걸 부모가 보여준 셈이니까요.

데비   '나는 누구인가'라는 문제의식이 우리를 깊은 혼란에 빠뜨리지 않는다면 자신을 알아가는 여정은 아직 시작도 안 한 것이라고 말씀하셨어요. 일과 사랑에서 자기 이해를 가로막는 나쁜 습관이나 파괴적인 행위는 어떤 것이 있을까요?

알랭   우리 모두는 정신이 바로 박힌 정상적인 사람으로 보이려고, 남들에게 창피를 당하지 않으려고 굉장히 애를 많이 씁니다. '누구누구는 친밀감을 두려워한다' 같은 말을 하기도 하지만, 사실 친밀감에 대한 두려움은 정상적이고 자연스러운 거예요. 당연히 친밀감을 두려워하죠. 친밀감은 우리를 무섭게 해요. 그러니 우리는 보다 친절하고 인내심 있게 그런 두려움을 대할 필요가 있어요. 그런 두려움은 지극히 합리적인 이유에서 비롯된 것이거든요. 우리는 대부분의 시간 동안 매우 자기방어적인 자세로 살아야 하는데 타인과 진정한 관계를 형성하려면 그 방어막을 내려놓아야 하잖아요. 그런 일이 아주 유연하고 신속하게 이루어지지 않는 것은 지극히 당연한 일이라고 할 수 있죠.

2016. 6. 27

"It's

actually close to abusive to force people to be vulnerable. When people have gotten to a point where they realize that the way they're doing things aren't working, and they're curious about another way, that's when you can have a chance."

"사람들에게 취약함을 강요하는 것은 학대에 가까운 행위예요.
사람들이 자기 방식이 제대로 통하지 않는다는 것을 스스로 깨닫고
다른 방식을 알고 싶어 하면 그때 손을 내밀어도 늦지 않아요."

프리야 파커
전문 조력자, 전략 고문, 작가, 팟캐스트 진행자
2018. 5. 21

MIKE

마이크 밀스는 너무나 다양한 분야에서 활동해서 그 많은 작품이 다 한 사람에게서 나왔다는 것이 믿어지지 않을 정도다.

그래픽 아티스트로서 소닉 유스와 비스티 보이즈의 앨범 커버를 디자인했고, 스카프와 스케이트보드 디자인 작업도 했다. 오노 요코, 모비, 펄프의 뮤직비디오를 연출했으며 나이키와 올드 스파이스 광고를 만들기도 했다. 또 미국과 유럽의 미술관에서 작품을 전시한 적도 있다. 그가 연출한 장편 영화로는 〈썸서커Thumbsucker〉, 〈비기너스〉, 아카데미상 후보에 오른 〈우리의 20세기〉가 있다. 이 인터뷰에서 마이크는 자신의 놀라운 경력과 그의 다양한 창작 행위를 가로지르는 어떤 공통점에 대해 이야기했다.

MILLS

데비 캘리포니아 버클리 태생이세요. 아버지는 예술사학자이자 미술관 관장이셨고, 어밀리아 에어하트 여성 비행사로는 최초로 대서양을 건넌 미국의 비행사를 닮은 어머니는 제도공으로 일하셨는데 2차 세계대전 때 조종사로 참전하고 싶어 하셨다지요. 가정환경이 창의적인 편이었다고 생각하나요?

마이크 창의적이고 고도로 진취적이었죠. 저희 부모님은 대공황 시대인 1920년대에 태어나셨어요. 열여덟 살 때 2차 세계대전이 터지면서 징집이 시작되었고요. 어머니는 건축가가 되고 싶어 하셨고 전쟁이 터진 후에는 조종사로 참전하고 싶어 하셨어요. 당시에는 불가능한 일이었지만요. 1940년대 초반까지 제도실에서 일하는 유일한 여성이었죠. 아버지는 알류샨 열도의 남자들이 득실득실한 막사에서 4년간 모스 부호를 쳤다고 해요. 게이라는 정체성을 가지고요.

데비 앨런 튜링의 느낌이 살짝 나는데요.

마이크 부모님이 여기 계셨으면 그때의 미국은 지금과는 다른 나라였다는 이야기를 들려주셨을 거예요. 그때는 좀 더 보헤미안적이고 좀 더 사회주의적이었죠. 어머니는 항상 이렇게 말씀하셨어요. "요새는 개성 있는 사람을 찾아보기가 힘들구나. 저기 메리 스틸에게 가보렴. 걘 진짜 이상한 애란다." 부모님에게는 그런 이상함이 있었어요. 아버지는 매일 정장을 차려입는 사람이었지만요. 두 분 다 매우 열심히 일했고 전형적인 예술가 타입은 아니었어요. 뼛속까지 보헤미안이었고 미국이 지금보다 더 이상한 나라였을 때 사셨던 분들이죠.

데비 부모님이 1955년에 결혼해서 45년간 결혼 생활을 하셨어요. 아버지가 게이라는 것을 어머니도 알고 아버지 자신도 알았다고 했는데요. 당신도 어렸을 때 아버지가 동성애자라는 것을 알았나요?

마이크 열여덟 살 때 누나가 이야기해줬어요. 숨겨진 비밀이든 공공연한 비밀이든 가족의 비밀을 안고 사는 사람은 비밀이 밝혀졌을 때 놀라면서 전혀 놀라지 않는다는 말이 무슨 말인지 알 거예요. 1980년대 샌타바버라에 사는 열여덟 살 소년이었던 저는 '아버지가 예전에는 게이였을지 몰라도 지금은 아닐 거야'라고 생각했어요. 아버진 전혀 게이처럼 보이지 않았거든요. 레이건에 투표하셨고 매일 정장에 넥타이를 하셨어요. 섹스랑은 거리가 멀어 보였죠.

데비 부모님이 마흔에 당신을 가지셨어요. 누나들이 태어나고 한참 뒤의 일이죠. 부모님이 취미로 섹스를 한 결과 당신이 태어난 것 같다는 말씀도 하셨잖아요. 두 분이 정말 서로를 사랑하셨던 것 같은데요.

마이크 복잡한 관계였죠. 두 분이 서로 사랑한 건 확실해요. 중학교 때부터 알던 사이이기도 하고요. 두 분의 관계에 기쁨의 정서가 얼마나 배어 있었는지는 잘 모르겠어요. 열기라고는 느껴지지 않는 집이었죠. 늘 어둑했고 해결되지 않은 일들이 어딘가에 도사리고 있었어요. 하지만 두 분이 살았던 시대를 감안할 필요가 있다고 봐요. 그 시절엔 자기가 하고 싶은 대로 할 수 있는 사람이 없었어요. 극히 소수만 그럴 수 있었죠. 뭘 하든 자기희생이 요구되었고요. 어머니는 아버지와는 또 다른 묘한 방식으로 복잡한 분이셨죠.

데비 어머니에 대해 어밀리아 에어하트와 험프리 보가트를 섞어놓은 것 같은 사람이라고 하셨어요. 여장부 같은 분이셨나 봐요.

마이크 정말 여장부셨어요. 술도 엄청 마시고 담배도 많이 피우셨죠. 어깨에 모래주머니를 짊어지고 나무에 못질을 하는 어머니의 모습이 기억 속에 남아 있어요. 우리 집에서 젠더는 아주 유동적인 것이었어요. 참 흥미로운 사람들이었죠. 제가 겪은 것과는 비교도 안 될 정도로 많은 어려움을 극복하셨고요. 놀라울 정도로 근면 성실했고 공동체의 일부가 되어야 한다는 전후 미국 사회의 사명에도 충실하셨죠. 우리에게는 공동체를 이루고 참여하고 세상이 더 좋아질 수 있게 일조해야 할 사회적 책임이 있다고 믿으셨고 그 믿음을 지키며 사셨어요. 아버지는 오클랜드 미술관과 샌타바버라 미술관 관장으로 일하셨기 때문에 에드 루샤나 리처드 디벤콘 같은 예술가들을 초대해 매주 저녁 모임을 하곤 했죠. 손님이 적으면 20명, 많으면 100명까지도 왔어요. 우리 집이 커뮤니티 센터였던 셈이죠.

데비 살롱 같았겠네요.

마이크 살롱처럼 낭만적인 느낌은 아니었어요. 1970년대의 샌타바버라는 아주 다양한 부류의 사람들이 교차하고 있는, 술기운 넘치는 이상한 곳이었지요. 예술계도 지금보다 훨씬 이질적이었어요. 부모님은 당신 집에서 열리는 파티의 호스트였을 뿐만 아니라 은유적 의미에서 삶의 호스트인 셈이었어요. 전 감독이 하는 일도 그거랑 비슷하다고 생각해요. 제가 사람들을 모두 한 자리에 초대해 호스트 역할을 하는 셈이죠. 부모님의 관대함, 그리고 그런 관대함이 얼마나 쉽게 전염되는지를 보며 배운 바가 있었던 것 같아요. 좀 이상하게 들리겠지만 제 작업에 가장 큰 영향을 준 것은 부모님의 디너파티가 아니었을까 싶어요.

데비 1984년 고등학교를 졸업한 후에 누나 메건을 따라 뉴욕으로 가 쿠퍼유니언대학교에 진학했어요. 학교를 다니면서 예술계가 현실과 너무 동떨어져 있다는 생각을 하게 되었다고요. 그래서 디자인을 공부하게 된 건가요?

마이크 전적으로 그래요. 제가 쿠퍼유니언에 다니기 시작한 1984년은 소호 1970년대 젊은 예술가들이 모여 살았던 맨해튼 남쪽 지역와 메리 분소호에서 활동한 미술상 딜러이자 갤러리스트로 미술계에 상당한 영향력을 행사했다의 세계로 정의되는 시대였어요. 저는 손 스컬리 식으로 목판을 하고 친구들은 줄리언 슈나벨 식으로 접시를 깨뜨려 작업을 하곤 했죠. 우린 모두 예술계를 바로 눈앞에서 지켜볼 수 있었지만 이 모든 것에 대해 아주 비판적인 생

각을 가진, 반항적이고 특권 의식에 사로잡힌 열아홉 혹은 스무 살 청년
들이었어요. 그 갤러리 세계는 부자들에게 장난감이나 만들어주는, 엿
같은 예술 세계 같았죠. 저는 한스 하케나 엘런 럽턴 같은, 좀 더 사회적
인 관점에서 자신의 작품을 바라보고 작품과 세상 간의 상호 작용에 대
해 이해하려고 하는 예술가들의 영향을 많이 받았어요. 개념 미술적인
조각을 하기 시작했을 때 활자를 짜기 위해 디자인 작업실이 있는 층에
가게 되었는데 그때 '야, 저 친구들은 옷을 잘 입는구나' 생각했던 기억
이 나요. 저희 조각하는 친구들은 늘 톱밥을 뒤집어쓴 꾀죄죄한 몰골이
었는데, 디자인하는 친구들은 다르더라고요.

데비 티보르 칼만 같은 걸출한 디자이너 밑에서 일하면서 긴장을 많이 했다고 하셨
어요. 소닉 유스와 비스티 보이즈와 프로젝트를 함께할 때도 킴 고든혼성 록 밴
드 소닉 유스에서 베이스기타, 기타, 보컬을 담당했다과 마이크 D비스티 보이스에서
보컬과 드럼을 담당했다 앞에 서면 유독 긴장하고 남의 시선을 의식했다고요. 그
렇게 숙맥 같은 태도를 어떻게 극복할 수 있었나요?

마이크 전 일할 때는 남을 의식하지 않아요. 일할 때만큼은 늘 자유롭고 나다
울 수 있었죠. 저는 누구랑 있든 쉽게 긴장하는 사람인 것 같아요. 하지
만 일을 하면서 좀 더 여유로워지고 용감해질 수 있었어요. 티보르는 사
람을 약간 쫄게 하는 스타일이었어요. 밑에서 일하기 쉽지 않았죠. 우리
모두에게 아주 깐깐하게 굴었거든요. 25센트짜리 동전보다 큰 스케치
는 그리지도 못하게 했어요. 그러면서 아이디어는 엄청나게 많이 원했
죠. 미적인 건 일단 제쳐두고 아이디어를 많이 내라고 했어요. 25센트짜
리 동전만 하게 그린 아이디어를 한 페이지에 꽉 채우라는 식이었죠.

데비 자신이 유심히 관찰한 세상에 대해 이야기할 때, 자신이 정말로 사랑하고 자신
을 진정으로 혼란스럽게 하는 것에 대해 말할 때 좋은 영화가 나올 가능성이
가장 높은 것 같다고 말씀하셨어요. 자신을 혼란스럽게 하는 것은 왜 필요하다
고 보는 거죠?

마이크 어떻게 보면 그게 가장 중요한 부분이에요. 내가 필사적으로 해결하거나 이해해야만 하는 절실한 질문이기 때문이죠. 나를 갉아먹고 나를 찢어발기는 질문이 있다면 영화 소재로는 만점이라고 할 수 있어요. 그래야 영화 내내 긴장감을 유지할 수 있고 생생한 에너지를 뿜어낼 수 있어요. 저는 앨런 긴즈버그의 시 「울부짖음」을 정말 좋아하는데, 그가 미치지 않기 위해 그 시를 써야만 했다는 절박감이 느껴지기 때문이에요.

데비 당신의 첫 장편영화 〈썸서커〉는 2005년에 나왔죠. 빈센트 도노프리오, 틸다 스윈튼, 빈스 본이 주연했고, 가족에게 저항하는 사춘기 소년의 이야기를 다룬 월터 컨의 소설을 원작으로 했어요. 당신이 직접 각본을 썼고요. 영화를 만들기 위해 400만 달러를 모았다죠. 그 영화에 일본의 영화감독 오즈 야스지로의 단순함을 담아내고 싶다는 갈망이 있었다고요. 그는 카메라를 앉았을 때와 일어섰을 때 두 가지 높이로 고정해서 쓰는 것으로 알려져 있는데요.

마이크 그 방식은 백만 가지 질문을 해결해준다는 점에서 영화를 처음 만드는 사람들에게 훌륭한 모델이 되어줄 수 있을 거예요. 렌즈에 따라 얼굴이 어떻게 다르게 보이고 장면의 분위기가 어떻게 바뀌는지 하는 것은 정교한 기술을 요하는 아주 복잡한 문제예요. 저는 이제 쉰한 살이 되었는데 이제 겨우 75밀리미터 렌즈와 35밀리미터 렌즈의 차이를 이해했을 뿐입니다. 35밀리미터 렌즈는 사람의 시각과 거의 비슷하다고 할 수 있죠. 저는 그걸 짐 자무시를 통해 어렴풋하게 배웠어요. 짐 자무시는 오즈의 광팬이기도 하죠. 그의 영화는 관찰자적인 카메라 느낌이 물씬 나요. 그게 제 마음을 아주 편안하게 해주더군요. 딱히 기교를 필요로 하는 것도 아니고, 어떻게 보면 다큐멘터리 사진 같기도 하죠.

데비 〈썸서커〉 다음에 만든 다큐멘터리 영화는 일본의 우울증 환자들에 관한 것이었죠. 우울증이 당신의 작업에서 차지하는 지분은 어느 정도인가요?

마이크 우울증은 제 가족들이 모두 앓고 있지만 입 밖에 내서는 안 되는 무언가였어요. 우울증을 물려받아 어린 시절부터 우울증과 함께 자랐지만 그것에 대해 말할 수는 없었죠. 그래서 마음껏 우울해도 되는 공간, 우울하다고 해서 수치심을 느끼지 않아도 되는 공간, 우울에 압도되지 않으면서 우울을 품고 있을 수 있는 공간을 평생 찾게 된 것 같아요. 제 작품의 대부분은, 그중에서도 특히 〈썸서커〉는 수치심과 취약함을 가지고도 살아남을 수 있는 공간에 대한 것이었어요. 저는 그런 것에 대해 말하는 예술에 끌리더군요.

데비   지금도 수치심을 많이 느끼나요?

마이크   물론이죠. 하지만 점점 덜 느끼고 있어요. 수년간 심리 치료를 받으면서 거의 극복하기도 했고, 어른이 되고 결혼을 하고 아이를 낳으면서 좋아지기도 했죠. 하지만 늘 배경처럼 깔려 있는 것이 느껴져요.

데비   당신의 아내이자 예술가, 작가, 영화감독인 미란다 줄라이는 "도무지 사라지지 않는 타고난 외로움을 느끼는 사람들은 무언가를 만들면서 스스로를 위로한다"라고 말했어요. 당신도 동의하나요?

마이크   그럼요. 우리 둘 다 그런 점에서는 비슷하다고 할 수 있죠. 자기랑 비슷한 사람과 가족을 이룬다고 해서 그런 외로움이 해소되는 것은 아니더라고요. 어떤 예술가들은 실제로 만나보면 명랑하기 그지없는 사람들인데 레너드 코언 같은 노래만 내내 만들기도 하잖아요. 그들의 창의성은 우울, 혹은 행복이 아닌 알 수 없는 무언가에서 나오기 때문이겠죠. 무언가를 만들 때, 그게 그림이든 책이든 영화든 우리는 그 강 속으로 들어가는 거예요. 그런 점에서 우울이 늘 부정적인 건 아닌 것 같아요.

데비   〈비기너스〉는 당신과 당신 아버지의 이야기를 토대로 한 자전적 작품이라고 할 수 있는데요. 이완 맥그리거가 그래픽디자이너 역을 맡았고, 크리스토퍼 플러머가 이제 막 커밍아웃한 일흔여덟의 아버지를 연기했어요. 아버지는 결혼하면서 부정했던 동성애자로서의 삶을 경험하고 싶어 하죠. 〈비기너스〉 각본을 쓰면서 인덱스카드에 이런 말을 적어놓았다죠. "이것은 모두에게 이미 수백 번 도 더 일어났던 일이다." 무슨 뜻인가요?

마이크   그 이야기는 전적으로 자전적인 이야기가 맞아요. 창작 논픽션인 셈이 죠. 아버지가 돌아가셨을 때 두 번째로 부모의 죽음을 맞이하게 되었어 요. 그건 상당히 강렬하고 슬프고 삶을 통째로 흔드는 큰 사건이죠. 아 버지는 커밍아웃을 하고 5년간 게이로 살았지만 자신이 원한 만큼 많은 것을 가질 수는 없었어요. 그리고 복숭아를 더 먹고 싶어 하면서 죽어갔 죠. 그 모든 게 아주 애틋해질 수 있어요. 부모님의 죽음을 경험하는 것 도 하나의 애틋한 개별적인 경험이 될 수 있고요. 저는 우울의 정서를 불러일으키고 싶었어요. 이건 우리 모두에게 늘 어디에서나 일어나는 일이에요. 영화 속에 등장하는 모든 것은 개에 이르기까지 전부 실제에 기반한 거예요. 저는 현실을 가공해 세상에 내보내고 싶었어요. 영화를 만든다는 것은 결국 그런 일이니까요. 또 두 영화 모두 펠리니를 생각하 면서 만들기도 했죠. 펠리니는 지극히 개인적인 이야기를 어두컴컴한 극장에 모인 불특정 다수에게 들려주잖아요. 그 이야기를 어떤 서정적 인 신화처럼 다루고 그 둘 사이의 관계성을 이해하죠.

데비   아버지가 커밍아웃하신 게 사실은 "나는 삶을 원한다. 나는 무언가를 원한다" 라고 말하는 일종의 제스처였던 것 같다고 말했어요. 지극히 정중하고 조용했 던 아버지가 커밍아웃하면서 보다 활발하고 열정적이고 현재에 충실한 사람이 되었다고요. 그런 변화를 지켜보는 것은 당신에게도 아주 놀라운 일이었을 것 같아요.

마이크   아버지는 허영심 많고 자기중심적인 미술관 관장이기도 하셨죠. 수줍 음이 많은 편이기도 했고요. 그래서 자신이 정말 원하는 것을 오랫동안 하지 못했죠. 어머니가 돌아가신 후 말년에 사춘기를 겪는 아버지를 보 는 것이 힘들게 느껴지기도 했어요. 걸핏하면 선을 넘고 저와 누나들에게도 못되게 굴곤 했거든요. 하지만 그렇게 뭔가에 사로잡힌 사람처럼 사랑에 빠진 아버지를 보는 건 정말 근사한 일이었죠.

데비 〈우리의 20세기〉는 1970년대 후반의 샌타바버라를 배경으로 하고 있어요. 애넷 베닝이 근사한 부적응자들로 가득한 하숙집을 운영하며 사춘기 아들 제이미를 키우는 쉰다섯의 엄마 역할을 맡았죠. 이 영화는 당신 자신의 어머니를 이해해보려고 한 자전적인 영화라고 할 수 있을 것 같은데요. 영화를 만들면서 자신이 이성애 시스젠더 남자의 시선으로 여자 이야기를 하고 있음을 우려했고 그런 한계를 영화 속에 녹여내고 싶었다고 말했어요. 그런 의도를 잘 관철한 것 같나요?

마이크 그 문제 때문에 고민을 많이 했죠. 여러 번 난관에 봉착하기도 했고요. 애비라는 캐릭터는 제 누나를 모델로 한 캐릭터인데요. 다행히 제 누나가 너그럽게도 몇 번에 걸친 인터뷰에 흔쾌히 응해줬어요. 저 역시 강한 엄마, 강한 두 누나, 커밍아웃하지 않은 게이이자 가부장이 아닌 아빠 사이에서 자랐는데요. 모계 사회를 겪어봤기 때문에 살아남기 위해, 곤경에 빠지지 않기 위해, 내가 원하는 것을 얻기 위해 여자들을 이해하려고 노력하는 데 익숙했어요. 그러다가 성인으로서 공적 영역에서 영화를 만들면서 '아, 큰일 났다. 나 지금 뭐하는 거지? 이걸 어떻게 해야 하나?' 싶은 생각이 확 들었죠.

데비 영화는 당신의 어머니가 어떤 사람이었는지 아들에게 설명해주고 싶어도 아마 불가능할 것이라고 말하면서 끝나죠. 아들이 이제 네 살쯤 된 걸로 알고 있는데요.

마이크 이제 다섯 살이에요. 어떤 면에서 그 영화는 제 아들을 위해 만든 거죠.

데비 어떤 점에서요?

마이크 　5, 6년씩 걸리는 이런 장기 프로젝트를 하다 보면 모든 게 무너져 내리는 것 같은 절박한 순간을 여러 번 겪게 돼요. 정말 참담한 순간들이죠. 그런 순간이 닥치면 제가 살아 있기 위해 이 일을 하고 있다는 것을 상기하곤 해요. 사람들과 소통하기 위해, 세상의 일원이 되기 위해 영화를 만들고 있다는 사실을요. 내 어머니와 내 누나가 어떤 사람들인지 알 것 같기 때문에 이 영화를 만들고 있다는 것을요. 그들이 있기 때문에 제가 이 세상에 발을 딛고 설 수 있는 것이죠. 그들에 대한 영화를 만드는 것이 제가 이 세상에 존재하는 방식일지도 모른다는 것을 제 아들 호퍼에게 말해주고 싶었던 것 같아요.

데비 　자신의 작품에 대해 지나치게 달콤하고 진지한 것 같다고 평가하기도 했죠. "나는 착해지려고 너무 노력하는 것 같다. 어떤 때는 '나쁜 사람들이 나오는 못된 영화를 해보자. 엉망진창으로 달려보자' 생각할 때도 있다"라고 말씀하시기도 했어요. 그래서 그런 영화는 언제 할 계획인가요?

마이크 　그런 영화를 할 수 있으면 좋겠네요. 제 영화가 너무 달콤한 것 같다는 생각이 들기는 해요. 하지만 제가 다른 걸 할 수 있을지는 잘 모르겠네요. 친절하고 너그러워지려고 애쓰는 연약한 스웨덴인 주인공이 나오는 이야기가 저한테 잘 맞는 것 같기는 해요. 제가 좋아하는 밀란 쿤데라의 말이 있는데요. 그는 키치를 일종의 감상주의라고 봐요. 예술과 삶에 있어서 키치는 거울을 들여다보고 거울에 비친 모습과 사랑에 빠지라고 말하는 형이상학적 프롬프터라고 할 수 있어요. 키치는 이제껏 우리가 살아온 삶을 직시하지 못하게 해요. 그렇게 복잡한 것을 차단하고 미화해서는 안 되는 경험을 미화함으로써 생겨나는 달콤함이 있죠. 저 자신이 제 삶을 볼 때 그러지 않기를 바라요. 하지만 저만의 창의성, 저만의 세상, 저만의 느낌이 때로는 창피하기도 한 이런 상냥함에서 비롯된다는 것을 부인할 수는 없을 것 같습니다.

"The

**only path to success
is through mountains
of killed ideas."**

"성공으로 향하는 유일한 길은
버려진 수많은 아이디어로
뒤덮여 있지요."

크리스토프 니먼
일러스트레이터
2018. 12. 10

E R I N

에린 맥커운은 자신을 어떤 특정 유형으로 분류하는 것을 내켜하지 않지만 그녀를 뮤지션이자 극작가, 활동가라고 말해도 틀린 말은 아닐 듯하다.

그녀는 애니 디프랑코, 조시 리터, 인디고 걸스 같은 가수들과 투어를 했다. 하버드대학교의 '인터넷과 사회를 위한 버크먼 클라인 센터'에서 연구원으로 일하며 정책, 예술, 기술의 세계를 연결하는 일을 하기도 했다. 그녀는 또한 사회 정의와 이민 문제와 관련해 활발한 활동을 하고 있다. 키아라 알레그리아 휴디스와 함께 뮤지컬 〈죽도록 그리워Miss You Like Hell〉의 각본과 노래를 썼고, 이 뮤지컬은 2018년 4월 뉴욕 퍼블릭시어터에서 막을 올렸다.

McKEOWN

데비　에린, 당신에게 가장 큰 영향을 준 서사 구조는 전기라고 했어요. 삶에 질서를 세우고 지나간 삶을 이해하려고 한다는 점에서 말이죠. 당신이 어떻게 지금의 당신이 되었는지 물어볼 수 있게 되어 정말 흥분되는데요. 우상과 영웅이 당신의 스승이었고 당신이 가장 사랑했던 음악은 당신이 느낄 수 있는 것보다 더 많은 것을 느끼게 해준 음악이었다고 말한 바 있어요. 음악이 당신 자신보다 더 취약하고 분노에 차 있는 것처럼 느껴졌다고요. 현실에서는 무대에 서는 일이 불가능하게만 보였지만 음악을 들으면 무대에 선 자신을 상상할 수 있었다지요. 왜 그것이 현실에서는 불가능한 일처럼 보였나요?

에린　부분적으로는 제 가족의 계급적 열망 때문이라고 할 수 있죠. 우리 가족은 정형화된 가족상에 부합하고자 하는 경향이 강했거든요. 사회적으로 용인되는 것 너머에 있는 것들에 대해 어떻게 생각해야 하는지 알려주는 롤모델이 그때의 저에겐 별로 없었던 것 같아요. 대다수의 다른 사람들도 마찬가지였을 테지만요. 음악과 예술이 하는 일이 바로 그거라고 생각해요. 경험해보지 못한 것들을 이해하고 느낄 수 있게 도와주는 일이요.

데비　그냥 생각나는 대로 아무 악기나 잡고 연주했다고 했는데요. 악기를 연주하는 것이 그렇게 쉽던가요? 악기를 그냥 골라잡고 어떻게 연주해야 하는지 어떻게 아나요?

에린　저한테 어떤 변화가 있었어요. 그게 언제였는지 정확히 짚어낼 수도 있는데요. 대학교 1학년 때 마틴 섹스턴이라고 하는 보스턴 출신 가수가 프로비던스에 와서 교회 카페에서 공연을 했어요. 휘파람을 불고 피아노를 치고 마치 베이스기타처럼 기타를 쳤지요. 그의 손에 들린 악기들 밖으로 음악이 넘쳐흘렀어요. 그가 어떤 악기를 잡고 있는지는 중요하지 않았어요. 무엇으로든 음악을 할 수 있었죠. 그 공연은 제게 정말 깊은 인상을 남겼어요. 저도 그런 자유를 원했죠. 손에 쥔 것이 무엇이든 음악으로 표현할 수 있다는 그 정신이 제 음악의 동력이 된 것 같아요.

데비   뮤지션이 할 수 있는 일 중에 노래를 부르는 것이 가장 친밀하고 취약한 행위
       인 것 같다고 하셨어요.

에린   노래는 여전히 제게 미스터리예요. 어린 시절과 연결되어 있기도 하고
       요. 누군가가 들어주기를 바라지만 아무도 듣지 않는 것 같고 나의 목소
       리를 사용해야만 하죠. 완전히 은유적이면서 동시에 전적으로 물리적
       인 행위이기도 해요. 내 목소리를 사용한다는 것은 내가 선택한 일이기
       도 하지만 기술적으로 입 근육을 써야 하는 일이거든요.

데비   노래는 어떻게 쓰나요?

에린   쓰고 싶다는 바람이 있으면 쓸 수 있어요. 작사 작곡을 배우는 학생들에
       게 늘 그렇게 말하지요. 노래는 그렇게 대단한 게 아니에요. 그런 관점
       에서 접근하면 어렵지 않게 노래를 만들 수 있어요. 전에도 만들었고,
       앞으로 만들 것이고, 그것도 아주 많이 만들게 될 거예요. 바라건대 너
       무 많이 만들어서 다 셀 수도 없고 어떤 노래가 좋은 노래인지 어떤 노
       래를 제일 좋아했는지 기억조차 못하게 될 수도 있어요. 다양한 이유로
       다양한 사람들에게 더 사랑받는 노래가 있을 테지만, 노래를 만드는 당
       사자 입장에서는 자기 노래를 대수롭지 않게 생각할수록 더 좋은 노래
       가 나오는 법이죠. 또 노래를 만드는 일이 낚시 같다는 말도 하곤 해요.
       이건 제가 생각한 은유는 아닌데요. 보스턴에서 처음 만났고 지금은 내
       슈빌에 살고 있는 뛰어난 싱어송라이터이자 제 친구 메리 고세이가 해
       준 말이에요. 낚시를 어떻게 하는지 생각해보세요. 적당한 자리를 골라
       야 하고 적당한 도구가 있어야 하며 인내심을 가지고 기다릴 수 있어야
       하죠. 하지만 적절한 시간에 적절한 자리에서 기다렸음에도 물고기를
       한 마리도 잡지 못하는 날도 있을 거예요. 또 물고기를 잡더라도 신경을
       쓰고 공을 들여 제대로 물 밖으로 꺼내야 하죠. 노래도 그렇게 만드는
       거예요. 혹시 당신이 진짜 하고 싶었던 질문은 "작사가 먼저냐 작곡이
       먼저냐" 하는 건가요?

데비   그보다는 노래에 대한 아이디어가 어떻게 떠오르는지 정말 궁금해서 여쭤본 거예요.

에린   노래가 떠오르는 방식은 100가지도 넘을 거예요. 꿈속에서 노래를 듣기도 하는데, 그러면 일어나자마자 받아 적어야 하죠. 엄청난 선물이고 늘 감사하게 생각해요. 하지만 그렇게 오는 노래가 많지는 않아요. 대화를 하다가 떠오르는 노래도 있고, 쓰지 않으면 안 될 것 같아서 쓰게 되는 노래도 있죠. 처음 불꽃이 튀기 시작할 때 그 순간을 빨리 알아챌 수 있어야 해요. 제가 학생들에게 곧잘 하는 또 다른 이야기는 노래를 노래답게 만드는 '그릇'에 대한 이야기인데요. 특정한 코드 진행이 어느 순간 부분의 합보다 더 커지면 그것이 노래의 그릇이 되기도 하죠. 특정 단어와 특정 멜로디가 결합해 반복 가능해질 때 그릇이 될 수도 있고요. 제게 그릇은 리듬, 멜로디, 어떤 단어들의 조합일 때가 많아요. 일단 그런 조합을 확보하면 그것을 중심으로 반복하고 보탤 수 있게 되지요.

데비   당신에 대한 소개나 기사를 보면 스타일적인 한계를 거부하는 사람이라는 설명이 거의 빠짐없이 들어가 있어요. 《럼퍼스》는 당신의 신곡은 늘 사람들의 허를 찌른다고 쓰기도 했는데요. 당신이라면 그런 반응을 좋아할 것 같아요.

에린   좋기도 하고 싫기도 해요. 나이가 들면서 사람들 반응에 일일이 신경 쓰지 않게 되면서 제가 그런 사람이라는 것을 좀 더 잘 받아들일 수 있게 된 것 같아요. 하지만 같은 노래를 다시 쓸 수 있었다면, 혹은 좀 더 쉽게 분류될 수 있는 노래를 썼다면 다른 노선을 걷게 되지 않았을까 생각하기도 해요. 저의 그런 점 때문에 제 음반사는 마케팅에 애를 먹고 저를 아티스트로 세상에 소개하는 데 어려움을 겪었거든요. 저 자신도 그 문제를 치열하게 고민했고, 좀 더 시장성 있거나 적어도 쉽게 설명될 수 있는 틀에 저 자신을 끼워 맞추려고 수년간 노력해보았죠. 그런데 전 도저히 못하겠더라고요.

데비   그렇게 "남의 시선에 1도 신경 쓰지 않는" 경지는 어떻게 이르게 되었나요?

에린   음, 바닥을 한번 치긴 해야 했죠. 음악 산업이 예전과는 달라져서 경제적으로도 변화가 있었고요. 저는 어딘가 논바이너리남녀 이분법적인 성별로 자신을 인식하지 않는 사람 같아 보이는 데다가 '남자들의 시선을 갈구하는' 식으로 사진을 찍거나 스스로를 마케팅하는 데는 전혀 관심이 없었어요. 나이가 들면서 제 팬층이 부모 세대가 되기도 했죠. 30대에서 50대까지는 가족을 부양하느라 문화생활을 거의 즐기지 못하는 사람들이 많잖아요. 이 모든 변화를 군말 없이 받아들이려고 노력했던 것 같아요. 하지만 어쨌든 이런 상황들이 축적돼 결국 경력 면에서 바닥을 치긴 했죠. 그래도 음악을 계속하고 싶다는 마음은 변함이 없었고 실제로도 음악 활동을 이어갔어요. 하지만 경제적으로 힘들었던 것은 사실이라, 사람들이 공연에 오지 않아도 계속할 수 있는 강의나 프로듀싱 작업을 늘리는 식으로 대처해나갔죠. 그러다가 2011년에 키아라 휴디스가 이메일을 보내 제게 뮤지컬을 만들어보자는 제안을 했어요. 극적으로 과장할 생각은 없지만, 그 덕분에 전 살았어요. 정말로 그 덕분에 살았어요. 원하는 것을 얻기 위해 많은 걸 시도해보았지만 다 잘 안 됐던 경험을 해보았기에 오히려 남의 시선 따위는 전혀 신경 쓰지 않게 된 것 같아요.

데비   현실에 직면해 이상과 타협해야 했던 적이 있느냐는 질문에 당신이 내놓은 답변을 공유하고 싶은데요. "기회도 많았고 돈도 많았고 선택지도 많았던 20대 때는 정말 그런 선택을 해야 하기도 했다. 과연 그것이 정말 타협인지, 타협이 맞는다면 정말 해야 하는 일인지 결정해야 했다. 20대 초반에는 그런 문제들에 대해 고민을 많이 했고, 도덕성이라든가 이 선택이 옳은지 옳지 않은지 혹은 타협이 어려운지 어렵지 않은지 같은 문제들로 골머리를 썩였다. 많은 성공을 경험했지만 그걸 다 흘려보내기도 한, 나이 든 지금의 나에게는 그런 질문들이 참 별것 아닌 것처럼 느껴진다. 삶은 균형을 이루게 되어 있다. 이제는 '일을 같이하는 사람이 마음에 드는가? 이 일이 창의적인 기회를 가져올 것인가' 하는가가 더 중요하다. 그런 기준을 바탕으로 선택한다. 나는 돈이 있든 없든 인정을 받든 받지 못하든 잘 살 수 있기 때문이다." 어떻게 이런 경지에 이르게 되었나요?

에린   심리 상담을 아주 많이 한 덕분이죠. 농담이 아니에요. 2008년에 술을 끊었는데 술과 약물에 의존하지 않겠다는 결정이 삶의 균형을 맞추는 데 도움을 주었어요. 전문가의 도움을 받으며 내 어린 시절을 돌아보기로 한 결정 역시 삶의 균형을 맞추는 데 도움을 주었고요. 나에게 필요한 최소한의 한 달 예산을 정해놓고 그 안에서 생활하는 것도 삶의 균형을 맞추는 데 도움을 주었죠. 뿐만 아니라 제게 굉장한 자유를 주고 불안을 제거해주기도 했어요. 제가 참여한 뮤지컬이 인정을 받고 있는 것도 좋은 일이죠. 퍼블릭시어터에 신작 뮤지컬을 올린 것은 제가 지금까지 한 일 중에 가장 큰 주목을 받은 일일 거예요. 굉장히 다양한 사람들이 이 뮤지컬을 보고 감상평을 남기고 있고, 또 감사하게도 여러 상 후보에 오르기까지 한 것은 정말 근사한 일이죠. 하지만 이것 역시 지나갈 거예요. 그걸 배웠어요. 그래도 전적으로 괜찮아요. 삶은 균형을 이루게 되어 있다고 한 것도 그런 뜻에서 한 말이에요. 저는 괜찮을 겁니다.

2018. 5. 28

"You

become the thing that you want to be. I couldn't claim to be a designer when I was starting because I hadn't designed anything. George S. Kaufman used to say that if you do anything long enough, they'll build a theater around you. I think that that's more of what having the office for forty-one years is like. I think we're good at it now."

"사람은 자신이 되고 싶은 것이 되는 것 같아요. 일을 처음 시작했을 때 전 저 자신을 디자이너라고 말할 수 없었어요. 제가 디자인한 것이 하나도 없었기 때문이죠. 조지 S. 코프먼은 무슨 일이든 충분히 오래 하면 사람들이 당신을 위해 판을 차려줄 거라고 했는데요. 41년간 이 일을 계속한 것도 그 정도로 쳐줄 수 있지 않을까 싶기도 해요. 우리는 이제 일을 제법 잘하거든요."

에드윈 슐로스버그

디자이너

2018. 3. 5

AMY

에이미 셰럴드가 그리는 대상은 아프리카계 미국인들이다.

그들은 풍부한 색감의 배경을 뒤로하고 강렬한 색과 패턴의 옷을 입은 채 우리를 똑바로 쳐다본다. 마치 우리를 평가하고 있는 듯한 시선이다. 그들의 초상은 아름답고 환하며 강렬하다. 셰럴드는 미셸 오바마의 공식 초상화를 그려 달라는 의뢰를 받고 기존의 재미없고 딱딱한 영부인 초상화의 전형을 탈피한 초상화를 그려냈다. 풍성한 드레스를 입은 미셸 오바마는 하늘색 배경을 뒤로하고 앉아 당당한 시선으로 우리를 정면에서 바라보고 있다.

SHERALD

데비   처음 학교를 다니기 시작했을 때 문장을 하나 쓸 때마다 그림을 그렸다면서요. 집이든 꽃이든 나무든 새든 문장에 들어간 단어를 그림으로 표현했다고요. 선생님과 부모님이 그걸 보고 뭐라고 하시던가요?

에이미   귀엽다고 생각하셨대요. 이제 어머니는 "걔는 초등학교 2학년 때부터 예술가였어"라고 말하고 다니시고요.

데비   어머니가 그때 당신이 그린 그림을 아직도 가지고 계신가요?

에이미   네, 가지고 계세요. 제가 화가가 되고 싶다고 하니까 어머니는 놀라셨지만, 저는 학교 다니는 것 말고는 온통 미술과 관련된 활동만 했어요. 제 평생을 그러고 산 셈이죠. 그런데도 어머니는 이렇게 말씀하셨어요. "화가가 되고 싶다고? 난 모르겠구나. 다섯 살 때는 뇌 전문 의사가 되고 싶다고 하더니."

데비   파나마 태생 예술가인 아르투로 린지의 미술 수업을 들었었죠. 그의 작품은 아프리카가 아메리카 대륙의 문화에 미친 영향을 집중적으로 표현하고 있는데요. 그를 보면서 현존하는 예술가가 된다는 것이 어떤 것인지 눈뜰 수 있었다고 했어요.

에이미   그는 제가 알게 된 최초의 현존 예술가였어요. 저는 그와 함께 작업할 수 있게 해달라고 간청했죠. 작업 중인 그림을 몇 점 가져가서 보여드리기도 했어요. 그 유명한 마일스 데이비스의 클로즈업 얼굴 사진과 잡지 《내셔널 지오그래픽》에서 찢어낸 이미지를 가지고 작업한 것이었는데요. 딱 보기에도 정말 형편없었을 텐데 그는 정말 친절하게 대해주었고 제가 같이 작업할 수 있게 해주었어요. 그렇게 5년간 돈도 안 받고 그분 밑에서 일했죠. 하지만 배운 게 정말 많았어요. 이제는 그를 제 대부라고 부른답니다.

데비　메릴랜드예술대학에서 석사 학위를 받은 뒤 볼티모어를 떠나 가족의 간병을 위해 조지아로 돌아갔어요. 그리고 4년간 그림을 그리지 않았지요. 가족들을 보살피면서 당신 안의 무언가가 완전히 채워졌기 때문에 그동안은 그림을 그리고 싶다는 생각이 전혀 들지 않았다고요. 그림을 그리는 것이나 남을 보살피는 것이나 결국은 같은 곳에서 오기 때문이라고 했죠.

에이미　'다시 그림을 그리고 싶어지기는 할까?' 싶은 생각이 짧게나마 들기도 했어요. 하지만 제가 달리 뭘 하겠어요? 그림을 그리는 것이 저라는 사람을 이루는 가장 핵심적인 부분인걸요.

데비　가족을 돌보면서 미술이 당신이 가야 할 길이라는 것, 언젠가 다시 돌아가리라는 것을 의심하기도 했나요?

에이미　의심했죠. 고향에 머물면서 뭔가 좀 해보려고 하기도 했어요. 작업실을 구해보려고도 했는데, 다 잘 안 됐어요. 제가 하고 싶었던 것을 다 하고 살았다면 더 큰 기회가 왔을 때 그 기회를 살리지 못했을지도 몰라요. 이를테면 미셸 오바마의 초상화를 그리지 못했을 수도 있죠.

데비　당신의 스타일과 작업 과정에 대해 좀 이야기해보죠. 초기에 한 친구가 처음에는 피부를 회색으로 칠하는 것이 작업하기 쉬울 거라고 말해줬다고요. 그러면서 검은색과 흰색을 섞으면 너무 은색처럼 나오니 검은색과 나폴리 황색안티몬산 연을 주성분으로 하는 합성 안료로 약간 붉은 기를 띤 밝은 노랑색을 섞어보라는 조언을 해줬다고 했어요. 그렇게 해서 지금의 회색 피부가 나왔고 그것이 마음에 들어서 지금까지 사용하고 있는 걸로 아는데요. 그런 선택을 끝까지 밀고 나가게 된 철학적 이유에 대해 좀 더 말해줄 수 있을까요?

에이미　저는 흑인들의 그림이 그냥 있는 그대로의 흑인들 그림이었으면 좋겠다는 생각을 가지고 있었어요. 제 그림이 한구석에서만 거론되는 것을 무의식적으로 살짝 두려워하고 있었던 것 같아요. 저의 작업이 주변화되는 건 원치 않았어요. 저의 그림은 살아남아야 했고 더 큰 의의를 지녀야 했고 다른 공간에 존재해야 했기 때문이죠. 그래서 그 선택을 고수하기로 했어요. 제가 내리는 결정은 일단은 다 미적인 결정이에요.

데비   오로지 유색 인종만 그리겠다는 결정은 어떻게 내리게 되었나요?

에이미   자연스럽게 그렇게 된 것 같아요. 딱히 그런 결정을 내렸다고 생각하지는 않는데, 백인들도 '나는 오로지 백인만 그려야겠어'라고 결심해서 백인만 그리는 것은 아닐 테니까요. 그들은 그들의 이상적인 모습을 그리는 것이고, 저는 저의 이상적인 모습을 그리는 것이겠죠. '작가와의 대화' 같은 자리에 나가면 "백인을 그릴 생각은 없나요? 백인도 그리는 게 좋을 것 같은데요"라고 묻는 사람들을 만나게 돼요. 그러면 저는 "제게 무엇을 요구하는지 다시 한 번 생각해보시는 게 좋을 것 같은데요. 미술관을 좀 더 둘러보시고 역사책을 한두 권 읽어보신 다음에 다시 말씀하시는 게 좋을 것 같아요"라고 말씀드리죠. 자신들의 부재는 그렇게 잘 알아채면서 제가 저의 부재를 어떻게 바라볼 것인지에 대해서는 전혀 생각하지 못하는 걸 보면 참 신기하다는 생각이 들어요.

데비   수많은 미국인을 사로잡은 미셸 오바마의 초상화에 대해 이야기해보죠. 이 작품은 나란히 공개된 케힌데 와일리의 버락 오바마 초상화와 함께 흑인 화가가 그린 최초의 공식 초상화가 되었어요. 어떻게 작품 의뢰를 받게 되었는지 이야기해주세요.

에이미   국립 초상화 미술관에서 백악관 큐레이터에게 화가 21명의 포트폴리오를 제공했다고 해요. 그중에서 다섯 명의 최종 후보를 뽑았는데 제가 그중 한 명으로 뽑혀 2016년 7월 백악관을 방문해 대통령 집무실에서 면담을 했어요. 그 자리에서 청소년 센터와 볼티모어 구치소에서 미술을 가르쳤던 경험에 대해 이야기했고 나중에 출소자들의 재정착을 돕는 활동에도 참여하고 싶다는 말도 했죠. 그림에 대한 이야기는 막판에 가서야 했는데, 그때 이렇게 말씀드렸어요. "당신을 정말 그리고 싶지만 제가 그리고 싶은 방식으로 그릴 수 있어야만 이 일을 할 수 있을 것 같습니다."

데비 그녀가 들어와 자리에 앉아 사진 촬영에 응했을 때 기분이 어땠나요?

에이미 정말 떨렸죠. 그 순간에 충실하려고 최대한 노력했지만 거의 불가능했어요. 제게 주어진 시간은 한 시간 15분뿐이어서 카메라를 설치하고 어디에서 그녀를 찍을지 결정하는 등 할 일을 해야 했죠. 랩 음악을 틀어놓고 분위기를 띄우기도 했어요.

데비 그때 미셸 오바마가 입은 옷이 당신의 초상화에 나온 그 드레스였나요?

에이미 네, 그 드레스를 입고 나타나셨어요. 그녀의 스타일리스트인 메러디스 쿱과 일을 하면서 내가 무엇을 원하는지, 어떤 것을 찾고 있는지 확실히 표현했죠. 열한 벌의 드레스에서 시작해 조금씩 좁혀갔어요. 그녀가 최종적으로 입은 드레스는 제가 정말 마음에 들어 한 옷이었죠. 드레스도 그림의 중요한 축이 되어야 했거든요.

데비 사람들을 그리는 것이 당신의 일인 만큼 미셸 오바마를 그리는 일도 여느 사람을 그리는 일처럼 접근했다고 하셨어요. 그녀가 차지하는 위상 때문에 중압감을 느끼지는 않았나요?

에이미 작업을 마치기도 전에 평가를 받은 느낌이었죠.

데비 사람들이 어떻게 생각할지 걱정이 되던가요?

에이미 네, 저는 보통 사람이기 때문이죠. 세상에서 가장 중요한 그림 중 하나를 제가 그리게 된 거잖아요. 모든 사람을 만족시킬 수는 없죠. 그런 생각들이 머릿속을 스쳐 지나갔지만 떨쳐내려고 노력했어요. 일단 그림을 그리는 것이 중요했고 다른 것에 대해서는 생각하지 말아야 했죠.

데비   초상화 화가로서 당신이 가진 능력은 사진으로는 포착되지 않는 무언가를 포착하는 것이라고 했죠. 미셸 오바마에 대해서는 어떤 모습을 포착한 것 같나요?

에이미   초상화 의뢰를 받고 자료 조사를 하면서 제일 처음 했던 일이 인터넷에 접속해 수천 장에 달하는 미셸 오바마의 사진을 찾아본 것이었어요. 전부 그녀의 공적인 모습을 보여주는 사진들이었죠. 그녀와 함께한 순간에 제가 본 것은 그녀의 아주 개인적인 모습이었다고 생각해요. 좀처럼 보기 어려운 그녀의 그런 모습을 담아내고 싶었고, 잘 포착해낸 것 같습니다.

2018. 6. 25

340

"I received an email
that said,
'Come work
for the president.'"

"이메일을 한 통 받았어요.
'대통령님을 위해 일해달라'는
내용이었죠."

조시 히긴스
크리에이티브 디렉터, 디자이너
2018. 12. 13

C E Y

**힙합이 미국이라는 나라의 주제 음악이라면
그라피티와 벽화에 뿌리를 둔 힙합의
시각 언어 역시 미국 문화 곳곳에 녹아들어 있다.**

그렇게 될 수 있었던 중요한 이유 중 하나가 세이 애덤스이다. 그는
1970, 80년대 뉴욕 그라피티운동에 합류해 장 미셀 바스키아나 키스
해링과 함께 성장했다. 데프 잼 레코딩스의 창립 크리에이티브 디렉터
였으며 비스티 보이즈, 퍼블릭 에너미, 노토리어스 B.I.G. 같은 아티스
트들의 시각 아이덴티티를 만들었다. 또한 HBO, 나이키 등의 광고 작
업에 참여하기도 했다. 그는 오랜 세월에 걸쳐 브랜드, 대중문화, 인종,
젠더 등을 탐구하는 비범한 작품 목록을 쌓아가는 중이다.

A D A M S

데비	어렸을 때 그라피티를 시작한 걸로 알아요. 그라피티라는 것을 알게 된 것은 언제이고 직접 하게 된 것은 언제인지 알고 싶어요.
세이	아마 제가 중학생이었던 1970년대 초중반이었을 거예요. 하지만 집을 떠나기 전까지는 '프로'가 아니었죠. 그때는 그냥 동네에 태그벽에 글자나 자신의 이름을 남기는 행위만 남기고 다니는 수준이었어요. 브롱크스에 드나들기 시작한 때에 비하면 아무것도 아니었죠. 그러다가 맨 앞 칸에서 맨 뒤 칸까지 그라피티로 완전히 도배된 지하철 열차를 보게 되었어요. 정말 멋지더군요. 그때 제대로 흥미를 느낀 것 같아요. 다음 단계를 밟아야겠다 싶었고, 그러려면 밤에 몰래 빠져나가야 했어요. 페인트며 다른 재료들을 어떻게 구할지, 부모님에게 안 걸리려면 어떻게 해야 하는지도 알아내야 했죠.
데비	처음 그라피티에 매료되고 나서 도저히 그 생각을 떨쳐낼 수 없었다고 했죠. 그렇게 헤어 나올 수 없이 푹 빠져버리는 열정이 참 멋져 보여요.
세이	그때 전 청소년이었어요. 돈도 없고 말주변도 없어서 데이트도 거의 못하는 애였죠. 운동은 괜찮게 했지만 운동하는 데도 돈이 들더라고요. 반면 그라피티는 돈 한 푼 들이지 않고 할 수 있는 일이었죠.
데비	부모님께 혼나지는 않았나요?
세이	스프레이 페인트랑 매직펜 냄새가 어떤지 아시잖아요. 누가 침실에서 하루 종일 테레빈유를 가지고 논다고 생각해봐요. 당연히 문제가 될 수밖에 없죠. 저랑 제 형제들은 서랍장이며 방문 뒤에 태그를 남기곤 했어요. 삼 형제가 방 하나를 같이 썼기 때문에 쓸 수 있는 공간이 애초에 많지도 않았고 부모님한테 걸리기도 쉬웠죠. 저는 늘 잉크, 매직펜, 스프레이 페인트를 사용했기 때문에 부모님의 화를 자초하곤 했어요.

데비　처음으로 쓴 그라피티가 뭐였는지 기억하나요?

세이　제가 기억하는 건 전부 제 방 안에 남겨진 그라피티뿐이에요. 페인트를 들고 밖으로 나가 제 흔적을 남기려고 했던 건 그렇게 생생하게 기억나지 않더군요.

데비　왜죠?

세이　너무 형편없었거든요. 그렇게 말고는 달리 설명할 방법이 없네요. 정말 형편없었어요.

데비　그럼 '세이 시티Cey City'는요?

세이　시티는 제 그라피티 크루를 가리키는 말이었어요. 제 이름이랑 잘 어울리는 것 같아서 그런 이름을 붙였죠. '기지를 습격하는 아이들Children Invading the Yard'의 줄임말이기도 한데 여기서 기지는 지하철 기지를 뜻해요.

데비　태그를 남기는 것으로 첫 출발을 한 뒤 조금씩 작업 영역을 넓혀나가다가 마침내 지하철 습격에 나섰어요. 당시에 그건 엄청난 일이었는데요.

세이　지금 와서 생각해보면 정말 위험천만한 일이었죠. 웃긴 것은 제가 고소공포증이 있다는 거예요. 요즘도 벽화 작업을 할 때 고소공포증을 극복하려고 엄청 노력 중인데요. 그때는 고가 철로가 있던 시절이었어요. 브롱크스에는 아직도 있는데, 지금은 작업자들이 보행자용 통로에서 작업할 수 있게 쇠 격자를 대놓았죠. 옛날에는 비좁기도 훨씬 비좁았고 오랜 세월 비바람에 노출돼 위태위태했어요. 작업자들에게 발각돼 쫓기기라도 하면 그 위를 그냥 걷는 것도 아니고 냅다 달려야 했는데 지상 30미터 높이에서 그러고 있으면 어마어마하게 무서웠죠. 제가 그런 용기를 냈다는 사실이 아직도 놀라워요.

데비 당시 길거리 문화는 어땠는지 말씀해주세요. 경찰에게 쫓기는 일이 자주 있었나요?

세이 네. 그래도 저는 운이 좋아서 단 한 번도 체포된 적이 없어요. 저희 엄마는 걸리더라도 절대 집에는 전화하지 말라고 말씀하시곤 했죠.

데비 정말요?

세이 네. 그게 엄마가 제게 해준 유일한 조언이었답니다. 제 목표는 늘 우리 크루 중에서 가장 느린 사람은 되지 말자는 거였어요. 뉴욕은 더 거칠고 험난한 곳이었지만 지금에 비하면 단순하기도 했고 요즘처럼 그라피티가 심각한 범죄로 여겨지지도 않았어요. 그때는 그라피티를 하기 위해 해야 할 일이 엄청 많았죠. 첫째, 재료를 모두 훔쳐야 했어요. 그러려면 손재주가 있어야 했고 머리도 써야 했죠.

데비 당신의 비법은 뭐였나요?

세이 일단 친구 한 명을 먼저 가게에 들어가게 해요. 녀석이 왼쪽으로 가면 경비가 그 친구를 따라가죠. 그때 내가 오른쪽으로 들어가요. 페인트 매대로 가 할 일을 한 다음 아무 일 없다는 듯 걸어 나오면 성공. 나름의 예술미가 있는 행위인 것은 확실해요. 그라피티를 이제 막 시작했다고 해서 걱정할 일은 없었어요. 모두가 정보를 공유하기 때문에 무엇을 어떻게 해야 하는지 모두가 다 알고 있는 셈이죠. 기술을 익힐 때까지 숙련된 사람 밑에서 배워야 할 것이고요.

데비 재미있었나요?

세이   물론이죠. 하지만 저한테 그건 목적을 이루기 위한 수단일 뿐이었어요. 열차 옆면에 내 흔적 좀 남겨보겠다고 그런 정신 나간 짓을 했다는 걸 이제 와 생각해보면 참 대단하다 싶어요. 하지만 우리가 여기 있다는 것, 우리가 존재한다는 것을 알리려면 그 방법밖에 없었죠.

데비   1984년 러셀 시몬스와 릭 루빈이 데프 잼 레코딩스를 설립했고, 당신은 그곳의 수석 크리에이티브 디렉터가 되었어요.

세이   전 연예인들을 전문적으로 관리해본 경험이 전무했어요. 아티스트나 일러스트레이터와 일해본 적도 없었고요. 하지만 그건 그들도 마찬가지였죠. 우리는 다 함께 배워나갔어요. 성공할 기회였지만 큰 기회처럼 느껴지지는 않았어요. '경찰에게 쫓기거나 페인트 냄새를 들이마시는 것보단 낫겠지. 잘할 수 있을 거야' 정도로 생각했던 거죠. 제가 그래픽 쪽으로는 센스가 있었기 때문에 저의 재능을 다른 매체에도 손쉽게 써 먹을 수 있었어요.

데비   1986년 스티브 카와 함께 데프 잼의 자체 디자인 팀인 드로잉 보드를 설립했어요. 당신은 런-DMC, LL 쿨 J, 메리 J. 블라이즈, 퍼블릭 에너미, 제이 Z, 스티비 원더 등과 함께 작업하게 되었죠. 드로잉 보드에 대해 이야기하면서 시각 예술가들이 일반적인 레코드사에서 일하는 것과는 다른 방식으로 자신을 표현할 수 있는 플랫폼을 만드는 것이 목표라고 하셨는데요. 어떻게 다르기를 바랐나요?

세이   무엇보다 중요한 것은 우리가 예술을 하고 있다는 것, 그리고 우리가 R&B와는 다른 감성을 지닌 아프리카계 미국인 아티스트라는 것이었어요. 우리가 하는 건 흑인들의 저항 음악이었죠. 길거리에서 시작한 이 음악은 에너지가 넘쳤고 날것 그대로였어요. 우리가 하는 일에 이 음악의 명운이 달려 있기 때문에 정말 잘해야 한다는 걸 알았죠.

데비 정말 대단한 아티스트, 가수와 함께 일했어요. 비스티 보이즈, 런-DMC와 함께 전 세계를 돌아다녔고, 제가 읽은 바로는 비행기에서 내리면 사람들이 당신을 왕 모시듯 했다지요. 하지만 당신을 둘러싼 그 모든 명성에도 당신은 일에 집중했고 그저 음반 재킷에 이름이 오르는 것만 바란다고 했어요. 왜죠?

세이 저는 커튼 뒤에서 일하는 사람이기 때문이에요. 디자이너는 자신이 맡은 상품이나 사람을 시각적으로 표현하는 일을 하죠. 내가 제일 빛나는 것이 목표가 아니에요. 그들이 빛날 수 있게 해야죠. 늘 이걸 염두에 두었던 것 같아요. 저는 책상에서 일해요. 아름다운 시각 자료를 만들고 포장이나 제품을 보기 좋게 만드는 것이 저의 일입니다. 그게 끝이에요. 그 일이 끝나면 다음 작업으로 넘어가죠. 무대 위에 서서 인사를 하는 건 제 일이 아닙니다.

2019. 4. 29

"We

have all these preconceived notions about what
it means to be an artist, that somehow it means
you're a professional or you make money from it.
But really, being an artist is just anyone who wakes
up and intentionally makes things."

"예술가가 된다는 것의 의미에 대해 사람들은 이러저러한 선입견을
가지고 있는 것 같아요. 전문가가 되거나 그것으로 돈을 벌 수 있어야
한다고들 생각하죠. 하지만 자고 일어나 무언가를 의식적으로
만드는 사람은 사실상 누구나 다 예술가라고 할 수 있어요."

리사 콩던

예술가

2019. 11. 25

MALCOLM

**말콤 글래드웰 하면 누군가는
그의 《뉴요커》 기사나 『티핑 포인트』, 『블링크』,
『아웃라이어』 같은 책들을 떠올릴 것이다.**

그의 글에 대해 알고 있기는 하지만 팟캐스트에 더 친숙한 사람도 있을 것이다. 말콤이 직접 운영하는 팟캐스트 〈수정주의자의 역사Revisionist History〉는 우리가 간과하거나 잘못 알아 온 사건이나 아이디어, 사람들을 깊이 있게 다루고 있다. 이를테면 경구 피임약을 발명한 사람이 독실한 천주교 신자였다는 사실을 밝혀내는 식이다. 이외에도 릭 루빈, 브루스 헤들럼과 함께 팟캐스트 〈브로큰 레코드Broken Record〉를 공동 진행하며 음악에 대한 이야기를 나누고 있다. 제이콥 와이스버그와 함께 팟캐스트 회사 푸시킨을 공동 설립한 팟캐스트계의 거물이기도 하다. 말콤의 책 『타인의 해석』은 혁신적인 포맷의 오디오북으로 출간되기도 했다. 이 인터뷰에서 우리는 낯선 사람을 만났을 때 우리가 저지르는 실수에 대해, 그리고 타인을 믿으려고 하는 인간의 근본적인, 때로는 잘못된 성향에 대해 이야기를 나누었다.

GLADWELL

데비 말콤, 이번이 저와 함께하는 다섯 번째 인터뷰예요. 〈디자인 매터스〉에는 세 번째로 출연해주셨고요. 오늘은 『타인의 해석』을 주로 다루고 싶은데요. 책 서두에 아프리카계 미국인 샌드라 블랜드와 브라이언 엔시니아라는 경찰관 사이에 일어난 사건을 소개하셨지요. 엔시니아가 차선 변경 깜빡이를 켜지 않았다며 블랜드의 차를 멈춰 세웠고 두 사람이 언쟁을 벌이다 급기야 블랜드가 차에서 끌려 나오게 되었는데요. 이 '교통 위반'은 엔시니아가 다른 차량을 향해 간다고 생각한 블랜드가 차선을 비켜주려다가 벌어진 일이었죠. 엔시니아는 그녀를 체포했고 블랜드는 사흘 후 수감실에서 목을 매단 채 발견되었어요. 샌드라 블랜드의 이야기로 책은 시작한 이유는 뭔가요?

말콤 낯선 사람과 소통할 때 발생하는 문제에 관한 책을 써보고 싶었어요. 왜 우리는 모르는 사람에 대해 잘못된 판단을 내릴 때가 이토록 많을까요? 사회적으로 큰 문제가 된 사건들 대부분이 이 문제에서 비롯되는 것 같다는 생각이 들었습니다. 버나드 메이도프 폰지 사기만 봐도 그래요. 사람들은 자기가 버니를 안다고 생각했지만 전혀 알지 못했죠. 미시건주립대학교 래리 나사르 사건도 그렇지요. 사람들은 그를 헌신적인 의사로 생각했지만 알고 보니 그는 소아 성애자였습니다. 샌드라 블랜드 사건은 근본적으로 비극적인 오해에서 비롯되었고요. 경찰은 한 젊은 여성을 위험한 사람이라고 확신했지만, 사실 이 여자는 위험과는 거리가 먼 사람이었죠. 우리는 현대 사회의 다양한 영역에서 낯선 사람들을 만나면서 치명적인 판단 착오를 범하고 있다는 생각이 들었어요. 책으로 쓰면 좋겠다 싶은 주제였죠.

데비 이 책을 그날 그 도로변에서 무슨 일이 일어났는지 이해해보려는 시도라고 설명하면서 이렇게 썼지요. "아마 이 책을 읽는 대부분의 독자들은 잠시 기억을 더듬은 후에야 샌드라 블랜드가 누구였는지 떠올릴 수 있었을 것이다. 어느 정도 시간이 흐르자 사람들은 이 논란을 제쳐두고 다른 사안으로 넘어갔다. 나는 다른 사안으로 넘어가고 싶지 않다." 말콤, 우리는 어쩌다가 24시간도 채 안 돼 다른 뉴스로 넘어갈 만큼 주의 지속 시간이 짧아지게 된 걸까요?

말콤 뉴스를 수집하고 전파하는 지극히 효율적인 방법을 고안한 덕분이죠. 아침에 신문을 읽고 나면 다음 날 아침이 될 때까지 일절 뉴스를 접하지 못했던 게 그렇게 오래전 일도 아닌데 말입니다. 이제는 스마트폰만 봐도 시시각각 업데이트되는 뉴스를 확인할 수 있죠. 어떻게 보면 너무 많은 뉴스에 시달리다 보니 개별 사안에 지극히 짧은 시간만 할애할 수 있게 된 것 같기도 해요. 희한한 점은 그 반대도 사실이라는 겁니다. 저는 질적으로 좋은 콘텐츠에 사람들이 놀라울 정도로 집중한다는 사실에 깊은 감명을 받고 있는데요. 사람들이 복잡한 문제에 주의를 기울이는 능력 자체를 상실한 것이 아니라 선택적으로 집중하고 있다는 뜻이죠. 우리가 양질의 무언가를 만들어낸다면 사람들은 다른 일을 다 제쳐두고서라도 그 경험에 흠뻑 빠져들려 할 것입니다.

데비 책에서 그 경찰관에 대해 이야기하면서 이렇게 쓰셨어요. "경찰 총격 사건을 여럿 접하면서 우리는 샌드라 블랜드 사건의 경찰관이 인종 차별주의자라고 단정 지을 위험에 처하게 됐다. 하지만 이런 식의 결론은 결코 만족스러운 결론이 될 수 없다." 지금부터 제가 하려는 말은 현실을 경험하는 방식에 대한 당신의 논지와도 직접적으로 연결되어 있는데요. 책을 읽으면서 저는 '저 사람 인종 차별주의자가 맞는데'라고 생각을 했고, 오디오북을 들으면서 '인종 차별주의자가 확실하네'라고 생각했어요. 인터넷에서 찾아본 다음에는 그가 정말 인종 차별주의자처럼 생겼다고 생각했죠. 여기에 대해 어떻게 생각하시나요?

말콤 '샌드라 블랜드가 체포되고 죽음에 이르는 데 인종이 영향을 미쳤는가?'라고 묻는다면 당연히 그렇다고 할 것입니다. 텍사스 시골에서 백인 경찰이 흑인 여성이 탄 차를 세웠어요. 그녀는 스물여덟 살이고 연식이 오래된 차를 몰았죠. 만약 그녀가 고급 승용차를 모는 60세 백인 여성이었다면 차를 세워야 할 일도 없었을 것이고 차를 세웠더라도 경찰관과 전혀 다른 방식으로 만났을 것입니다. 그렇죠?

데비 물론 그랬겠죠.

말콤   그런 점에서 인종은 절대적으로 중요합니다. 다만 제가 묻고자 하는 것은 "인종적 프레임으로 이 사건을 보는 것이 과연 이 사건을 이해하는 데 도움이 되는가?" 하는 거예요. 저는 이런 종류의 범죄를 인종주의적 관점으로 보는 것은 문제가 있다고 점점 확신하게 되었는데요. 이러한 관점이 더 이상의 논의를 차단하고 "저 사람은 인종 차별주의자야"라는 손쉬운 결론을 내는 데 사용되기 때문입니다. 그러면 상대는 어깨를 으쓱하며 "그래서 어쩔 건데요?" 하는 수밖에 없죠. 말씀하신 대로 저는 다음 사안으로 넘어가고 싶지 않았어요. 왜 우리는 다음으로 넘어갈까요? "이건 그냥 인종 차별적인 저 경찰 때문이야"라고 사건을 이해하는 순간 더 이상 고민할 필요가 없어지기 때문이죠. 더는 대화를 이어나가지 못하게 되는 거예요. 문제적인 만남을 개인화하고 모든 것을 개개인의 마음 문제로 돌리는 것은 더 큰 문제를 회피하는 방식입니다. 이것은 시민권 논쟁의 핵심 사안이기도 했지요.

데비   어떤 논쟁이죠?

말콤   흑인 역사가 찰스 페인이 쓴 「미국 전체가 남부다!The Whole United States Is Southern!」라는 훌륭한 소논문이 있는데요. 미국의 인종 문제를 다룬 글 중 제가 거의 최고로 꼽는 글입니다. 1960년대 남부의 백인 분리주의자들은 모든 인종 문제를 대인 관계 문제로 돌리고 싶어 했어요. "진짜 문제는 우리가 서로를 사랑하지 않는다는 것이다. 서로 눈을 맞추지 않고, 제대로 된 대접을 해주지 않기 때문이다"라고 말하고 싶어 했죠. 그들은 이것을 개인 대 개인의 문제로 만들고 싶어 했어요. 개인 대 개인의 문제를 해결할 수 있다면 남부의 전반적인 인종 문제도 극복할 수 있다고 본 거죠. 페인은 그것이 일종의 회피라고 봤어요. 남부의 문제는 흑인과 백인이 서로 눈을 맞추지 않고 악수를 하지 않고 마주 앉아 커피를 마시지 않아서 발생하는 것이 아닙니다. 편견과 불평등에 기반한 일련의 제도, 구조, 법, 관습이 문제인 거죠. 사람들이 속으로 무슨 생각을 하느냐는 중요하지 않아요. 중요한 것은 법과 하부 구조가 어떤 모습을 하고 있느냐입니다. 흑인이 기회를 박탈당하고 투표를 못 하고 2류 학교에 배정된다는 사실이 문제인 거죠. 남부의 분리주의자들은 대화의 주제를 전환하려 했습니다. 제도와 구조 문제에서 가슴과 마음의 문제로 말이죠. 페인은 "그들이 이겼다"라고 결론을 내립니다. "세상을 둘러보라. 지금 우리는 이 문제를 어떻게 다루고 있는가? 가슴과 마음의 문제로 다루고 있지 않은가"라면서요. 이 글을 읽으면서 저는 각성했습니다. 그런 게임 따윈 하지 않겠노라고, 경찰관의 속마음 같은 건 읽어내려고 하지 않을 거라고, 그가 인종 차별주의자인지 아닌지에 대해서는 이야기하고 싶지 않다고 말이죠. 제가 관심을 가지고 이야기하고 싶은 것은 텍사스 시골의 어느 경찰관이 아무런 잘못도 저지르지 않은 여성의 차를 대낮에 멈춰 세우는 것을 적법하게 만드는 구조, 제도, 관행입니다.

데비 다양한 역사적 상황과 현대의 사건들을 깊이 파고들면서 사례의 당사자들이 모두 상대의 말과 의도를 자기 방식으로 해석하다가 어느 지점에서 오류를 범했다는 점에 주목하셨어요. 제리 샌더스키와 펜실베이니아주립대학, 버니 메이도프, 어맨다 녹스, 실비아 플라스, 앤 섹스턴 등을 다루셨는데요. 사례를 고르는 것이 힘들진 않았나요?

말콤 아주 불완전한 과정이었죠. 보통은 저자가 하고 싶은 이야기가 있기 마련이잖아요. 저의 경우, 샌드라 블랜드에게 일어난 일을 좀 다르게 설명해보고 싶었습니다. 저는 곁가지를 많이 쳐가며 이야기를 전개하는 편이라 책 중반부는 다양한 주제로 계속해서 곁가지를 치며 뻗어 나가는 듯한 느낌도 들지요. 제가 그 사례들을 선택한 이유는 제가 하고자 하는 이야기의 다양한 부분을 설명해주기 때문이에요. 그 사례들이 정말 최선의 선택이었는지는 여전히 잘 모르겠습니다. 이 책은 감정적으로 아주 격한 책이에요. 웃고 넘어갈 수 있는 대목이 거의 등장하지 않죠.

데비 대부분의 사례들이 해피엔딩으로 끝나지 않기도 해요.

말콤   책 내용이 많이 어둡죠. 너무 어두운 게 아닌가 싶기도 했어요. 저는 이 책을 처음부터 오디오북으로 구상했는데요. 귀로 들으면 더 강렬하고 감정적으로 느껴지기도 하잖아요. 이 책에는 고문을 다루는 장도 나오고 소아 성애자도 두 명이나 나오고 소시오패스가 수두룩하게 등장하는데 이걸 여덟 시간 내내 듣고 있으려면 좀 힘들겠다 싶기도 했죠.

데비   책에 등장하는 한 사례에서 2차 세계대전이 일어나기 전에 영국 지도자들이 히틀러를 만나는데 히틀러가 전쟁할 생각이 없다고 하자 일부는 그 말에 속아 넘어가고 일부는 속지 않잖아요. 당신이 수수께끼 같다고 생각한 지점은 "속지 않을 것 같은 사람들은 속아 넘어가고 속을 것 같은 사람들은 진실을 보았다"라는 것이죠. 그러면서 다음과 같이 썼어요. "물론 이것은 전부 우연일 수도 있다. 어쩌면 그들은 실제로 보고 들은 것 따위는 무시하고 그냥 자기들이 보고 싶은 대로 히틀러를 보려고 했던 건지도 모른다. 하지만 이런 수수께끼 같은 패턴은 이 사례뿐만 아니라 도처에서 출몰한다." 이 수수께끼 같은 패턴에 대해 좀 더 자세히 설명해주시겠어요?

말콤   제가 설명하고자 했던 것은 낯선 사람과 직접 만났을 때 생각보다 실효가 크지 않다는 것이었습니다. 심지어 부정적인 효과를 낳기도 하지요. 상대를 아예 만나지 않았을 때보다 만난 후에 오히려 그 사람에 대해 잘못된 판단을 내릴 수 있다는 거예요. 히틀러의 경우 그를 완전히 오해한 사람들은 그를 직접 만나본 사람들이었습니다. 2차 세계대전이 발발하기 전에 히틀러의 진짜 정체를 제대로 본 사람은 대부분 그를 한 번도 만나지 않았어요. 그러니 수수께끼 같다고 하는 것이죠. 낯선 사람을 이해하려면 일단 만나봐야 한다는 것이 우리 사회의 기본 전제 아니겠습니까. 잘 모르는 사람에 대해 중대한 판단을 내려야 할 때 차라리 만나지 않는 것이 낫다는 것은 생각의 대전환을 요하는 발견이었죠.

데비   인간의 기만을 연구하는 학자들이 전 세계적으로 굉장히 많은데요. 그중에서 당신은 통합적인 대인 기만 이론을 발전시킨 팀 러바인의 연구를 언급하고 있죠. 그는 인간 심리의 가장 큰 수수께끼에 대한 답을 찾으려고 하는데요. 바로 '우리는 왜 거짓말을 탐지하는 데 이토록 서투를까?' 하는 것이죠.

말콤   심리학자들은 인간이 거짓말쟁이를 알아보는 데 왜 이렇게 서투른지 이해할 수 없다는 반응을 오랫동안 보여 왔어요. 진화론적인 관점에서 보면 그 반대여야 할 것 같기 때문이죠. 속임수를 잘 알아차리는 능력은 생존에 매우 도움이 될 만한 자질이기 때문에 진화에 유리했을 거라고 생각하기 쉬워요. 하지만 앨라배마대학교 버밍햄 캠퍼스 교수인 팀은 사실상 그 반대라고 말합니다. 진화론적으로 보면 타인을 신뢰하는 사람이 오히려 더 선호된다는 것이죠. 타인을 신뢰할 때 암묵적으로 훨씬 더 큰 보상을 받기 때문입니다. 통계적으로 봐도 올바른 전략이라고 할 수 있는데, 거짓말쟁이와 소시오패스는 수적으로 소수이기 때문이죠.

데비   신뢰가 왜 올바른 전략일까요?

말콤   타인을 신뢰함으로써 좋은 사람이 될 수 있고 생산적인 관계를 맺을 수 있기 때문이죠. 남들에게 호감을 줄 수 있을 것이고 회사를 차릴 수도 있을 거예요. 편집증적이고 의심이 많은 사람은 회사를 차리거나 조직을 결성할 수 없어요. 사람을 넓고 깊게 사귈 수도 없죠. 거짓말을 탐지할 수 있으면 좋긴 하겠지만 그러려면 남들에게 불쾌감을 줄 정도의 편집증과 의심이 요구되기 때문에 그런 유전자는 살아남기 힘들다는 것이 러바인의 결론입니다. 남을 잘 믿는 사람과 편집증적인 사람 중에 한 명을 짝으로 골라야 한다면 누구나 다 잘 믿는 사람을 고르겠지요. 러바인은 이것을 '진실 기본값 이론'이라고 부릅니다. 그는 인간이 진실을 기본값으로 받아들이도록 진화했고 증거가 압도적인 경우에만 누군가가 거짓말을 하고 있다는 것을 믿으려 한다고 말합니다. 그 덕분에 우리는 이 사회에서 좋은 일을 아주 많이 할 수 있었죠. 하지만 그렇기 때문에 가끔은 버니 메이도프나 제리 샌더스키 같은 사람들의 피해자가 되기도 합니다.

데비 버니 메이도프가 사기를 치고 있다는 증거는 여러 곳에서 산더미처럼 나왔잖아요. 그는 어떻게 이 많은 사람을 속일 수 있었을까요?

말콤 진실 기본값 이론의 핵심 중 하나는 "문제는 저 사람들이 아니라 우리다"라고 하는 거예요. 소시오패스와 사기꾼들이 거짓말을 하고도 걸리지 않는 이유는 그들이 천재라서가 아닙니다. 우리가 그들을 적발하지 못하도록 타고났기 때문이죠.

데비 『타인의 해석』에는 성폭력 사례들도 많이 등장하는데요. 스탠퍼드대학교 재학생 브록 터너가 기절한 샤넬 밀러를 강간한 사건, 제리 샌더스키가 펜실베이니아주립대학교 미식축구팀 코치로 일하면서 수많은 어린 선수들을 성적으로 학대한 사건, 수백 명의 어린 체조 선수들을 성폭행한 래리 나사르 사건을 다루고 있어요. 이 사건들을 조사하면서 어떤 공통점 같은 것을 발견하셨나요?

말콤 어떤 점에서는요. 샌더스키 사례의 경우 피해자를 비난하는 경향이 강했어요. 그가 감옥에 가자 샌더스키에게 속은 사람들도 기소가 되었는데, 그건 미친 짓이었죠. 남을 믿으려는 인간의 충동을 범죄화해서는 안 됩니다. 그는 상당히 교활한 소시오패스였어요. 그에게 속은 사람들이 아주 많았죠. 증거가 많지 않아 그를 상대로 소송을 시작하는 데만 수년이 걸렸습니다. 지금까지도 저는 검찰이 그 사건을 다룬 방식에 몹시 화가 나는데요. 그들은 샌더스키를 감옥에 넣은 뒤 아무 잘못도 없는 펜실베이니아대 고위 관계자들도 감옥에 보내려고 결심했단 말이죠.

데비 래리 나사르의 경우는 어떤가요?

말콤 미시건주립대학교의 경우는 아주 다릅니다. 일단 그에게 피해를 입은 사람이 수년간 쏟아져 나왔습니다. 지도자의 위치에 있는 사람들은 이 사람의 행동에 심각한 문제가 있다는 사실을 여러 번에 걸쳐 분명히 전달받았습니다. 이때는 당연히 지도자에게 책임을 물어야 한다고 생각해요. 제 팟캐스트에서 경찰 총격 사건을 담당한 수사관을 인터뷰한 적이 있는데, 그가 이야기해준 사실이 뇌리를 떠나지 않더군요. 그가 처음 한 말이 이거였어요. "말콤, 이 일을 할 때 기억해야 할 것은 모든 사건은 다 다르다는 것입니다." 이런 사건들이 일어났을 때 우리는 이것이 다 다른 사건이라는 것을 염두에 둬야 해요. 역학도 다르고 책임 소재도 다르고 원인도 다르지요. 사건들을 들여다볼 때마다 그 차이점을 존중할 필요가 있습니다.

데비   낯선 사람과 대화하는 올바른 방법은 조심성과 겸손함을 갖추는 것이라는 말로 책을 맺고 있어요. 어떤 의미인지 좀 더 자세히 설명해주시겠어요?

말콤   사람들은 잠깐의 만남으로도 상대가 어떤 사람인지 알아낼 수 있다고 생각하는 경향이 있습니다. 하지만 그것은 사실이 아니에요. 제가 책에서 자세히 설명한 그런 유의 비극을 피하는 첫 번째 단계는 지나친 확신을 자제하는 것입니다. 낯선 사람과 만날 때는 아주 겸손한 마음으로 접근해야 해요. 어떤 단순한 만남이 어떻게 흐를지는 누구도 예상할 수 없어요. 불충분한 정보로 만족해야 하고 자기가 알고 있다고 생각하는 것이라도 판단을 유보할 수 있어야 합니다. 모든 말 앞에는 "나의 제한된 관찰에 따르면 이러이러할 수 있을 것 같다"라는 말을 붙여야 해요.

데비   이 책을 쓰면서 당신이 낯선 사람과 소통하는 방식에도 변화가 있었나요?

말콤   저는 이제 모든 확신을 버리고 만나는 모든 사람에 대해 좋은 의미에서 불가지론자가 되려고 하고 있습니다. 누군가의 극히 작은 부분만 보고 있다는 것을 기억하며 성급히 결론을 내리지 않으려고 해요. 빠른 결론은 제가 할 수 있는 최악의 일인 것 같습니다. 설령 결론을 내리더라도 그것을 반박하는 증거가 조금이라도 나타나면 그 결론을 버릴 준비를 하는 것이 제가 할 수 있는 최선일 테고요.

2019. 11. 11

AMBER

앰버 탬블린은 배우다.
TV 연속극 〈제너럴 호스피털〉로 연기를 시작했다.

이어서 황금 시간대에 방영된 드라마 〈아케이디아의 조앤Joan of Arcadia〉과 영화 〈청바지 돌려 입기〉 시리즈에 출연했다. 또한 2016 년 영화 〈페인트 잇 블랙〉을 연출하기도 했다. 이것은 그녀가 크레디트 에 이름을 올린 수많은 텔레비전 시리즈, 영화, 연극 목록의 일부다. 앰 버 탬블린은 시인이기도 하다. 하퍼콜린스 출판사에서 출간된 『어두운 불꽃Dark Sparkler』은 유명한 아역 배우들의 삶과 죽음을 노래한 시집 이다. 그녀는 또한 소설가이자 #미투 운동의 선봉에 선 사회운동가이 기도 하다. 그녀의 책 『발화의 시대: 분노와 혁명의 시대에서 성장하기 Era of Ignition: Coming of Age in a Time of Rage and Revolution』는 페미니 즘 선언이자 회고록이다.

TAMBLYN

데비　앰버, 당신의 두 번째 시집 『뱅 디토Bang Ditto』에서 모두가 한 번쯤 꿔봤을 가장 끔찍한 악몽을 열다섯 살 때 몸소 시험해본 일에 대해 썼잖아요. 완전히 벌거벗은 채 다니던 고등학교로 향했죠. 어깨에는 파란색 배낭을 메고 발에는 운동화를 신은 채, 음모 여섯 가닥을 내보이며 말이죠. 첫 번째 안뜰을 겨우 지났을 때 교사 한 명이 달려와 코트로 당신을 가렸다고요. 진실인가요 아니면 거짓인가요?

앰버　완전 진실이죠.

데비　자세히 얘기해주세요!

앰버　전 이제 서른여섯 살이에요. 연기는 열 살 때부터 했고요. 그때 전 업계의 시선 밖에서 제 몸의 한계 혹은 능력을 시험해보기 시작했던 것 같아요. 당신이 이 이야기를 하기 전까지는 그 일에 대해 완전히 잊고 있었어요. 지금 속으로 엄청 부끄러워하고 있답니다.

데비　'진실 혹은 거짓' 질문을 하나만 더 해볼게요. 열여섯 살 때 〈제너럴 호스피털〉로 할리우드 리포터상을 수상했잖아요. 그리고 그 주에 바로 유두 피어싱을 했다고요.

앰버　그 일 역시 내 몸으로 무엇을 할 수 있는지 탐색해본 것뿐이었어요. 이 업계는 성공하기 위해 어떤 옷을 입어야 하는지 뿐만 아니라 어떻게 말하고 어떻게 생겨야 하며 얼굴의 질감, 몸의 질감은 어떠해야 하는지까지 하나하나 다 규정하려고 드는 곳이거든요. 어려서부터 전 어딘가 어울리지 않는 껍데기를 뒤집어쓰고 있는 것 같았어요. 그래서 더 제 피부의 한계를 시험해보고 싶었죠.

데비　그 점에 대해 훨씬 더 많은 이야기를 나눠보고 싶은데요. 우선 배우가 되기 전에 어떤 삶을 살았는지 간략히 짚어볼까 해요. 당신은 캘리포니아 샌타모니카의 연예계 집안에서 태어났죠. 아버지 러스 탬블린은 〈웨스트사이드 스토리〉, 〈7인의 신부〉, 텔레비전 드라마 〈트윈픽스〉 같은 명작들에 출연하셨어요. 할아버지 에디 탬블린은 보드빌 공연을 하셨고, 삼촌 래리 탬블린은 1960년대 록 밴드 스탠델스에서 키보드를 연주했죠. 가족과 친하게 지낸 사람 중에는 에드 루샤, 닐 영, 딘 스톡웰, 데니스 호퍼 같은 사람들이 있었고요. 데니스 호퍼는 당신의 대부라는 소문도 있었죠. 당신도 가족들의 뒤를 이어 당연히 할리우드 에 입성하게 될 거라고 어렸을 때부터 생각했나요?

앰버   네. 저는 나르시시즘에 빠진 백인 남자들이 우글거리는 곳에서 나고 자랐지요.

데비   저도 마찬가지지만 전 유명 배우가 아닌걸요. 당신은 열 살 때 학교 연극에서 삐삐 롱스타킹을 연기했던 경험이 여러 면에서 시발점이 되어 본격적인 연기 활동을 하게 된 걸로 알아요. 열한 살 때 〈제너럴 호스피털〉의 에밀리 쿼터메인 역을 따내기도 했죠. 연기 활동을 하면서 학교를 다닐 수는 있었나요?

앰버   저는 초등학교, 중학교, 고등학교를 전부 공립학교로 다녔고 대학에는 진학하지 않았어요. 하지만 세트장과 학교를 계속 왔다 갔다 해야 했죠. 아주 복잡하고 힘들었어요. 법에 따라 세트장에서 정해진 몇 시간 동안 개인 과외를 받아야 했고, 과외를 받았다는 것을 확인해주는 분홍색 용지를 학교에 가지고 가야 했어요. 그렇게 계속 왔다 갔다 했죠.

데비   에밀리 쿼터메인 말고도 널리 알려진 역할을 많이 맡으셨어요. 그 역할들에 대해 지금은 어떤 감정이 드나요?

앰버   만감이 교차하죠. 어른이 되어서는 연예계에서 성장하며 겪은 고통을 지우는 데 아주 많은 시간을 썼던 것 같아요. 하지만 여전히 그 캐릭터들을 사랑하고 자랑스럽게 생각해요.

데비 〈두 남자와 2분의 1 Two and a Half Men〉오디션을 보던 중에 배우 존 크라이어에게 나가 뒈지라고 한 게 사실인가요? 그 자리에는 제작자 척 로리도 있었다면서요.

앰버 100퍼센트 사실이에요.

데비 어쩌다가 그렇게 됐나요?

앰버 척 로리한테도 나가 뒈지라고 했을걸요.

데비 그렇군요.

앰버 그 캐릭터는… 2분의 1에 해당했던 아들 역할을 대체하기로 되어 있었어요. 제가 맡은 역은 찰리 하퍼의 딸이었는데 찰리의 여자 버전이라고 할 수 있었죠. 알코올의존증에 입이 거칠고 여자를 밝힌다는 점에서요. 사실 저는 이 드라마를 하든 못 하든 상관없다는 입장이었어요. 실패해도 잃을 게 없는 오디션이었죠. 그래서 오디션장에 있었던 남자들 모두에게 무례하게 굴었고 결국엔 그 역할을 따냈어요.

데비 연예계는 관음증이 넘쳐나는 곳이고 특히 여배우는 그런 관음증적인 시선에 적당히 응해주는 것이 밥줄이 된다고도 하셨어요. 사람들은 현실에서 도피해 자신만의 새로운 현실을 만들기 위해 당신을 바라보지요. 당신은 어떻게 자신의 정체성을 유지하면서 다른 아역 배우들이 빠진 위험한 함정을 피할 수 있었나요?

앰버 저를 강력히 지지해주신 부모님 덕이라고 생각해요. 또 제게는 시도 있었지요. 정말이지 시가 절 구원해주었어요. 시는 제게 제3의 부모이자 수호신이었죠. 그런 경험들을 돌아보고 그때 느꼈던 감정을 글로 풀어낼 수 있게 해주었거든요. 그것이 분노든 좌절감이든 투명 인간이 된 것 같은 느낌이든 대상화된 느낌이든 말이죠.

데비   삶에서 자신이 온전히 제어할 수 있다고 느낀 몇 안 되는 것 중 하나가 시인 것 같다고 했죠. 왜 그런 느낌을 가지게 되었을까요?

앰버   배우가 만들어내는 것은 절반만 자기 것이에요. 배우는 자신의 감정, 몸과 마음을 실어 대사를 전달하지만, 대사 자체는 자신이 어찌할 수 없는 영역인 거죠. 다른 누군가가 쓴 말을 자기 식대로 해석할 뿐이에요. 글은 실패하면 자기를 표현하는 데 100퍼센트 실패하는 것이지만 연기는 어차피 실패할 걸 50퍼센트만 실패하는 느낌이랄까요. 이게 말이 되는지는 모르겠지만요.

데비   배우가 연기가 아닌 다른 무언가를 시도할 때 비판적으로 보는 시선이 많은 것 같아요. 글쓰기를 하든 음악을 하든 정치를 하든 사회운동을 하든 말이죠. 당신이 유명인이기 때문에 시인으로서 진지한 대접을 받기 더 어려운 것 같다는 생각을 하기도 했나요?

앰버   전적으로요. 일찍부터 제 작품을 투고하거나, 제 작품으로 글쓰기나 공연 외의 다른 활동을 하는 것에 대해 좌절감을 많이 느꼈던 것 같아요. 책 홍보를 다니고 로스앤젤레스의 비욘드 바로크라고 하는 곳을 자주 다니며 낭독을 하기는 했죠. 『어두운 불꽃』을 쓸 때는 존재론적 위기를 심하게 겪기도 했어요. 다른 사람들을 찾아다니며 오디션을 보고 그들의 작품을 해석하는 것 말고 달리 무엇을 할 수 있을지 고민했죠. 그것보다는 훨씬 많은 일을 할 수 있을 것 같았거든요.

데비   존재론적 위기가 어디에서 기인한 것 같나요?

앰버   사람들이 늘 하는 질문이 "몇 살 때 연기를 하고 싶다는 걸 알게 되었는가?" 하는 거예요. 사실 그건 아이가 선택하는 게 아니거든요. 어른들이 결정하고 아이는 어른들을 기쁘게 하기 위해 연기를 할 뿐이죠. 그러면서 인생 자체가 연기가 되고요. 『어두운 불꽃』은 이러한 고통에 대해 이야기하는 방법을 찾으려는 시도였어요. 나라는 사람은 누구보다 많은 특권을 누린 사람이라는 것을 알지만 그럼에도 내가 보이지 않는 존재가 된 것 같다는 느낌에 시달렸는데 이것을 어떻게 이야기할 것인지를 고민했죠.

데비 2017년 9월 16일 《뉴욕 타임스》 칼럼에 성폭력을 당했다고 털어놓아도 아무도 믿어주지 않았던 일에 대해 썼어요. 그 글은 《뉴욕 타임스》 역사상 가장 많이 읽히고 공유된 칼럼 중 하나가 되었는데요. #미투 운동이 폭발하기 한 달 전에 쓴 글이었죠. 당신은 지금 타임즈 업Time's Up, 미투 운동을 계기로 배우, 작가, 감독 등 할리우드에서 일하는 여성 300여 명이 성폭력과 성차별 문제 해소를 위해 2018년 1월 1일 결성한 단체의 창립 멤버이기도 한데요. 사회운동에 참여하게 된 동기는 무엇인가요?

앰버 다른 사람들의 동기가 저에게 동기를 부여해주는 것 같아요. 제가 여자들을 위해 목소리를 높이는 이유는 제가 가장 잘 아는 사람들이 여자들이기 때문이죠. 저는 저와는 다른 경험을 한 여성들과 연대함으로써 사회운동에 동참할 수 있었는데요. 여성은, 특히 백인 여성은 세상 밖으로 나와야 할 책임이 있다고 생각해요. 우리와는 다른 경험을 한 여자들과 공동체를 이루고 서로 팔짱을 낄 수 있어야 합니다. 그들도 우리에게 똑같이 해주기를 바라고요. 이 여자들이 어디에서 왔고 어떻게 억압을 받고 있는지에 대해 이해할 수 있어야 해요. 그러려면 지금 부족한 것이 무엇인지에 대해 서로 더 깊고 복잡한 대화를 나눌 수 있어야 합니다.

2020. 2. 24

"The

single greatest compliment
I've ever gotten in my career
is a performer saying to me:
'I don't have to do the dramaturgical work,
because I know who I am and
where I am, being on your stage.'"

"제가 일하면서 들었던 최고의 찬사는 '당신이 디자인한 무대에
서면 연기를 할 필요가 없어요. 내가 누구이고 어디에 있는지
저절로 알게 되기 때문이죠'라고 말한 어느 배우의 말이었어요."

데이비드 코린스

무대 디자이너

2018. 3. 19

유행을
선도하는
사람들

PART

에밀리 오버먼

칩 키드

브랜던 스탠턴

어맨다 파머

세라 존스

토머스 케일

아미나투 소우

크리스티나 토시

제시카 히시

사이드 존스

토머스 페이지 맥비

마이클 R. 잭슨

EMILY

누구나 한 번쯤은 에밀리 오버먼이 디자인한 작품을 본 적이 있을 것이다.

오버먼은 팟캐스트 〈디스 아메리칸 라이프〉, 드라마 〈섹스 앤 더 시티〉, 잡지 《럭키》의 디자인 작업을 했다. MTV와 VH1, HBO의 광고 캠페인을 제작했고 지난 20여 년 동안 〈새터데이 나이트 라이브〉의 타이틀 시퀀스를 디자인해왔다. 전설적인 디자이너 티보르 칼만의 엠 앤드 컴퍼니M&Co에서 일을 시작한 에밀리는 디자인 회사 넘버 세 븐틴Number 17을 공동 설립해 2010년 문을 닫기까지 17년간 이 회사 를 운영했다. 그리고 이 인터뷰를 진행하기 직전인 2012년에 초대형 글로벌 디자인 회사 펜타그램의 파트너가 되어 폴라 셰어, 마이클 베 이루트와 함께 일하기 시작했다.

OBERMAN

데비 〈디자인 매터스〉 초창기에 저의 인터뷰에 응해주셨었죠. 그때 이후로 당신에 게는 정말 많은 변화가 있었는데요. 맨해튼에서 브루클린으로 이사했고 쌍둥 이의 엄마가 된 데다가 이제는 펜타그램의 파트너가 됐어요. 처음 저한테 펜 타그램에 합류할지도 모른다는 소식을 전해주면서 아주 인상적인 말씀을 하 셨는데요. 당신의 경력이 총 3막으로 구성되기를 늘 바라왔다고 하셨죠. 1막 은 티보르 칼만의 엠 앤드 컴퍼니, 2막은 시글러와 함께한 넘버 세븐틴, 그리 고 3막은 펜타그램이었으면 좋겠다고요. 그 바람은 놀랍게도 현실이 되었는데 요. 그때 어떤 느낌으로 그런 생각을 했는지 알려주시겠어요? 약간 마법 같기 도 한걸요.

에밀리 사실을 말하자면, 이미 3막에 접어들고 나서야 제 경력이 3막짜리면 좋 겠다는 생각을 한 거예요. 엠 앤드 컴퍼니에서 티보르와 일할 때는 그곳 이 세상에서 제일 멋진 일터였고, 거기 있는 동안에는 그다음에 어떻게 할지 생각해본 적이 없었어요. 넘버 세븐틴에 몸담고 있을 때도 마찬가 지로 그곳에 푹 빠져 있었고요. 저와 보니의 파트너십은 환상적이었고 많은 영감을 주었지요. 하지만 펜타그램이라는 새로운 기회를 마주하 게 되자 이제 인생 3막을 시작해도 좋을 것 같다는 생각이 들었어요.

데비 지금까지 해온 일들이 하나같이 아주 매력적인데요. 티보르와 같이 일했던 시 절부터 이야기해보죠. 티보르의 회사에서 누구보다도 오래 일한 디자이너시 죠. 그의 부인 마리아 칼만을 제외하면요. 이전 인터뷰에서 그와의 작업에 대해 많은 이야기를 해주셨는데요. 이렇게 시간이 지나서도 그가 여전히 업계에 영 향력을 미치고 존경받는 이유가 뭐라고 생각하세요?

에밀리 티보르는 똑똑하고 규범에 도전하는 사람이었어요. 사물을 다르게 보 려고 노력했고, 솔선해서 그렇게 했죠. 변화가 필요하다고 생각하는 일 에 매우 열정적이면서 무척 재미있는 사람이었어요. 그의 사고방식이 디자인계에, 그리고 저에게도 여전히 하나의 방식으로 자리 잡고 있죠. 제가 하는 모든 일에 여전히 영향을 미쳐요. 그게 좋을 때도 있고 좋지 않을 때도 있는데요. 예를 들면 처음 떠올린 아이디어가 딱 좋다 싶을 때가 있는데 예전에 티보르와 일하던 방식 때문에 무조건 다른 아이디어들도 모두 살펴보려고 하죠. 결국 첫 번째 것이 제일 좋았다는 걸 확인하게 될 때까지요. 꽤 피곤한 일이죠.

데비 그럴 것 같아요.

에밀리 최적의 아이디어를 찾기 위해서는 그런 힘든 과정이 필수라는 생각이 들기도 해요. 좋은 아이디어가 쉽게 떠올랐을 때도요. 이 일을 꽤 오랫동안 해왔으니 쉽게 좋은 아이디어를 떠올릴 수 있을 거라고 생각하는 부분이 저에게도 분명히 있어요. 그렇지만 그게 정말 좋은 아이디어인지 확신하기 위해서는 힘들더라도 여전히 그런 과정을 거쳐야만 한다고 생각해요.

데비 지금도 항상 좋은 쪽으로든 나쁜 쪽으로든 티보르의 영향을 받고 있다고 했는데, 가장 중요하고 긍정적인 영향은 뭘까요?

에밀리 방금 말씀드린 것과 똑같아요. 하나의 좋은 아이디어가 나오기까지 모든 방안을 검토하는 점이요. 좋은 아이디어라는 확신이 들기 전에는 만족하지 않죠.

데비 엠 앤드 컴퍼니를 떠나 창업하기로 결정한 이유는 어떤 것이었나요? 1막을 마치고 2막으로 넘어가게 된 특별한 계기가 있나요?

에밀리 시간, 변화, 그리고 보니가 그 이유였죠. 티보르와 오랫동안 일했고, 보니와는 오랫동안 친구로 지내면서 언젠가 같이 디자인 회사를 차리면 좋겠다는 생각을 늘 해왔어요. 그러다가 모두에게 적절한 순간이 되었던 것이고, 확실히 변화할 때가 왔던 것이죠.

데비 넘버 세븐틴을 운영하면서 잡지 《제인》의 대대적인 런칭 캠페인을 진행하셨죠. 콘데 나스트의 매거진 《럭키》의 창간에 참여했고, 잡지 《글래머》의 디자인, HBO의 〈섹스 앤 더 시티〉 작업도 하셨어요. 머서 호텔, 마리타임 호텔, 봉Vong과 스파이스 마켓Spice Market 등의 레스토랑 브랜딩 작업도 하셨고요. 작가 스티븐 더브너와 『슈퍼 괴짜 경제학』의 디럭스 일러스트판을 내기도 하셨어요. 보니와 당신에게 어떤 사업계획 같은 것이 있었던 건가요? 미디어, 영화, 문화 분야의 특정 클라이언트 군을 설정하고 일을 시작하셨는지요?

에밀리 사업계획 같은 건 없었어요. 똑똑한 사람들과 일하며 우리가 좋아하는 제품들을 위해 멋진 결과물을 내고 싶다는 생각 외에는 어떤 계획도 없었죠.

데비 두 분이 손을 맞잡고 그냥 다짜고짜 덤벼든 거군요.

에밀리 정확해요. 사업계획 비슷한 게 있었다면 빚을 지지 않겠다는 것이었죠. 사업을 시작하면서 그 누구에게도 돈 한 푼 빌리지 않았어요. 보니의 거실에서 일을 시작했기 때문에 다른 비용이 일절 들지 않았죠. 처음에는 그런 식으로 소수의 클라이언트와 일하다가 공간을 마련해서 점점 사업을 키워나갈 수 있었어요. 모든 게 자연스럽게 진행됐어요. 특별한 계획 같은 건 없었죠. '이 만큼의 시간 동안 이 일을 하고, 그다음엔 또 뭘 하고' 이런 게 아니라, '우리가 지금 이러이러한 일을 해야 하는데 이걸 어떻게 해야 하지?' 고민하는 것에 가까웠어요. 그러다 보니 '공간이 좀 더 필요하니까 찾아보자' 생각하게 됐고요. 그러면서 점점 진화해갔죠.

데비 잡지 《패스트 컴퍼니》에 실린 프로필 기사에서 디자인을 위한 접근 방식에 대해 말씀하신 걸 봤는데요. 디자인 과정에서 가장 중요한 부분은 아이디어라고 하셨어요. 어떤 의미인지 말씀해주실 수 있나요?

에밀리 물론이죠. 저는 아이디어가 가장 중요하다고 생각해요. 그게 저만의 생각은 아닐 거예요. 우리가 접하게 되는 대부분의 좋은 디자인은 그 안에 어떤 아이디어를 담고 있어요. 좋은 디자이너는 아이디어가 있어야 무언가를 시작할 수 있고 무언가를 괜찮게 만들 수 있다는 것을 간파한 사람들이에요. 그저 예쁜 걸 만드는 것만이 아니에요. 티보르가 미친 영향에서 가장 중요한 부분이 바로 '아이디어'를 강조하고 저에게 그 점을 깊이 각인시킨 것이라고 할 수 있어요. 저뿐만 아니라 많은 사람에게 그 점을 각인시켰죠. 이제는 그게 규범이 된 것 같아요.

데비   그 기사는 펜타그램에 처음 합류한 시점에 나온 시리즈 기사의 일부로 '어떻게'와 '왜'에 집중한 기사였는데요. 이런 큰 결정은 어떻게 내리게 된 건가요?

에밀리   변화, 그리고 시간 덕분이죠. 넘버 세븐틴을 시작한 이유, 또 넘버 세븐틴의 문을 닫았던 이유와 같아요. 시간이 하는 일이죠. 그 무렵에 이런 기회가 왔고 그게 저의 3막이 될 것으로 보였어요. 아주 좋은 기회요.

데비   떨리거나 두렵지는 않았나요? 무언가 보여주어야 한다는 걱정은 없었어요?

에밀리   네, 긴장했죠. 좋은 의미로요. 그런 두려움은 저에게 항상 동기부여가 돼요. 삶을 끌어가는 힘이죠. 무언가에 대해 긴장하고 걱정하는 마음이 오히려 규칙적인 생활을 하게 해요. 다음 날 잘하려면 피곤하면 안 되니까요. 건강한 두려움인 것 같아요.

데비   완전히 새로운 환경에서 전에는 해본 적이 없는 완전히 새로운 일을 하고 계신데요. 데이 마이트 비 자이언츠They Might Be Giants, 1982년 존 린넬과 존 플랜스버그가 결성한 미국의 얼터너티브 록 밴드의 뮤직비디오로 첫 비디오 작업을 하셨어요. 중독성 있고 유쾌한 〈나라의 알파벳Alphabet of Nations〉이라는 노래였죠. 완전히 새로운 환경에서 이런 새로운 작업을 하는 건 어떤 느낌인가요?

에밀리   너무 재미있어요. 약간 벅차기도 했지만요. 어떨 때는 잠시 멈춰서 숨을 가다듬어야 했죠. 제가 '데이 마이트 비 자이언츠'의 오랜 팬이기 때문에 더 즐겁게 작업할 수 있었던 것 같아요. 어린이 비디오로 만든 것인데 노래 전체가 나라 이름으로 만들어진 아주 유쾌하고 짤막한 노래예요. 그들과의 협업은 정말 뿌듯했죠.

데비   인터넷에서 전 세계 어린이들의 이미지를 수집해서 비디오에 담으셨어요.

에밀리   그건 '데이 마이트 비 자이언츠'의 두 명의 존 중에 존 플랜스버그가 낸 아이디어였어요. 크라우드 소싱으로 인터넷에서 전 세계의 팬들로부터 이미지를 받아서 사용하기로 했죠. 노래에 잘 맞는 아이디어였고 신선한 생동감이 있었죠. 존과의 작업은 정말 좋았어요. 존이 자기 밴드에 대해, 자기 브랜드에 대해 워낙 잘 알고 있었으니까요. 똑똑하고 재밌는데 예리한 사람이에요. 늘 한발 더 나아가고 싶어 하고요.

    저에게 말하기를, "이건 어린이를 위한 비디오지만 어린이 비디오처럼 만들지는 맙시다. 좀 더 어른스럽게 만들어보자고요"라고 하더군요. 그렇게 그가 밀어붙였지요. 돈도 시간도 부족했지만 아주 재미있게 작업했어요. 저예산으로 어떻게 작업하는 것이 좋을지 궁리하는 것도 나름 재미가 있더군요. 그렇게 해서 나라 이름과 알파벳을 몽타주한 매우 활자 중심적인 영상물이 탄생했죠. 제 아이들도 이제 최소한 26개국의 나라 이름을 외우고 있어요. 그 노래도 부를 수 있고요. 멋진 일이죠.

데비   스티븐 소더버그의 영화 〈사이드 이펙트〉에 나오는 가상의 항우울제 아블릭사의 브랜딩과 광고를 디자인하시기도 했어요. 아블릭사를 처방받은 우울증 환자 에밀리 테일러 역은 루니 마라가 맡았고, 주드 로가 그녀의 주치의 역을 맡았죠. 영화에서 이 약이 중추적인 역할을 하는데요. 영화를 위해 거대 제약회사 브랜드 프로젝트에 해당하는 모든 것을 다 하셨어요. 소름 끼칠 정도로 긍정적인 존재감을 과시하며 영화 내내 등장하는 로고를 포함해서, 약품 포장, 홍보물, 웹사이트, 머그잔과 펜 같은 프로모션 사은품, 당신이 직접 내레이션한 광고까지도요. 펜타그램의 뉴욕 사무실이 영화에서 루니 마라가 연기한 에밀리의 직장으로 나오기도 하죠. 극 중 에밀리가 실제 에밀리 오버먼의 책상에 앉아 있는 것을 봤을 때 어떤 기분이 들던가요?

에밀리　상당히 메타적이었죠. 루니 마라가 연기한 인물의 머리 색이 제 머리 색과 비슷해요. 그 영화의 각본을 쓴 스콧 번스는 오랫동안 알고 지낸 제 친구이기도 하고요. 스콧은 좋은 각본을 많이 썼어요. 공교롭게도 그가 우울증에 걸린 빨간 머리 여성 그래픽디자이너가 나오는 이야기를 쓰게 되었고, 펜타그램이 그녀의 사무실로 섭외된 거죠. 저는 그 이야기를 듣자마자 '아니 이게 무슨 소리야?' 싶었는데, 스콧은 저랑 관련이 있다고는 생각도 못 했다고 하더군요. 이틀 동안 주드 로와 루니 마라가 우리 사무실에 와 있었던 것도 좋았지만, 그 프로젝트의 멋진 점은 영화에 들어갈 제품을 디자인해볼 기회를 얻게 된 거였어요. 가상의 제품을 위해 진짜 항우울제와 똑같이 모든 구성을 갖춘 디자인 작업을 하는 일 말이죠. 프로젝트에 몰입하는 데 어려움도 있었어요. 아마 그런 요청을 받을 일은 없을 테니까요. 모순 없이 해낼 방법을 찾아야 했는데 결국은 그 자체가 어느 정도 모순이 있었죠. 우리는 그 제품의 존재를 받아들이고 완벽하게 구체화했어요. 웹사이트를 만드는 것까지요. 텔레비전 광고도 정식으로 만들었죠. 영화에서는 0.001초 만에 지나갔지만요. 게다가 그 이야기와 더불어 실제 그 제품을 디자인한 펜타그램에서 촬영한 것으로 메타적인 특성이 더해졌죠. 멋진 순간이었어요.

2013. 4. 19 　🔁

CHIP

사람들은 칩 키드를
록 스타라 부르길 좋아한다.
그럴 만한 이유가 있다.

키드는 30년 동안 크노프 출판사에서 일하면서 진정으로 시대를 대표할 만한 책 표지를 디자인해왔다. 데이비드 세다리스의 책 표지에 등장한 트렁크 팬티, 『쥐라기 공원』의 공룡 해골 이미지, 우리가 지금껏 보아온 거의 모든 영어판 무라카미 하루키의 책 표지가 그의 작품이다. 칩은 북디자이너로 그 이름을 널리 알린 한편 최근에는 베스트셀러에 오른 소설 『치즈 몽키즈Cheese Monkeys』와 『배우는 사람들The Learners』, 그리고 작품집 『피넛츠 포스터 컬렉션The Peanuts Poster Collection』과 『고 GO: 칩 키드의 그래픽디자인 가이드』 같은 저술 활동으로 사람들에게 알려지고 있다.

K :) D D

데비   최근에 내신 책이 『고 GO: 칩 키드의 그래픽디자인 가이드』인데요. 제목에 이중적인 의미가 있는 거죠? 책을 칩 키드Kidd가 쓰고 디자인했고, 또 어린이들kids을 위한 것이라는 뜻이겠죠? 어린이들을 위한 책을 생각한 이유는 뭘까요?

칩   그 책은 온전히 한 멋진 여성분, 작가이자 디자이너인 라켈 하라미요 덕분에 나온 것이에요. 아마도 청취자분들에게는 『원더』의 저자 R. J. 팔라시오라는 필명으로 더 잘 알려졌을 것 같네요. 저도 몰랐는데 그분이 3년 전에 워크맨 출판사로 자리를 옮겼더라고요. 그러더니 어느 날 불쑥 저에게 이메일을 보냈어요. "저를 기억하실지 모르지만, 지금 전 워크맨에서 크리에이티브 디렉터 겸 편집자로 일하고 있어요. 말씀드리고 싶은 일이 있는데 점심 같이할 수 있을까요?"라는 내용이었어요. 그래서 점심을 같이하게 되었는데 그분이 "지금이 누군가 아이들에게 그래픽 디자인을 가르치는 책을 낼 적기인데, 당신이 적임자인 것 같아요"라고 하더군요.

데비   생각해보겠다고 했나요, 아니면 즉시 제안을 수락했나요?

칩   즉시 수락했죠. 제가 알기로 그때까지 그런 책은 없었거든요. 혹시 아니라면 알려주세요.

데비   맞아요. 없었어요.

칩   그 사실이 제가 그 일을 하게 된 강력한 동기가 되었어요. 나흘에 걸쳐서 40쪽짜리 제안서를 만들었는데, 꽤 마음에 들었어요. 제안서 대부분이 책 완성본에 그대로 반영되었죠.

데비   책 전체를 혼자 구성하셨나요?

칩   그럼 셈이죠. 라켈의 도움도 상당했지만요. 그녀에게 아들이 둘 있었는데 우리가 염두에 두었던 나이 또래였어요. 그래서 라켈에게 좋은 아이디어가 많이 있었죠. 이를테면 책 도입부에 두 페이지를 할애해 그래픽 디자인의 예를 간단하게 보여준 것도 그녀의 아이디어였어요. 아이들이 너무 당연하게 기계가 찍어냈을 거라고 생각하는 우유 팩이나 시리얼 상자의 도안 같은 것도 다 사람에 의해 만들어졌다는 걸 상기시키기 위해서였죠.

데비   "자각하든 못 하든 당신이 매일 내리는 결정들 대부분은 디자인에 의한 것이다"라는 대담한 문장으로 책을 시작하는데요. 좀 더 자세히 설명해주시겠어요?

칩   대학에 다닐 때까지 저는 누가 무엇을 만들고, 그것이 어떻게 만들어지는지에 대해 생각해본 적이 없었어요. 어릴 때는 성장하면서 배우고 해결해야 하는 다른 많은 것이 있기 때문에 누가 저 비상구 표시를 만들었는지, 누가 내 옷을 디자인했는지를 생각할 겨를이 없었죠. 3학년 때인가 4학년 때였던 것 같은데요. 선생님께서 우리에게 "앞으로 일주일 동안 다음 날 입을 옷을 전날 저녁에 미리 정해보세요"라고 말씀하셨어요. 그렇게 해야겠다는 생각을 전에는 해본 적이 없었기 때문에 처음에는 '뭐야 바보같이! 옷 입기 2분 전에 결정하면 되는데'라고 생각했죠. 하지만 그 숙제는 저에게 무슨 옷을 입을 것인지 생각하게 했고 다음 날 아침에 옷 입는 것에 대한 스트레스를 없애줬어요. 그저 고른 옷을 입고 가면 됐지요. 제가 말하려는 게 바로 이런 건데요. 모든 게 디자인에 의한 것이죠. 계획에 의한 것이고요. 디자인이 부재하면 문제에 봉착할 수 있어요.

데비   이어서 "그래픽디자인은 무엇인가?"라는 대답하기 어려운 질문을 던지셨는데요. 지루하지만 정확한 답과 훨씬 흥미로운 답을 함께 제시하셨죠. 정말 훌륭한 답이었을 뿐만 아니라 책 전체의 기조를 반영하는 답을 현실적이면서도 공감

가능한 언어로 잘 풀어내신 것 같아요. 그 부분을 한번 읽어볼게요.

"훨씬 흥미로운 답은 그래픽디자인이 문제 해결이라는 것이다(그리고 그 과정에서 종종 진짜 멋진 것을 만들어내는 것이다). 풀어야 할 문제는 각양각색이다. 좋은 문제, 나쁜 문제, 복잡한 문제, 쉬운 문제, 짜증 나는 문제, 재미있는 문제, 따분한 문제, 생명을 위협하는 문제, 일상적인 문제 등. 남들과는 관계없이 나에게만 중요한 문제가 있는가 하면 인류의 운명을 결정짓는 문제도 있다. 도저히 풀 수 없는 문제들도 있지만 그렇다고 해서 해결할 노력 자체를 멈추라는 법은 당연히 없고 또 멈춰서도 안 된다. 하지만 그래픽디자인에 대해 알아야 할 가장 중요한 점은 문제 자체를 잘 정의해야만 최상의 해결책이 나온다는 사실이다. 모순적이거나 이상하게 들릴지도 모르지만 이것이 사실이다."

아주 멋진 답인데요, 하지만 이 질문은 드려야겠어요. 문제 해결에 대해 이런 식의 설명은 들어본 적이 없어서요. 최상의 해결책은 대개 문제 자체를 잘 정의할 때 나온다는 게 무슨 뜻이죠?

칩　제가 다닌 펜실베이니아대학교에서는 첫날부터 이걸 주입시켰어요.

데비　예를 하나만 들어주세요.

칩　책에서는 과속 방지턱과 그 역사를 인용했는데요. 1950년대 중반에 사람들이 교외 지역에서 너무 과속으로 차를 몰았어요. 물리학자인 아서 컴튼은 그 속도를 줄이고 싶었지요. 문제는 운전자들이 보행자가 많은 지역에서 너무 빨리 달린다는 데 있었어요. 왜 그게 문제가 될까요? 차가 사람을 칠 수 있기 때문이죠. 그럼 어떻게 속도를 줄이게 할까? 표지판을 세우자. 그런데 사람들이 그 표지판을 무시하면 어쩌지? 사람들이 무시할 수 없는 방식으로 속도를 줄이게 하는 방법이 뭐가 있을까? 길에 턱을 만들자. 이건 정말 훌륭한 디자인적 해결책이죠. 그래픽디자인적인 해결책은 아닐 수도 있지만요. 그래픽디자인적인 해결책은 '천천히, 전방에 방지턱 있음'이라고 표지판으로 알려주는 것이겠죠. 하지만 그 표지를 무시한다면 "쾅!" 하는 거죠.

데비 가령 숲에서 나무가 쓰러졌는데 아무도 듣지 못했다면 그래도…

칩 그래도 소리가 났다고 봐야 하냐고요?

데비 그래픽디자인에 있어서도 마찬가지인 것 같아요. 내가 그래픽디자인을 했는데 아무도 그걸 사용하지 않고 보지도, 이해하지도 못한다면, 그래도 그것이 그래픽디자인일까요?

칩 그래도 그래픽디자인이죠. 잘못 만든 그래픽디자인이긴 하겠지만요. 크리스 웨어가 만화에 대해 한 말과 비슷하죠. 사람들이 만화가 영화 예술 형식과 유사하다고 할 때 그는 "절대 아니다. 말도 안 되는 소리다"라고 했거든요. 앉아서 영화를 볼 때 내가 그 속도를 제어할 수 없잖아요. 내가 해석을 할 수는 있겠지만 사실상 영화는 모든 걸 다 떠먹여주는 셈이에요. 반면 만화의 경우 독자가 속도를 통제할 수 있어요. 등장인물의 목소리도 독자가 결정할 수 있고, 특정 페이지 또는 장면에서 원하는 만큼 시간을 끌 수도 있죠. 만화가 독자에게 무언가를 제시하고, 독자도 그 안에 무언가를 더 넣어야 완성되는 것이에요. 그런 점에서 만화는 그래픽디자인의 한 형태라고 할 수 있어요. 포스터나 광고 같은 것들도 같은 방식으로 작동하고요.

데비 만화 얘기를 하시니까 말인데요, 『고』에서 배트맨 이야기를 많이 하셨잖아요. 왜 배트맨이 현대 문화에서 계속 그렇게 인기를 끌 수 있는지에 대한 관점에서요. 아주 흥미로운 이야기였는데요. 사실 저는 배트맨의 어둠이 슈퍼맨의 밝은 낙관주의를 보완하기 위해 나왔다는 것도 잘 몰랐어요.

칩 슈퍼맨이 처음 등장한 건 1938년인데, 대공황이 끝나고 2차 세계대전이 발발하기 직전이었죠. 슈퍼맨은 그 시대의 완벽한 상징이었어요. 확실히 그 시기에 딱 맞아떨어졌죠. 한편 배트맨은 문화적인 요구에 따라 훨씬 유연하게 적용될 수 있는 것 같아요. 누가 이야기를 쓰고 영화를 만

드는지에 따라서요. 제가 배트맨이 미국의 위대한 디자인이라고 하는
건 그것이 아주 설화적인 성격을 띠기 때문이에요. "여기 모든 것을 가
졌으나 모든 것을 빼앗긴 자가 있다. 그는 자신을 다른 누군가로 완전히
바꿈으로써 그것들을 하나하나 다시 찾아온다." 그리고 솔직히 이 새로
운 캐릭터에는 위대한 디자인적 감각이 들어 있어요. 브루스 웨인은 사
실 할 수 있는 것이 별로 없지만, 사람들이 파악할 수 없고 두려워하는
그의 다른 자아는 자신이 하고자 하는 일을 해낼 수 있지요.

데비   그게 배트맨이 계속해서 인기를 누리는 핵심 요인이라고 생각하나요? 아니면
우리가 이해하지 못하는 다른 심리적인 요인이 있는 걸까요?

칩   우선 그가 인간이기 때문에 쉽게 공감할 수 있다는 점이 있겠죠. 또 영
화나 만화에 나온 코스튬 덕분일 수도 있고요. 그러나 어쨌든 결론은 글
이 훌륭하고 그림이 훌륭하고 디자인 감각이 훌륭하고 영화나 애니메
이션이 훌륭했던 덕일 겁니다.

데비   『고』에서 지금 우리가 알고 있는 그래픽디자인이라는 것은 비교적 최근에 나
타난 것이라고 하셨죠. 1922년까지 그래픽디자인이라는 말조차 없었다고요.
1922년에 무슨 일이 있었던 거죠?

칩   1922년에 북디자이너 윌리엄 애디슨 드위긴스가 쓴 에세이에 그 용어
가 처음으로 등장했어요. 정말 대단한 분이죠. 그는 저의 영웅이었어요.

데비   그래픽디자인이라는 용어를 만들어냄으로써 그래픽디자인계에 가장 위대한
공헌을 했다고 평했는데요. 그분의 표지 디자인들과 용어를 만든 일 중에 어느
것이 더 훌륭하다고 생각하세요?

칩   둘 중에 하나만 골라야 하나요? 그는 정말 멋진 책들을 디자인했어요.
저는 랜덤하우스에서 나온 특별판 『타임머신』 세트 디자인을 제일 좋

아해요. 정말 아름다운 책이에요.

데비 당신의 책을 읽고 또 새로 알게 된 것은, 숫자가 문자보다 먼저 만들어졌으며 로마 숫자는 통나무나 동물 뼈 혹은 바위에 새긴 빗금 형태에서 유래한 것이라 는 거예요. 책 뒷부분에 매력적인 디자인 프로젝트들을 첨부하면서 이 프로젝 트를 통해 아이디어를 떠올리고 새로운 것에 눈뜨고 재미를 느낄 수 있기를 바 란다고 하셨는데요. 그러면서도 그래픽디자인이 기술과 다르다는 점을 처음부 터 강조하셨어요. 왜 그래픽디자인과 기술의 차이를 구별해야 한다고 생각하 신 거죠?

칩 그 사이에는 아주아주 미묘한 선이 있는데요. 저 역시 그걸 잘 유지해왔 는지는 모르겠어요. 기술이 잘못된 건 없죠. 저 역시 좋아해요. 하지만 그래픽디자인의 과제들은 대부분 아이디어와 개념 그리고 문제 해결에 관한 것이에요. 자신의 정체성을 만들어야 하죠. 그게 가장 중요한 일이 에요. 사실 요즘 아이들은 스마트폰이나 컴퓨터에서 끊임없이 자신의 정체성을 만들어내고 있어요. 그건 기술을 넘어서는 것이죠. 자기가 누 구인지, 또 자신을 바깥세상에 어떻게 표현할 것인지를 진지하게 고민 하는 일이고, 그 방법은 아주 다양할 겁니다.

2013. 10. 21

BRANDON

인물 사진들이 시선을 사로잡는다.
분주한 거리에 나와 있는 쇠약한 노인 커플,
커다란 기니피그를 안고 있는
오렌지색 타이를 맨 어린 소년.

카우보이모자를 쓴 한 남자의 얼굴에는 문신이 가득하다. 사랑하는 사람을 잃은 이야기, 어긋나버린 삶, 여전히 좇고 있는 꿈 이야기들이 사진과 함께 담겨 있다. 이 이미지들 뒤에는 포토저널리스트 브랜던 스탠턴이 있다. 〈뉴욕 사람들Humans of New York〉 프로젝트는 아주 단순하게 시작했지만 어느덧 유명한 웹사이트, 블로그가 되었고 여러 권의 책으로도 출간되었다. 이 인터뷰에서 브랜던은 뉴욕 시민들의 스냅 사진을 빛나는 작업으로 바꿔준 꾸준함과 연민에 대해 이야기했다.

STANTON

데비 브랜던, 당신은 해수 수족관, 바리톤 유포니움, 독서, 피아노, 촬영, 금융시장, 뉴욕, 사진, 이런 것들을 거의 강박 수준으로 좋아하시는 걸로 알고 있는데요.

브랜던 어릴 때부터 어떤 걸 하면 그 방면에서 세계 최고가 되어야 한다고 생각하는 경향이 있었어요. 그런 절 보고 어머니는 그러다 뭐 하나도 제대로 못 할 거라고 말씀하기도 하셨죠. 해수 수족관에 빠져 있을 때는 관련된 모든 걸 읽고 돈을 모아서 전부 다 수족관에 썼어요. 그러다 나중에는 달팽이 네 마리만 남을 때까지 방치했죠. 집착이 무관심이 되는 과정을 보여주는 단 하나의 이미지가 있다면 녹조로 뒤덮여 네 마리 달팽이가 지나간 자국을 통해서만 안을 들여다볼 수 있었던 제 해수 수족관이 딱 맞지 싶네요. 제가 좀 그런 식이에요. 그런 성격 덕분에 〈뉴욕 사람들〉을 만들 수 있었던 것 같기도 하고요. 그것 역시 어느 정도의 집착이 필요하니까요.

데비 레딧Reddit, 콘텐츠를 등록하면 사용자들의 투표를 통해 순위에 따라 게시되는 소셜 뉴스 웹사이트의 '무엇이든 물어보세요'에서 고등학교 때는 매우 사교적이었다는 말씀을 하셨어요. 누구에게라도 말을 걸 수 있을 정도로요. 그런데 대학에 가서 좀 우울감을 느꼈고 동굴로 들어갔다고 하셨죠. 무슨 일이 있었던 건가요?

브랜던 아마 마리화나 때문이었을 거예요. 완전히 내성적이 되어버렸죠.

데비 "완전히 마리화나에 빠졌다"라고 말씀하실 줄 알았어요.

브랜던 그것도 그랬어요. 두 가지가 같이 간 거죠.

데비 우울증에서 벗어나고 나서도 다른 사람들과 만나는 것이 편치 않게 느껴졌다고요. 어떻게 다시 편안함을 찾을 수 있었죠?

브랜던	사회성을 갖는 것은 기술을 배우는 거죠. 고등학교 때는 여러 모임에 참여했고 학생회장도 했어요. 아주 사교적인 사람이었고 항상 그게 제 본성이라고 생각했어요. 내성적으로 변한 시기를 지나서 다시 세상과 교류를 시작했을 때 알게 되었어요. 사람들과 의사소통하는 것도 대수학이나 철자법처럼 배워서 익히는 것이라는 걸요. 그 관점에서 〈뉴욕 사람들〉을 처음 시작할 때도 저는 무척 겁이 났어요. 모르는 사람에게 다가가는 게 두렵기만 했죠. 제가 할 수 있는 일이라고 생각하지 못했어요. 하지만 지금은 그게 자연스러운 일이 되었어요. 학습한 기술이죠.
데비	나가서 그 일과 용감하게 부딪쳐 배우겠다고 의식적으로 결정한 건가요?
브랜던	뉴욕 거리에서 1만 명의 사진을 찍겠다는 계획을 세웠어요. 네, 그러니까 의식적으로 결정한 셈이죠. 그 목표를 달성하기 위해서는 2, 3만 명의 사람들에게 말을 걸어야 했어요. 매일 모르는 사람에게 다가가서 사진 찍기를 청하는 체계적이고 반복적인 절차를 거쳐야 했죠.
데비	2008년으로 돌아가서요, 대학 졸업반 때 학자금 대출 3000달러를 받아서 버락 오바마 대통령 당선에 전부 베팅하셨어요. 그가 당선될 거라고 그렇게 확신한 이유가 있나요?
브랜던	버락 오바마한테 완전히 빠져 있었어요. 해수 수족관이나 바리톤 유포니움에 빠졌던 것처럼요. 매일 리얼클리어폴리틱스RealClearPolitics에 들어가서 오바마에 관한 기사를 10개씩 읽곤 했죠. 그가 민주당 후보 지명을 받을 것이라는 걸 확신한 포인트가 있었어요. 라스베이거스에서는 여전히 70퍼센트 정도의 확률만 보았지만, 저는 당시 제가 받을 수 있는 대출의 최대치였던 3000달러를 전부 걸었죠.
데비	더 걸 수도 있었을까요?

브랜던   네, 더 구할 수만 있었다면 제가 걸 수 있는 모든 액수를 걸었을 거예요. 그 이야기를 시카고의 금융사에서 일하는 한 친구한테 했는데, 덕분에 역사 전공인데도 채권 중개인으로 일하게 되었어요. 거기서 어리고 똑똑한 젊은이들을 고용했었거든요. 우리는 시장을 지켜보면서 그들이 가르쳐준 전략에 기반해 채권을 사고팔았죠.

데비   거기서 2년 동안 일하셨어요. 일은 마음에 드셨나요?

브랜던   아주 좋아했죠.

데비   시카고 거래소에서 2년 만에 해고됐는데, 당신이 너무 많은 위험을 감수하고 너무 극한까지 밀어붙였기 때문이라고 했어요. 해고당했을 때 기분이 많이 안 좋았을 것 같아요.

브랜던   그게 〈뉴욕 사람들〉의 출발점이었어요. 채권 중개인으로 일하고 있을 때는 시장에 대해서만 생각했죠. 완전히 집착했어요. 하지만 스스로 돈 벌기만을 바라는 사람이라고 생각하지는 않았어요. 그건 제 정체성이 아니었죠. 일단 안전한 쿠션을 만들어놓은 다음에 제가 사랑하는 창의적인 일을 해야겠다고 생각했어요. 결국 일자리를 잃고 나서 지난 2년을 돌아보니 시간도 날아갔고 남은 돈도 없더군요. 물리적인 시간보다도 제가 원하는 일을 할 수 있는 마음의 자유가 필요하다고 생각했어요. 해고되는 건 두려웠지만 막상 해고당하고 나니까 이상하게도 안심이 되었죠. 제가 정말 하고 싶은 게 무엇인지 알게 됐고, 결국 〈뉴욕 사람들〉에 대한 생각이 떠오르게 된 거죠.

데비   2010년에 카메라를 사서 주말마다 시카고 시내에서 사진을 찍기 시작했죠. 뭔가 멋진 것을 발견하면 스무 가지 다른 각도에서 사진을 찍었다고요. 좋은 사진을 건지기 위해서요.

브랜던	네, 그런 식으로 사진을 배웠어요. 표지판이든 그라피티든 뭐든 찍고 싶은 것을 발견하면 다른 각도에서 사진을 20장쯤 찍었어요. 어떻게 해야 할지 몰랐기 때문이죠. 그리고 집에 가서 그중에서 제일 마음에 드는 걸 골랐어요. 그렇게 하면서 제가 어떤 것에 끌리는지 알 수 있었죠. 제 미감이 어떤지, 뭘 좋아하는지를요. 그다음에는 15장씩 찍었죠. 아이디어가 조금씩 생겼으니까요. 그다음엔 열 장, 다섯 장, 이런 식으로 줄어들었죠. 〈뉴욕 사람들〉을 막 시작했을 때는 어떻게 사진을 찍어야 하는지 정확히 알지 못했기 때문에 사람들을 화나게 하기도 했어요. 온갖 각도에서 사진을 찍으면서 사람들을 계속 세워두었거든요.

데비	지금도 당신이 좋은 사진가가 아니라고 생각하는 사람들이 있다고 말씀하셨어요. 그런 얘기가 불편하신가요?

브랜던	아니요. 사실 〈뉴욕 사람들〉이 큰 성공을 한 덕분에 약간 자부심이 생겼어요. 제가 기술적으로 능숙한 사람이 아니라는 사실은 기술적인 숙련도보다 더 깊은 무언가가 사진을 강력하게 만든다는 것을 보여주는 거잖아요. 〈뉴욕 사람들〉은 스토리텔링이라고 봐요. 사진은 스토리텔링에 따르는 부차적인 것이고요. 그런 저의 정체성을 받아들이자 누가 저의 사진 기술을 비판하더라도 별로 개의치 않게 되었어요.

데비	처음 이 일을 시작할 때는 어떻게 생계를 유지했나요?

브랜던	실업수당으로 2주에 600달러를 받았는데 방세를 내고 하루 두 끼를 먹을 정도는 되었어요. 베드 스타이 지역에 방 하나를 빌려서요. 가구도 없고 벽은 텅 비어 있었죠. 술집에도 안 가고 레스토랑에도 안 갔어요. 영화관에도요. 그냥 사진만 찍었죠. 이런저런 허드렛일들도 하고 친구들한테 돈을 좀 꾸기도 하면서 1년 반 동안 그렇게 지낼 수 있었어요.

데비	돈 쓰는 것에 대해서는 생각하고 싶지 않았다고 했죠. 시간을 어떻게 쓸 건지

에 대해서만 생각하고 싶었다고요.

브랜던   우리는 시간을 부를 이루거나 학위나 과외활동 등 취업 면접에 좋게 활용할 만한 것들을 축적하는 수단으로만 보는 경향이 있어요. 저는 거기서 한발 물러나 시간을 그 자체로 가장 가치 있는 자원으로 바라보며 스스로에게 이렇게 말했죠. "어떤 삶을 구축하는 데 시간을 쓰기보다는 내 시간을 온전히 소유하면서 살도록 노력해야겠어."

데비   처음에는 사람들의 사진만 찍다가 짧은 설명을 붙이기 시작하셨어요. 이제는 인터뷰도 하면서 매우 친밀하고 내밀한 이야기를 나누시는데요. 어떻게 사람들은 당신에게 그렇게 깊은 이야기를 하게 되는 걸까요?

브랜던   두 가지만 염두에 두면 돼요. 하나는 물어보는 거죠. 두 번째는 어떤 사람은 대답하지 않는다는 걸 받아들이는 거예요. 〈뉴욕 사람들〉을 모방하기 힘든 이유는 이야기를 기꺼이 공유할 사람을 만날 때까지 끊임없이 시도하는 게 어렵기 때문이죠.

데비   65퍼센트의 성공률을 보인다고 하셨어요.

브랜던   그건 제가 말을 걸었을 때 받아주는 사람이 그 정도 된다는 거고요. 제 기준은 더 높아졌어요. 지금까지 1만 명의 사람들을 인터뷰했으니까요. 특별한 이야기라는 것은 전부터 있던 것이 아니죠. 저에게 신선하다고 느껴지는 이야기, 다른 사람들이 흥미를 가질 만한 이야기를 얻기 위해서는 더 많은 시간이 필요해요. 상대가 솔직하게 마음을 열어주어야만 가능한 일이죠. 그러니까 셋 중 한 명은 거절한다고 할 수 있어요. 승낙한 분 중에서도 3분의 2 정도만 제 요청에 편하게 응해주시는 것 같아요. 이 인터뷰를 하러 오기 전에 타임스퀘어 지하철역에서 어떤 남자분과 13년 전 실패한 결혼에 대해 한 시간 정도 이야기를 나눴어요. 세세하게 이야기해주셨죠. 그분은 〈뉴욕 사람들〉에 대해 몰랐는데도 오랫동안 하지 않았던 이야기를 저에게 들려주셨어요. 누군가 자기 이야기에 진심으로 관심을 보였기 때문에 가능한 일이라고 생각해요. 어떤 사람들에게는 그들의 이야기가 그들이 가진 전부죠. 실패한 결혼이라든지 직장을 잃은 일이라든지, 그 이야기가 그들이 보여줄 수 있는 전부인 거예요.

데비 당신이 어떤 질문을 하면 사람들이 화를 내기도 하나요?

브랜던 아니요. 그런 적은 없었어요. 저널리스트의 야망 같은 것이 아니라 순전히 호기심에서 비롯된 질문을 받으면 사람들은 어떤 이야기라도 할 수 있는 것 같아요. 제가 가장 좋았다고 생각한 인터뷰는 서로가 서로에게 고마워하며 마쳤던 인터뷰였어요. 저는 그들에게 여태껏 들어보지 못한 이야기를 들었고, 그들은 그런 관심과 질문을 처음 받아본 셈이었거든요.

데비 이야기를 듣고 위협을 느낀 적은 없었나요? 어떤 이야기는 겁이 날 수도 있을 것 같은데요.

브랜던 사람들이 가진 경험의 범위는 정말 방대해요. 저기 밖에는 인종 차별주의자들도 정말 많죠. 좀 멀리 나가는 것일지도 모르지만 이 이야기를 해볼게요. 저는 연방 교도소 다섯 곳에 가서 30명의 수감자를 인터뷰했어요. 도덕적 상대주의에 빠질 수 있는 위험한 지점이 있기는 하지만 제 생각에 진실은 항상 무죄를 증명하는 데 있는 것 같아요.

데비 어떤 부분에서 그렇죠?

브랜던 어떤 여자가 왜 열한 살짜리 소녀를 죽였는지 그 이유를 파헤치다 보면 그녀에게 편집성 조현병이 있다는 걸 알게 되죠. 그녀는 그게 조현병이라는 것도 모르고 있지만요. 더 깊이 들어가면 그녀가 일곱 살 때부터 열한 살 때까지 매일 밤 삼촌에게 강간당했다는 것도 밝혀져요. 이런 사람들은 자신이 가진 정보를 바탕으로 세상에 대응한다는 걸 깨닫게 됩니다. 자신이 아는 언어로 말하는 거죠. 그 정도까지 알게 되면 모든 것이 설명될 수 있어요.

데비   매우 관대하고 연민 어린 시선으로 인간을 바라보시는군요.

브랜던   꼭 그런 관점에 따라서 행동해야 하는 것은 아니에요. 어느 정도 선은 지켜야 하니까요. 이 이야기는 〈뉴욕 사람들〉 블로그에 실제로 올렸던 이야기인데요. 그녀는 어린 소녀와 소녀의 엄마를 살해했어요. 편집성 분열 때문이었죠. 교도소 시리즈를 하면서 저는 미국 사회에 존재하는 연민과 책임 사이의 분열을 보게 되었어요. 그 분열은 블로그 댓글에서도 고스란히 드러나죠.

데비   내가 무언가를 경험적으로 느끼면 다른 사람들도 그렇게 느껴야 한다고 믿기 때문에 이런 문제가 생기는 것 같아요. 모두가 믿어야 하는 경험적 세계관이 있다고 생각하는 거죠.

브랜던   맞아요. 특히 양육 문제에서 그런 경향이 강하지요. 제 블로그에서 가장 큰 논쟁이 일어났을 때도 누군가 아이를 키우는 문제에 대해 말했을 때였는데요. 얼마나 많은 사람이 양육과 관련한 문제로 무거운 도덕적 책무에 시달리고 있는지 몰라요. 많은 부모가 아이를 키우는 올바른 방법은 단 하나뿐이라고 믿고 자신들의 방식이 바로 그것이라고 생각하죠.

데비   그건 아직 아이들이 다 자라지 않았기 때문에 그 믿음을 증명할 방법이 없어서 생기는 두려움 때문이지 않을까요.

브랜던   네, 맞아요.

데비	교도소 수감자들 인터뷰도 하셨고, 이란에 가서 2주 동안 인물사진 촬영을 하기도 하셨어요. 보스턴 마라톤대회 폭탄 테러 후에 일주일간 보스턴에서도 촬영하셨고요. 2014년에는 유엔과의 제휴로 50일간 전 세계를 순회하기도 하셨어요. 전 세계를 돌며 사람들을 만나면서 공통점 같은 것도 발견하셨나요?
브랜던	〈뉴욕 사람들〉 작업을 하면서 이 프로젝트가 단순한 사진 작업이 아니라는 것을 깨달았던 순간이 있어요. 거리에서 1만 명의 사람들을 만나면서 무작위로 모르는 사람을 붙잡고 그들에게서 아주 생생하고 솔직한 이야기를 끌어내는 데는 도가 트게 되었죠. 그러고 나자 어딜 가든 이 방식을 적용할 수 있겠다는 생각이 들었어요. 또 길거리에서 사람들이 저에게 다가와서 이렇게 말할 때도 있었죠. "예전에는 이웃들이 너무 무서웠는데 〈뉴욕 사람들〉에 나온 동네 사람들을 보고 두려운 마음이 가셨다", "뉴욕을 너무 무서워해서 딸이 뉴욕으로 이사하는 걸 반대하는 엄마에게 이 블로그를 보여드렸다." 이렇게 무작위적으로 선택된 사람들이 들려주는 이야기가 두려움을 완화해주는 효과가 있더라고요. 그래서 이 방식을 정말로 두려움을 불러일으키는 집단의 사람들에게도 적용해보기로 했죠.
데비	그런 자각을 통해 아주 많은 기관, 학교, 사람들의 기금 마련을 돕고 계시죠. 예를 들어 파키스탄에 가셨을 때는 2만 명의 벽돌 가마 노동자들을 돕는 셰다 굴람 파티마를 알리는 일로 시리즈를 마무리하셨어요.
브랜던	파질라트 아슬람이라고 하는 파키스탄계 미국인 저널리스트가 현지의 훌륭한 통역사 겸 해결사를 연결해준 덕분이죠. 제가 파키스탄에 가게 되었을 때 그녀가 저에게 이런 이메일을 보냈어요. "안녕하세요, 브랜던. 파키스탄에 가면 무척 바쁘시겠지만, 이분을 꼭 만나셨으면 해요." 그러면서 파티마를 소개해주었어요. 　파티마가 하는 일을 알아보고 나서는 그녀가 하는 일과 목표에 전적으로 동의할 수밖에 없었어요. 제가 블로그에서 벌어들이는 돈, 특히 미

국 달러가 그녀에게 큰 힘이 될 수 있다는 걸 알았고요. 그래서 그녀의 이야기를 올리고, 아마 250만 달러 정도를 모금했을 거예요.

데비　기분이 어떠셨어요?

브랜던　2000만 명의 사람들을 모아서 어떤 문화를 만들거나 그 집단에 대해 어떤 식의 결론을 내릴 수 있다고 생각하는 게 망상이라고 여겨질 수도 있고 거만하게 들릴 수도 있을 거예요. 하지만 〈뉴욕 사람들〉에는 가장 따뜻하고 공적인 정신을 지닌 2000만 명의 팔로워가 있어요. 1년 만에 500만 달러를 모금했죠. 미국 입국이 거부된 한 난민을 위해서는 72시간 만에 100만 명이 탄원서에 서명했고요. 관심을 갖고 나서서 참여하는 사람들이 있어요.

　어떤 사람들은 〈뉴욕 사람들〉에 싫증을 내기도 하죠. 〈뉴욕 사람들〉에서는 사람들을 판단하지 않아요. 사람들을 재밋거리로 만들지 않고 비판하지도 않아요. 그런 것들에 관심이 있다면 지루해져서 결국 떠나겠죠. 결국 이곳에 남은 것은 세상의 나머지 사람들보다 덜 냉소적이고 더 온정적인 많은 사람이에요. 기꺼이 나서서 변화를 도모하는 사람들이요.

2016. 3. 14

"We're

in such a state of optimizing and monetizing every freaking second that there's never a state of just being. And that needs to be valued as a society, too."

"우리는 이처럼 매 순간 모든 걸 최적화하고 수익화하는 상황에 놓여 있어요. 그냥 존재하는 순간이 없죠. 그것 또한 사회의 중요한 부분인데도 말이죠."

티파니 슐레인
영화제작자, 작가, 웨비상 설립자
2019. 12. 9

AMANDA

**손쉽게 스트리밍, 무료 다운로드가 가능한
인터넷 시대에 뮤지션은 팬들이 자신의 음반을
구매해줄 거라 기대하기 어려워졌다.**

하지만 팬들에게 도움을 청할 수는 있다. 어맨다 파머는 그 방법을
택했다. 얼터너티브 록 싱어송라이터인 그녀는 앨범을 만들기 위
해 팬들에게 지원을 요청했고 킥스타터Kickstarter, 2009년 설립된 미
국의 대표적인 크라우드 펀딩 서비스 음악 분야에서 세계적으로 가장 큰
성공을 거두었다. 그리고 이 새로운 교환의 법칙에 대해 쓴 『부탁하
는 예술: 걱정을 멈추고 사람들의 도움을 받는 법The Art of Asking:
How I Learned to Stop Worrying and Let People Help』을 출간했다. 이
인터뷰에서 우리는 저작권 문제, 도미네이트릭스가 되는 것, 도움
을 요청하는 것의 의미에 대해 이야기했다.

PALMER

데비 매사추세츠주의 식민지풍 주택에서 자랐고, 어린 시절 내내 어머니와 양아버지는 그 오래된 주택을 살 만한 집으로 만드느라 애쓰셨다고요. 세 살 때 피아노를 치기 시작했는데, 연습하는 건 싫어하셨다죠. 그런데도 라디오에서 나오는 음악을 듣기만 해도 칠 수 있었다는데, 어떻게 그럴 수 있었나요?

어맨다 그림을 그릴 때 직관이 있는 것처럼 음악에도 직관력이라는 게 있어요. 음악의 언어를 모르는 사람에게는 좀 설명하기 어려운 부분이 있는데요. 사실 사람의 목소리는 훌륭한 도구가 될 수 있어요. 무엇이든 듣고 목소리로 따라 할 수 있잖아요. 피아노로도 그렇게 할 수 있어요. 어느 정도 타고난 재능도 있어야 하고 연습도 필요하겠지만요. 피아노를 웬만큼 칠 수 있게 되면 화가가 나무의 색과 크레용의 갈색을 매치하듯이 음조를 맞출 수 있게 돼요.

데비 저도 그림을 많이 그리는데요. 그림은 눈으로 본 세계를 2차원으로 반영하는 거잖아요. 그런데 음악은 저한테는 완전히 마술 같아요. 아무것도 없는 데서 무언가를 만들어내니까요.

어맨다 아마 눈과 귀를 다르게 생각하셔서 그럴 거예요. 귀로 소리를 본다고 생각하시면 더 잘 이해되실 텐데요. 화가들이 무언가를 보고 재해석하는 것처럼 음악가들은 소리를 듣고 재해석하는 거죠.

데비 열한 살 때 처음 록 공연을 보고 나서야 신디 로퍼가 실존 인물이라는 걸 아셨다고요. 그때까지는 신디 로퍼, 프린스, 마돈나를 공연을 연기하는 배우로 생각하셨다는데, 정말인가요?

어맨다 꼭 그런 건 아니었어요. 교회에서 늘 라이브 음악을 듣기는 했지요. 일요일마다 교회에 갔지만, 저에게는 다른 사람들의 세계 같았고 다른 사람들의 음악 같았어요. 집에서 듣는 음악하고는 완전히 달랐죠. 학교에서 배우는 음악은 그것대로 또 다른 세계였고요. 그 모든 것들이 잘 연결되지 않았어요. 모두가 공통의 음악 언어를 쓰지 않고 점점 조용해져 버렸죠. 예전에는 음악에 공동의 목적이 있었고 같은 노래를 불렀잖아요. 누구 것이라는 개념이 없었고 저작권 같은 것도 없었어요. 누군가 죽었을 때, 비가 오기를 바랄 때, 또 슬플 때 다 함께하는 게 음악이었어요. 지금은 그런 것으로부터 아주 멀어졌죠. 음원 사이트에 음악을 올리는 것을 두고 테일러 스위프트와 아티스트 누구누구가 격돌하는 상황이니까요. 음악이 무엇을 가능하게 하는지를 생각하면 그건 아주 슬픈 일이죠.

데비 아무리 좋은 의도에서 나온 비판이라도 감당하기 힘들다고 쓰셨어요. 당신 음악에 대한 거부가 마치 당신 전체를 거부하는 것처럼 느껴져서 라이브 공연이 두렵기도 했다고요.

어맨다 작업에 대한 비판과 자기 자신에 대한 비판을 분리할 수 있는 아티스트가 얼마나 될까요? 작업이 개인적인 것일수록 더 구분하기 어려워지죠. 사실 어떤 아티스트가 자기 작업이 개인적이지 않다고 생각하겠어요.

데비 대학을 졸업한 스물두 살 때 일반적인 직업은 정말 갖기 싫었다고 했잖아요. 높은 빌딩에서 컴퓨터를 앞에 놓고 하는 그런 일들이요. 이해할 수도 없고 관심도 없었다고요. 그래서 여러 가지 다른 일들을 하셨는데 제가 좀 소개해도 될까요?

어맨다 좋아요.

데비 매사추세츠주 서머빌에 방을 얻은 다음 아이스크림과 커피 파는 일을 하셨어요. 시급 9.5달러에 팁 별도로요. 아티스트로 활동하는 것을 잠깐 뒤로하고 무면허 안마 치료사로도 일하셨죠. 결말은 좋지 않았지만요. 닷컴 회사들의 네이밍, 브랜드 컨설턴트 일도 하셨고요. 그 외에도 무급 작가 겸 감독, 독일식 비어 가든의 웨이트리스, 중고 매장에서 산 옷을 리폼해서 파는 일, 액자 제작 보조,

실험영화 배우, 미술 수업의 누드모델을 하셨고, 기부만으로 운영되는 지하 살롱을 기획해서 운영하기도 하셨네요. 불법 페티시 파티에서 옷을 맡아주는 아르바이트, 맞춤 가죽 수갑 제작 보조, 스트리퍼, 그리고 도미네이트릭스도 잠깐 하셨어요. 도미네이트릭스 일은 어땠죠?

어맨다   저한테는 스트리퍼 일이나 도미네이트릭스 일이나 똑같은 것이었어요. 둘 다 사실은 섹스와 관련이 없어요. 감정에 관한 일이죠. 글래스 슬리퍼에서 일한 일곱 시간은 섹스나 누드가 핵심이 아니었어요. 그곳은 외로운 사람들이 오는 곳이었죠. 좀 낭만적으로 얘기하는 것 같지만 자신을 봐주기를 필사적으로 바라는 사람들이 대부분이었어요. 거기서 제가 주로 한 일은 사람들과 이야기하고 그들이 인간적으로 인정받았다고 느낄 수 있게 해주는 것이었어요. 전 그 일을 꽤 잘했던 것 같아요. 옷을 벗고 나체가 되는 게 두렵지만 않다면 무대에서 뱅글뱅글 도는 일쯤이야 쉬운 일이죠.

데비   경험하신 그 모든 일을 통해 인간의 취약함을 알게 되었다고 하셨어요.

어맨다   그런 일들을 하나씩 거치면서 제가 확실히 알게 된 것은 인간의 조건, 우리 모두의 인간성, 인정받고 싶은 필사적인 욕구였어요. 드레스덴 돌스로 무대에 오르기 전에 인간이 얼마나 자신의 존재와 욕구를 인정받고 싶어 하는지에 대해 제대로 교육을 받은 셈이었죠.

데비   보스턴의 아이스크림 가게에서 일하던 시절, 거리 한가운데서 동상 퍼포먼스도 하셨다고요. 키 2.4미터에 얼굴을 하얗게 칠한 신부 복장을 하고요. 그 아이디어는 어디서 얻으셨나요?

어맨다   어릴 때 부모님과 하버드 광장에 가서 영화도 보고 아이스크림도 먹곤 했는데요. 거리 곳곳에 퍼포먼스를 하는 사람들이 있는 게 저한테는 자연스럽게 느껴졌어요. 스무 살쯤 되었을 때 퍼뜩 이런 생각이 들더군요.

'그래, 그것도 할 수 있겠다. 어떻게 하는지는 모르지만 아주 간단할 것 같은데. 거리에 서서 예술을 하고 발치에 모자만 두면 되지 않을까'라고요. 사실 생각하고는 달리 훨씬 더 두려운 일이었어요. 거리 퍼포먼스를 하는 사람들과 이야기해보면 모두 한 번쯤은 아주 힘든 경험을 했다는 걸 알 수 있어요. 어느 순간 자신이 갑자기 타인의 관심을 얻고 돈을 받으려는 사람이 되어버리니까요. 그건 정말 아주아주 약해지는 느낌이거든요. 잠시 생각을 놓치면 아주 멍청한 일처럼 느껴질 수 있어요. 거리에 있을 때는 관중을 선택할 수 없으니까요.

데비　거리의 다른 모든 사람과 똑같이 그저 한군데 자리를 잡고 있었는데, 어느 순간 갑자기 다른 사람들과는 완전히 다른 사람이 되는 기분일 것 같네요.

어맨다　맞아요. 다른 사람이 돼요. 주변에 내게 관심을 가져달라고 요청하는 순간에요. 특히 사람들이 바쁠 때는 제가 거치적거리는 것처럼 느껴지면서 점점 자존감이 무너지죠. "이봐요, 잠깐만요. 에이씨! 날 좀 보라고!"라고 할 수는 없잖아요. 마치 도라도 닦는 양 내게 아무 결정권이 없다는 사실을 받아들여야 하죠. 관심을 둘지 말지는 그들이 선택하는 거니까요.

데비　사람들이 물건을 던지거나 당신을 만지기도 했다고요. 한편으로는 사람들과 진짜로 교감하기도 했고요. 침묵하는 동상이 되어서 사람들과 눈으로 대화하셨죠. 사람들과 말이 아닌 눈으로 교감하고자 했던 경험에 대해 이렇게 쓰셨어요. 눈으로 "고마워요. 당신이 보여요"라고 하면, 그들도 눈으로 "아무도 저를 보지 않았는데, 고마워요"라고 대답했다고요. 제가 보기에는 사람들이 당신을 통해 자기가 진짜라는 느낌을 받았던 것 같아요. 그들도 당신이 진짜라고 느낄 수 있게 해주었나요?

어맨다　네, 서로 마찬가지였어요. 여전히 그렇고요. 제가 하는 음악 활동도 사실 똑같아요. 그런 면에서 길거리 퍼포먼스를 했던 게, 특히 침묵하는 퍼포먼스를 한 건 정말 다행이었던 것 같아요. 거리의 사람들 앞에서 음악을 공연하지는 않았지만, 시작할 때와는 달리 무언가 자아가 없어지는 것 같은 상태가 있었어요. 아티스트와 관객이 서로 마주 보면서 일체가 되는 심오하고 정신적인 순간이 있다는 걸 알게 되었죠. 많은 사람과 서로를 인정하고 인정받았던 것은 제가 음악을 만드는 데 커다란 가르침을 주었고 정말 멋진 경험이었어요.

데비 드레스덴 돌스로 활동할 때는 관객과의 관계가 어떻게 바뀌었나요?

어맨다 거리 퍼포먼스를 할 때는 모든 게 침묵이죠. 퍼포먼스가 끝나고 때때로 사람들이 긍정적인 말을 해주거나 상자에 메모를 남겨주기도 했지만요. 드레스덴 돌스로 활동하면서 저와 브라이언은 공연이 끝나면 관중들한테 갔어요. 사인 행사를 위해서였지만 사람들과 만나고 이야기를 들을 수 있는 좋은 기회이기도 했죠. CD에 사인만 받아가는 사람도 있고, "당신 앨범 덕분에 아버지의 죽음을 견딜 수 있었어요. 안아줄래요?"라고 하는 사람, "당신 음악은 저에게 정말 소중해요"라고 말하는 사람들도 있죠. 그런 말을 반복해서 듣게 되면 자기가 하는 일이 공허하다고 생각하지는 않게 돼요. 유명세, 성공, 인정에 대한 열망과 진정한 인정을 구분하는 게 중요해요. 애초에 성공이라는 건 그저 어떤 지위죠. 정말로 바랐던 건 스스로 중요한 일을 하고 있다고 느끼는 것이었어요. 10대 시절 제가 다른 사람들의 음악에 감동하면서 성장할 수 있었던 것처럼 저도 다른 사람들의 삶에 기여하고 싶었죠. 거리 퍼포먼스와 드레스덴 돌스, 그 외의 모든 음악 활동을 모두 그런 의미로 해왔어요.

데비 브라이언과 같이 낸 첫 앨범은 레이블을 직접 차려서 발매하셨죠. 그다음에는 메이저 레이블과 계약하셨고요. 결국에는 모든 방법을 동원해 계약을 해지했지만요. 어떤 사람들은 기회만 된다면 예술에 흔쾌히 돈을 지불한다고 말씀하셨고, 메이저 레이블에서 나와 킥스타터 펀딩을 통해 새 솔로 앨범을 만들 때 그 사실을 명백히 입증하셨는데요. 새 앨범 〈Theatre Is Evil〉 제작을 위해 10만 달러를 모금했는데 120만 달러를 펀딩 받으면서 역사를 새로 쓰셨잖아요. 사람들을 충분히 사랑해주면 그들이 뭐든지 해줄 거라고도 말씀하셨어요. 사람들을 충분히 사랑한다는 건 어떤 건가요?

어맨다　지금까지 얘기한 모든 게 그 질문에 답이 될 수 있을 것 같아요. 저는 관객과 멀어지기를 바란 적이 없어요. 브라이언과 저는 드레스덴 돌스 활동을 하면서 팬들을 항상 가족같이 대했죠. 팬들은 우리의 생명이었고 지지자이자 후원자이고 사랑과 예술, 인생에 대해 서로 이야기를 나누는 동료였죠. 솔로로 활동할 때도 똑같았어요. 제 커뮤니티를 통해서 팬들과 계속 대화했어요. 저의 고충을 공유했죠. 저의 생활과 경험, 시련들을 블로그에 올렸고 아주 친밀한 관계가 유지되었어요.

　세월이 흘러서 지금까지 저는 100만 명의 집에 가보았어요. 팬들에게 정보를 구하고 도움을 청해요. 차를 태워달라고도 하고 음식이나 잘 곳을 요청하기도 하죠. 공연 오프닝에 대한 제안을 받기도 하고요. 정신없어 보이지만 아름다운 협업이죠. 2012년에는 커뮤니티에 이렇게 썼어요. "이 돈을 전부 가져가서 당신들에게 돌려줄 수 있는 것으로 만들게요. 그렇지만 6개월 후에나 그 결과물을 받게 될 텐데 그때까지 저를 믿어주셔야 해요." 저를 믿어달라고 했을 때 그들은 이렇게 답했어요. "당연히 믿어요. 우리는 오래된 사이니까요." 나중에는 그들에게 이런 부탁도 했죠. "제 페이트리언Patreon, 미국의 창작자 후원 사이트. 일종의 크라우드 펀딩 플랫폼. 콘텐츠 창작자는 구독자에게 정기적 또는 일시적으로 후원을 받고 그에 해당하는 보상을 제공한다을 구독해주세요. 더 깊고 지속적인 관계를 만들어봅시다. 신용카드를 등록해주면 제가 음악을 만들고 싶을 때 청구하겠습니다"라고요. 지금까지 7000명의 사람들이 "좋아요. 우리는 그만큼 당신을 믿어요"라고 해줬어요. 킥스타터에서 그렇게 많이 모금하지 못했다면, 그 7000명의 사람들이 저를 믿을 수 없었을지도 모르죠.

2016. 4. 12

SARAH
HABIBA
JOEY
LORRAINE

세라 존스 안에는 여러 사람이 있다.

어느 순간은 비교문학 교수 하비바 라할이었다가 그다음에는 군대 20년
차 베테랑 장교 조이 만쿠소가 된다. 또 유대인 할머니 로레인 레빈이 되어
서 사사건건 예의범절을 지적하고 셔츠를 바지 안에 넣어 입으라고 잔소리
한다. 세라는 토니상과 오비상을 수상한 극작가 겸 배우로 다문화 캐릭터
연구의 결작이 된 일인극을 공연해왔다.

LEVINE
MANCUSO
RAHAL
JONES

데비 1997년에 처음 시를 공연하셨죠. 개인적으로 정말 힘들었던 해였을 것 같아요. 열여덟 살이던 동생이 그해 헤로인 과다 투여로 세상을 떠났잖아요. 상심이 크셨을 텐데요. 너무 안타깝습니다.

세라 감사합니다.

데비 당시에 공연을 시작하게 된 동기는 무엇인가요?

세라 방금 말씀하셨던 마지막 문장이 전부예요. 도무지 이해할 수 없는 이유로 동생을 잃었고 그 일이 제 인생에 결정적인 영향을 주었어요. 새로운 존재가 들어와서 저의 모든 세계를 차지하게 된 것 같았죠. 사라져버린 동생의 존재가요. 그때는 소위 '헤로인 시크'라고 하는 스타일이 유행하던 시대였고, 많은 아이들이 대수롭지 않게 약에 손대던 시절이었죠. '의심의 여지 없이 내가 상상할 수 있는 최악의 일'이라고 생각했었어요. 더 이상 아무것도 두렵지 않았어요. 제가 중요하다고 생각한 모든 것들, 사람들이 나를 어떻게 생각하든 내 일이 앞으로 어떻게 되든 다 두렵지 않았죠. 동생의 죽음이 그렇게 모든 것을 바꿔놓았어요. 그때는 그게 궁극적으로 아주 자유로워지는 길이라는 걸 몰랐지만요. 제 동생이 저의 모든 캐릭터들에게 자유를 주었어요. 다문화 인종이고 완전한 흑인이 아니어서, 저 자신이 어디에도 어울리지 않는 사람 같아서 늘 걱정이었죠. 그런데 한순간에 그런 건 아무것도 아닌 게 됐어요. 뭐가 멋있고 뭐가 인기 있는지 같은 틀에 박힌 생각에 더 이상 연연하지 않고 진정성에 접근할 수 있었죠. 제 안의 캐릭터들이 자유의지를 발휘하기 시작했어요. 동생이 제 안에 있는지도 몰랐던 무언가를 밖으로 끌어내 주었죠.

데비 그다음 해인 1998년에 뉴요리칸 포잇츠 카페Nuyorican Poets Café, 1973년 창립된 비영리 단체로 소수민족, 비주류 아티스트를 대상으로 다문화 통합적인 예술 활동 공간을 운영한다에서 첫 인물 스케치 〈지상 대중교통Surface Transit〉을 선보이셨어요. 그 작품으로 헬렌 헤이즈상을 수상하고 드라마 데스크상 후보에도 올랐죠. 당신의 가족 및 퀸스에서 알고 지낸 다양한 이웃들을 연기한 작품이었는데요. 그들의 영혼을 어떻게 포착하신 거죠? 인물 선택은 어떻게 하셨나요?

세라 그 사람들이 스스로 선택한 것 같다는 생각이 들기도 해요. 눈에 확 띄는 사람들이었거든요. 제가 작정하고 고른 게 아니라는 거죠. 지하철에서 이런 식으로 말하고 있는 누군가를 본 적도 있어요. 그의 입에서 실제로 이런 목소리가 나오고 있었죠. "그래, 그녀는 집도 있고 보트도 있어. 믿어져? 그러니까 당장 꺼지라고!" 정말 인상적이었어요. 몰래 계속 대화를 엿듣다가 내려야 할 정거장을 놓칠 때도 있었죠.

데비 인물을 창조하기 위해 광범위한 조사를 하시는 걸로 알고 있어요. 어떤 조사를 하는지, 어떻게 그 인물들을 살려내는지 말씀해주세요. 외모만 빼놓고 목소리, 억양도 바꾸고 몸의 에너지도 바꿔버리잖아요. 어떻게 하시는 거죠?

세라 스스로를 들여다보고 자기 자신임에 우선 감사하는 것부터 시작해요. 할 수 있는 한 정확하게 재현하기 위해 저 자신을 밀어붙이죠. 이를테면 미스 레이디를 연기할 때는 아주 매력 없어 보여야 했어요. 처음 미스 레이디를 연기하고 나서는 '사람들에게 이런 모습을 보였으니 이제 데이트는 글렀다'라고 생각하기도 했죠. 하지만 그녀가 되고 싶었고 내가 어떻게 보이든 무대 한가운데에서 그녀가 즐길 수 있기를 바랐어요.

데비 자신 또는 자신들을 창조하는 데 관심이 있다고 말씀하셨어요. 우리는 모두 특정한 환경에서 개별적인 신체적 특징을 갖고 태어나 각기 다른 성장기를 경험하잖아요. 지리적, 역사적 맥락에서요. 당신은 "그래서 뭐?"라고 계속 묻고 있죠. 우리는 어느 정도까지 스스로를 만들고 창조할 수 있을까요? 당신이 만든 캐릭터는 지금 당신이 누구인지에 얼마나 영향을 미쳤나요?

세라 아주 심오한 질문이네요, 데비. 가령 라시드를 생각하고 그가 되어보면 그에게는 만들어진 남성성 같은 것이 있었던 것 같아요. 허세랄까 힙합

페르소나 같은 것 말이에요. 저는 항상 궁금했죠. 라시드가 조금만 부드러워지면 어떨까?

데비 아니면 상담을 받거나요?

세라 네, 상담을 받아보거나요. 제가 물어봤는데 그는 상담에는 관심이 없어요. 어떤 캐릭터를, 어떤 이유로, 어디서 연기하는지를 돌아보면 저 자신의 변화를 읽을 수 있어요. 그들은 저에게 영향을 주고 바라건대 공동체와 사회 정의, 연극, 문화에 대한 더 큰 대화에 어떻게 참여해야 할지를 알려주지요.

데비 우리가 스스로를 구원하려면 공감이라는 관문을 지나야 한다고 말씀하셨어요. 공감이 당신의 캐릭터들을 표현하는 데 어떤 영향을 주는지, 어째서 공감이 우리 자신으로부터 우리를 구할 수 있게 하는지 설명해주시겠어요?

세라 자기 소외가 일반화된 문화 속에서 살아가다 보면, 스스로에 대해 계속 부족하게 느끼고 만족스럽지 않다고 생각하기 쉬워요. 자기 자신으로 돌아가기가 너무 어렵고 스스로에게 동정심을 갖기도 힘들죠. 타인에 대한 동정심을 키워서 다른 사람의 입장이 되어보고 그들이 경험하는 것들을 상상해봄으로써 매 순간 그들 역시 최선을 다하고 있다는 것을 이해하게 되면요, 심지어는 우리가 괴물 같다고 느끼는 사람들에 대해서조차 그들이 저지르는 일들에 숨어 있는 논리, 그들의 감정, 행동방식을 이해할 수 있게 될 거예요. 다른 방향으로도 마찬가지죠. 제가 스스로에게 동정심을 갖고 자신을 덜 비판하고 마치 벌주는 것 같은 방식으로 제 삶의 모든 세세한 부분을 꼬치꼬치 따지려 들지 않는다면 어쩌면 지금보다 더 좋은 결과를 낼지도 몰라요. 저는 실제로 제법 큰 성과를 낸 경험이 있는데도 여전히 부족하다고 느껴요. 그래서 다른 사람들에게도 더 까다롭게 대하게 되죠. 자신뿐만 아니라 다른 사람들까지 평가하게 되고요. 제가 좀 더 여유를 갖고 저의 재능이 불안전하게나마 꽃

피는 모습을 너그럽게 봐줄 수 있다면 남들 역시 최선을 다해 살아가고 있음을 이해할 수 있을 거예요. 그러면 점차 그들을 사랑하고 존경하고 모든 사람에게서 좋은 면을 보게 될 수 있지 않을까요.

데비 당신의 캐릭터들이 지닌 공통분모는 자기혐오가 없다는 점인 것 같아요. 부끄러움을 모르는 그 캐릭터들이 저에게는 참 좋아 보이더라고요. 하나같이 모두 자신의 단점에 대해 솔직하고 그것을 받아들이거나 그냥 놔두죠. 그 점 때문에 무척 편안해지는 것 같아요. 본질적으로 사랑스럽다는 느낌을 준달까요.

세라 그렇게 말씀해주시니까 정말 기쁘네요. 덕분에 제가 그들을 연기하면서 무엇을 얻는지 알 수 있을 것 같아요. 제 부끄러움을 떨칠 수 있게 해주죠. 다정한 방식으로요.

데비 1999년에 〈지상 대중교통〉이 성공을 거두면서 MTV 시리즈 〈작사가 라운지 쇼Lyricist Lounge Show〉에 고정 출연자로 초청되셨죠. 하지만 첫 번째 에피소드 후에 바로 그만두셨어요. 무슨 이유였나요?

세라 정말 도전적인 경험이었죠. 그때 저는 신인이었고 풋내기였어요. 어떻게 제 본연의 모습을 유지할 수 있을지 고민했어요. 나 자신을 브랜딩하는 것이 흥미로웠어요. 적어도 제 마음속으로는 진정성과 진실성, 그런 쪽으로 저 자신을 브랜딩하고 싶었죠. 하지만 그 자리에서 여성 혐오적인 무차별적인 공격을 어떻게 견딜 것인지가 문제였어요. 하워드 스턴을 비롯해 항상 여성을 대상화하는 시선에 대한 얘기죠. 저는 그런 것들에 완강히 반대하는 입장에서 무언가를 표현하고 싶었어요. 그 쇼는 훌륭했지만, 스크립트에는 정말 저급한 면이 있었거든요. 결국 저만 우스운 꼴이 되어버릴 것만 같았죠.

데비 자식 아홉 명을 낳은 푸에르토리코 여성을 연기하라고 하지 않았나요?

세라 　맞아요. 제가 다른 사람, 또는 저 자신을 그렇게 연기해야 한다면 리무진을 타고 레드카펫 위를 걷는 게 무슨 의미가 있겠어요. 결국에는 그들 스스로 작가진을 교체하더군요. 그리고 제가 지금도 좋아하는 다른 배우가 출연하면서 결국엔 좋은 쇼가 되었어요. 그땐 아니었지만요.

데비 　두려웠던 건가요? 후회하지는 않았어요?

세라 　농담하세요? 제가 어땠냐면요, '다시는 비행기 일등석은 못 타겠군! 그냥 눈 딱 감고 하면 진짜 재밌었을 텐데 내가 무슨 짓을 한 거야? 다시는 이 근처에 발도 못 붙이겠네' 그랬어요. 하지만 그 일을 그만두고 나온 덕에 메릴 스트리프를 만날 수 있었죠. 그 사실을 늘 상기하려고 해요.

데비 　정말 멋진 일이에요. 두 번째 일인극 〈여자들은 기다릴 수 없다Women Can't Wait〉를 공연하면서 메릴 스트리프를 만났잖아요. 인권단체와 포드 재단의 의뢰를 받은 공연이었죠. 첫 공연 후에 《뉴욕 타임스》에 당신에 대한 기사가 실렸어요. 그때 당신은 스물여섯 살이었죠. 《뉴욕 타임스》 기사에서 당신 작품에는 항상 다른 의도가 담겨 있다고 했는데요. 지금도 그렇게 생각하시나요?

세라 　아니요. 그 다른 의도라는 것은 세상이 저에게 덧씌우게 내버려둔 것에 지나지 않았던 것 같아요. 그때는 '정치적인' 시나 연극, 소품 같은 것들과 순수 연극, 그러니까 뭔가 더 순수하고 바람직한 작업이 분리되어 있다는 허상 같은 것이 있었어요. 이제는 모든 작품은 정치적이라는 것을 알게 되었어요. 비정치적인 작품이라고 해도 그 자체가 정치적 선택이죠. "내 권리를 침해하는 것은 아무것도 없으니 나는 그냥 내가 원하는 걸 쓰겠다"라고 말한다면 그것도 일종의 사치스러운 정치적 선택이죠. 저는 오늘날의 정치적 이슈에 대해 직접적으로 말하지 않는 작품을 배제하기보다 그것이 어떤 관점을 갖는지를 생각합니다.

2017. 4. 10 　◉

"Theater

is a social art, not just in terms
of how it's made, but in terms of what its subject
matter is. It's about the world around you. It's
not an abstract art form. It's the least abstract
of art forms."

"연극은 사회적인 예술이에요. 만들어지는 방식에서만이 아니라
주제에 있어서도 그렇죠. 연극은 우리를 둘러싼 세계에 관한
것이잖아요. 추상예술이 아니에요. 가장 추상적이지 않은
예술 형태라 할 수 있죠."

테리 티치아웃
저널리스트, 극작가, 연극 연출가, 작가
2013. 11. 25

THOMAS

뮤지컬 연출은 디자인의 한 형태라고 할 수 있다.
음악, 가사, 그리고 연기자를 재료로 하는.

토머스 케일은 〈인 더 하이츠In the Heights〉와 〈해밀턴
Hamilton〉 등 이 시대에 가장 기억에 남을 뮤지컬들을 연출했
다. 두 작품을 직접 쓴 린 마누엘 미란다와의 협업은 이제 하
나의 전설로 남았을 정도다. 이 인터뷰에서 우리는 협업의 즐
거움과 시간을 초월하는 미스터리에 대해, 그리고 그의 특별
한 삶과 일에 관한 이야기를 나누었다.

KAIL

데비 토머스, 웨슬리언대학교 3학년 때 다트머스대학교 교환학생 프로그램에 참여해 퓰리처상 수상자인 극작가 어거스트 윌슨의 수업을 들었다고 알고 있어요. 그전에 극작가를 만나본 적도 없었는데 수업이 끝나자마자 질문을 하려고 그분을 따라갔다고요. 당시 상황을 좀 설명해주시겠어요?

토머스 네. 저는 교실 밖에 서 있었고 막 눈이 내리기 시작했죠. 스물한 살 생일 바로 전날이었어요. 다트머스 교환학생 프로그램 동안 거의 혼자 지냈고 아는 사람이 많지 않았어요. 질문이 있었는데 수업 중에 물어보고 싶지는 않았죠. 너무 긴장됐고 심장이 두근거렸거든요. 그분이 출입구 앞에서 담배를 피우고 계실 때 제가 말을 걸었죠. "윌슨 선생님, 희곡 『조 터너의 왕래Joe Turner's Come and Gone』에 언급되는 헛간이 있잖아요. 그게 상징하는 바는…?" 그러고는 대학생이 할 만한 가장 뻔한 말들을 했죠. 그분이 저를 보시더니 "그럴 수도 있지. 하지만 헛간은 그냥 헛간일 때도 있어"라고 말씀하셨어요. 그러더니 숨을 크게 한번 내쉬고는 왼편으로 걸어가셨죠. 뉴햄프셔 해노버의 앙상한 나무들과 눈 오는 풍경 속으로요. 그때 결심했죠. 극작가가 돼야겠다고요. 기숙사 방에 돌아가서 컴퓨터를 켜고 타이핑을 하기 시작했어요. 케루악이 말한 것처럼 그건 글을 쓰는 것이 아니라 자판을 두들기는 거였어요. 여섯 시간 후에 고개를 들었는데 그렇게 시간이 많이 지났는지 몰랐어요.

데비 연극 제목이 〈Re: 피터〉였죠? 그 공연으로 연극계에 발을 들여놓으셨어요. 무엇에 관한 이야기였나요?

토머스 그때가 1998년, 이메일을 막 쓰기 시작할 때여서 메일 제목을 연상시키는 제목을 달아봤지요. 반복되는 형식의 연극이었어요. 관객이 공연이라고 생각했던 것이 리허설이고 관객은 그게 공연 중의 리허설이라고 생각하는데 둘 다 아니었던 거죠. 일종의 세 폭으로 된 제단화 같은 작품이었어요. '이걸 웨슬리언대학교로 가져가야겠어. 작은 공연 팀을 만들자'고 결심했죠. 우리는 그 공연에 착수했고 그게 제가 처음으로 연출한 작품이 되었어요. 저에겐 정말 큰 일이었죠. 머릿속에서 상상한 것을 실현해낸 것이니까요. 정말 잊지 못할 경험이었죠.

데비   졸업 후에는 아메리칸 스테이지 컴퍼니에서 무대감독 보조로 일하셨죠. 그다음에는 토니상, 그래미상, 에미상을 수상한 배우 오드라 맥도널드의 개인 비서를 하셨고요. 그러다 마침내 웨슬리언대학교 시절 친구들과 '백 하우스 프로덕션'이라는 작은 극단을 시작하셨어요.

토머스   맞습니다.

데비   그러던 중 40번가에 있던 '드라마 북 숍'의 주인 앨런 허비를 소개받으셨다고요. 앨런은 지하층에 있는 50석 규모의 극장에서 공연을 제작할 신생 극단을 찾고 있었고요. 그 도전을 받아들이셨는데 그 초창기 경험을 통해 무엇을 배우셨나요?

토머스   우린 계속 공연을 올려야 했고 객석도 채워야 했죠. 저희가 만든 작은 팀과는 비교할 수 없이 훨씬 큰 세계가 있다는 것을 배웠고 저라면 결코 할 수 없을 일을 해내고 있는 사람들이 있다는 걸 알게 됐어요. 반가운 일이었죠. 〈해밀턴〉에 애런 버의 말을 인용한 이런 대사가 나와요. "만약 내가 스턴을 더 읽고 볼테르를 덜 읽었다면 이 세상이 해밀턴과 나를 둘 다 품어줄 만큼 넓다는 것을 알았을 텐데." 저와 린이 그 책을 읽었을 때는 우리가 그 뮤지컬에 대해 본격적으로 얘기하기 전이었는데, 우리 둘 다 그 구절에 밑줄을 쳐두었더라고요. 그 지하 공연장에서 그런 걸 많이 느끼고 배웠던 것 같아요. 공연을 올리려면 다른 사람들이 필요했어요. 그들이 아니었다면 공연은 존재하지도 않았을 겁니다. 너 아니면 나라는 이분법적인 생각은 완전히 사라졌죠. 다른 사람이 성공했다고 해서 나는 할 수 없다든가 나를 위한 자리가 없다고 생각하지 않았어요. 공간을 만드는 방법이 있다고 생각하니까요.

데비 린과는 2002년 봄에 만나셨죠. 그를 만나기 2년 전에 이미 〈인 더 하이츠〉 뮤지컬 대본과 악보를 받았다고요. 그 작품이 단번에 마음에 들었지만 린을 만나기 위해 2년을 기다렸다고 알고 있어요.

토머스 그가 졸업할 때까지 기다렸어요. 스물두 살 때는 시간을 의식하지 않잖아요. 그래서 그 친구가 졸업할 때까지 기다리자고 생각했죠. 친구들과 같이 린을 만나러 갔을 때 그가 거절할 거라는 생각은 조금도 하지도 않았어요. "40번가에 50석 규모의 소극장이 있어. 거기에 가보자"라고 말하면 될 거라고 생각했죠.

데비 〈인 더 하이츠〉의 어떤 점에 끌렸나요?

토머스 그 노래들을 들었을 때 '이건 내 얘기잖아' 싶었어요. 누가 이걸 듣고 트라이브 콜드 퀘스트의 새 앨범이나, 푸지스나 델 라 소울의 노래라고 말하면 '이야, 언제 이런 노래를 다 만들었데' 할 법한 노래들이었죠. 린은 이야기라는 맥락, 뮤지컬이라는 맥락에서 노래를 만드는 사람이었어요. 그의 노래들은 마치 '아, 이게 바로 내가 찾고 있는 거였구나, 이게 내가 원하는 거였구나' 하는 생각이 들게 저에게 말을 거는 것 같았어요.

데비 결국 린과 드라마 북 숍 극장에서 만나게 되었을 때 앉자마자 다섯 시간 동안 긴 대화를 나누셨다면서요? 내내 그를 찾아다녔는데 몰랐던 것 같은 느낌이었다고 말씀하셨는데요. 그런 감정이 좀 무섭지는 않았어요? 너무 강렬해서 절대 망치면 안 되겠구나 하는 부담감이 들지는 않던가요?

토머스 절대 망칠 리 없다는 건 알았어요. 왜냐하면 우리는 동시에 같은 가사를 말하고 있었거든요. 서로 '그동안 대체 어디에 있었던 거야?' 하고 따지고 싶은 마음이었죠. 딱 그런 느낌이었어요. 그와 계속해서 얘기하고 싶었어요. 15년이 지난 지금도 똑같아요. 그 다섯 시간이 10초 같았어요. 현실적인 시간과 공간이 아니었죠. 라따뚜이를 맛본 순간영화 〈라따뚜이)에서 음식 평론가 안톤 이고가 라따뚜이를 한 입 먹자 어린 시절로 이동하는 장면 같았달까요. 상상해보지도 못했던 방식으로 인생이 바뀌는 것 같았어요. 아직 만나지 못했을 뿐 저기 밖에 사람들이 있다는 걸 깨닫고 알게 된 순간이었죠.

데비   정말 놀라웠겠네요.

토머스   이런 사람들을 만나면 정말 신선한 충격을 받죠. 저는 이런 사람들을 찾고 있었어요. 세상에는 갖가지 다양한 일을 하는 수많은 사람들이 있죠. 교감을 일으키는 사람들과 한 공간에서 무언가를 고민해보는 기회를 갖고 싶었어요. 그럴 수만 있다면 뭐든지 해야겠죠. 제 목표는 무언가를 같이 들여다보고 우리가 같이 뭘 할 수 있는지 고민할 수 있는 그런 공간을 찾는 거였어요.

데비   린이 말하기를 본인이 아이디어 한 가지를 말할 때마다 당신은 15개를 내놓았다고 하던데요. 처음 만나서 다섯 시간 동안 대화하면서 당신이 한 이야기의 절반 가까이가 〈인 더 하이츠〉 브로드웨이 공연에 반영되었다고요.

토머스   린은 워낙 숫자에 약한 사람이라서요. 어쨌든 저한테는 2년 동안 기다리면서 생각했던 몇 가지 아이디어가 있었고, 길게 얘기할 수 있었던 이유는 그게 다예요. 그와는 달리 저는 2년 내내 그것만 생각했으니까요. 그날 일은 저한테 좋은 교훈을 남겼는데요. 린처럼 자기 일에 자신이 있으면 마음을 열고 남의 의견을 받아들일 수 있다는 걸 배웠어요. 저도 받아들일 준비가 되어 있어야 한다는 걸 일깨워줬지요. 제가 연출을 할 때 주변 사람들은 저와는 다른 눈으로 보고 있다는 것이 느껴져요. 제가 보지 못하는 것을 그들은 볼 수 있지요. 그들이 저에게 얘기해주기를 바라죠. 같이 일하는 사람들이 자신의 의견을 스스럼없이 말해주는 환경이 조성되기를 바라요. 창작 초기 단계에 린은 "나 듣고 있어. 그 아이디어를 쓰게 되든 안 쓰게 되든 일단 다 얘기해봐" 하는 식이었어요. 그런 그의 태도 덕분에 창의적인 아이디어를 자유롭게 나눌 수 있었죠.

데비 6년 동안 다듬어서 2007년 오프 브로드웨이에 〈인 더 하이츠〉 공연을 올린 다음 2008년 3월 9일 브로드웨이의 리처드 로저스 극장에서 공식 개막했어요. 이 작품은 토니상 13개 부문에 후보로 올랐죠. 당시 가장 많은 부문에 후보로 오른 작품이었는데요. 최우수 뮤지컬상을 포함해 네 개 부문에서 수상했고요. 그래미상 베스트 뮤지컬 앨범상도 수상하셨죠. 첫 공연으로는 정말 대단한 성과였는데요. 〈해밀턴〉은 휴가 중이었던 린이 알렉산더 해밀턴에 대한 책을 샀다고 채팅으로 우연히 얘기한 데서 시작되었다면서요. 당신은 "그거 멋진데. 내일 만날까?"라고 답했다고요. 알렉산더 해밀턴의 전기로 뮤지컬을 만들어야겠다는 확신이 처음부터 있었던 건 아니었나 봐요.

토머스 린은 책을 진짜 많이 읽거든요.

데비 린이 충동적으로 샀다고 한 그 책은 론 처노가 쓴 전기 『알렉산더 해밀턴』이었죠. 두 분이 그 책을 읽은 후에 와닿는 부분을 612개의 항목으로 정리하셨다고 들었어요. 어떻게 612개 항목에서 이야기를 만들어냈나요?

토머스 612개까지는 아니었을 거예요. 제가 린한테 "너랑 의논하지 않고 나 혼자 그 책을 읽을 기회는 단 한 번뿐이니까 지금 나도 바로 읽을게. 너도 읽어. 어떤 장면이나 노래, 인물, 포착할 만한 순간이 될 수 있는 모든 요소들을 각자 적어보고 어디서 겹치는지 보자"라고 제안했어요. 우리가 그렇게 처음에 메모했던 많은 부분이 실제 공연에 쓰였고요.

그때 저희는 자유롭게 구상 작업을 하던 중이었기 때문에 린에게 어떤 제약도 가하고 싶지 않았어요. 만약 그가 해밀턴의 인생 말년에 일어난 일에 관해 쓰고 싶다면 가서 그걸 쓰라는 식이었죠. 처음부터 '이 사건이 일어났고, 저 사건이 일어났고 또 이런 일도 있었다' 같은 식은 될 수 없다는 걸 알았어요. 일련의 사건들을 나열한다고 뮤지컬이 되는 건 아니죠. 저한테 가장 중요한 것은 린이 어떤 지점에 흥미를 느끼는가였어요. 그런 지점을 찾은 다음 우리가 뭘 할 수 있는지 나중에 보자는 식이었죠. 덕분에 린이 이야기에 갇히지 않을 수 있었던 것 같아요. 아리스토텔레스적 구조에서 필요로 하는 일련의 사건들 같은 것 말이죠. 그보다는 마음에 와닿는 걸 쓰라고 했어요.

데비 〈해밀턴〉은 2015년 2월 퍼블릭시어터에서 오프 브로드웨이 데뷔 공연을 했고 전석 매진되었어요. 그리고 2015년 10월 브로드웨이로 진출해 이번에도 역시 리처드 로저스 극장에서 공연했죠. 이 공연은 문화적으로 엄청난 센세이션을 일으켰는데요. 너무 잘 알려진 일이라서 말할 필요도 없지만요. 전례 없는 흥행을 거두었을 뿐 아니라 비평가들에게 대단한 호평을 받았죠. 토니상 16개 부문 후보에 오르는 기록을 세웠고, 최고의 연출가상을 포함해 11개 부문에서 수상했어요. 연출가의 역할에 대해 말하면서 당신이 하는 일은 분위기를 조성하는 정도라는 걸 깨달았다고 하셨는데요. 실제로 연출하실 때 어떤 방식으로 하시나요?

토머스 그냥 자신의 방식대로 하는 수밖에 없어요. 물론 공부는 했죠. 많은 연출가들을 지켜보고 그들에 대한 글을 많이 찾아 읽기도 했어요. 그러다 깨달은 것은 '나만의 목소리를 찾고 다른 사람들에게 필요한 걸 취해야 한다'는 것이었어요. 하지만 결국 자신의 직감을 따라야 하죠. 배우가 준비를 마치고 무대에 서는 것과 마찬가지로요.

　연출을 기술적으로만 생각한다면 진실에 다가가는 데 크게 도움이 되지 않을 거예요. 어떤 공간에 들어갈 때 저는 그 방의 온도가 그 안에 있는 소수의 사람들에 의해 결정된다는 사실을 유념하려고 해요. 종종 저도 그들 중 한 명이 되고요. 저는 낮은 온도를 유지하고 싶어요. 분위기가 고조된 상황일지라도요. 저 자신뿐만 아니라 다른 사람들에게도 알려주고 싶은 것은, 답을 알지 못한 채 이 공간에 함께 있어도 괜찮다는 것이에요. 저는 이걸 배워야 했고 어떤 면에서는 제가 가진 죽음에 대한 강박과 대조되는 것이기도 하지만요. 때로는 "내일 다시 오자"라고 해도 되고 그것 역시 좋다고 생각해요.

데비   그런 확실성과 불확실성의 사이를 어떻게 헤쳐나가시죠?

토머스   직감에 많이 의존하는 편이에요. 2만 시간, 3만 시간 동안 생각하면서 만들어지는 것이요. 어떤 사람이 되고 싶은가와 어떤 연출가가 되느냐는 아주 밀접한 관련이 있는 것 같아요. 들을 줄 아는 사람이 되고 싶어요. 편집도 하고 제안하기도 하고 때로는 자리에 앉았다가 어떤 때는 일어나서 개입할 줄 아는 사람이 되기를 바랍니다. 그 공간의 분위기를 파악해야 하죠. 매 순간 일어나는 일에 반응할 수 있어야 하고요. 같이 일하는 사람들에게 오늘 또는 앞으로 며칠간 하려는 일에 대해 말해주려고 합니다. 우리가 어디로 향하는지 대략적으로나마 알려주기 위해서죠. 그 방향으로 가는 길이 한 개만 있는 건 아니겠지만요. 모두를 성인답게 대하려고 해요. 우리는 모두 자신의 선택으로 이곳에 있는 것이니까요. 서로 존중하고 서로의 의견에 귀 기울일 수 있는 환경을 만들려고 노력하는 편이에요.

데비   연출가로서 항상 최고의 아이디어를 갖고 있을 필요는 없지만 어떤 것이 최고의 아이디어인지는 알 수 있어야 한다고 말씀하셨었죠. 어떻게 가장 좋은 아이디어를 식별하죠?

토머스   본능에 의존하죠. 그동안 갈고 닦은 직감에 따를 수 있다면 좋겠죠. 저 같은 경우에는 그런 본능의 목소리를 무시하면 잠을 못 자요. 좋지 않은 상황에 빠졌다는 느낌이 강하게 들기 때문일 거예요. 그럴 때는 스스로에게 마음을 바꿀 권리가 있다는 여지를 주지요.

데비   최고의 아이디어를 직접 내놓지 않아도 최고의 아이디어가 어떤 것인지만 알면 된다는 것을 깨달으면서 부담감을 많이 내려놓았다고 했어요. 어떤 면에서요?

토머스   모두가 나를 보고 있다는 생각에서 벗어나면 부담감이 훨씬 줄어들죠.

모두가 저를 쳐다보고 있는 건 아니더라고요.

데비   그렇지만 리더로서 결정들에 책임을 져야 하잖아요.

토머스   그렇죠. 결정하는 게 힘든 적은 없었어요. 제가 항상 맞는 결정을 내리
       는 것도 아니고요. 하지만 어떤 특정 방향으로 가고 싶다거나 무언가를
       시도하고 싶다는 충동은 있지요. 어떤 결정을 내릴 때 그 결정이 돌이킬
       수 없을 거라고 생각한 적은 한 번도 없었던 것 같아요. 어떤 면에서는
       돌이킬 수 없는 구석이 있다 할지라도요. 더 나아지는 것이든 변하는 것
       이든 가능성에 대한 환상은 저를 편안하게 하고 위안을 줍니다.

데비   무대에서 공연이 일단 시작되고 난 다음에는 연출가로서 당신의 역할은 무엇
       인가요?

토머스   공연이 올라가서 진행 중일 때 제가 하는 일은 저녁 7시 30분에 누군가
       의 방문을 노크하고 들어가는 거예요. 막이 오르는 8시부터 10시 반까
       지는 제가 하는 일은 없죠. 〈해밀턴〉은 지금 브로드웨이에서 2년째 공
       연 중인데요. 어떤 사람과는 몇 달간 별다른 대화가 없는가 하면 어떤
       사람은 여전히 특정 장면에 대해 얘기하고 싶어 하기도 해요. 공연과는
       무관한 가족 얘기나 전에 같이 했던 일에 대해서만 얘기하는 사람들도
       있고요. 제 역할은 보통 '저 여기에 있어요. 작업에 대해 할 얘기가 있으
       면 언제든 제게 오세요' 하는 태도를 보여주는 거예요. 제 역할의 대부분
       은 어떤 상황이든 사람마다 필요로 하는 것이 다 다르다는 걸 인정하는
       것이죠. 사람들이 다 모여있는 곳에서 말해야 하는 경우도 많지만, 그걸
       제외하면 대부분은 일대일의 관계라는 것을 이해해야 해요. 연출은 언
       제 어디서나 계속돼요. 우연히 어떤 사람과 지하철을 같이 타게 되거나
       갑자기 20분 정도 시간이 나는 바람에 진행되기도 하죠. 복도에서도, 야
       외에서도 일어나고요. 리허설 공간 밖에서도 계속되죠. 연출의 대부분
       은 누군가가 솜씨를 발휘할 수 있는 공간을 만드는 일이에요.

데비 인터뷰를 준비하면서 아주 많이 마주친 구절이 있어요. 여러 인터뷰에서 반복해서 하신 말씀인데요. "재능보다 인간성이 먼저다." 무슨 뜻일까요?

토머스 부정적인 에너지에 휩싸이고 싶지 않다는 뜻이에요. 저와 함께 일하는 사람들이 그런 걸 겪게 하고 싶지 않아요. 우리가 하려는 이 일은 어려운 일이에요. 만약 제가 이 공간을 보호할 수 있다면 저는 그렇게 하고 싶어요. 프로듀서, 작가와 더불어 제가 누구를 그 공간에 들일 건지 선택할 수 있다면 그렇게 할 거고요. 공연에 참여하는 배우가 연습 첫날 들어오면 저는 "이분이 당신 형제 역을 맡았어요. 두 분은 서로 정말 사랑하죠. 잘 지내봐요"라고 말할 거예요. 이 사람은 저에게 의지하고 있죠. 잠재적으로 저를 통해 관계와 유대의 가능성을 발견하게 되는 것이죠. 저는 친절하지 않은 사람들과 함께하고 싶지는 않아요. 사려 깊지 않은 사람들과도요. 전혀 흥미가 없어요.

데비 〈해밀턴〉 얘기로 돌아가서요. 작품을 한참 준비하던 중에 뉴욕 배서에서 린과 여드레간 같이 지낸 적이 있다면서요. 그때 이야기를 들려주세요.

토머스 뉴욕에서 〈해밀턴〉에 들어갈 노래 열 곡 정도를 가지고 콘서트를 하고 난 다음이었어요. 배서의 뉴욕 스테이지앤필름 극장으로 갔죠. 8, 9일을 거기서 함께 지냈어요. 오케스트라 편곡자인 알렉스 라카모어도 같이 지냈고요. 린은 스케이트보드를 타고 복도를 누볐죠. 우리가 "숙제 가져 왔어? 내일까지 노래 한 곡이 필요한데"라고 물으면 그가 "알았어. 알았어"라고 대답하곤 했죠. 하루에 20시간은 같이 있었던 것 같아요. 그때 같이 보낸 시간이 최종 작품을 완성하는 데 결정적인 역할을 했죠. '저기 같이 들어가서 뭐가 나오는지 보자' 하는 마음이었어요.

데비 〈해밀턴〉 수록곡 중 하나인 〈One Last Time〉이 어떻게 나오게 되었는지 말씀해주세요. 린이 8개월 넘게 그 곡과 씨름하고 있었는데 당신이 무언가를 제안하고 나서 45분 만에 완성했다면서요. 8개월과 45분이라니요.

토머스   좀 더 정확히 말하면 44분이었어요. 초기에 작성한 600개 항목 중에 〈One Last Ride〉라는 노래가 있었어요. 퍼블릭시어터에서 공연할 때 불렀던 노래죠. 그 노래가 어떻게 나오게 됐냐면, 제가 린에게 늘 이런 이야기를 했어요. "위스키 반란1794년 위스키에 세금을 부과하자 펜실베이니아에서 시작된 봉기. 당시 재무장관이었던 해밀턴이 국채 상환을 위해 물품세의 신설을 제안한 것이 발단이었다때 해밀턴과 워싱턴이 오래된 제복을 입고 잘 맞는지 살핀 다음 결의를 불태우며 반란을 진압하러 나가잖아. 그런 게 2막에 필요할 것 같지 않아?"

그때 한참 막의 구조를 구상하고 있었거든요. 주인공들이 나이가 든다는 것, 옷이 맞지 않게 되는 것, 그런 것들의 의미에 대해 이해하려고 애쓰고 있다는 걸 보여줄 기회였죠. 그런 취지로 린이 쓴 노래가 〈One Last Ride〉였어요. 이 곡은 퍼블릭시어터에서 총 117회 공연되었죠. 노래가 깔리면서 위스키 반란이 펼쳐지는데 약간 샛길로 빠지는 느낌이 있었어요. 공연 시간도 부족했고요.

다른 식으로 할 수도 있을 것 같았어요. 무언가 다른 게 있는데 그게 뭔지 정확히 모르겠더라고요. 그렇게 몇 달이 지났고 공연은 계속되었어요. 우리는 여전히 그 얘기를 나누고 있었고요. 그 공연은 5월에 끝났고 2015년 7월에 재개될 예정이었어요. 2015년 6월 말에 리허설을 하고 있을 때도 린은 그것과 씨름하고 있었죠. 그는 다른 방에 있었는데요. 제가 그를 보러 잠깐 들어갔죠.

데비   들어가서 무슨 말씀을 하셨나요?

토머스   제 어머니가 조지타운에 있는 튜더 플레이스라는 역사관에서 기록 담당관으로 일하고 계신데요. 튜더 플레이스에는 조지 워싱턴이 포도나무와 무화과나무가 있는 곳으로 돌아가는 것에 대해 언급한 편지가 소장되어 있었어요. 워싱턴이 한 말인데요. 어떤 운명에 대해 이야기하면서 포도나무와 무화과나무를 여러 번 언급하죠. 언젠가 린에게 이 얘기를 해야겠다고 생각했어요. 이게 귀향을 말하는 것이라면 워싱턴은 그냥 마운트버넌으로 돌아가고 싶었던 것 같다고 했죠. 마운트버넌은 제가 자란 곳에서 불과 15분 거리에 있는 곳이에요. 또 워싱턴이 로마 군대를 이끌었던 킨키나투스가 로마의 위기가 끝나자 자기 농장으로 돌아갔던 이야기에 큰 감동을 받아 거기에 자신을 대입하고 싶어 했던 것 같다고도 말해주었어요.

린은 "근데 포도나무와 무화과나무 이야기는 처음 듣는데. 그게 뭐야?"라고 하더군요. 저는 "찾아봐. 그가 집으로 돌아가겠다고 하면서 한 말이야"라고 대답했죠. 린은 의자에 앉은 채 고개를 갸우뚱했어요. 저는 그런 그를 두고 방을 나왔고요.

한 시간도 채 안 돼서 그가 저한테 와서는 "감 잡았어"라고 말하더군요. "오늘 중으로 끝낼 거야"라고 말하고는 정말 그렇게 했어요. 여섯 달 만이었죠. 그 작은 부분을 마무리하는 데 전체로 보면 2년이 걸린 셈이고요. 마치 모래시계에서 모래가 흘러내리는 것과 같은 느낌이었어요. 어느 순간 시간이 더 빨리 가는 것 같은 느낌이 들 때가 있잖아요. 그런 착각이 들었죠. 그러다 갑자기 '쿵!' 하는 거죠. 그때 린이 그랬어요.

데비   마술 같네요. 시간의 개념은 〈해밀턴〉 전체를 관통하는 주제이죠. 그 공연에서 저에게 가장 강렬하게 다가온 부분이기도 했고요.

토머스   그건 린의 재능 중 하나이고 모두가 그걸 존중하고자 했죠. 우리는 영화 〈매트릭스〉를 많이 생각했고 참고했어요. 〈매트릭스〉에 나오는 총알의 시간이요.

데비   저도 좋아해요. 정말 확 느껴지잖아요.

토머스   마지막에 가면 시간을 멈춰야 하는 장면이 나오잖아요. 노래 〈Satisfied〉에 사용한 아이디어가 도움이 되었는데요. 이 노래를 하는 중에 이전 곡인 〈Helpless〉의 시간으로 돌아가면서 시간이 멈추죠. 이 장치를 통해 나중에 모든 것을 느리게 처리할 수 있게 되었어요. 린이 그 곡을 썼을 때 엄청난 힘이 느껴졌죠.

데비   〈Helpless〉에서 시간이 멈추는 것을 보고 이 공연이 지금껏 제가 보아온 것과는 완전히 다른 공연이라는 걸 알게 됐어요. 그 순간이 생생하게 기억나요. 그 노래를 들을 때마다 그 순간으로 돌아가고 시간이 멈추죠. 모든 것이 고요하고 완벽하고 무한한 느낌이 들어요.

토머스   그렇게 말씀해주셔서 정말 감사합니다. 결국 이 모든 건 "내가 여기 있었다"라고 말하려는 것 아닐까요. 저는 사람들이 자기가 무엇을 남겼는지에 대해 이야기하는 공연을 많이 만든 것 같아요.

우리가 영원히 여기에 있지는 않을 것이라는 사실을 늘 잊지 않으려고 합니다. 피터 브룩의 말을 빌려 얘기하자면, 녹아내리는 눈 위에 글을 쓰고 있는 셈이죠. 또는 파도가 와서 지워버리기 전에 뭔가를 끄적이고 있거나요. 이때 가장 순수한 예술이 해줄 수 있는 말은 "당신은 혼자가 아니야. 나도 여기에 있어. 그리고 당신이 보여"가 아닐까요.

2017. 10. 16

AMINATOU

아미나투 소우는
사람들이 그녀가 무엇을 할 수 없다고
말하는 걸 좋아하지 않는다.

여성과 과학기술은 어울리지 않는다는 말을 듣고 그녀는 과학기술계의 여성들을 위한 온라인 미팅 허브를 만들었다. 구글에서 일하기도 했다. 기니 출신인 그녀는 뉴욕에 정착하기 전에 세계 여러 지역을 돌아다니며 생활했다. 포브스가 선정한 '과학기술 분야 30세 미만 리더 30인' 중 한 명으로 꼽혔고, 캘리포니아 공영 방송국 KQED이 선정한 '주목할 여성'에 이름을 올렸다. 이 인터뷰에서 우리는 그녀가 공동으로 진행하는 유명 팟캐스트 〈콜 유어 걸프렌드 Call Your Girlfriend〉에 대해, 그리고 디지털 선구자로 살아가는 그녀의 삶에 관해 이야기했다.

SOW

데비   아미나투는 예언자 마호메트의 어머니 아미나를 칭하는 기니식 이름이죠. 제가 알기로는 발음만 조금씩 다를 뿐 모든 나라에 다 있는 이름이라고요. 예를 들어 세네갈에서는 아미나타라고 한다죠. 서아프리카 출신 사람들을 만나면 당신을 아미나타라고 부르려고 해서 난감하다고 했어요. 사람들이 당신 이름을 어떻게 부르느냐로 인생의 시기가 구분된다고도 하셨는데요. 어떤 점에서 그런가요?

아미나   아미나투는 풀라니어語식으로 발음한 이름인데요. 제 이름은 늘 아미나투일 거예요. 아미나는 사실 제가 미국에 오면서 불리게 된 이름이죠. 사람들이 제 이름을 잘못 발음하는 경우가 정말 많았거든요. 가끔은 그것 때문에 화가 나기도 하고요. 다른 이민자 친구들과 이 문제에 대해 정말 많은 이야기를 했죠. 어떻게 불리느냐에 따라 미묘하게 나 자신의 새로운 모습이 나오는 것 같기도 해요. 공식적으로는 늘 아미나투 소우라는 이름을 쓰죠. 부모님이 주신 이름이니까요. 저는 제 이름이 자랑스럽고 그 이름을 사랑해요. 하지만 대부분의 미국인 친구들은 저를 아미나라고 불러요. 저를 뭐라고 부르는지로 그 사람들이 저를 언제 만났는지 알 수 있죠.

데비   스타벅스에서는 어맨다라는 이름을 쓰신다고요.

아미나   네, 맞아요. 스타벅스에서는 늘 어맨다라고 해요. 저처럼 발음하기 어려운 이름을 가진 이민자 친구와의 웃긴 추억이 있는데요. 대학 시절 스타벅스에서 그 친구를 만났는데 '어맨다'라는 이름이 불리자 둘 다 동시에 "어, 저거 내 커핀데" 했었죠.

데비   가족이 아프리카 기니 출신이죠. 당신이 태어날 때 가족들은 정치적 망명자 신분이었다고요. 그래서 나이지리아와 벨기에에서 성장하셨죠. 부모님이 외교관이셨나요?

아미나	우리 가족은 고향을 떠나 살아왔기 때문에 저 자신도 제 가족사에 대해 좀 더 많이 알아내고 싶었는데요. 여권상으로는 기니 출신이지만 막상 기니에서 살았던 적은 없거든요. 그곳이 고향이라는 어떤 강력한 느낌도 없고요. 기니는 정치적으로 저희에게 안전한 곳이 아니었어요. 어머니와 아버지가 나이지리아로 떠난 것도 당시 정권이 우리 부족 사람들에게 우호적이지 않았기 때문이었죠. 아버지는 운 좋게 나이지리아 라고스에서 일자리를 구하셨어요. 서아프리카 경제공동체라는 기구였는데 아프리카의 유럽연합 같은 곳이죠. 아버지는 평생 이 국제기구에서 일하셨어요. 제가 아는 사람 중 평생 한 직장에서만 일한 사람은 우리 아버지밖에 없을 거라는 말을 농담처럼 하곤 했죠.
데비	정말 대단하신데요. 어머니는 엔지니어셨다고요. 기니에서 최초로 대학을 나온 여성 중 한 명이셨죠. 하지만 전업주부로 사셨다고요. 고등학교 때 어머니가 천재형 인간이고 아버지보다도 훨씬 더 똑똑한 사람이라는 것을 알게 되었다고 했어요. 그래서 어머니가 왜 집에만 있는지 이해할 수 없었다고요.
아미나	솔직히 정말 이해할 수 없었어요. 부모님이 저희에게 설명하시기로는 아버지의 직업 특성상 이해충돌이 있을 수 있어서 부인이 직업을 갖지 않는 경우가 많다고 했죠. 우리 세대에 아버지와 같은 직업을 가진 사람의 자녀들에게 그건 어느 정도 맞는 말이었을 거예요. 하지만 그것이 낡을 대로 낡은 아프리카식 성차별인 것도 맞아요. 어머니는 10년 전에 돌아가셨지만 저는 아직도 어머니가 자신의 능력을 펼치지 못한 것이 아쉬워요. 어머니는 한 번도 불평하신 적이 없지만요.
데비	스스로 항상 페미니스트라고 말하지만 어느 한순간에 그런 정체성을 가지게 된 것 같지는 않다고 하셨어요. 아마도 보수적인 이슬람 가정에서 여자아이로 자란 것이 큰 이유였을 거라고 하셨죠.
아미나	그래도 부모님은 제가 지금의 모습이 될 수 있도록 아주 용감한 일들을

많이 하셨어요.

데비   이를테면요?

아미나   부모님은 가족 중에 처음으로 연애결혼을 하셨는데 그것이 정말 큰 영향을 미쳤죠. 아버지는 저를 다르게 대한 적이 한 번도 없었어요. 저는 아주 어렸을 때부터 그걸 알고 있었고요. 우리 가족은 이슬람교도였기 때문에 저도 아랍 학교에 가서 코란을 배우긴 했죠. 코란에서 시키는 대로 연장자를 존중해야 했고요. 하지만 아버지가 저에게 "가족 내에서 너는 결정권이 없다"라고 말씀하신 적은 한 번도 없었어요. 또 제가 스포츠를 할 수 있게 해주셨죠. 저희 자매에게 할례를 시키지 않았는데 그건 정말 대단한 일이었죠. 나중에서야 그게 얼마나 기념비적인 일인지를 알았어요. 부모님이 변화를 선도하는 유형은 아니었어요. 아버지는 어떻게 봐도 진보적이라고 할 수는 없는 분이셨죠. 하지만 아주 보수적인 사람이라도 자기 딸들을 보면서 자기보다 더 나은 삶을 살기를 바랄 수는 있잖아요. 아버지는 아주 구체적인 방식으로 저를 위해 그렇게 하셨다고 생각해요.

데비   아버지와 지식을 추구하는 방식으로 소통했다고 했는데, 어떤 의미인지 설명해주시겠어요?

아미나   지금은 아버지가 자신의 인생에 관해 이야기도 많이 들려주시고 저랑 친구 같은 사이가 되었지만, 어렸을 때는 그렇지 않았어요. 전 아버지를 좀 무서워했어요. 그래도 아버지가 우리를 호기심 많은 아이들로 키워주셨던 건 분명해요. 항상 저녁 뉴스를 같이 봤고 저녁 식사 때는 시사에 대한 이야기를 나누곤 했죠.

데비   열렬한 미디어 소비자였군요.

아미나   아버지는 제가 학교에서 대인 관계가 어떤지 하는 것에 대해서는 전혀
         관심이 없으셨어요. 주로 하는 질문은 "부르키나파소에서 벌어지고 있
         는 일에 대해 어떻게 생각하니?" 같은 것이었죠. 아버지와 함께하려면
         이런 언어를 써야 했어요.

데비   당신이 지닌 회복력의 원천은 무엇일까요?

아미나   저는 회복력이 강한 여성들에게서 태어났어요. 일단 다섯 살까지 죽지
         않고 살아 있으면 다른 사람들보다 오래 살 가능성이 높은 그런 환경에
         서 태어났죠. 힘든 일들을 목격했고 저에게도 그런 일들이 일어났어요.
         하지만 살 가치가 있다고 생각하죠. 아프리카인들은 강인하다는 식의
         허튼소리에 보태려는 건 절대 아니에요. 그런 말은 잘못됐다고 항상 생
         각해왔으니까요. 심지어 미국에서도 흑인 여성은 특별히 강인하다고
         여기죠. 그건 사실이 아니에요. 우리 모두는 다른 사람들과 똑같은 감정
         을 지니고 있어요. 그렇지만 우리의 삶은 더 어려울 수 있죠. 그래도 살
         기로 결정했다면 힘을 끄집어내는 거죠.

2018. 6. 24

CHRISTINA

**"인생의 목표에 어떻게 대비해야 하는지는
아무도 알려주지 않는다."**

크리스티나 토시의 말이다. 한때 그녀는 레스토랑 '모모푸쿠'에서 식품안전
계획을 작성했다. 그러던 어느 날 셰프 데이비드 장이 레스토랑에서 열리는
개인 파티를 위해 디저트를 준비해달라는 부탁을 했다. 그녀가 만든 케이크
와 페이스트리는 대단히 훌륭했고, 그렇게 '모모푸쿠'에서 '밀크바'가 탄생
했다. 밀크바는 얼마 지나지 않아 이스트빌리지에 독립 매장을 열었고, 지
금은 뉴욕, 로스앤젤레스, 워싱턴 D.C., 라스베이거스, 토론토 등지에 매장
을 두고 있다. 크리스티나 토시는 유명한 파티시에이자 방송인, 작가이기도
하다. 최근에는 그녀에게 딱 맞는 제목이 달린 책『케이크에 관한 모든 것
All About Cake』을 출간했다.

TOSi

데비　크리스티나, 브루클린에 있는 300평 규모의 조리실에 있는 냉장고들 전부에 슈퍼 히어로나 유명 인사의 이름을 붙였다는 게 정말인가요?

크리스　밀크바의 모든 장비들에 이름을 붙였어요. 냉장고나 믹서기가 여러 개 있는데 "믹서기가 안 돌아감. 냉장고에서 열이 남"이라고만 하면 어떤 걸 말하는지 알 수 없잖아요. 이름을 붙이면 서로 알아듣기 훨씬 쉽고 일지를 읽을 때도 재미가 있어요. "오늘 릴 킴 고장. 루크 스카이워커 발열, 크리스토퍼 워컨 차가워짐" 이런 식으로요. 조리실 장비 얘기를 하고 있을 뿐인데 갑자기 무슨 비밀 결사의 일원이라도 된 것 같죠. 밀크바의 핵심 가치 가운데 하나가 재미있게 일하고 그 재미를 실현하는 것이에요.

데비　할머니께서 만들어주신, 시나몬을 뿌린 쫀득한 오트밀 쿠키가 당신에게 굉장히 큰 영향을 주었다고요.

크리스　절대적이었죠. 할머니의 레시피는 제가 여러 가지 다른 것들에 적용하는 기본 지침이 되어줬어요. 제가 가장 바라는 레시피이기도 하고요. 할머니는 돌아가셨지만, 그 레시피 덕분에 할머니 곁에서 할머니와 똑같은 방식으로 쿠키를 만들 수 있죠. 하지만 저는 할머니 것과 똑같은 오트밀 쿠키는 절대 못 만들어요. 그렇게 맛있지도 않고 그 특유의 사랑이 담긴 맛이 절대 안 나와요. 그때 깨달았죠. 저에게 디저트를 만드는 일은 이미 존재했던 것을 다시 만드는 게 아니라는 걸요. 그건 그다지 창의적인 일이 아니기도 하지만, 더 중요한 것은 제가 그런 경쟁을 할 생각이 없다는 점이에요. 제가 할머니의 오트밀 쿠키를 사랑하는 것은 제가 전문 파티시에인 것과는 아무 상관이 없어요. 그건 마음에 아로새겨진 어떤 순간, 제 마음과 미각을 울리는 한순간에 대한 것이거든요. 밀크바에서 초콜릿 칩 쿠키나 애플파이는 고사하고 제가 좋아하는 오트밀 쿠키조차 팔지 않는 이유도 그래서예요.

데비 당신이 좀 더 창의적으로 레시피를 해석하기 시작한 것도 그즈음이었나요?

크리스 어머니가 저 때문에 고생 많이 하셨죠. 맨날 "쿠키 만들 거예요"라면서 부엌에 들어가곤 했거든요. 고등학교 1학년 때는 라이스 크리스피 트리 츠켈로그사에서 출시한 라이스 크리스피 시리얼에 버터와 마시멜로를 넣어 만드는 미 국식 쌀과자를 만드는 데 빠져서 매일 밤 그걸 한 판씩 만들어됐죠. 그냥 부엌에 들어가는 것 자체를 좋아했던 것 같기도 해요. 사실 우리 집에서 는 라이스 크리스피 시리얼을 쟁여 두지도 않았거든요. 그냥 우유랑 같 이 먹을 시리얼을 아무거나 사곤 했죠. 저는 다양한 시리얼을 이렇게도 섞어보고 저렇게도 섞어보는 재미에 완전히 빠져들었어요. '이 시리얼 로만 라이스 크리스피 트리츠를 만들어보면 어떨까? 아니면 이 시리얼 이랑 이 시리얼과 참깨를 섞으면? 저 시리얼이랑 버터 스카치 칩이나 뭐 그런 걸 섞으면?' 이런 식으로 궁리를 해댔죠.

데비 대학에서 응용 수학을 전공하셨어요. 졸업 후에 전공과 관련된 일을 할 생각은 없었나요?

크리스 졸업할 때 제 전공을 살려 진로를 결정할 수도 있겠다고 생각하긴 했죠. 하지만 두 발로 서서 다양한 것을 탐험해보고 싶다는 생각을 떨칠 수 없 었어요. 여행하고 돌아다니는 걸 좋아했거든요. 창의적인 직업을 가지 고 싶다는 생각이 들었어요. 제가 받아온 교육은 그런 건 아니었죠. 물 론 창의적인 환경에서 자란 것은 맞아요. 우리 집 여자들처럼 예술적 성 향이 넘치는 사람도 별로 없을걸요. 하지만 그건 여가 시간에나 하는 일 이었죠. 일을 마치고 퇴근해서 하는 일이요. 직업으로 삼을 만한 건 확 실히 아니었어요. 그래서 이참에 제가 한번 해봐야겠다고 생각했죠.

데비 대학 졸업 후에 뉴욕 프렌치 컬리너리 인스티튜트French Culinary Institute에 지원하셨어요. 그때 "이 길로 가야겠다"라고 결정하셨던 건가요?

크리스	대학 시절에도 레스토랑에서 일했었어요. 레스토랑의 그 가족적인 분위기를 정말 좋아했죠. 집에서 빵을 잔뜩 구워서 가져가곤 했어요. 그러면서 자연히 '이다음 단계는 뭘까? 난 뭘 해야 하지?' 하는 생각을 하게 된 것 같아요. 유일한 답은 쿠키를 만드는 것이었어요. 부모님은 교육열이 높은 분들이었고 전문가가 되어야 한다고 생각하셨죠. 전문적으로 쿠키를 만들고 싶다면 파티시에가 되어야 했어요.

데비	업계에서 처음 얻은 일자리가 '아쿠아그릴'의 매니저 자리였죠? '불레이'에서 일한 적도 있고요. '불레이'에서는 어떤 일을 했나요? 데이비드 불레이와 일하는 건 어땠어요?

크리스	정말 대단한 경험이었죠. 별 경험도 없이 산 정상에 올라 "저 사람 밑에서 일하고 싶다"라고 한 셈이었어요. 그리고 매일 엉덩이를 걷어차이면서 미친 듯이 일했죠. 더 무너질 수 없을 때까지 무너지면서 이것이 뉴욕 레스토랑에서 얻은 내 첫 일자리라는 사실에 두려움을 느꼈어요. 무참히 무너지고 나가떨어졌지만 더없이 행복하기도 했죠. 지쳐 죽을 것 같고 발도 아프고 손도 아팠지만 그런 것 따위 신경도 안 썼어요. 움직이고 있다는 것만으로 더없이 행복했거든요. 그 경험이 저에게 어떤 근간을 제공해주었고 제가 하기로 선택한 다른 모든 것의 원동력이 되었어요.

데비	데이비드 불레이에게서 배운 것 중 가장 중요한 건 어떤 것이었나요?

크리스	리더십과 협업이요. 요새도 늘 생각하는데요. 다른 사람을 도우려고 하지 않으면 아무도 당신을 원하지 않아요. 요리를 처음 배우는 사람은 확실히 도움이 될 수 없죠. 뭔가를 도우려다가 망치는 꼴이랄까요. 제가 이 페이스트리 업계에서 자리를 잡을 수 있는 유일한 방법은 동화되는 것이었어요. 공통의 관심사를 찾고 목표를 공유하고 사람들의 신뢰를 얻고 존중을 받는 방법을 알아내야 했죠. 관계에 기여하고자 한다는 것

을 보여주고 먼저 내어주어야 했어요.

데비 한편으로는 전에 일했던 레스토랑들에서 내놓는 팬시한 디저트가 당신 스타일은 아니라는 것을 깨달았다고 했어요. 그 디저트들을 까다롭다고 표현했는데, 까다로운 디저트라는 건 어떤 것이죠?

크리스 포크와 나이프로 먹어야 하는 디저트를 말하죠. 디저트 하나에 여러 가지 소스가 들어가고요. 그런 디저트들을 무엇보다 가장 까다롭게 만드는 부분은 아름다운 장식 같아요. 그렇게 아름답게 만들기 위해서는 기술적으로 아주 까다롭게 다뤄야 하는데, 저는 세심한 사람이 못 되어서 그런 걸 할 때마다 죽을 맛이었어요.

데비 셰프 데이비드 장은 그런 스타일과는 정반대의 요리 철학을 가지고 있는 것 같은데, 혹시 그래서 그의 레스토랑에 관심을 가지게 된 건가요?

크리스 여러 면에서 데이브는 저의 남자 버전 같았어요. 제가 자란 곳에서 불과 몇 킬로미터 떨어진 버지니아 북부에서 성장기를 보냈더라고요. 학교 다니면서 항상 인정받기를 바랐지만, 자신이 아웃사이더라는 것을 잘 알았고요. 레스토랑을 만들고 사람들에게 음식을 대접하는 일에 대해 민주주의적인 접근법과 비전을 가지고 있었어요. 단순하고 순수하면서 꼭 필요한 것이었죠.

데비 모모푸쿠에서 데이비드와 함께 일했지만 사무직으로 일하셨어요. 왜 처음부터 요리를 하지 않았나요?

크리스 제가 모모푸쿠에 간 건 뉴욕에 온 지 몇 년쯤 되었을 때였는데요. '모모푸쿠 누들 바'는 그 전해에 문을 열었고요. 그때 데이브가 꽤 명성을 얻기 시작했어요. 요리 업계가 그를 주목하기 시작했죠. 사람들은 흰 테이블보가 덮인 레스토랑에 가는 대신 소박한 나무 테이블과 의자가 있는 그의 국수 가게에 갔지요. 그에게 관심이 갔어요. 그가 하는 일, 그의 비전이 아주 매력적으로 보였고요. 그가 어떤 사람인지, 무엇을 하고자 하는지 알 것 같았어요. 우리 집에서는 도움이 필요한 사람이 도움을 청하면 두 번 생각하지 말고 그냥 들어주라고 배웠거든요. 그래서 그냥 가서 제가 할 수 있는 일을 했죠.

데비　2008년에 이스트빌리지의 모모푸쿠 옆에 밀크바를 개업하셨어요. 지금은 미국 전역에 지점을 두고 있고요. 《본 아페티Bon Appétit》는 밀크바를 미국에서 가장 흥미로운 베이커리 중 하나로 꼽기도 했는데요. 몇 년 전에 당신이 스스로의 철학에 대해 말씀하셨던 걸 한 번 읽어볼게요. "성공만큼이나 실패도 끌어안아야 한다. 밀크바에서 경계를 확장할 수 있었던 것은 계량을 잘못했거나 너무 오래 구웠거나 뭔가를 우연히 발견했거나 레시피 테스트를 실패한 덕분이었다. 상황이 어려워질 때 그걸 견뎌내고 창의성을 발휘하면서 진짜 당신이 누구인지가 드러난다. 태워버린 쿠키들을 끌어안고, 끌어안고, 또 끌어안으라." 이렇게 대단한 경지에 오르기까지 얼마나 오랜 시간이 걸렸나요?

크리스　우리가 잘나서 밀크바가 훌륭한 건 아니에요. 우리가 포기하지 않기 때문에 밀크바가 훌륭한 거죠. 기회를 잡는 걸 두려워하지 않기 때문에 훌륭하고요. 밀크바에서는 서로 논쟁하는 걸 두려워하지 않아요. 무엇보다도 우리는 해야 할 일을 하고 제대로 해내는 걸 두려워하지 않죠.

2018. 11. 26

think writing a recipe and writing a poem are very similar. You're trying to convey an idea of something as economically as possible. You're trying to get the point across and give your reader enough information. A recipe really can go on and on. You could write a whole book about how to bake a cake or scramble an egg. It's the same thing with poetry. Hopefully, reading a recipe has the same effect."

"레시피를 작성하는 것은 시를 쓰는 것과 아주 비슷해요. 무언가에 대한 생각을 가능한 한 경제적으로 전달하고자 애쓰죠. 요점을 전달하고 독자에게 충분한 정보를 주려고 노력해요. 사실 레시피는 끝없이 계속될 수도 있어요. 케이크를 굽는 법, 달걀 스크램블을 만드는 법을 가지고 책 한 권을 쓸 수도 있죠. 시도 마찬가지예요. 레시피가 시처럼 읽힐 수 있으면 정말 좋을 것 같아요."

줄리아 터셴
요리책 저자
2015. 4. 20

Jessica

레터링 아티스트이자
일러스트레이터인 제시카 히시는 여러 상업용
활자체들을 디자인해 공개했고

《뉴욕 타임스》, 애플, 영화감독 웨스 앤더슨 등과도 작업했다. 작가로도 활동하는 그녀는 《뉴욕 타임스》 베스트셀러 그림책 『내일은 용감할 거야Tomorrow I'll Be Brave』와 그 후속작 『내일은 친절할 거야Tomorrow I'll Be Kind』를 내놓기도 했다. 이 인터뷰에서 우리는 자기 분야에서 일찍 성공하는 것이 무엇을 의미하는지, 또 그녀가 자신의 다양한 창작 활동을 어떻게 구분하는지에 대해 이야기를 나누었다.

HISCHE

데비 어릴 때 부모님께서 크레용, 가위, 마분지 같은 것을 아낌없이 사 주시면서 당신의 예술적 창의성을 길러주셨다고요. 어린 제시카 히시는 그때 어떤 걸 만들었나요?

제시카 어린 제시카 히시는 미술과 관련된 거라면 뭐든지 좋아했어요. 끊임없이 재료를 제공해주신 부모님께 정말 감사하죠. 예술적 배경이 딱히 있는 것도 아닌데 그렇게까지 해주는 부모가 흔치는 않을 거예요. 그런데 부모님께서 그렇게 해주신 데는 재료만 주면 제가 아주 얌전한 아이가 됐다는 것도 한몫했을 거예요. 여섯 시간 정도는 책상에 끄떡없이 앉아 있을 수 있었거든요. 4, 5학년 때쯤에는 만화 〈먼 쪽Far Side〉을 똑같이 따라 그릴 수 있었죠. 그러다가 우리 집 지도를 그려서 개들이 하루 종일 어디를 다니는지 표시하기도 했어요. 무슨 전투 지도 같았죠. 저는 확실히 정석을 따르는 편이어서 실험적인 그림을 많이 그리진 않았어요. 사실적으로 똑같이 그리는 걸 좋아했고 꼬마 아이로서 그 정도면 칭찬받을 만하다고 생각했죠.

데비 고등학교 때 부모님이 이혼하셨다고요. 그 일을 계기로 되도록 빨리 독립해서 자신을 찾고 자기 목소리를 내야겠다고 결심하게 되었다고 했어요. 부모님의 이혼이 어떤 면에서 자극이 되었던 걸까요?

제시카 어린아이한테 부모님은 전지전능한 존재잖아요. 부모가 개인적으로 몹시 괴로워하는 걸 보고 나면 그들도 사람이라는 걸 알게 되죠. 그 사실이 불편했고 빨리 어른이 돼야겠다고 생각했어요. 게다가 제 어머니는 결혼과 양육에 모든 걸 걸었던 분이었죠. 저희를 돌보려고 일도 포기했었고요. 지금은 저도 부모가 된 입장에서 아이를 키우기 위해 해줘야 할 일이 많다는 걸 알고 있지만, 그 당시에는 제가 누군가에게 생계를 의존해야만 하는 존재라는 게 싫었어요. 제힘으로 살아나갈 수 있는 사람이 되고 싶었죠. 성인이 된 후에도 제 일에 대해 방어적인 편이고 결혼 생활에서도 경제적으로 기여하지 않는 존재는 결코 되고 싶지 않아요.

데비	이렇게 성공하셨는데 아직도 그런 걱정을 하시나요?

제시카   네, 물론이에요. 모든 일에는 기복이 있기 마련이잖아요. 제가 최상의 경력을 유지할 수 있었던 건 운이 아주 좋아서였죠.

데비   디자인업계에서 일을 제일 많이 하는 분이시잖아요.

제시카   한 가지 일에 모든 걸 다 걸 수는 없다는 걸 일찍 깨달았어요. 일에 있어서도요. 스물세 살, 스물네 살 때부터 프리랜서로 일하면서 이 분야의 일이 꾸준하게 있는 게 아니라는 걸 알았어요. 그래서 한 가지 일만 해서는 안 되고 한 분야의 클라이언트만 둬서도 안 된다는 걸 확실히 깨달았죠. 디자이너에 비해 일러스트레이터는 일반적으로 더 그래요. 프리랜서 디자이너의 경우 같은 클라이언트가 계속해서 다시 찾아오지만, 프리랜서 일러스트레이터는 힘든 첫 데이트만 내리 하는 느낌이랄까요. 기쁘고 감사하게도 저를 다시 찾아주시는 분들도 있긴 해요. 하지만 다시 오더라도 완전히 다른 일을 의뢰하는 경우가 대부분이죠. 그러니까 수입원을 다양하게 구축할 필요가 있었어요. 제가 돈을 벌 수 없을 때 수입이 될 수 있는 것을 만들어야 했죠.

데비   폰트를 사서 쓸 여유가 없어서 직접 활자를 그리기 시작했다고요. 활자 그리기에 소질이 있다는 걸 언제 알게 되었나요?

제시카   제가 특별히 소질이 있었던 것인지 그냥 결과물이 마음에 들었던 것인지는 잘 모르겠어요. 처음에는 예산 문제 때문에 폰트를 따라 그리면서 조금씩 변형해서 써보려고 한 거였죠. 그런데 제가 일러스트레이션도 하고 있기 때문에 서체를 만드는 것이 제 작업에 아주 잘 맞는다는 걸 알게 되었어요. 저는 가끔 사진을 찍기도 해요. 그 사진을 합성해서 사용하죠. 작업을 할 때 관련되는 모든 요소를 직접 시도하다 보면 아티스트로서 전체적인 느낌을 아는 것이 얼마나 중요한지 알게 되죠. 디자이너로서 일을 하다 보면 아무래도 다른 사람들이 이미 해놓은 것을 가지고 일하는 경우가 많기 때문에 종종 그 부분을 놓치게 되는 것 같아요. 작업을 하면서 타이포그래피를 직접 하게 되자 전체적으로 응집력이 확 높아지는 것을 느꼈어요.

데비 레터링을 처음 시작했을 때 워낙 순진했던 탓에 경력자들이라면 결코 시도 못 할 이상한 것들을 할 수 있었다고 말씀하셨잖아요. 그때 했던 이상한 시도라는 건 어떤 건가요?

제시카 단어와 글자를 그리면서 작은 실수들을 엄청 많이 했어요. 지금은 하고 싶어도 그렇게 못 할 것 같지만 그런 실수들이 작업에 성격과 개성을 부여했던 것 같아요. 글자의 엉뚱한 곳에 무게를 준다든지 세리프를 썼다가 안 썼다가 한다든지 하는 식으로요. 글자들의 끝과 끝이 잘 맞지 않는다든지 글자 사이가 일치하지 않을 때도 있었죠. 당시 저는 비주류 레터링 스타일에 완전히 빠져 있었고 처음에는 저도 그런 방향으로 가야겠다고 생각하기도 했어요. 지금은 예전의 제 작업을 들고 와서 문의하는 사람들에게 이렇게 말해준답니다. "이런 걸 하려면 저보다 경력이 10년은 짧은 사람을 고용하셔야 할 겁니다. 제가 지금 이런 걸 다시 하면 매우 부자연스럽고 엉터리처럼 보일 거예요."

데비 자신이 원하는 걸 하고자 하는 의지가 아주 강하신 것 같은데요. 그런 독립성은 부모님의 이혼에서 비롯된 것일까요?

제시카 그 일이 자극이 됐던 건 분명해요. 또 고향을 떠나 훨씬 큰 도시에 오게 되면서 영향을 받은 것도 있죠. 저는 뉴욕에 와서 원하는 것을 요구하는 게 잘못이 아니라는 걸 배웠거든요. 원하는 것을 요구하는 게 이기적인 것은 아니죠. 예를 들어 친구들과 어떤 식당에 갈지 정해야 하는 상황을 상상해봐요. 일행 아홉 명이 비가 오는 길모퉁이에 서 있을 때 제가 "난 초밥이 너무 먹고 싶어"라고 한다면 "그렇게 말하는 건 이기적이야"

라고 말할 사람은 아무도 없을 거예요. 전 그저 사람들을 움직이게 하고 싶었던 것뿐이니까요. 원하는 걸 말하는 건 본질적으로 이기적인 게 아니에요. 전 그냥 의견을 낸 것뿐이고 다른 사람들은 각자 알아서 반응하면 되는 거니까요. 중요한 건 제가 그들의 반응에 어떻게 반응하느냐죠.

데비　아닌 건 아니라고 확실히 말하고 자신이 원하는 바를 명확하게 표현할 수 있게 된 비결이 궁금해요.

제시카　거절을 하는 것도 연습이 필요해요. 처음 몇 번은 '다시 일이 들어올까?' 싶기도 했죠. 그렇지만 당당하게 사는 것은 성인으로서 해야 할 중요한 일이에요. 어떤 식으로든 자신의 삶을 살고자 하는 것이기 때문에 사과할 필요는 없다고 생각해요. 어렸을 때는 그런 걸 싸가지 없는 행동이라고 생각하기도 했지만 그건 여성은 어떠어떠해야 한다는 식으로 가르친 사회의 잘못이라고 생각해요. 자기주장은 싸가지 없는 것과는 전혀 상관이 없어요. 각자의 진실을 살기 위해 애쓰는 것이고 모두가 개별적으로 함께 그렇게 하려고 하는 것이죠.

데비　지금은 워낙 솔직하게 말씀을 하시는 편이니까 이런 이야기를 들으면 놀랄 사람들도 있을 것 같은데요. 대학 때는 당신의 의견이 중요하지 않다고 생각해서 자기표현 작업에 자신이 없었고 그런 자신이 바보처럼 느껴졌다고요. 디자인을 하면서 다른 사람들의 의견을 표현할 수 있게 되었다는 이야기도 하셨어요. 자기 자신을 표현하는 것과 작업이나 디자인을 통해 남을 표현하는 것의 차이에 관해 이야기해주실 수 있나요?

제시카　예술가 또는 무언가를 만드는 사람으로서의 성숙함을 보여주는 진짜 지표는 하고자 하는 것을 스스로에게 허락할 수 있느냐에 달려 있다고 생각해요. 우리는 어떤 일을 하려면 허락이 필요하다는 생각에 시달리고 있죠. 저의 경우 어린이 책이 그런 것이었는데요. 항상 어린이 책에 관심이 많았지만, 그 분야를 좀 더 이해하고 싶었기 때문에 제가 아이들을 키우게 된 후에야 어린이 책을 만들어도 된다고 생각했죠.

데비　정식으로 작가 훈련을 받지 않았기 때문에 글쓰기가 어렵다고도 하셨어요. 그 장벽은 어떻게 넘었나요? 이제는 글쓰기가 좀 수월해졌나요?

제시카　뭔가를 배울 때 제가 힘들어하는 부분은 이런 거예요. 개별 사실에서 어떤 결론을 도출하는 것도 잘하고 독학도 꽤 잘하는 편인데요. 하지만 그렇기 때문에 그냥 하던 대로 하게 되는 경우가 종종 있어요. 제가 실질적인 훈련을 원한다는 걸 이해시키는 것이 어렵더라고요. 『내일은 용감할 거야』를 쓸 때도 그랬어요. 초안을 보냈을 때 그림에 대한 피드백만 있고 글에 대해서는 아무 말이 없었죠. 그래서 얘기했어요. "아무래도 글이 썩 좋지는 않은 것 같은데 제 글을 평가해주세요. 피드백이 필요합니다. 모자란 부분이 있다면 알려주세요."

데비　그랬나요? 사람들이 보기에 정말 무언가 부족했다고 생각해요?

제시카　음, 그들이 보기엔 그만하면 괜찮다고 생각했을 거예요. 글이 책 판매에 별 영향을 주지는 않을 거라고 판단했을 테니까요. 어쨌든 그럭저럭 팔릴 거라고 생각하면 퀄리티를 높이는 방법은 그다지 고민하지 않죠. 그런데 펭귄 출판사는 정말 훌륭했어요. 『내일은 친절할 거야』를 만들면서 제가 많이 괴롭혔는데요. 그 원고를 쓸 때 훨씬 더 힘들었거든요. 대놓고 "이건 맞지 않아요"라고 말했어요. 제가 잘하는 분야가 아니었기 때문에 원고에 대해 부끄러움을 느꼈어요. 확신을 갖기 위해 다른 사람들의 긍정적인 피드백이 충분히 나올 때까지 해야 했죠.

데비　2015년에 나온 당신의 첫 책 『진행 중In Progress』은 디자이너를 위한 일종의 교과서였죠. 그러고 나서 아이들을 위한 책을 만들기로 하셨어요. 『내일은 용감할 거야』는 아이들이 자신감을 가지고 새로운 것을 시도하도록 격려하는 책이었죠. 어린이 책에 새로운 장르가 필요하다는 생각을 어떻게 하게 되었나요?

제시카 자기 성찰이나 높은 수준의 감정을 다룬 어린이 책이 거의 없는 것 같았어요. 실제로 어린이들은 사람들이 생각하는 것 이상으로 그런 걸 잘 소화할 수 있는데도 말이죠. 프레드 로저스가 탁월함을 보이고 유명해진 것도 그래서 아닌가요? 그는 꼬마 아이일지라도 풍부한 감정 세계를 가지고 있다는 걸 누구보다 잘 이해했거든요. 단지 문제는 아이들이 자신의 감정을 제어하는 방법을 모른다는 것이었죠. 저는 어른과 어린이 둘다를 위해 자기 용서라는 개념을 소개하는 책을 쓰고 싶었어요. 용기를 주는 동시에 자기 성찰과 목적 설정에 대해서도 이야기하고 싶었죠.

데비 자기 용서라는 개념이 중요한 이유는 뭔가요?

제시카 어렸을 때 저에게 자기 용서의 개념이 너무나도 절실히 필요했기 때문이에요. 저는 스케치북에 하나라도 마음에 안 드는 그림이 있으면 통째로 버리곤 했어요. 전체를 망쳐버린 자신을 용서할 수 없었거든요. 실패할 수도 있다는 걸 받아들이지 못했어요. 마치 한 번 실패하면 영원히 실패자가 되는 것 같았죠. 그런 점 때문에 힘들어하는 아이들을 위해서 뭔가 쓰고 싶었어요. 실패를 성장 과정의 일부로 보지 못하고 그들 자신을 규정하는 것으로 보는 아이들이요. 실패는 우리를 규정할 수 없어요. 실패는 자신을 바꾸고 앞으로 나아가도록 돕는 것이죠. 하지만 우리 대부분은 어떤 것에 실패하면 그 실패가 영원히 우리를 따라다닐 것처럼 생각해요. 아주 어릴 때부터요.

데비 『내일은 용감할 거야』의 후속작으로 『내일은 친절할 거야』를 내셨어요. 첫 번째 책처럼 주요 텍스트는 시처럼 아주 짧고 그림이 이야기의 큰 부분을 차지하죠. '친절'이라는 단어를 선택하신 이유는 뭔가요?

제시카 『내일은 용감할 거야』를 쓸 때 그림으로 그려보고 싶은 단어를 굉장히 많이 적어두었는데요. 그것들을 정리하다 보니까 두 가지 주제가 드러나더라고요. 한 편에는 '용감함'에 관한 단어들이 있었죠. 자신을 돌보고 세상에 나갈 준비를 하면서 자신의 삶을 더 나은 것으로 만드는 것에 대한 단어들이요. 다른 한 편에는 주변 사람을 돕고 세상을 더 나은 곳으로 만드는 것에 관한 단어들이 있었고요.

데비 혹시 세상에 친절함이 부족하다는 문제의식에서 이 책이 나온 것은 아닐까요?

제시카 그런 면도 있죠. 하지만 솔직히 말하면 제가 상담을 받으면서 알게 된 것을 적용했다고 하는 게 더 맞을 거예요. 출산 후에 나타난 증상이었는데요. 항상 위기에 빠져 있다는 느낌에서 벗어날 방법을 찾아야 했어요. 3년 동안 매주 상담을 받으러 갔죠. 저에게는 정말 도움이 많이 됐어요. 인생의 모든 관계가 나아지는 것 같았죠. 저 자신의 파괴적인 행동에 대해 너무 모르고 있었더라고요. 그런 아주 미묘한 문제들이 관계의 좋은 부분마저 망치고 있었죠. 『내일은 친절할 거야』에는 제가 직접 겪으며 배운 것들이 들어가 있어요.

데비 예를 들면요?

제시카 '관대함'을 다룬 장에서는 부모 토끼가 아이 토끼에게 생일 선물을 줘요. 그다음 페이지로 넘어가면 마음을 주고받는 여러 방식이 나오죠. 사랑을 표현하는 방식은 다양하다는 것을 보여주는 거예요. 그때 저는 사랑의 언어에 집착하던 때라 다섯 가지 사랑의 언어를 각기 다른 그림으로 표현했어요. 사람들이 서로 다른 방식으로 사랑을 느끼고 싶어 하고 사랑을 표현하고 싶어 한다는 걸 알게 되면서 정말 큰 충격을 받았죠. 그러니까 내가 사랑을 느끼고 싶은 방식이 아니라고 해서 다른 사람의 사랑 표현 방식을 깎아내려서는 안 돼요. 그저 대화가 필요할 뿐이죠.

2019. 1. 6

I loved the Letraset and the rubdown type on teen magazines of the '70s. I loved the chart pack rules and the weird illustrations, the cut-out heads. The designs were loud, and fun, and there was just stuff everywhere and I thought, 'Wow, who does this? How do you get to do this? I want to do this when I grow up.' If SPEC and 16 were still around I'd be working for one of them now. That would make me so happy."

"저는 70년대 10대 잡지 스타일의 인쇄용 사식 문자를 좋아했어요. 다양한 차트 스타일이며 이상한 일러스트레이션, 머리만 오려내 붙인 스타일도 좋아했고요. 그 디자인들은 요란하고 웃기고 무언가로 꽉꽉 차 있었죠. 전 생각했어요. '와, 이거 누가 만든 거야? 어떻게 하면 이런 일을 할 수 있지? 나도 커서 이런 일을 하고 싶다.' 잡지 《스펙SPEC》과 《16》이 여전히 나오고 있었다면 전 지금 둘 중 한 곳에서 일하고 있었을 거예요. 그랬다면 정말 행복했겠죠."

게일 앤더슨
디자이너, 아트 디렉터, 작가, 교육자
2011. 2. 23

SAEED

**사이드 존스는 다재다능하다.
그는 작가이자 시인이고 토크쇼 진행자이며
문화비평가, 교육자, 미식가이기도 하다.**

그는 푸시카트상을 수상했고 데뷔 시집 『상처의 전주곡Prelude to Bruise』으로 전미도서비평가협회상 최종 후보에 올랐으며 2015년 시부문 펜상PEN Award을 수상했다. 사이드는 최근 회고록 『우리가 삶과 싸우는 법How We Fight for Our Lives』을 출간해 큰 기대를 모으고 있다. NPR은 다음과 같이 평했다. "존스의 목소리와 감성은 문학 역사상 가장 오래된 이 장르를 뒤틀고 뒤집어 놓을 만큼 독특하다. 사이드는 이 회고록을 통해 강력하고도 아름다운 자기만의 스타일을 구축함으로써 우리 시대에 없어서는 안 될 작가로 입지를 굳혔다."

JONES

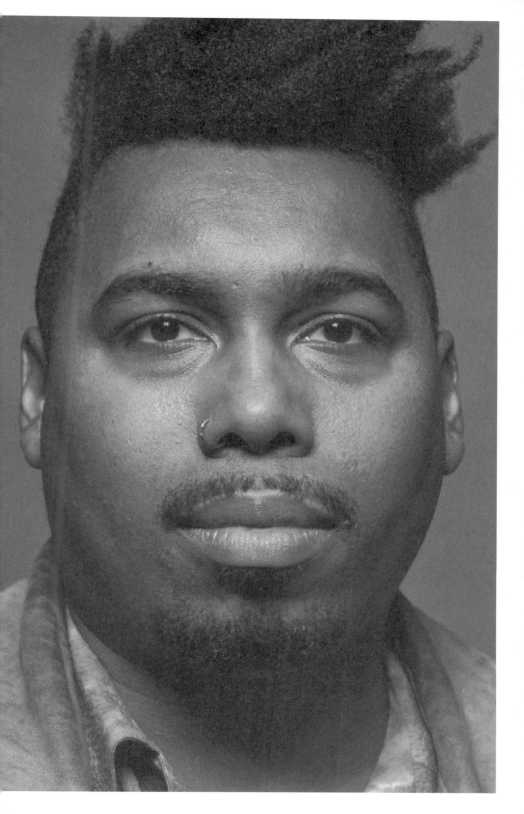

데비   어머니께서 아랍어로 '행복'을 뜻하는 사이드를 당신 이름으로 지어주신 걸로
알아요.

사이드   맞아요. 이슬람 신앙, 페르시아 역사와 관련이 있어요. 택시 기사분들께
종종 듣기로는 좋은 일, 행복, 행운 같은 것이라고 하더라고요. 어머니
도 늘 그렇게 말씀하셨고요. 저는 제 이름이 늘 마음에 들었어요.

데비   어릴 때 매튜 셰퍼드1998년 10월 와이오밍에서 동성애자라는 이유로 납치돼 고문당
한 뒤 숨진 대학생와 제임스 버드 주니어1998년 6월 텍사스에서 세 명의 백인 우월
주의자들에게 납치되어 살해된 아프리카계 흑인의 죽음에 큰 충격을 받으셨다고요.
"어떤 문화권에는 눈雪을 표현하는 단어가 100개쯤 존재하는 것처럼 우리의
언어에는 흑인 소년이 밤에 잠 못 이루고 깨어 있는 상황을 설명하는 단어가
100개쯤 있어야 한다"라고 하신 걸 읽었어요. 그 충격을 어떻게 극복했나요?
늘 두려움을 느꼈나요?

사이드   꼭 그렇지는 않았어요. 저는 꽤 창의적인 아이였어요. 아주 아주 열정적
으로 책을 읽었죠. 중학교 때는 특히 더요. 그때는 인터넷이 없었어요.
전화 연결 모뎀도 없었죠. 그때 글도 쓰기 시작했는데요. 제법 창의적인
생활을 했죠. 제가 충격을 극복하고 있다고 생각하지는 않았어요. 글을
읽고 쓰면서 풍부한 내면세계를 꾸려갔죠. 지나칠 정도로 상상력이 풍
부했어요. 저에게는 공들여서 다듬어낸 상상의 세계, 저만의 세계가 있
었어요. 그 덕분에 제 내면이 살아 있다고 느낄 수 있었고, 미국이라는
나라가 제 정체성에 위협을 가한다거나 저의 진짜 모습을 알려고 하지
않는다는 생각에 지나치게 빠지지 않을 수 있었죠.

데비   저 역시 문화적으로 또 개인적으로 동성애를 혐오하는 환경에서 성장했어요.
쉰이 되어서야 커밍아웃했죠. 그래서 완전히 이해해요. 어머니가 '게이'라는 단
어를 말하는 걸 상상할 수 없었다고 하셨죠. '에이즈'라는 단어가 대신 나올 것
만 같았다고요. 결국 2005년, 당신이 열아홉 살 때 어머니한테 커밍아웃하셨

는데요. 그때 경험에 대해 "나는 어머니에게 게이라고 커밍아웃했지만 몇 분 지나지 않아 나 자신에게 커밍아웃하지 못했다는 걸 깨달았다"라고 하셨어요. 좀 더 설명해주실 수 있나요?

사이드   동성애자로서 커밍아웃 담론이 지나치게 단순한 것 같다는 생각이 들어요. 도대체 그게 뭘 말하는 거죠? 너무 제한적이에요. 어떤 종류의 게이요? 그건 분명 중요한 정보이기는 하죠. 하지만 말하는 사람보다는 이성애자에게 훨씬 중요한 정보 아닌가요. 우리는 끊임없이 커밍아웃하고 있잖아요. 그건 계속 진행 중인 과정이죠. 어머니에게 "저 게이예요"라고 말했더니 어머니가 물으셨죠. "콘돔은 사용하니?" 정말 감사했어요. 비판 같은 건 없었으니까요.

데비   회고록을 쓴다는 것은 기억에 상당히 의존하는 작업이잖아요. 기억에 대해 이렇게 말씀하셨는데요. "우리는 그냥 무작위로 기억하지 않는다. 기억에 반응하고 그건 다시 우리에게 작용한다." 나아가서 우리의 기억, 우리의 욕망, 우리의 불안이 항상 함께 존재하는 방식을 포착하고 싶었다고 말씀하셨어요. 우리가 풍경을 가로질러 나아갈 때 그것들과 동행하고 있다고요. 사이드, 왜 기억과 욕망, 불안이 함께하는 거죠? 이 셋은 아주 흥미로운 조합인데요.

사이드   우리 대부분에게 기억이라는 것은 일어난 일과 일어나기를 바랐던 일에 뿌리를 두고 있어요. 사람의 성격을 형성하는 대부분의 기억이 A와 B 사이의 간극으로 뇌에 각인되죠. 실제로 일어난 일과 일어났어야 하는 일, 또는 일어나기를 바랐던 일과 일어날 것 같다고 생각했던 일 사이의 간극이 기억에 색을 입히는 거예요. 그런 게 행복한 기억과 슬픈 기억 사이의 차이 아닐까요? 행복한 기억은 '자전거를 원했는데 자전거를 갖게 되었다거나 더 좋은 걸 갖게 되었다' 같은 거죠. 슬픈 기억은 '그가 운명의 상대라고 생각했는데 아니었다. 그가 내 마음을 아프게 했다' 같은 거고요. 뇌는 이런 식으로 기억을 구성하죠. 그리고 불안이 있는데요. 이 기억을 계속 붙잡고 있을까요? 다른 사람과 이 기억을 공유할까요? 작가든 아니든 이 지점에서 우리가 과연 맞는 건지에 대한 지속적인 불안이 있어요. 우리의 기억이 정말 우리가 생각하는 것만큼 정확할까요? 우리는 이러한 중요한 기억, 우리가 생각하는 우리 자신의 모습에 대해 불안을 가지고 있죠. 만약 내가 내 기억을 확신할 수 없다면, 내가 누구인지 안다고 할 수 있을까요? 이건 굉장히 방대한 문제인데, 저는 이런 것에 관심이 아주 많아요. 끊임없이 통제력을 상실하고 있는 오늘날의 삶에서 기억의 3요소를 엄밀하게 분석하는 일은 삶을 보다 풍요롭게 해줄 수 있는 것 같습니다.

데비 당신의 글은 정말 힘이 있어요. 아니, 이 말로는 부족할 것 같군요. 서정적이고 절박하면서 매혹적이에요. 이번에 쓰신 책에 2011년 어머니가 돌아가셔서 집에 갔을 때를 묘사한 대목이 나오는데, 제가 생각하기엔 당신이 말하는 기억과 욕망 그리고 불안의 3요소가 아주 잘 드러난 부분인 것 같아요. 청취자들이 당신 글의 그 비범하고도 감정적인 무게를 느껴볼 수 있게 그 구절을 읽어주시겠어요?

사이드 그럼요. 제가 감사할 일이죠. "대기는 귀뚜라미 우는 소리와 미풍에 흔들리는 잎들의 바스락거리는 소리로 소란스러웠다. 눈을 감으니 한밤의 나무들이 내는 소리가 머나먼 대양의 파도 소리 같이 들렸다. 나는 집과 도로 사이에 난 긴 자갈길을 천천히 걸어 내려갔다. 절반쯤 갔을 때 무릎을 꿇고 흙 속에 손을 넣었다. 돌들을 밀어내고 한 움큼 들어 올리자 흙이 내 눈물로 젖어갔다. 내가 어떻게 하는지는 더 이상 중요하지 않았다. 언젠가 한 친구가 그녀의 아버지가 돌아가시고 나서 너무 심하게 울어서 한쪽 눈의 혈관이 터졌다고 얘기해준 적이 있다. 그 말을 들었을 때는 그게 마치 불가능한 이상한 일처럼 여겨졌다. 하지만 지금은 안다. 눈물이 항상 그냥 떨어지기만 하는 게 아니라는 걸. 어떨 때 눈물은 그냥 빗방울이 아니라 폭풍우 속의 돌풍처럼 당신을 휩쓸어버린다."

데비 부모님의 죽음에 비할 건 정말 아무것도 없죠. 저는 아버지와 아주 복잡한 관계였지만 아버지를 아주 많이 사랑했어요. 아버지를 만나러 가던 중에 돌아가셨다는 소식을 듣고 목 놓아 울기 시작했는데요. 저조차도 어디서 나오는지 모르겠는 소리가 나오더라고요. 그런 소리가 앞으로 다시 저한테 나오게 될지 모르겠어요.

사이드 저와 똑같으시네요. 그때 울었던 그런 식으로, 전에는 그렇게 울어본 적이 없었어요. 앞으로 그렇게 울 일이 없었으면 하고요. 목이 아플 때까지 통곡하다가 기침을 하기 시작하죠. 그 정도의 애통한 울음은 강렬한 생리적 현상 같은 거예요. 온몸의 근육이 아파오죠. 술을 마시지도 않았는데 일어나보면 숙취에 절어 있고요.

데비 맞아요. 일어나도 일어난 게 아니죠. 기억도 잘 안 나고요.

사이드 당신을 낳은 사람의 죽음이라는 결말은 너무나 압도적이고 변화무쌍한 방식으로 끊임없이 새로운 사실을 알려주죠. 그 과정은 꼬박 1, 2년이 걸려요. 다시는 일어나지 않을 모든 일이 생각나지만 그렇다고 한 번에 기억나지는 않죠. 그건 사랑의 증거예요. 말씀하신 것처럼 아버지와 복잡한 관계였다고 해도 그 사랑 자체를 부정할 수는 없어요. 비록 지금은 느낄 수 없더라도 몸과 마음 안에 존재하는 게 분명하죠. 사랑은 마치 몸에 저장된 휘발유 같아요. 다 타버릴 때까지는 그것이 얼마만큼 있는지 알 수 없죠.

2019. 11. 18

THOMAS

토머스 페이지 맥비의 첫 책 『맨 얼라이브』는
"무엇이 남자를 만드는가?"라는 질문에 대한 지극히
개인적인 답을 담은 회고록이다.

PAGE

두 번째 책 『아마추어Amateur』 역시 남성성을 다룬 회고록으로 이 책에
서 그는 복싱을 배우면서 느낀 남성성과 폭력의 관계에 대해 고찰한다.
맥비는 트랜스젠더 남성의 관점에서, 그리고 매디슨 스퀘어가든에서 복
싱 경기를 한 첫 트랜스 남성의 관점에서 이 주제를 다루었다.

McBEE

데비　토머스, 스물아홉 살 때 파트너와 함께 있다가 길거리에서 강도를 당하셨죠. 거의 죽을 뻔했었다고요. 강도가 당신을 여자라고 생각한 덕분에 목숨을 구할 수 있었는데요. 그 사건 이후 수염을 기르고 윗도리를 벗은 채 달리는 꿈을 반복적으로 꾸기 시작했다고요. 그건 어떤 느낌이었나요?

토머스　너무 충격적이었던 것은 그것이 제가 트라우마를 겪은 두 번째 경험이었다는 것이에요. 그 전에도 그런 폭력을 경험한 적이 있었죠. 저의 젠더 문제와 관련해서 뭔가 다른 일이 벌어지고 있다는 걸 알았지만 저에게는 그걸 표현할 단어조차 없었어요. 그 끔찍한 일이 벌어졌을 때, 거리에서 10여 분 동안 처형식 같은 것을 당하면서 저는 입을 꾹 다물고 있었어요. 제 파트너가 그 남자의 주의를 돌려보려고도 했지만, 그는 그녀에게는 전혀 관심을 보이지 않았고 저만 공격했죠. 결국 저도 제 파트너가 하는 말을 무작정 따라 하기 시작했어요. 제게서 전형적인 남자 목소리가 아닌 목소리가 나오자 남자가 "도망가!"라고 하더군요. 그렇게 우리를 놓아주었어요. 여기에는 강력한 은유가 담겨 있는데요. 제가 말을 했고 그게 저를 살렸는데, 그건 제가 어떤 식으로든 항상 싸워왔던 존재라는 거였죠. 저는 페미니스트여서 제가 그런 생각을 한다는 게 너무 싫었어요. 제가 여자인 걸 좋아하고 싶었어요. 전 여성을 사랑하고 여성이 된다는 건 정말 근사한 일이니까요. 하지만 저는 여성이 아니었어요. 그렇게 이상하고 복잡한 존재 방식 사이에서 그 남자는 제가 아닌 저를 보았고 그게 제 목숨을 구했죠. 그러고 나자 이제는 저 문을 닫아도 되겠다는 생각이 들었어요. 이래서 내가 이 몸에 갇혀 있어야 했던 거구나, 이래서 이 모든 일이 일어났어야 했던 거구나 싶었어요. 이제 그 문제는 해결되었고 저는 도망쳤죠.

데비　그 경험에 대해 《뉴욕 타임스》에 이렇게 쓰셨어요. "그 강도는 나에게 트라우마의 보편성을 보여주었고, 나는 내 안에서 무언가가 떨어져 나가는 것을 느꼈다. 마치 앓던 이가 빠진 것 같았다. 난 사실 완전히 정상이었던 것이다. 누구라도 할 법한 행동을 했을 뿐이었다. (…) 나무가 햇빛을 향해 자라듯이 나는 살아

남았다. 강도 사건뿐 아니라 어린 시절의 학대에서도 살아남았고 내가 살아온 삶은 내가 마땅히 누릴 만한 삶이었다는 것을 알게 되었다." 이런 깊은 통찰은 어디서 온 걸까요? 그 경험에서 비롯된 건가요?

토머스 그날 밤 경찰이 와서 우리는 진술을 하고 아파트로 돌아갔어요. 그때 제 파트너는 저와는 완전히 다른 경험을 했더라고요. 당연히 공포에 질려 있었죠. 그녀가 제 반응에 얼떨떨했던 게 기억나요. 왜냐하면 저는 살아 있다는 사실에 너무 행복했고 생존의 기쁨에 도취돼 있었거든요. 저는 그렇게 다른 방식으로 살아남았죠.

데비 두 번째 책 『아마추어』에 대해 얘기해볼까요? 성전환 이후 남자들이 당신과 싸우고 싶어 하는 것이 느껴졌다고 했죠. 왜 그런 일이 일어났다고 생각하나요? 그것 때문에 놀라진 않으셨나요?

토머스 약간의 상황 설명이 필요할 것 같은데요. 이런 일은 누구에게나 일어나는 일은 아닌 것 같으니까요. 2014년에 어머니가 돌아가셨어요. 너무 갑작스러운 일이어서 힘들었죠. 성전환을 하고 몇 년이 지났을 때였고 막 뉴욕으로 이주했을 때였어요. 뉴욕 이주는 악몽 같은 일이었죠. 게다가 그 시기에 저는 완전히 좌절감을 느끼고 있었어요. 이 몸으로 어떻게 살아가야 할지 모르겠더라고요. 제 감정의 폭이 점점 더 제한되는 것 같았어요. 테스토스테론 복용이나 호르몬 때문은 아니었어요. 제가 이 한정된 범위를 넘어서 저를 표현할 때 부딪치는 부정적 반응 때문이었죠. 저는 정말 화가 나서 여기저기를 걸어 다녔어요. 너무 슬퍼서 분노를 느꼈죠. 분노는 슬픔의 정상적인 한 부분일 뿐인데, 저에게는 제가 할 수 있는 유일한 표현인 것만 같았어요. 돌이켜 생각해보면 많은 남자들이 정말 화가 나 있었던 것 같아요.

데비 그래서 2016년 대선과 같은 결과가 나온 거겠죠.

토머스 맞아요. 하지만 아무도 그런 것에 대해서는 말하지 않았어요. 아무도 그런 이야기를 하지 않는다는 것이 문제이기도 했죠. 경제 위기나 일자리에 대해서는 많이 이야기했지만, 좀 더 넓은 의미의 감정적 영역에 대해서는 말하지 않았어요. 어쨌든 저는 화가 난 채로 걸어 다녔고 2015년 여름에는 한 달에 한 번꼴로 저에게 싸움을 거는 남자가 나타났죠. 일방통행로에서 역방향으로 자전거를 타고 가던 사람이 저를 들이박을 뻔해놓고 저에게 도리어 화를 낸 어이없는 일도 있었죠. 저 역시 그런 일에 기꺼이 휘말리려고 했어요. 저도 화가 나 있었으니까요. 이걸 좀 다른 식으로 해결해야겠다는 생각이 들었어요. 그러자 이 질문이 떠오르더군요. "남자들은 왜 싸울까?" 제 상사들에게 이 이야기를 했더니 "좋아, 복싱에 대한 이야기를 써 봐"라고 하더군요. 그래서 싸움을 배우기 시작했어요.

데비 2015년에 매디슨 스퀘어가든에서 한 자선 단체가 주최한 복싱 경기에 출전해 사모펀드 회사 대표 에릭 코언과 싸우셨죠. 그 경기에 대해 2016년에 이렇게 쓰셨어요. "링 경험이라고는 거의 없는 두 남자가 미국 복싱의 성지인 매디슨 스퀘어가든에서 열린 직장인 자선 경기에서 1700명의 술 취한 금융업자들이 지켜보는 가운데 치고받았다." 토머스, 매디슨 스퀘어가든에서 경기를 치른 최초의 트랜스젠더 남성이 되었는데요. 어땠어요?

토머스 처음에는 정말 아무것도 모르는 상태로 접근했어요. 거기에 어떤 역사적 의미가 있다는 걸 깨닫는 데는 제법 시간이 걸렸죠. 저는 진짜 권투 선수가 아니잖아요. 그냥 남자이고 경험도 별로 없었죠. 5개월이라는 시간은 싸우는 걸 배우는 데 충분하지 않았어요.

데비 뭘 배우든 충분한 시간은 아니죠.

토머스 돌이켜보면 무모한 생각이었어요. 당시에는 뭘 생각할 시간도, 기록할 시간조차 없었지만요. 언론사에서 일주일에 60시간을 일하면서 어마어마한 판돈이 걸린 경기를 앞두고 훈련해야 했으니까요. 경기를 위해 매디슨 스퀘어가든에 들어서는 그 순간이 되어서야 비로소 무슨 일을 하는 건지 깨달았고 정말 흥분했죠.

데비 경기를 앞두고 누군가 출전 이유를 묻자 이렇게 답하셨어요. "나는 늘 남성성을 인류학적으로 연구하고 있다는 식으로 둘러대고는 했지만, 사실은 풀리지 않는 분노와 외로움이 뒤섞인 공포 때문이었다. 복싱이 그것으로부터 나를 구해주기를 희망했다." 그래서 그렇게 됐나요?

토머스 그 이후로 싸움에 대해 많이 생각해보았어요. 사실 저는 특별히 폭력적인 사람이 아니거든요. 퀘이커교 신자이기도 하고요. 성격상 폭력과는 거리가 있지만, 늘 격투기를 좋아했고 복싱에 대해서도 어느 정도 알았어요. 물리적으로 알지는 못했지만요. 복싱은 저를 다시 제 몸으로 데려다주었어요. 저의 몸과 그 힘에 대해 아주 깊은 경험을 하게 되었죠. 진짜 흥미로운 건 우리 사회가 절반의 사람들에게는 싸우는 걸 배우라고, 싸워야 마땅하다고 가르치면서, 나머지 절반에게는 그 반대, 가만히 있으라고, 포기하고 도망가라고 가르친다는 것이죠. 하지만 싸우는 법을 안다는 건 무서운 것이에요. 복싱은 대단히 도전적인 스포츠죠. 너무 많은 것이 드러나고 너무 다치기 쉬운 스포츠예요. 폭력이라는 구실이 없었다면 제가 남자들과 이렇게 친밀하게 엮일 일이 없었을 거라는 점을 생각하면 몹시 슬퍼지기도 하고요.

데비 남성성의 위기를 정신적, 신체적, 환경적 위기라고 표현하셨죠. 이것과 맞서 싸우려면 뭐부터 해야 할까요?

토머스 저는 소년기에 주목하고 싶어요. 이 시기는 우리가 실질적인 변화와 영향을 줄 수 있는 시기이기도 하지만, 남성들이 자신을 괴롭히는 선천적인 남성성이라는 것이 어디서 비롯되었는지 돌아봐야 할 시기이기도 해요. 제 경험상 대부분의 남성들은 우리 모두가 괴로워하는 것을 똑같이 괴로워하고 있어요. 뉴욕대학교 심리학자 니오베 웨이가 제게 말하기를, '내가 좋은 남자인가?'라고 자문하는 대신 '현 상태가 지속되는 데 나는 어떤 역할을 하고 있나'를 물어보라더군요. 정말 심오한 질문이죠. 저는 매일 그걸 생각해요. 현 상태가 해를 끼치고 있다는 사실을 받아들인다면, 거기에서 기회가 생기고 남자로서 변화를 이끌어낼 수 있을 테니까요.

2019. 12. 16

"I'm

fascinated with people who take risks because
I put off taking risks for a very long time.
I tried to be very safe.
And it just wasn't working for me."

"저는 위험을 감수하는 사람들에게 매력을 느껴요.
제가 아주 오랫동안 위험을 감수하지 않으려고 했기
때문인 것 같아요. 안전하게 지내려고만 했죠.
그런데 그건 제게 아무 효과가 없더라고요."

티나 에스메이커
작가, 지도사
2014. 11. 17

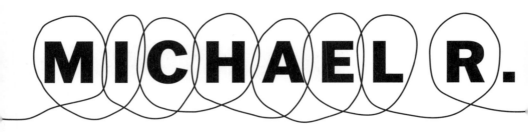

극작가, 작곡가, 작사가, 독설가

마이클 R. 잭슨은 자신의 웹사이트에 자기를 이렇게 소개했다. 잭슨은 뮤지컬을 만드는 한 예술가의 창작 과정을 다룬 획기적인 뮤지컬 〈이상한 고리 A Strange Loop〉로 2020년 드라마 부문 퓰리처상을 수상했다. 이 작품은 정체성과 인종, 성 정체성의 문제를 다루고 있다. 실로 '이상한 고리'가 맞다. 이 인터뷰에서 우리는 그의 비범한 경력에 내재하는 몇 가지 고리들에 대해 이야기를 나누었다.

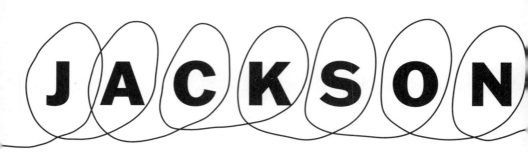

데비 마이클, 텔레비전 연속극의 어떤 점이 당신의 흥미를 끌었나요?

마이클 그 당시에는 몰랐지만, 연속극을 보면서 이야기를 풀어가는 방식과 이야기의 힘에 대해 배웠던 것 같아요. 하지만 좀 더 표면적인 차원에서 이야기하자면 드라마 속 인물들이 벌이는 이상한 일들을 보는 게 그냥 좋았어요. 분수에 뛰어들어 싸우는 여자들이나 돌아버린 전 남자 친구에 의해서 지하실에 갇힌 사람들의 이야기요. 그랑기뇰1897년부터 1962년까지 프랑스 파리에 자리했던 극장으로 그곳에서 상연된 폭력적이고 자극적인 연극 스타일을 지칭하기도 한다식 통속극 같은 요소를 정말 좋아했어요. 완전히 끌렸죠.

데비 열두 살 때 어머니가 토론토에 데리고 가서 〈오페라의 유령〉과 〈쇼 보트〉를 보여주셨다고요. 〈오페라의 유령〉은 잘 이해하지 못했지만 〈쇼 보트〉에는 완전히 압도되었다고 했잖아요. 어떤 점이 그렇게 감동적이었나요?

마이클 그건 제가 일찍이 이야기를 좋아하고 이야기를 잘 이해했다는 증거였죠. 그렇게 뮤지컬 장르에 입문했어요. 뮤지컬 앨범을 너무 좋아해서 맨날 듣고 또 듣곤 했죠. 아직도 카세트테이프를 갖고 있는데요. 양쪽 면이 다 닳아서 지금은 뭐라고 쓰여 있는지 보이지도 않을 정도죠.

데비 그즈음에 아는 분의 소개로 영화 〈웨스트사이드 스토리〉도 보게 되었다고요. 그 영화를 보고 완전히 충격을 받았다고 했는데, 어떤 면에서 그랬나요?

마이클 〈웨스트사이드 스토리〉는 워낙 유명한 작품이었지만 사실 저는 아는게 하나도 없었어요. 스티븐 손드하임이 누구인지도 몰랐으니까요. 음악, 춤, 이야기, 이 모든 요소가 조화를 이루고 있는 작품이었죠. 디테일과 스타일도 충만했고요. 그때는 작품이 가진 문제점을 제대로 평가할 수 있는 나이는 아니었어요. 백인 작가 셋이 라틴계 사람들을 묘사할 때 생길 수 있는 문제점 같은 것 말이죠. 하지만 영화의 예술적인 면들에 깊은 인상을 받았던 것 같아요.

데비 옛 스승인 존 폴린코가 희곡, 시나리오 작법을 가르치면서 이야기의 정의를 알려줬는데, 그것을 지금까지도 기억하고 적용하고 있다고요.

마이클 존이 정의한 이야기는 이런 것이었죠. 어떤 캐릭터가 무언가를 원하는데 장애물에 맞닥뜨리다가 결국엔 목적을 달성하거나 포기하거나 혹은 실패한다.

　글을 쓰다 잘 안 풀린다 싶으면 이 이야기에서 무슨 일이 일어나고 있는지 최대한 간단하게 생각해보려 하죠. 이런 식으로요. '그들이 원하는 게 뭐지? 그걸 얻기 위해 뭘 하고 있지? 그래서 그들이 승리하나, 실패하나, 혹은 변화하나?'

데비 다른 어떤 것보다 이야기를 우위에 두는 게 도움이 된다고 했어요. 그건 어떻게 하는 거죠? 그런 의식적인 결정은 어떻게 내리나요?

마이클 이야기가 어디로 향하는지를 파악해야 하죠. 〈이상한 고리〉를 쓰면서도 이 이야기가 어떤 이야기인지 한동안 몰랐던 것 같아요. 이 이야기는 주인공이 근본적으로 자기 자신을 바꾸고 싶어 하면서 자신에게 무언가 문제가 있다고 생각하는데 사실 그에게는 아무 문제가 없다는 것이 핵심이었어요. 이야기가 어디로 향하는지 깨닫고 나니까 결말에 이르는 모든 단계와 이야기 요소를 배열하는 게 쉬워지더군요.

데비 〈이상한 고리〉를 쓰면서 스스로에 대해 알게 되었다는 말씀을 하셨는데, 저에게도 정말 감동적이었어요. 주인공 어셔에 대해 이렇게 말씀하셨죠. "그는 자기 자신을 싫어하고 있다는 걸 몰랐다. 나도 내가 나를 싫어하는지 몰랐고 그런 게 자기혐오인지도 몰랐다. 그런데 사실은 나에겐 아무 문제가 없었다. 그 사실을 알면 앞으로 나아갈 수 있다. 여전히 많은 문제가 따르겠지만 나에게 문제가 있어서 그렇다는 식으로 보지는 않게 될 것이다." 이런 깨달음을 어떻게 얻었죠? 어린 나이에 굉장히 심오한 생각을 하신 것 같은데요.

마이클 인생의 여러 다른 지점들에서 똑같은 벽에 수없이 부딪치면서 깨달은 것이지요. 다른 남자들, 다른 게이들의 관점에서 나 자신을 바라보거나, 일하러 나가 인종차별과 자본주의의 폐해를 온몸으로 겪어내면서 말이죠. 이 거대하고 오래된 시스템을 무너뜨릴 수 없다는 좌절을 느꼈어요. 그런 일을 여러 차례 반복해야 했죠. 상담을 받고 누군가에게 내 이야기를 털어놓은 것도 도움이 되었고요.

데비 대학원에 가려고 지원했던 여러 학교 중에 뉴욕대학교 뮤지컬 과정에만 합격하셨죠. 사실 뮤지컬은커녕 노래 가사도 써본 적이 없다고 하셨는데요. 어떻게 뮤지컬 학과에 지원하게 된 건가요?

마이클 음악에 관한 관심은 꽤 많았어요. 피아노를 쳤고 교회에서 반주도 했거든요. 고등학생 때는 노래를 만들어보려고도 했었는데 가사나 노래 형식에 대해 잘 몰라서 포기했죠. 그럼에도 피아노로 간단한 곡을 만들곤 했어요.

학부를 졸업하고는 뭘 하고 살아야 할지 몰라서 여러 대학원에 지원하게 됐는데요. 그때 제가 좋아했던 남자가 대학원 뮤지컬 과정에 같이 지원하자고 해서 그렇게 했어요. 그 뒤에 그가 다른 사람을 만나기 시작하면서 크게 상심하긴 했지만요. 같이 대학원 프로그램에 들어갔고 〈라이온 킹〉 공연에서 안내원 일을 같이 하기도 했어요. 그가 새로 만나던 사람도 우리랑 같이 일했으니 연속극에나 나올 법한 상황이었죠. 하지만 대학원에 진학하기로 한 건 무언가 생각할 시간을 더 갖기 위해서였고, 결국 제게 큰 전환점이 된 것 같아요. 그때 엄청나게 성장했거든요.

노래 형식을 배우고 나니까 음악적으로 무엇을 추구해야 할지가 보이더군요. 그때쯤 제 작사 실력은 일취월장했던 터라 거기에 작곡 아이디어를 결합해보자 싶었어요. 〈이상한 고리〉에 들어간 〈메모리 송 Memory Song〉이 그렇게 만들어졌죠. 그 과정에 들어가지 않았다면 이 모든 것은 불가능했을 거예요. 뉴욕대학교 대학원 선생님들께 영감과 격려를 듬뿍 받기도 했어요. 정말 결정적인 시기였죠.

데비 백인 여성 로커들은 어떤 대가도 치르지 않고 자신의 모든 것을 드러내는 음악을 할 수 있다고 하셨어요. 반면 흑인의 경우 그에 대한 대가를 치를 수밖에 없다고 했는데요. 당신은 어떤 대가를 치러야 했나요?

외부의 시선에 얽매이지 않고
그런 독자적인 목소리를 내는 예술,
음악을 하고 싶었고,
그 방법을 모색하기 시작했죠.

마이클 리즈 페어, 토리 에이모스, 조니 미첼의 음악을 들을 때 저에게 가장 인상적이었던 점은 그들이 내는 개인적인 목소리였어요. 그들은 어떤 것에도 굴하지 않고 자신이 할 말을 하죠. 그러면서도 매우 감정적이고 격정적인데 재밌으면서 섹슈얼하기도 해요. 뭐든 다 할 수 있을 것 같은 사람들이죠. 그게 늘 인상 깊었어요.

하지만 흑인 아티스트가 그런 자질을 보이면 왠지 평가 절하되는 것 같이 느껴졌죠. 제가 10대에 그런 음악을 들어서 더 그렇게 생각한 것인지도 모르겠지만요.

전 외부의 시선에 얽매이지 않고 그런 독자적인 목소리를 내는 예술, 음악을 하고 싶었고, 그 방법을 모색하기 시작했죠.

데비 카디 비와 메건 더 스탈리언의 〈푹 젖은 보지Wet Ass Pussy, WAP〉를 둘러싼 논란에 대해서는 어떻게 생각하세요?

마이클 제목과는 달리 상당히 건조한 노래라고 생각해요. 저에게는 리즈 페어의 〈꽃Flower〉이 훨씬 더 충격적이었죠. 자신의 성적인 욕망을 아기 같은 목소리로 노래하는 그 긴장감 때문에요. 〈WAP〉는 어딘지 급조된 것 같고 예술적으로 그렇게 강력한 느낌이 들지는 않아요. 여성 파워와 관련된 이야기를 하는 건 아니고요. 하나의 노래로서 저에게 감명을 주지 않는다는 말이죠. 노래에 대한 기준을 좀 높여도 되지 않을까요. 좀 더 잘 느껴지게, 좀 더 생생하게 보이게 할 수도 있을 것 같거든요. 물이 뚝 뚝 떨어지는 게 보일 정도로요. 뭐, 그저 저만의 생각이에요. 카디는 우리 시대의 핫 아이콘이고요. 저는 뉴욕에 사는 변변치 않은 흑인 뮤지컬 작가일 뿐이죠.

데비   무슨 말씀을요. 그보단 훨씬 큰 존재시죠. 제 반려자가 처음 당신의 뮤지컬을 보고 싶다며 저한테 제목을 얘기했을 때 전 "뭐라고? 더글러스 호프스태터^{2007년에 출간된 호프스태터의 책 『나는 이상한 고리다 am a Strange Loop』를 말한다} 책이 뮤지컬로 나왔다고?"라고 했답니다. 그녀는 제가 무슨 말을 하는지 몰랐고요. 그건 우리만의 '이상한 고리'가 되었죠. 호프스태터의 이론이 본질적으로 자기 지시적인 당신 작품에 기본적인 틀을 제공했다고 말씀하셨죠. 또 W. E. B. 듀보이스의 이중 의식에 대해 언급하기도 했는데요. 그 개념이 당신의 관점에 미친 영향은 어떤 건가요?

마이클   듀보이스는 이 나라에서 흑인으로 살려면 이중 의식을 가질 수밖에 없다고 했는데요. 이 개념은 제 작품에서 노골적으로 드러나지는 않더라도 나 자신의 경험에 내재되어 있는 것 같아요.
　　주인공 어셔는 백인 사회를 살아가는 아프리카계 미국인으로서 삶을 경험하죠. 그렇지만 흑인들은 또 흑인 나름대로 자기만의 고유한 경험들을 갖고 살아가잖아요. 〈이상한 고리〉에서 어셔가 자기 작품에 대한 맥락을 만들어내는 것도 그래서고요. 하지만 그는 또한 외부 세계에 반응하고 그것은 다시 그가 만들어내는 맥락에 영향을 주지요. 이처럼 백인 세계와 흑인 세계는 늘 양립하고 있고, 어셔는 작은 분자처럼 이 두 세계를 오가고 있죠.

데비   〈이상한 고리〉는 어셔라는 이름의 인물에 관한 이야기죠. 그는 덩치 큰 퀴어 흑인 남자로 〈라이온 킹〉 공연의 안내원으로 일하면서 뮤지컬을 쓰려고 하고 있죠. 뮤지컬을 쓰려고 끙끙대는 덩치 큰 퀴어 흑인 남성이 나오는 뮤지컬을요. 어셔Usher라는 이름의 안내원usher을 설정한 건 당신이 유명 뮤지션과 이름이 같은 것과 관련이 있나요?

마이클   〈이상한 고리〉와 관련해 제가 항상 사람들에게 상기시키고자 하는 것은 이것이 자전적인 작품이 아니라는 점이에요. 그보다는 자기 지시적인 작품이라고 할 수 있죠.

군이 자전적이라고 해야 한다면 감정적인 면에서 자전적이라고 할수 있을 것 같네요. 어셔가 느낀 것을 저도 다 느껴봤다는 뜻입니다. 그렇지만 어셔의 이야기는 허구예요. 제 개인적인 경험들에서 끌어온 것이 있다 할지라도 말이죠. 이 작품의 고리들 안에는 많은 고리가 있어요. 자기 지시와 관련이 있기 때문이죠. 어셔에게 '잘 알려진 이름'을 붙임으로써 저의 경험을 반영한 건 중요한 결정이었어요. 제 이름이 팝스타 마이클 잭슨과 같다는 점이 사람들과 저의 관계에 아주 큰 영향을 주는 게 사실이니까요.

어셔는 자신이 누구인지 알기 위해 애쓰고 자신을 변화시키려고 노력하는 인물이지요. 하지만 다른 사람들은 그를 만나면 여전히 그가 아닌 다른 누군가를 떠올려요. 그러면 그는 이렇게 말할 겁니다. "아니요, 이 이야기의 중심은 저예요. 제가 핵심이죠. 하지만 저는 핵심이 싫어요." 저는 사람들이 이미 저라고 생각하는 그 존재가 되지 않으려고 싸우고 있어요. 그를 자신으로부터 멀리 떼어 놓으면서 동시에 자신에게 더 가깝게 다가가게 하는 고리들을 최대한 많이 만들어내려고 했죠.

데비   사람들이 당신의 이름에 관해 이야기하는 게 지겹진 않은가요?

마이클   아니요. 이제는 저도 제 위치를 구축한 것 같아요. 잘난 척하려는 것은 아니지만 제가 아마도 살아 있는 사람 중에 가장 유명한 마이클 잭슨일 거라고 생각해요. 제 웹사이트 명이 〈살아 있는 마이클 잭슨The Living

Michael Jackson〉이고, 제가 운영하는 모든 소셜 미디어에서도 그 아이디를 써요. 사람들이 저를 떠올릴 때마다 마이클 잭슨을 생각해주기를 바라기 때문이죠. 저는 그 이름에서 벗어날 수 없어요. 그럼에도 제가 그 이름을 인용하면 그 이름은 다시 저를 지칭하게 되죠. 사람들이 저를 언급할 때 그를 인용하는 구조를 제가 만들었으니까요.

2020. 8. 31

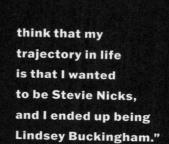

" **I** think that my
trajectory in life
is that I wanted
to be Stevie Nicks,
and I ended up being
Lindsey Buckingham."

"저는 스티비 닉스 같은
뮤지션이 되기를 바랐지만
결국엔 린지 버킹엄 같은
뮤지션이 된 것 같아요."

카키 킹
뮤지션
2018. 2. 18

PART 5

선지자들

셰퍼드 페어리

마리아 포포바

루이즈 필리

아이작 미즈라히

마이라 칼만

케니 프리스

마리나 아브라모비치

데이비드 번

셀마 골든

티 유글로우

아이라 글래스

이브 엔슬러

SHEPARD

**셰퍼드 페어리는 의류 브랜드 오베이OBEY의
설립자이자 스텐실 기법 선전미술 분야에서
가장 잘 알려진 거리 예술가이며 설득의 기술에
큰 관심을 가지고 있다.**

페어리는 로드아일랜드 디자인스쿨에서 일러스트레이션를 공부하던 1989년부터 유명인 광고와 욕망을 자극하는 기술에 대한 풍자를 시작했다. 현재 그는 로스앤젤레스에서 스튜디오 넘버원이라는 디자인 회사를 운영하고 있다. 최근에는 뉴욕에서 〈에 플루리부스 베놈E Pluribus Venom〉이라는 제목의 전시를 열었다. 이 전시에는 도발적이면서도 아름다운 결과물을 도출하기 위해 은유, 유머, 시선을 끄는 장식 요소를 활용한 정치적 내용의 회화, 스크린 인쇄, 스텐실, 콜라주, 혼합 매체 작품들이 포함되었다. 그의 작업은 본능과 지성을 동시에 자극함으로써 선동과 현실 도피, 정치적 책임, 유머의 경계를 허물고 있다.

FAIREY

데비 지난 24시간이 정말 정신없으셨을 텐데요. 어젯밤에 병원에서 긴급 눈 수술을 받으셨잖아요. 막 퇴원해서 주변 사람들이 만류했을 텐데도 이 자리에 나와주셨어요. 사실 한 번 취소되기도 했는데 당신이 그대로 하자고 하셨죠. 셰퍼드, 이렇게 인터뷰에 응해주셔서 정말 감사해요.

셰퍼드 저 대신에 뱅크시를 섭외하실 것 같아서 하겠다고 했어요. 인터뷰를 할 수 있게 되어서 기뻐요.

데비 부인께 전해 듣기로 당뇨 합병증 문제로 어젯밤 눈 수술을 받으셨다는데, 어떤 상황인지 좀 말씀해주시겠어요?

셰퍼드 네. 당뇨병성망막증이라는 병이에요. 당뇨는 혈관에 여러 문제를 일으키는데, 눈에 있는 아주 예민한 부분인 미세 혈관에서도 출혈을 일으킬 수 있어요. 4년 전에 그런 출혈이 일어나서 레이저 수술을 받았었지요. 그런데 이번에 전시 때문에 뉴욕에 있는 동안 레이저 수술을 했던 부위의 흉터 조직이 안구 표면에서 떨어지면서 망막이 손상되었어요.

데비 어머나 세상에.

셰퍼드 돌아오자마자 수술을 받았고요. 눈을 둘러싸고 있는 유리체를 모두 제거했어요. 이전 수술 부위의 흉터 조직을 제거하고 레이저 수술을 다시 했죠. 안구에서 유리체를 제거하고 대신 식염수를 넣었는데 그러면 기포가 생기고, 이 기포가 눈을 덮어서 망막이 잘 나을 수 있게 해준답니다. 좀 심각한 수술이었는데, 사실 석 달 전에 왼쪽 눈에도 같은 수술을 했었거든요. 다행히 잘 나았고요. 뉴욕에 왔을 때 '좋아, 이제 양쪽 눈 모두 멀쩡해!'라고 했는데 이런 일이 터졌죠. 그래도 잘 회복될 거라고 믿어요.

데비 너무 무서웠을 것 같아요. 일러스트레이터이자 미술가가 눈을 다친다는 건 정말 최악이잖아요.

셰퍼드 절망적이죠. 당뇨병에 걸리고도 몇 년 동안 몸에 신경을 쓰지 않았어요. 5년 전에 한쪽 눈에서 처음으로 출혈이 일어난 후에야 바뀌었죠. 그때까지는 정말 건강했었거든요. 그런데 제가 생각했던 것만큼 건강하지는 않았던가 봅니다. 눈이 아프고 나서야 인슐린 펌프를 구하고 혈당 조절도 시작했어요. 몇 년 동안 누적되어 나빠진 걸 고치는 데는 시간이 많이 걸렸어요. 이런 수술 말고는 다른 방법이 없었죠. 이번 수술에서 잘 회복만 되면 다시 같은 증상이 나타날 확률이 매우 적다고 하니까, 낙관적이에요.

데비 예술가에게는 굉장히 다양한 길이 열려 있잖아요. 당신이 거리 예술을 택한 이유는 뭔가요?

셰퍼드 거리 예술을 택한 건 제가 여기저기.포트폴리오를 보내고 일거리를 알아보러 다닐 주변머리가 안 돼서였던 것 같아요. 스케이트보드도 타고 펑크록도 좋아했는데 둘 다 1980년대에는 비주류 문화였죠. 그때는 주류가 우리를 받아들이지 않으면 그냥 우리끼리 하면 그만이라는 생각을 했던 것 같아요. 아마 그런 사고방식이 제가 하는 작업에 어느 정도 영향을 주었겠죠. 저는 상업 일러스트레이션을 전공했지만 일러스트레이터가 될 생각은 없었어요. 그래픽디자인, 사진, 판화 관련 선택과목을 많이 들었고 진짜 좋아했던 건 스크린 인쇄였죠. 그림을 그리고 드로잉을 하는 일러스트레이터로서 다양한 시도를 충분히 못 하고 있다는 생각이 종종 들었어요. 작품 하나를 완성하는 데 너무 골머리를 쓰고 무언가 좀 더 해야 한다고 느끼면서도 바꾸다가 망칠까 봐 두려워했죠. 스크린 인쇄를 할 때는 훨씬 더 자유롭게 이것저것 시도해볼 수 있었어요.

그러다가 스티커를 제작해 거리에 붙이기 시작했죠. 거리에 붙이려다 보니 여러 장을 찍어낼 수 있는 스크린 인쇄로 작업하는 게 맞을 것 같았어요. 그런 여러 가지 변수가 맞물려서 거리 예술을 하게 된 것 같아요. 저는 엘리트주의 순수예술에 영합하기를 거부했고 그건 지금도 마찬가지예요. 여전히 거리 예술을 하고 있죠. 지금도 스크린 인쇄로 찍어낸 35달러짜리 인쇄물을 만들어요. 사람들은 그걸 서너 배 부풀려서 몇백 달러에 이베이 경매에 올리지만요. 스케이트보드를 타는 사람, 펑크록을 하는 사람, 대학생 등 제가 가장 동질감을 느끼는 사람들이 여전히 제 작품을 살 수 있기를 바라니까 시장의 논리를 무시할 수밖에 없어요. 그들이 제 작품을 통해 앨범 커버, 스케이트보드, 티셔츠 디자인을 넘어서서 예술을 그 자체로 좋아하게 될 수도 있겠죠. 저는 지금도 비싸지 않은 티셔츠를 제작해요. 그런 물건을 만드는 걸 사람들은 일종의 배신행위처럼 보기도 하지만, 저는 그게 제 작업이랑 가장 잘 어울리는 분야라고 생각해요. 저항적이면서 접근하기도 쉽잖아요.

한편으로는 미술관에서 전시하는 것도 분명히 기회가 되죠. 미술관에서 작품을 팔면 한 작품을 만드는 데 더 많은 시간을 쓸 수 있어요. 이렇게 말하기는 좀 그렇지만 제가 무슨 걸작을 만들고 있는 것처럼 느껴지기도 하고요. 비싸지 않은 작품을 제작하려면 양과 질 사의의 균형을 찾아야 해요. 제가 처음 거리 미술을 하면서 포스터를 제작해 붙일 때는 값싼 종이에 추가로 인쇄해 팔기도 했어요. 하나에 2, 30달러에 팔면 꽤 짭짤했거든요. 이제는 좀 더 정교한 작품을 만들어 미술 시장에 팔 수도 있고 책에 제 작품이 실려 생명력이 연장될 수도 있죠.

저는 가능한 여러 각도에서 작업하려고 해요. 뱅크시도 마찬가지인 것 같아요. 뱅크시도 여전히 거리에서 활동하죠. 그것도 무료로요. 거리에서 뱅크시 작품을 보는 건 공짜잖아요. 그는 책도 만들고 있죠. 첫 책이 나왔을 때 그와 이야기를 나눈 적이 있는데, 출판사에서는 양장본이 먼저 나와야 한다고 했지만 그는 모든 사람이 살 수 있는 책을 만들고 싶었기 때문에 상대적으로 저렴한 문고본이 나오기만을 기다렸다고 하더군요. 그의 작품은 아주 비싸게 팔리지만 누구나 쉽게 접근할 수 있도록 애쓰고 있기도 해요.

거리가 저항의 은닉처로서 효과적인 마케팅 수단이 될 수 있다는 점 때문에 거리 예술을 시작하는 사람들도 있죠. 그런 사람들은 바로 전향해서 거리를 떠나 미술관에서만 전시하지요. 거리 예술을 버팀목 삼아 더 빨리 성공의 사다리에 올라가려고 하는 거예요. 저는 그런 방식을 존중할 수 없어요.

데비 당신의 직업을 물으면 그래픽디자이너라고 답하신다는데, 정말인가요?

셰퍼드 네, 저는 그래픽디자이너예요. 대학을 졸업하고 스크린 인쇄를 업으로 삼았어요. 거리 예술은 취미였죠. 하루 종일 스퀴지평평한 목판에 고무로 된 두꺼운 판의 날을 붙인 도구로 잉크를 바를 때 사용한다를 밀고 있을 수 없다는 걸 깨닫고 그래픽디자이너가 되기로 했죠.

데비 하지만 당신은 예술가이기도 하고, 당신을 설명하는 타이틀이 정말 많은데 그중에서도 왜 '그래픽디자이너'를 고집하시는 거죠?

셰퍼드 '예술가'라고 하면 좀 가식적인 것 같아요.

데비 왜요?

셰퍼드 히피 스타일을 하고 저한테 '예술가'라고 적힌 명함을 주는 사람들을 만날 때마다 당황스러워요. 제가 하는 일을 설명하는 제일 적당한 말은 '그래픽 커뮤니케이터'라는 생각이 듭니다. 저는 포스터와 판화 형식을 정말로 좋아해요. 클라이언트들도 제 작업이 상품과 광고에 잘 맞는다고 판단한 것 같고, 거기에 전혀 거부감이 들지 않아요. 그래픽디자이너가 되는 것은 생계를 유지하고 제 실력을 끌어올리는 좋은 길이었어요. 제가 배운 모든 것을 포스터 작업에 적용할 수 있었죠. 하지만 그래픽디자인이나 예술 작업이나 제가 하는 일은 사실상 똑같아요. 예술 작품에서는 오로지 나 자신의 관심사만을 다룬다는 점을 제외하면요. 그럼에도 제 예술 작업은 여전히 그래픽디자인의 영역에 속하는 것 같아요.

데비   조니 캐시의 전기영화 〈앙코르Walk the Line〉의 포스터를 만드셨죠. 빌리 아이돌과 스매싱 펌킨스의 앨범 커버를 디자인하기도 했고 듀어스 위스키 광고에도 참여했어요. 이런 상업적인 작업이 당신의 예술적 비전이나 철학적 사명에 해가 된다고 느낀 적은 없나요?

셰퍼드   지금 저는 티셔츠 사업과 작품활동, 또 제 디자인 회사에서 충분한 수입을 얻고 있어서 제 예술적 성취에 해가 되는 일은 사실상 전혀 하지 않아도 되는 위치에 이르렀어요. 예전에는 돈이 없어서 순전히 돈을 벌기 위해 해야 하는 프로젝트도 있었죠. 그것은 예술가로서 저의 문제의식을 발전시키는 일은 아니었지만, 저 자신에게 더 중요했던 질문은 '이것이 예술가로서 나의 문제의식에 반하는가? 혹은 예술가로서 내가 지켜야 하는 윤리에 위배되는가?' 하는 거였어요. 연비 나쁜 자동차를 만드는 회사, 담배 회사의 제안을 거절한 적도 있었죠. 코카콜라와는 어떤 작업은 하고 어떤 작업은 거절했어요. 전적으로 프로젝트의 성격에 달렸죠. 이런 점에서 빌리 아이돌이나 스매싱 펌킨스, 블랙 사바스 같이 제 스스로가 팬이기도 한 밴드들과 작업하는 것은 아주 자랑스러운 일이에요. 많은 작업이 매우 정치적이고, 제가 예술가로서 하려고 하는 것과 완벽하게 일치해요. 예술과 상업의 근사한 결합이죠. 누가 뭐라든 저는 이 결합을 100퍼센트 지지하고, 할 수 있는 한 이런 작업을 많이 할 겁니다.

데비   코카콜라와의 작업에서 어떤 건 수용하고 어떤 건 거절하신 이유는 뭐였나요?

셰퍼드   거리 예술 느낌이 물씬 나는 작업을 해달라는 제안이 하나 있었죠. 그런데 제가 코카콜라 회사의 꼭두각시가 된 것처럼 느껴지더군요. 그건 배신행위였죠. 제가 코카콜라에 무슨 불만이 있는 것은 아니에요. 전 다이어트 콜라를 달고 사는걸요. 그렇지만 코카콜라의 하수인이 되거나 제 진실성이 훼손되는 것은 원하지 않았어요. 섬세하게 균형을 맞춰야 하는 일이죠.

데비   거리에 작품을 걸다가 적발된 적도 있나요? 뉴욕 말고 다른 어떤 도시들에 포스터를 붙였나요?

셰퍼드   적발된 적 있어요. 매번 거리로 나가 포스터를 붙일 때마다 내가 체포될 수 있다는 걸 염두에 두고, 또 실제로 열세 번이나 체포됐었죠. 미국의 모든 주요 도시에 저의 작품을 붙였어요. 이런 작업은 아주 수명이 짧긴 하지만요. 거리 예술은 며칠이나 몇 주, 길게는 몇 년이 갈 수도 있지만 늘 비영구적이고 금세 치워질 때도 많죠. 하지만 제가 밖에 붙이는 모든 것을 결국 누군가가 볼 거라고 생각하면 굉장히 힘이 납니다. 많은 이들이 스스로 발언권이 거의 없다고 느끼지만, 거리 예술은 자기 자신을 표현하고 싶거나 표명하고자 하는 정치적 의사가 있을 때 그걸 밖에서 표현할 수 있다는 것을 확인시켜주는 확실한 방법이죠.

데비   당신의 작업이 진화해온 과정을 어떻게 설명할 수 있을까요?

셰퍼드   많은 진화를 거쳤죠. 공공장소에 내놓으면 무엇이든 시간이 지나면서 식상해지고 결국 무감해지기 마련이죠. 언제든 구닥다리가 될 수 있고요. 저는 사실 그 점이 좋아요. 제 작업을 계속해서 발전시켜야 하는 동기 부여가 되니까요.

　처음에는 프로레슬러 앙드레 더 자이언트의 얼굴을 모티브로 한 스티커 작업을 했어요. 초기의 포스터와 스티커 작업은 대부분 기존 문화에서 통용되는 것을 가져다 쓰는 것이었죠. 유치해 보이는 무언가를 그럴듯해 보이는 다른 것과 나란히 놓음으로써 실제보다 더 중요하게 보이게 하는 데 주력했어요. 저 스스로 팝아트를 하면서 팝아트 도상을 그대로 가져다 쓰고 또 모독하기도 하는 일이었죠.

　1995년 즈음에 사람들은 저의 포스터가 컬트 문화에서 온 것이라고 생각했어요. 그들은 제 작업을 이해하지 못했고 위협적으로 여겼죠. 그런 반응을 보고 저는 미국 사회에서 사람들을 괴롭히는 많은 것들을 살펴보게 되었어요. 사람들은 위협을 느껴야 할 것에서는 위협을 느끼지 않는 것처럼 보였어요. 소비를 절제할 줄도 모르고 정치인들에게 쉽게 휘둘리기도 하죠. 제 작업이 훨씬 더 도발적이어야 할 필요를 느꼈어요. 선전 포스터를 만들기 시작했죠. 러시아 구성주의 스타일로요. 그리고 거기에 '복종obey'이라는 단어를 넣어보았죠.

데비   왜죠?

셰퍼드   사람들이 가장 하기 싫어하면서도 가장 많이 하는 일이 뭘까 생각해봤는데, 복종하고 제일 쉬운 길을 가는 것이 그 답이라는 결론에 이르렀어요. 사람들은 행복하지 않다는 것을 알면서도 이런저런 핑계를 대면서 어떻게든 일상을 유지하려고 하죠. 저는 '복종'이라는 단어가 사람들로 하여금 이런 문제에 대해 생각하고 어쩌면 행동에 나서도록 영감을 줄 수 있을지도 모른다고 생각했어요. 어떤 의미에서 반反심리학 같은 것이죠.

저는 무정부주의자는 아니에요. '불복disobey'을 말하지는 않거든요. 다만 권위와 권위를 유발하는 단어에 의문을 제기하라는 것입니다. 유치한 '거인 앙드레' 스타일에서 벗어나 우리 사회에서 일어나는 일에 대해 '빅브라더는 당신을 보고 있다' 같은 오웰식 메시지를 던지고 싶기도 했어요. 러시아 구성주의, 바버라 크루거미국의 개념주의 예술가이며 사진작가의 미감, 로비 코널'게릴라 포스터 아티스트'라 불리는 미국의 캐리커처 작가의 작업 스타일을 추구하고 싶었죠. 처음 포스터를 만들 때는 킨코스 복사기로 인쇄했어요. 돈이 없어서 클립으로 복사기를 조작하는 방법을 알아냈죠. 그렇게 돈도 안 내고 여러 장을 뽑아냈어요. 복사기에 빨간색하고 검은색 토너가 있어서 한번은 빨간색으로 인쇄하고 다시 검은색으로 인쇄하면 선명한 이미지를 얻을 수 있었고 돈도 내지 않았죠. 그렇게 A3 사이즈 포스터를 제작했어요. 제가 무슨 색을 사용하느냐는 저의 미감과 관심의 소관이기는 했지만 결국 킨코스에 무슨 색 잉크가 있느냐로 결정되었죠. 제가 원래 빨강, 검정, 흰색을 사용할 생각이었다고 해도 말이죠. 이 점이 가장 중요해요. 다른 무엇보다도 훨씬 설득력 있는

<u>요소죠.</u>

데비   당신의 책에 나오는 구절을 읽어보면서 인터뷰를 마치려고 해요. 『오베이: 공급과 수요. 셰퍼드 페어리의 예술Obey: Supply and Demand. The Art of Shepard Fairey』이라는 책인데요. 제퍼라는 예명으로 활동하고 있는 작가 앤드류 위튼이 당신에 대해 이렇게 썼어요. "셰퍼드 페어리는 내가 만난 사람 중에 가장 집착이 강한 작가입니다. 지구상에 셰퍼드만큼 자기 일을 열심히 하는 예술가는 없을 거예요. 그가 아름답고 생각할 거리가 많은 작품을 만드는 위대한 예술가여서 정말 다행입니다. 그렇지 않았다면 우리는 화를 내면서 그에게 제발 멈춰달라고 사정했어야 했을 겁니다. 그러니 셰퍼드, 그렇게 자기 일을 잘해줘서 고마워요. 부디 거리에서 무탈하시기를. 그렇게 계속 당신의 일을 해주기를 바랍니다. 당신은 집착이 강한 사람이니 절대 멈추지 않을 거라는 걸 알지요."

2007. 6. 29

MARIA

마리아 포포바는 어마어마한 인터넷 세계의 콘텐츠들을
정리해 웹사이트 〈브레인 피킹Brain Pickings〉에
차곡차곡 모아 올리고 있다. 반응은 엄청나게 뜨겁다.

트위터 피드와 뉴스레터 발행까지 병행하는 그녀의 웹사이트
는 호기심을 채워줄 흥미진진한 내용과 하이퍼링크로 가득 찬
굉장히 창의적인 공간이다. 그녀는 자신만의 예술, 사유, 통찰
이 담긴 큐레이션을 하는 데 아주 많은 시간을 할애하고 있다
고 밝혔다. 그리고 1백만 명이 넘는 독자들이 그녀의 지칠 줄
모르는 꾸준함의 혜택을 보고 있다. 이 인터뷰에서 우리는 창
조는 조합이라는 그녀의 주장이 어디에 뿌리를 두고 있는지,
그리고 이 개념이 인터넷 시대의 큐레이션과 어떻게 연결되는
지에 대해 이야기를 나눴다.

POPOVA

데비 불가리아에서 나고 자라 2003년 펜실베이니아대학교에 입학하면서 미국으로 건너왔어요. 불가리아에서의 성장기는 어땠나요?

마리아 1990년대 초반에 공산주의 체제가 무너지면서 저의 성장기는 문화적으로도 물질적으로도 제약이 아주 많았어요. 그다음의 변화가 대단했죠. 수십 년 동안 억압되었던 문화가 민주주의와 소비문화로 빨려 들어갔어요. 아주 압도적인 광경이었죠. 그때의 경험으로 인해 사람들이 사물과 물질을 통해 세상을 이해하는 방식에 관심을 갖게 된 것 같아요.

데비 압도적이라고 말씀하시니까 재미있네요. 〈브레인 피킹〉을 운영하면서 당신이 찾아서 정리하고 큐레이팅해 전달하는 정보의 양이야말로 정말 어마어마하잖아요. 물론 좋은 의미로요. 공산주의 체제 붕괴를 경험한 것이 지금 당신이 정보를 생산하고 공유하는 방식에도 영향을 미친 것 같나요?

마리아 그렇게까지 많이 거슬러 올라간다고 생각해보진 않았어요. 제가 큐레이팅하는 습관을 들인 건 미국에서 교육받은 최근 경험과 더 밀접하게 관련된 것 같아요. 하지만 그것도 흥미로운 생각이네요. 분명 그때의 경험이 어느 정도는 영향을 주었을 거예요.

데비 불가리아에서 자라면서 '언젠가 미국에 가야지'라는 생각을 했었나요?

마리아 도피주의가 당시 불가리아에서는 하나의 문화였어요. 문화적인 피로감과 무기력함을 회복하는 데는 수십 년이 걸릴 거예요. 불가리아에는 정말 똑똑한 사람들이 있지만, 그들도 결국 환멸을 느끼고 대부분 자기가 진짜 좋아하는 것을 하기 위해 떠나죠. 또 한편으로는 당연한 일이지만, 모든 10대 소녀들은 엄마에게서 가능한 한 멀리 떨어져 있고 싶어 하잖아요. 제 경우에는 엄마와 저 사이에 대서양을 두기로 한 거죠.

데비 펜실베이니아대학교에 다닐 때 전체 학점을 다 채워서 수강하면서 동시에 아르바이트를 네 개나 했었다고요. 그때 많이 힘들었지만 돈에 대해 무언가 깨달을 수 있었다고 했어요.

마리아 제 동급생들은 대부분 부유한 집안에서 자란 아이들이라 일할 필요가 없었지요. 저는 그들하고는 상황이 달랐어요. 학교에 계속 다니려면 하고 싶은 것과는 동떨어진 일도 해야 했어요. 적성과는 완전히 무관한 일을 하면서 어떤 직업이 제 적성에 맞을지 찾으려고 했죠. 그러다 보니 내가 가진 것, 또는 가질 수 있는 것을 통해 어떻게 나 자신을 정의하는지, 스스로 가치 있다고 생각하는 일을 하면서 돈을 버는 것은 가능한지에 대해 끊임없이 고민했던 것 같아요.

데비 그때는 어떤 직업을 갖고 싶었나요?

마리아 브랜드 이미지를 만드는 일과 소비자 커뮤니케이션에 관심이 있었어요. 우리가 소유하는 물건을 통해 우리의 자리를 이해해보고 싶다는 바로 그 이유로 말이죠. 이건 지금도 제가 아주 흥미 있어 하는 문제이기도 해요. 조건화와 사회화의 아주 흥미로운 측면을 볼 수 있거든요. 그런데 시간이 지나면서 좀 더 큰 틀의 창의적 실현을 할 수 있는 일에 더 관심을 가지게 되었죠.

데비 대학교 시절에 이미 〈브레인 피킹〉 웹사이트를 운영하기 시작했어요. 초창기에는 짧은 글로만 구성된 뉴스레터를 여덟 명에게 보낸 것으로 알고 있는데요. 어떻게 시작하게 된 건지, 그 여덟 명은 누구인지 알려주세요.

마리아 대학교 2학년 말, 필라델피아에 있는 한 스타트업 회사에서 일하고 있을 때였어요. 제 친구들과 동료들이 아이디어를 얻기 위해 예술이나 디자인 분야에 국한된 아주 좁은 영역의 정보에 의존하고 있다는 걸 알게 되었지요. 제가 생각하기에 그렇게 해서는 창의성이 나올 수 없을 것 같았어요.

데비　　어떤 점에서 그렇죠?

마리아　이건 〈브레인 피킹〉의 기본 철학이기도 한데요. 창의성은 우리가 살면서 축적한 기억, 영감, 정보, 지식, 통찰, 음성 자료, 시각적 기억 같은 것들을 재조합해서 새로운 어떤 것을 만드는 데서 나온다고 생각해요. 창의성이 발현되려면 일단 자료가 많이 쌓여야 한다는 것이죠. 그래서 저는 매주 금요일에 진짜로 재미있는 것 다섯 가지를 링크해서 메일을 보내기로 했어요. 광고가 없는 것들로요. 잘 알려지지 않은 1930년대 영화에 관한 것이든 브루클린의 신예 시인에 관한 것이든 뭐든 상관없었어요. 여덟 명의 회사 동료들과 공유하면서 시작한 그 일이 지금은 구독자가 100만 명이 되었죠. 하지만 편집 기준은 지금도 똑같아요.

데비　　창조란 우리가 살면서 축적한 정보와 통찰을 기존의 지식과 조합하고 재조합하는 것이라는 거군요. 그 능력은 정신적 자원의 폭과 다양성, 풍부함에 달려 있고요. 그렇다면 모든 창의성이 조합을 통해 나온다고 생각하나요, 아니면 특정 창의성이 그런 걸까요?

마리아　저는 전적으로 모두 같다고 생각해요. 모든 아이디어는 의식적이든 무의식적이든 이전의 아이디어에서 비롯된다고 봐요. 리믹스remix 문화라는 것도 우리는 처음 나온 것으로 생각하지만 그렇지 않아요. 중세 시대에는 '플로릴레지아florilegia'라고 불리는 책 형식이 있었어요. 라틴어로 '꽃'과 '모으다'를 결합한 단어죠. 플로릴레지아는 여러 글을 발췌한 것으로 저자가 자신의 주장이나 의견, 또는 다른 텍스트에서 이미 다뤄진 어떤 특정 주의나 아이디어를 설명하기 위해 기존의 글들을 가져와 조합하거나 다시 정리해 편집한 형식이었어요. 리믹스 문화의 최초 기록 사례이자 저술 형식 큐레이션의 첫 사례이기도 하죠. 플로릴레지아의 흥미로운 점은 그 시대에 나온 책 중 가장 화려하고 비쌌다는 거예요. 당시에는 이러한 형식의 글쓰기를 높이 평가했었다는 얘기죠. 그런데 언제부턴가 우리는 그런 글쓰기를 열등한 것으로 취급하고 있어요.

데비 리믹스 형식이 평가 절하되었다고 생각하는 건가요?

마리아 플랫폼이 급증하고 지적 재산권에 관한 법이 제정되면서 상황이 훨씬 복잡해지긴 했죠. 지적 재산권 개념은 정말 이상해요. 오늘날의 아이디어 소통 방식인 공유 문화를 재산권 개념으로 바라보는 것은 지극히 시대착오적이에요. 문화를 이해하고 공유하는 모든 사람에게 세금을 물리는 꼴이죠. 이렇게 해서는 문화 발전에 도움이 될 수 없어요.

데비 당신 스스로가 큐레이터라고 생각하세요?

마리아 우리가 나누는 이 대화에서 한 가지 유념해야 할 것은, 큐레이터라는 단어가 별 의미 없는 시시한 것이 되어버렸다는 거예요.

데비 오늘 현대미술관 홈페이지에 들어갔다가 "큐레이터는 디자인하지 않는다. 그들은 체계화한다"라고 쓴 어느 큐레이터의 글을 봤는데요. 제 생각에 그건 너무 제한된 시각인 것 같아요. 당신도 큐레이팅이 체계화보다 훨씬 많은 것을 의미한다고 생각하지 않나요?

마리아 네. 그건 의미론적인 이야기라고 생각해요. 체계화도 디자인의 한 형태라고 할 수 있어요. 생각을 건축하는 것이니까 근본적으로 디자인이죠. 체계화는 단순히 목록을 만드는 게 아니에요. 무엇이 중요한지, 왜 그것이 중요한지에 대한 틀을 만드는 것이 '큐레이션'이라고 생각해요. 또 큐레이팅 과정을 통해 드러나는 어떤 패턴에 따라 그 틀을 구축해야 하죠.

데비 전에도 큐레이션과 패턴 인식을 비교하신 적이 있었죠.

마리아 패턴 인식이라는 것은 사람들에게 저마다 다른 것을 의미하겠지만, 저에게는 다른 분야, 시대, 양식을 가로지르는 맥락을 찾고 그것들의 총합 이상의 것을 끌어내는 것이에요.

데비　제가 최근에 직관에 대해 읽은 것이 있는데요. 직관이라는 것도 수년간 패턴을 인식하고 그 결과를 예측하는 과정을 거치면서 추려진다고 해요. 우리가 만약 어떤 것이 직관적으로 어떻게 될 것이라고 느낀다면, 그건 과거의 패턴들로 돌아가는 것일 뿐이라고요.

마리아　그 이야기를 하시니까 반가운데요. 사실 제가 요즘 『사랑을 위한 과학』이라는 책을 다시 읽고 있는데, 거기서 작가가 우리의 뇌에서 일어나는 유인 효과에 관해 설명하거든요. 우리 뇌에는 아주 초기에 입력된 특정 자극에 반응하도록 조건화된 뉴런들이 있다고 해요. 그래서 우리는 이후에도 그 유인 세포들을 활성화하기 위해 비슷한 자극 요소를 가진 어떤 상황이나 사람, 패턴을 찾아 나선다는 거예요. 이것은 연애와 사랑에 대해 유효한 설명을 해주기도 하지만 창의성이나 지적 생활에도 적용될 수 있다고 생각해요. 소위 말하는 이성적 사고라는 것은 직관이 옳다는 것을 확인시키는 수단일 때가 많잖아요. 우리는 우리가 믿고 싶은 것의 증거를 아주 잘 찾아내죠.

데비　어떤 사람들은 그 책을 연애에 관한 책으로 생각하지만 사실은 우리가 왜 사랑하는지를 다루는 책이죠. 포유류에 속하는 동물로서 우리는 왜 사랑할까요? 어떻게 사랑을 찾고 표현하는 걸까요?

마리아　그 책에서 제가 아주 좋아하는 구절이 있어요. 멋지기도 하고 사실이기도 한데요. "우리가 어떤 사람이 되는지는 일정 부분 우리가 누구를 사랑하느냐에 달려 있다"라는 문장이에요. 정말 맞는 말이죠. 관계뿐만 아니라 일, 창의성, 지적 삶에도 적용되는 말인 것 같아요. 작가 오스틴 클레온도 말했죠. "당신이 삶에 들여놓은 것들의 조합이 바로 당신이다"라고요.

2012. 3. 9

"That

side job can be your passion project or that side job
can be the thing that pays the bills. There's no shame in
either version."

"부업은 당신의 열정 프로젝트일 수도 있고
돈벌이일 수도 있어요. 둘 중 무엇이든 부업이 있다는 건
전혀 부끄러워할 일이 아니에요."

그레이스 보니
작가, 사업가, 웹사이트 〈디자인*스폰지〉 설립자
2016. 11. 7

LOUISE

루이즈 필리는 타이포그래피의 장인이자 미식가이며 뼛속까지 이탈리아적인 이탈리아계 미국인이다.

그녀의 스튜디오에 들어가면 이 모든 걸 볼 수 있다. 어마어마한 이탈리아 캔 컬렉션이 그 못지않게 멋들어진 루이즈 자신의 디자인 컬렉션과 나란히 진열되어 있고, 한쪽 벽은 그녀가 디자인한 판테온 출판사의 책들로 가득 차 있다. 그녀는 판테온에서 일하면서 2000권이 넘는 책 표지를 디자인했다. 이 방대한 작업의 일부가 『절정의 아름다움: 루이즈 필리의 디자인과 타이포그래피 작품집Elegantissima: A Monograph on the Design and Typography of Louise Fili』이라는 책으로 출간되었다. 이 인터뷰에서 우리는 책 표지 디자인에서 레스토랑 아이덴티티 디자인으로 넘어가기까지의 과정을 짚어보는 한편 스케치가 그녀의 디자인 과정에서 가장 중요한 부분이라는 사실을 확인할 수 있었다.

FILI

데비	이번에 출간한 책 『절정의 아름다움』에 그래픽디자인이 무엇인지 알기도 전에 그 일이 당신이 하고 싶은 일이라는 것을 알았다고 쓰셨는데요. 어떤 창의적인 일을 하고 싶었던 건가요, 아니면 타이포그래피와 문자 도안에 특별한 끌림이 있었던 건가요?
루이즈	저는 항상, 아주 어릴 때부터 글자의 형태에 빠져 있었어요. 서너 살 무렵에 침대 위 벽에다 글자들을 새겨놓고는 했던 것이 제가 한 최초의 창의적인 작업이었을 거예요. 아직 글자를 읽지도 못했고 단어를 쓸 수도 없었지만, 글자 모양 자체에 완전히 매료되었죠. 부모님이 매일 조각 도구를 치웠지만, 다음 날이면 다시 가져와서 글자를 새겼어요. 또 항상 알파벳을 그려보고는 했죠. 부모님은 "알파벳을 쓰는데 왜 종이를 스물여섯 장이나 쓰는 거야, 한 장에 다 쓸 수 있잖아?"라고 하셨는데, 그럼 제가 "아니, 안 돼요. 한 장에 글자 하나씩만 보여야 한다고요"라고 대답하곤 했죠.
데비	스키드모어 칼리지에 다닐 때 그림을 못 그리는 사람은 '그래픽 지향'이라고 불렸다고 했는데요. 무슨 병명처럼 들리기도 해요.
루이즈	네, 맞아요. 그렇게 들리죠.
데비	당신도 그렇게 불렸나요? 그림을 못 그렸을 거라고는 상상이 안 되는데요.
루이즈	못 그렸어요. 못 그린다는 게 뭔지는 잘 모르겠지만요. 저는 색을 사랑하고 드로잉을 사랑했지만 그림은 저한테 무리였어요. 다행히도 회화 선생님이 그래픽디자인 수업도 겸하고 있었어요. 시모어 쿼스트, 밀턴 글레이저와 함께 쿠퍼유니언대학교를 다닌 분인데, 그분이 저를 품어주었죠. 그게 큰 변화의 계기가 됐어요.
데비	학교에서 타이포그래피를 배울 때 금속활자를 짜면서 말 그대로 손이 새까맣

게 되도록 작업했다고요. 그러면서 뭘 배운 것 같나요?

루이즈   아주 많은 것을 배웠죠. 그때는 금속활자를 짜는 작업에 완전히 몰두해 있어서 자면서도 활자들을 정확한 자리에 놓고 맞추는 꿈을 꿀 정도였어요. 촉감은 제가 지금 하는 일에서도 정말 중요한 부분이에요. 또 제가 짠 활자를 인쇄해서 보며 감을 익힌 것도 큰 수확이라고 할 수 있죠.

데비   대학 졸업 작품으로 손으로 쓴 이탈리아 요리책을 제출했다는 게 사실인가요?

루이즈   네, 앞서 말했던 그 선생님께 제출한 것이었는데, 선생님은 제 서체보다 레시피에 더 비판적이었어요. 마리나라 소스 레시피를 고쳐 쓰고 나서야 졸업할 수 있었죠.

데비   대학 졸업 후에 크노프 출판사에서 디자이너로 일하면서 삽화 책 작업을 하기도 했어요.

루이즈   네, 크노프에서 일하게 된 건 정말 행운이었어요. 일과 관련해 제가 내린 중요한 결정은 모두 운이 따르거나 타이밍 덕을 톡톡히 봤죠.

데비   믿기 어려운데요. 한두 번은 행운이 따랐을지 몰라도 전부 그럴 수는 없잖아요.

루이즈   그런 행운을 언제 붙잡아야 하는지 용케 잘 알았을 뿐이에요.

데비   전설적인 디자이너 허브 루발린의 수석 디자이너로도 일하셨어요.

루이즈   네. 누군가 그를 만나보라고 추천하길래 "아니요. 저는 아직 허브 루발린을 만날 준비가 안 됐어요"라고 했었죠. 당시에 그는 제 우상이었거든요. 꿈의 직장이기는 했지만, 제 포트폴리오가 부족하다고 생각했어요. 저를 추천했던 분이 "그 정도면 준비가 됐다"라고 하면서 허브와 만날 약속을 잡아주었죠.

 허브는 말이 많은 편이 아니라서 제 포트폴리오를 넘겨보고 아무 말도 안 했어요. 결국 평소답지 않게 제가 먼저 말을 꺼내야 했죠. "일자리가 있을까요?"라고 묻자 "《유앤엘씨Upper & lower case magazine》1970년 허브 루발린은 전 세계에 새로운 서체를 공급하기 위해 아론 번즈, 에드워드 론셀러와 함께 ITC를 설립했다. 《유앤엘씨》는 ITC에서 개발한 서체의 홍보를 위해 만든 타이포그래피 계간지에 예산을 마련하려고 하고 있긴 해요"라고 대답하더군요. 그때는 잡지 《유앤엘씨》가 나온 지 얼마 안 됐을 때였어요. 언젠가는 여기서 일하게 될 수도 있겠다 싶었죠.

 앞으로 그에게 연락할 구실을 찾아야 했어요. 그래서 말했죠. "《유앤엘씨》에 고무 스탬프에 관한 기사를 낼 생각은 없나요? 제가 고무 스탬프를 수집하거든요." 그러자 그가 "그거 괜찮은데요"라고 했고, 저는 제가 가져다주겠다고 했어요. 이메일이 없던 시절이라 전화만 할 수 있는데 그에게 다시 연락할 구실이 필요했으니까요. 그렇게 고무 스탬프를 전달하고 2주마다 전화했지요. 그 덕에 그의 비서와 잘 아는 사이가 됐고요.

 어느 날 제가 또 전화했더니 비서가 "허브가 스탬프들을 봤어요. 이제 와서 가져가도 돼요"라고 하는 거예요. '뭐라고? 이제 어쩌지?' 싶었죠. 제가 스탬프를 가지러 갔을 때 그는 사무실 끝에 앉아 있었어요. 허브의 회사는 아름답게 개조한 브라운스톤 건물에 입주해 있었는데, 그의 개인 사무실은 무척 길고 좁은 형태였어요. 볼링장처럼 긴 사무실 끝에 그가 앉아 있었고 저는 맞은편 끝에 서 있었죠. 저를 등지고 있었는데, 양손잡이인 그는 항상 책상에 앉아 양손으로 활자를 식자하고 있었기 때문이죠.

 무슨 말이라도 해야겠다고 생각하고 있는데 그가 "어떻게 지냈어요?"라고 말을 걸었어요. 저는 춤이라도 출 것 같은 마음으로 제 근황을 전했죠. 그리고 마침내 물었어요. "일자리가 있을지도 모른다고 하셨는데, 아직 유효한가요?" 그랬더니 그가 "그 예산은 결국 마련하지 못했지만 오늘 마침 누가 퇴사했어요. 내일 다시 포트폴리오를 가져올 수 있어요?"라고 하는 거예요. 그렇게 허브와 일하게 되었죠. 제때에 그 방에 들어간 덕분에 말이에요.

데비   정말 때를 잘 맞추긴 했네요. 하지만 일자리를 얻으려고 계속 전화했었잖아요. 『절정의 아름다움』에 허브 루발린이 스케치하는 모습을 본 일에 대해 쓰기도 했는데요. 그 모습에 완전히 매료되었다고 했는데, 정확히 무엇을 봤는지 말씀해주시겠어요?

루이즈   스케치를 할 때마다 저는 허브를 떠올려요. 제 작업의 모든 것이 스케치에 있기 때문이기도 하죠. 스케치 단계에서 생각한 것을 마지막에 완성할 수 있다면 정말 운이 좋은 거예요. 허브의 스케치는 아주 특별한데요. 아주아주 불안정한 선으로 그려졌거든요. 하지만 그는 어떤 서체를 작업하든 어떻게 식자해야 하는지 정확하게 알고 있었어요. 아래층의 기계 부서로 내려가서 짝 맞추면 항상 완벽하게 딱 맞았죠. 그는 자신의 서체를 잘 알았어요. 마치 머릿속에 들어 있는 서체를 찾아내는 것 같았죠. 대충 쓴 것같이 보이지만 구조적으로 완벽했답니다.

데비   최종 디자인에서 스케치가 분명하게 드러나는 것이 매우 중요하다고 하셨는데요. 왜 그런지 얘기해주세요.

루이즈   스케치가 디자인의 영혼이기 때문이에요. 제가 디자인을 하면서 가장 설레는 때가 바로 스케치 단계인데요. 이런 느낌이죠. '아, 바로 이거야. 이제 됐어.' 때때로 그렇지 않을 때도 있지만 그것이 디자인의 멋진 점이에요. 늘 예측할 수 없죠.

데비   2년 후에 허브가 소방서를 개조한 건물로 스튜디오를 옮기면서 당신은 햇빛이 잘 들던 개인 사무실을 떠나야 했다지요. 당신은 그 일을 회사를 떠나라는 계시로 받아들였다고 했는데 그런 걸 잘 믿으시는 편인가요?

루이즈 네. 개조된 소방서에 가보았는데 건물은 아름다웠지만 영혼이 없었어요. 저는 지하층에 탁 트인 넓은 사무실로 갈 예정이었는데 전에 쓰던 사무실이 너무 좋았기 때문에 그곳에 전혀 매력을 느끼지 못했어요. 저한테는 맞지 않는 것 같았죠. 이제 떠날 때가 되었다는 생각이 들었어요. 다음에 할 일이 정해져 있지 않았는데도요.

데비 랜덤하우스의 임프린트 판테온에서 새 일을 찾으셨죠. 그런데 거기서 내는 책 표지는 너무 밋밋하게 보였다고요.

루이즈 사무실이 남향인 점이 그곳을 선택한 중요한 이유였어요. 무슨 일을 하는지는 몰랐지만 소방서 건물 지하실에 있는 것보다는 나을 것 같았죠.

데비 『절정의 아름다움』에서 책 표지를 고안할 때 무조건 타이포그래피의 관점에서 먼저 생각한다고 하셨어요.

루이즈 맞아요. 책 표지를 디자인할 때 제가 제일 먼저 하는 작업은(이건 지금도 제가 로고나 책 표지를 작업할 때 늘 변함없이 사용하는 방식인데요) 트레이싱지에 가로 140밀리미터, 세로 216밀리미터 사이즈의 사각형을 그린 다음 뭔가 느낌이 올 때까지 제목을 쓰고 또 써보는 거예요. 그러면 별 특징 없이 뒤섞여 있던 글자 뭉치에서 무언가 분명한 형태 같은 것이 나타나기 시작해요. 그렇게 나온 활자체는 기존에 있는 것이 아니니까 이제 그걸 어떻게 만들면 좋을지 궁리해야 하죠. 저에게는 아주 중요한 과정이에요. 로고를 만들 때도 여전히 같은 방식으로 해요. 모든 일을 그렇게 하죠.

데비 그 당시 유행하던 표지 스타일의 제약에서 벗어나야겠다는 의지가 굉장히 강했던 걸로 알아요. 좀 더 친밀한 느낌의 표지를 만들고 싶어 하셨죠. 출판사나 작가들을 어떻게 설득했나요?

루이즈   아주 천천히, 그리고 조용히, 조심스럽게 접근했어요. 한 걸음씩요. 판테온 출판사는 매우 인상적인 작가들의 책을 내고 있었음에도 표지가 너무 평범해서 사람들의 시선을 끌지 못하고 있었어요. 그것이 변화가 필요하다는 반증이었죠. 여기 책들은 읽어보고 싶기는 해도 만져보고 싶은 책은 아니었어요. 저는 작업에 착수하며 이렇게 생각했죠. '좋아, 내가 뭘 할 수 있지? 가로 140, 세로 216밀리미터 판형, 이건 바꿀 수 없어. 두세 가지, 끽해야 네 가지 색을 쓸 수 있겠지. 이것도 할 수 있는 게 많지는 않아. 종이 재질은 바꿀 수 있겠네.' 그래서 일단 무광 코팅 재질의 종이를 도입했어요. 다시 촉감의 영역으로 넘어가면서 큰 변화를 가져올 수 있었죠. 저는 사람들이 책을 집어 들었을 때 이 책을 가지고 싶다고 생각하기를 바랐어요. 소장욕을 자극하는 예쁜 책을 만들고 싶었죠. 그다음은 색상의 문제였는데요. 당시만 해도 팬톤 넘버가 세 자릿수밖에 안 됐기 때문에 가능한 다양한 색을 도입해보려고 노력했죠. 화방에 가서 제가 쓰고 싶은 색의 컬러칩들을 모았어요. 『연인』의 표지도 그렇게 탄생하게 되었지요.

데비   마르그리트 뒤라스의 『연인』은 20세기 가장 유명한 책 표지 중 하나죠. 매우 독특하고 아련한, 아름다우면서 통렬하고 가슴 시린 느낌을 동시에 주었어요.

루이즈   표지에 사용한 사진이 워낙 강렬해서 에어브러시 작업을 하고 효과를 내기 위해 그림자 처리를 했죠. 무광 코팅지에 차분한 색으로 완성했어요. 저에게는 어떤 돌파구가 되어준 디자인이었죠. 이 작고 수수한 표지를 두른 책이 1958년 『닥터 지바고』 이후 판테온의 첫 베스트셀러가 되었어요. 업계 소식지인 《퍼블리셔스 위클리》에 이 책이 베스트셀러가 된 이유가 표지 덕분이라고 한 서적상들의 발언이 실리기도 했죠. 그게 컸어요. 그다음부터는 영업 담당자들이 제 앞에서 꼼짝을 못 했거든요.

데비   출판을 하며 연마한 기술이 나중에 레스토랑 아이덴티티와 식품 포장 패키지 작업을 할 때도 밑바탕이 되었다고 했어요. 어떻게 그렇게 되었나요?

루이즈 책 표지를 위해 활자를 디자인했던 것이 로고를 디자인하는 방식으로 자연스럽게 넘어간 것 같아요. 책을 만들 때 질감을 추구했던 것도 마찬가지고요. 레스토랑 디자인을 하게 되면서 질감에 대한 고려를 훨씬 더 많이 하게 되었어요. 메뉴판에는 늘 특별한 재질의 종이가 쓰이기 때문이죠. 판테온에서 일할 때는 독특한 종이를 쓰려면 한 가지 색 정도는 포기해야 했어요. '좋아. 이 질감 있는 색지를 쓸 수 있다면 색은 두 가지만 쓰겠어' 하는 식이었죠. 이제는 박을 입히거나 형압종이를 눌러서 해당 부분을 나오거나 들어가도록 하는 후가공 공정을 넣을 수도 있고 제가 항상 하고 싶어 했던 것들을 다 할 수 있게 됐어요. 식품 포장 패키지를 다룰 때는 말 그대로 3차원 작업을 하게 되죠. 할 일이 훨씬 많아졌어요. 종이 종류도 다 다르고 용기도 다르죠. 선택지가 아주 많아졌어요. 이 모든 것이 제약이 너무 많아서 아무도 모험을 하지 않으려 했던 출판계에서 가능한 한 많은 시도를 해보며 시작된 것이죠.

데비 당신처럼 여러 분야에서 이토록 성공적이었던 디자이너는 정말 드물어요. 고정된 역할에서 벗어나 다양하게 활동할 수 있었던 비결은 뭔가요? 말처럼 쉬운 일이 아니잖아요.

루이즈 그렇지만은 않아요. 사람들은 항상 15년 전에 한 일을 두고 그 사람을 평가하는 경향이 있죠. 제 경우도 상당히 최근까지 저의 예전 이미지를 벗어나지 못했어요. 제 스튜디오를 만들어 독립했을 때 책 말고 다른 것을 해야겠다고 생각했어요. 그때는 다른 출판사들과 프리랜서로 일하고 있었는데 제가 아는 클라이언트는 그들이 전부였죠. 하지만 그 한계를 극복해야 한다는 걸 알았고 그러길 원했어요. 그래서 그때부터 레스토랑과 일하기 시작했는데 정착하는 데 시간이 좀 걸렸어요. 이쪽은 완전히 다른 세계더군요. 출판 일을 하면 디자이너와 일하는 것에 익숙한 사람들을 상대하잖아요. 하지만 레스토랑을 상대로 일하려면 첫 미팅에서 디자이너인 저와 인쇄업자에게 따로 돈을 내야 한다는 사실부터 설명해야 해요.

데비　레스토랑의 아이덴티티는 어떻게 정하게 되죠? 어떻게 작업하나요?

루이즈　보통 레스토랑 주인과 마주 앉아 그들이 원하는 콘셉트를 파악하려 하죠. 건축가가 있다면 더 좋고요. 건축가와 이야기하거나, 힌트가 될 만한 드로잉이나 자료 등 뭐라도 참고할 것이 있으면 좋아요. 다시 말하지만 레스토랑 업계 사람들은 대부분은 디자이너와 일하는 데 익숙하지 않아요. 그래서 명확한 의사 같은 것이 없을 때가 많았죠. 그렇다고 제가 그분들을 계속 귀찮게 할 수도 없으니 거의 저 혼자 해결해야 했어요. 이 레스토랑만의 차별점이 뭔지 알아내기 위해 혼자 스무고개를 하다시피 했죠. 늘 어려운 일이에요. 힌트를 얻을 수 있는 자료가 주어지는 경우도 거의 없고요. 하지만 래리 보그다노 같은 건축가와 일했을 때는 훨씬 만족스러웠어요. 서로 아이디어를 완전히 공유할 수 있었죠. 저는 그에게 제시할 것이 많았고 그는 저에게 답해줄 게 많았어요.

데비　인터뷰를 준비하면서 레스토랑 '마르세유'와 '아티저널'에 가봤는데요. 한 가지 느낀 점이 있다면 로고와 전반적인 인테리어가 조화를 이루고 있다는 것이었어요. 의도적으로 그렇게 작업하신 거라면 그렇게 하기까지 쉽지 않았을 것 같은데 어땠나요?

루이즈　아주 어려웠죠. 특히 아직 디테일이 정해지지 않은 상태에서 어떤 방향을 읽어낸다는 건 정말 어려워요. 아티저널 같은 경우에는 애덤 티하니가 이미 오래전에 디자인한 공간을 활용하는 경우였기 때문에 운이 좋은 셈이었죠. 하지만 맞아요. 어떤 미묘한 방식으로라도 레스토랑에 앉아서 로고를 볼 때 인테리어와 조화를 느낄 수 있도록 하는 것이 저에게는 아주 중요해요. 그 장소에 있는 게 편안해야 하고 로고가 이질적으로 느껴지면 안 되지요.

데비　로고와 브랜드의 차이는 50만 달러 정도 된다고 말씀하신 적이 있어요. 하지만 철학적이거나 수사학적인 차이도 있겠죠?

루이즈   아니요. 그건 정말 돈의 문제예요. 사실 저는 큰 회사와 일하는 걸 좋아하지 않고 브랜드 이야기를 꺼내는 것도 좋아하지 않아요. '브랜드'라는 단어조차 쓰지 않으려고 노력하죠. 제가 그 단어를 사용하는 건 클라이언트가 제가 만든 로고를 이상하게 고쳐 달라고 할 때뿐이에요. 그럴 때 이렇게 말하죠. "그렇게 하면 안 돼요. 그러면 브랜드를 망친다고요."

데비   단어가 주는 힘이네요.

루이즈   맞아요. 그렇게 말하는 게 제게는 위선적이라고 느껴진다고 할지라도요. 저는 클라이언트와 좀 더 친밀하게 일할 수 있는 작은 사업체들과 일하는 걸 좋아해요. 그들이 성공하는 것을 보면 정말 기쁘고요. 아주 조금이라도 로고가 도움이 되었길 바라지요. 저에게 로고와 브랜드의 차이가 돈의 차이에 불과하다는 것은 그런 얘기죠.

"It's

time to reassess what it is that
we're putting out there. Communication,
advertising, graphic design campaigns, all of it.
Designers across the board are in the persuasion
business, and so we want to ask ourselves, 'What
are we trying to persuade people to do,
and to what end?'"

"지금은 우리가 하고 있는 일이 무엇인지 재평가할 때입니다.
커뮤니케이션이든 광고든 그래픽디자인이든 전부 다요. 분야를
막론하고 디자이너들은 설득 비즈니스를 하고 있잖아요.
사람들에게 무엇을 설득하려고 하는 것인지, 그 목적은
무엇인지에 대해 자문해봐야 합니다."

앨런 초치노프
스쿨 오브 비주얼아트 제품디자인 석사 과정 학과장, 코어77 대표
2009. 5. 1

I SAAC

M ZRAHI

인터뷰를
준비하며
구글 검색을
해보았다.

"아이작 미즈라히는…"이라고 검색어를
넣자 수많은 결과가 눈에 들어왔다. 몇 가
지를 소개하자면 이렇다. "아이작 미즈라
히는 바쁜 사람이다." "아이작 미즈라히는
기혼자다." "아이작 미즈라히는 고급 디자
인계에서 무시 못 할 영향력을 가진 사람
이다." "아이작 미즈라히는 여성들에게 꽃
과 과일 향 같은 존재다." "아이작 미즈라
히는 틀에 얽매이지 않는 도전에 열광한
다." 세상에는 다양한 버전의 아이작 마즈
라히가 있지만, 실존하는 유일무이한 아
이작 마즈라히는 패션 디자이너이자 작가
이며 배우이고 방송인이기도 하다. 이 인
터뷰에서 그는 자신이 패션을 사랑하는
이유, 또 패션계 밖에서 다양하게 활동하
는 이유에 대해 이야기했다.

데비 먼저 당신의 성장 배경에 대해 이야기해볼까요? 우리는 나이도 같고 브루클린의 엄격한 유대인 가정에서 태어났다는 공통점이 있는데요. 유대인이라는 배경이 당신에게 어떤 영향을 미친 것 같나요?

아이작 그 배경이 제 반항의 대상이었다는 점에서 영향을 받긴 했죠. 전 거기서 어떤 가치도 발견하지 못했어요.

데비 지금도 같은 생각이세요?

아이작 네. 마음에 들었던 적이 없어요. 아마 어렸을 때 랍비들에게 호되게 덴 경험 때문일 거예요. 정말 고약할 정도로 인색한 사람들이었거든요. 어린아이를 그렇게 대하는 건 너무 비인간적이었죠. 왠지 전 어린아이라기보다는 다 자란 어른 같았지만요. 전 알았어요. 그들이 저한테 말하는 게 다 엉터리라는 걸.

데비 자신을 결코 의심하지 않았군요. 그들이 틀렸다는 것을 직감했고요.

아이작 사람은 다 자신을 의심해요. 그렇지 않나요, 데비? 하지만 전 그들이 말하는 것 이상을 볼 수 있었어요. 우리의 느낌은 거짓말을 하지 않는다는 걸 그 랍비들 덕분에 알게 되었죠. 생각은 틀릴 수 있어요. 하지만 느낌은 틀릴 수 없죠. 저는 초등학교 1학년 때, 어쩌면 그전부터 심리 치료를 받기 시작했어요. 그들이 저를 가르쳤죠. 그 사람들이.

데비 왜 그렇게 어려서부터 심리 치료를 받았죠?

아이작 예시바정통파 유대교도를 위한 학교에서 쫓겨났거든요. 계속 정학을 당하다가 "저 아이는 심리 치료를 받지 않으면 이 학교에 돌아올 수 없습니다"라는 말까지 듣게 됐죠.

데비	당신이 너무 창의적이었기 때문일까요?

아이작   아니요. 제가 너무 제정신이 아니었기 때문이에요. 네, 창의적이기도 했고요. 하지만 너무 파괴적이었어요. 아주 불행했고요. 종종 엄청난 분노를 느끼고 비명을 지르곤 했어요. 제가 어딘가 잘못된 곳에 있다고 느꼈던 것 같아요. 하지만 제가 왜 소리를 지르고 있는지 정확한 이유는 몰랐어요. 어떤 상황을 견디지 못했던 것 같아요. 어쨌든 극도의 공포와 히스테리에 시달리던 시절이었죠. 그러다 8학년 때 정말 좋은 영어 선생님을 만났는데, 그분이 뉴욕에 있는 공연 예술 고등학교에 관해 얘기해주면서 저에게 연기과에 지원해보라고 하셨어요. 제가 그 학교에 갈 수 있게 부모님을 설득해주기도 하셨죠. 당시 부모님에게 그건 상상도 못 할 일이었거든요.

데비   열 살 때 아버지에게 재봉틀을 받은 걸로 알아요. 그때 이미 패션에 관심이 있었나요? 아니면 아버지가 그냥 지나가다 우연히 보고 당신이 좋아할 거라고 생각하셨던 건가요?

아이작   아니요. 아버지는 아동복을 만드는 분이었어요. 아동용 외투와 정장을 만들었죠. 그래서 지하실에 재봉틀이 많이 있었어요. 아주 어렸을 때 전 그 지하실을 제 디자인 스튜디오 겸 인형 만드는 공장으로 썼어요. 한참 차고에서 인형극을 하며 놀던 때였거든요. 바느질도 그래서 배우게 된 거고요. 1, 2년 후에는 아버지가 지하실에 있던 전문가용 전동 재봉틀을 쓰게 해주셨죠.

데비   공연 예술 고등학교에 다니면서 열다섯 살에 자신의 레이블 IS 뉴욕을 론칭했어요. 그때 어떤 옷을 만들었죠?

아이작   세라라는 분과 함께 한 일이었죠. 그녀의 남편도 아동복 사업을 했거든요. 브루클린에 공장이 있어서 우리가 옷을 만드는 데 도움을 받을 수 있었어요. 괜찮은 패턴 샘플도 제작했고요. 이후 여러 작은 상점들에서 우리가 만든 옷을 팔게 됐죠.

데비 공연 예술 고등학교에 다닐 때 배우가 되고 싶다는 생각을 했나요?

아이작 어릴 때부터 제 인생의 마지막 목표는 엔터테인먼트 사업이라고 생각했어요. 다큐 영화 〈언지프〉에 출연한 것과 꽤 오랫동안 텔레비전쇼에 나온 것 말고는 딱히 내세울 만한 경력은 없지만요. 지금은 홈쇼핑 채널에 자주 나오고 있죠. 제가 패션을 엔터테인먼트의 일종으로 여긴다고 생각하실지도 모르겠네요. 그건 사실이기도 하지만 엔터테인먼트에는 엔터테인먼트만의 형식이 있어요. 연극이나 오페라 같은 어떤 형식이요. 저는 그런 쪽으로 가고 있는 것 같아요. 언젠가는 영화도 한 편 만들고 싶어요. 몇 편이 될 수도 있고요.

데비 네, 저도 패션이 영화나 예술, 또는 시와 같은 선상에 있다고 생각해요. 우리의 마음을 움직이고 우리를 다른 곳으로 데려가잖아요. 더 나은 자신이 되게 해주기도 하고요. 옷을 입는다는 것도 그런 것 같아요.

아이작 골치 아픈 일상에서 벗어나게 해주죠. 예쁜 새 옷을 사면 〈베벌리힐스의 진짜 주부들〉을 몰아 볼 때처럼 위안이 되잖아요.

데비 1980년대에 버그도프 백화점에서 당신의 옷을 처음 봤던 때가 기억나요. 그때는 당신을 만나기 전이었는데, 매장에 들어가는 순간 마음을 빼앗기고 말았죠. 마치 내가 인생의 정점에 올랐을 때 입고 있을 것 같은 옷이었어요.

아이작 그때는 제가 컬렉션을 갖기 전이었어요. 버그도프의 바이어들이 찾아와서 제가 만드는 옷을 보더니 마음에 든다며 사 갔지요. 처음부터 정말 잘 팔렸어요.

데비　2002년에 대형마트 타깃에 입점하게 된 계기는 뭔가요? 패션계에 큰 반향을 일으킨 사건이었잖아요.

아이작　타깃은 정말 훌륭해요. 접근성이 아주 좋고 무엇이든 살 수 있는 곳이죠. 다른 대형마트와는 달리 뭔가 고유의 유머 감각이 있고 더 똘똘한 면도 있어요. 타깃에서 제게 그런 제안을 하려 한다는 것을 눈치챘을 때 다른 곳을 알아볼 생각은 전혀 하지 않았어요. 그런 일은 타깃만 할 수 있다고 봤거든요. 지금은 모두가 그런 식의 사업을 하는 것 같아요. 하지만 당시만 해도 그렇지 않았죠.

데비　그때 선보인 제품 라인에 대해 절제되고 매혹적이면서도 우아하고 정제된, 세련된 스타일을 추구했다고 말씀하셨죠. 퇴폐미를 물씬 풍기는 뉴욕의 다양성에서 영감을 받았다고도 했어요.

아이작　사람들이 정말 좋아하는 것은 옷의 디자인이라고 생각해요. 빅사이즈 스웨터를 레깅스에 넣어 입는 것 같은 걸 말하는 게 아니에요. 옷감과 재봉선이 몸에 어떻게 떨어지는지를 말하는 거죠. 제게 가장 중요한 것은 이 옷을 입는 여성이 어떤 여성이고 살면서 어떤 생각을 하는지를 디자인에 반영하는 것이에요. 그것이 가장 결정적인 요소죠. 훌륭한 음식을 만들거나 자기만의 레시피를 고안해낼 때 느끼는 만족감이랑 비슷하달까요. 실제로 저는 저의 잠재 고객에게 다가가 "당신의 삶을 조금 바꿔볼게요. 이렇게 하면 좀 더 괜찮을 거예요"라고 말할 수 있을 때가 정말 좋아요. 제가 무언가를 해서 많은 사람이 영향을 받는다는 건 흥분되는 일이죠. 다소 비극적인 면도 있고요. 하지만 그것이 주는 기쁨이 훨씬 더 크죠.

데비　그 비극이란 건 뭐죠?

아이작　저는 더 이상 오트쿠튀르 컬렉션을 하지 않아요. 물론 언제든 다시 돌아갈 수도 있겠죠. 하지만 우리끼리 얘기지만, 그 순간의 빛남은 왔다가도 사라지잖아요. 그 일이 젊은 사람들의 게임이라고 말하려는 건 아니에요. 나이가 들어서 천재성을 발휘하는 사람도 많으니까요. 그보다는 제가 무언가의 장인이 되는 것에 별로 관심이 없는 것 같아요. 금세 지루해하죠. 전 계속 나아가면서 다음 일을 하고 싶어요.

데비 당신은 정말 끊임없이 다른 길들을 찾고 있는 것 같아요. 어떤 길을 찾으면 그 길이 다른 길로 이어지고 그것이 또 다른 길로 이어지는 식으로요. 저 역시 다양한 일을 하고 싶어 하는 편인데요. 하지만 그렇게 일을 다양하게 벌이다 보면 어떤 한 가지 일에 대한 전문성은 떨어지지 않을까 싶기도 해요.

아이작 그렇죠. 맞아요, 데비. 그게 비극이죠. 제가 말하려는 게 그거예요. 저의 가장 친한 친구인 안무가 마크 모리스는 진정한 대가라고 할 수 있어요. 그 친구 일엔 어떤 비극도 없어요. 그를 보며 생각하죠. '넌 뭔가에 꽂히면 그걸 하고 또 하고 또 해서 결국 어떤 경지에 오르는구나.' 하지만 전 그럴 수 없어요. 그의 가장 친한 친구가 될 수 있고 그를 칭송할 수는 있지만, 그건 저의 운명은 아닌 것 같아요.

데비 말이 나온 김에 당신이 패션계 밖에서 했던 일들을 얘기해보죠. 당신은 가수이자 배우로 활동하고 있기도 해요.

아이작 네, 그래요.

데비 직접 기획한 〈레 미즈Les Miz〉라는 카바레 쇼의 주연을 맡기도 했죠.

아이작 그건 오프 브로드웨이 쇼였어요. 이후 조스 펍과 다른 몇몇 곳에서도 카바레 공연을 했죠. 그걸 할 때는 정말 미쳐버리는 줄 알았어요.

데비 왜요?

아이작 저는 아주 혹독한 비평가예요. 관객들이 팔짱을 끼고 앉아서 고개를 갸우뚱거리며 "그래? 정말?"이라고 말하는 것 같았어요. 저 역시 맨 앞줄에 앉아 저 자신에게 그러고 있었죠.

데비 당신이 가수로 시작해 그다음에 패션 디자이너가 되었어도 그렇게 생각했을까요?

아이작 아니요.

데비 그러니까 당신은 패션 디자이너로서 자신의 공연을 평가하고 있는 거군요?

아이작 맞아요. 킴 카다시안이나 다른 누가 옷을 만들었다고 하면 딱 그런 눈으로 볼 거예요. 물론 카다시안의 어떤 옷들은 정말 훌륭해요. 그러니까 모든 건 배짱의 문제라는 거예요. '여러분이 이걸 좋아하면 다행인 거고, 싫다 해도 내가 뭐 모든 사람을 기쁘게 해주려고 여기 있는 건 아니니까' 하는 자세로 카바레 무대 스툴에 앉을 배짱이 있으면 되는 거죠. 자신에 대해 다양한 의견을 가지고 살 수 있으면 더 좋은 거 아닌가요. 그러면 누구나 자신이 원하는 것을 할 수 있을 거예요. 비판적인 시선 때문에 하고 싶은 일을 하지 못한다면 그게 더 부끄러운 일이죠.

데비 새로운 일을 하는 게 두려울 때도 있나요?

아이작 그럼요.

데비 한 가지 일만 계속해야 한다면 아주 지루할 거라고 말씀하셨잖아요. 하지만 공연에 대한 질문을 받았을 때 약간의 불안은 좋은 것이라고도 했어요.

아이작 불안은 약간이 아니라 많을 때도 좋은 거예요.

데비　전 불안이 두려운데요.

아이작　저는 정체되는 게 더 무서워요. 그러면 전 침대 밖으로 나오지도 못할 거에요. 제가 우울하고 비관적인 사람 같다고 생각하시면 제 사업 파트너인 머리사 가디니에게 그녀가 하는 일이 뭔지 물어보세요. 계약을 하거나 사람들이 자기 일을 잘하는지 확인하는 일 같은 것이 아니에요. 그녀의 일은 바로 제가 하루 종일 시궁창에 빠져 있지 않도록 도와주는 거예요. 그게 중요한 일이기 때문에 하는 말이에요. 자기 일을 잘 수행할 수 있는 그런 정신 상태를 유지하는 것이 정말 중요해요.

데비　최근에 당신이 쓴 책 『스타일을 갖는 법How to Have Style』을 다시 읽었는데요. 스타일에 대해 생각하기 전에 거울에 비친 자신의 모습을 좋아하는 법부터 배워야 한다는 말이 나오더군요. 너무 많은 여성이 자신의 외모에 불만을 느끼고 입술부터 가슴 크기까지 자신의 모든 것을 바꿔야 한다고 생각하는 것 같아요. 왜 여자들이 이렇듯 자기혐오에 빠지게 된 걸까요?

아이작　글쎄요. 그 질문에 대해 제가 말할 수 있는 한 가지는, 누구나 자신을 둘러싼 환경에 솔직하게 반응한다면 자신만의 스타일을 가질 수 있다는 거예요. 저는 정말 그렇게 믿어요. 왜, 우리가 빵집에 들어가면 그 순간 진짜 먹고 싶은 게 뭔지 귀신같이 알아채잖아요. 옷도 마찬가지예요. 내가 입고 싶은 옷, 내가 되고 싶은 사람에 대한 충동이 있단 말이죠. 하지만 어째선지 늘 중간에 멈춰버려요.

데비　평가나 거절을 두려워하는 걸까요?

아이작　왜 그런지는 모르겠어요. 내 마음에 들면 된 거죠. 그걸로 끝! 다른 답은 생각나지 않네요. 더 좋은 답은 없는 것 같아요.

데비　오스카 레드 카펫 같은 곳에서 더 이상 실험적인 의상을 볼 수 없는 이유가 트

위터에서 욕먹는 것을 두려워하기 때문이라는 얘기를 읽은 적이 있어요. 누군
가 좀 튀면 가만히 두지 못하고 창피를 주어서 평범하게 만들거나 주류에 편승
하게 하는 것 같아요. 개성을 인정하지 않고요.

아이작   대부분의 사람들이 그렇죠.

데비   하지만 우리에겐 비요크아이슬란드를 대표하는 국민가수이자 천재 아티스트로 꼽힌
다. 2010년 음악의 노벨상이라고 불리는 폴라 음악상을 받았다가 있잖아요.

아이작   그런 평가쯤은 아무렇지 않게 받아들일 수 있는 사람이 결국 시대의 아
이콘이 되는 것이겠죠?

2015. 3. 2

MAIRA

마이라 칼만은
『불확실성의 원리The Principles of Uncertainty』와
『행복의 추구The Pursuit of Happiness』 등
우리 시대 가장 주목할 만한 책들을 쓰고 그렸다.

그녀의 작품은 《뉴요커》의 수많은 표지를 장식했고 미술관
과 공연 무대에도 등장했다. 마이라와 나는 그녀의 신간 『사
랑스러운 개Beloved Dog』, 그녀의 일과 삶, 그리고 일상의 사
물들이 그녀에게 주는 영감에 대하여 이야기를 나누었다.

KALMAN

데비　부모님이 러시아에서 팔레스타인으로 이주하셨죠. 당신은 텔아비브에서 태어나 네 살 때 가족과 함께 뉴욕으로 왔고요. 텔아비브에서의 어릴 적 기억이 남아 있나요?

마이라　그때의 기억이 지금 일어나고 있는 일보다 더 생생하게 느껴지기도 해요. 이 사실 자체가 지금의 삶에 많은 영향을 주고 있는 것 같지만요. 아름다운 모래와 바다, 차양이 펄럭이고 음악이 흐르는 카페가 있는 꿈같은 시절이었어요. 전 세계 곳곳에서 온 사람들, 탱고가 연주되는 레스토랑, 작은 크래커가 꽂힌 예쁜 아이스크림 컵 같은 것들이 기억나요.

데비　뉴욕으로 이주했을 때 아웃사이더가 된 것 같았다고 말씀하신 적이 있는데, 어떤 면에서 그랬죠?

마이라　가장 좋은 의미로의 아웃사이더 같은 느낌이었어요. 불행한 느낌이 아니고요. 전 다섯 살 때부터 뭔가를 기록하는 저널리스트가 된 것 같아요. 그때 저는 모든 것을 흡수하고 세상이 그저 놀랍다는 생각에 푹 빠져 있었거든요. 모래바람이 이는 작은 도시에서 뉴욕이라는 거대 도시로 이사를 온 거잖아요. 편안함도 느꼈지만 이 모든 것을 좀 관찰해야겠다는 생각을 하게 되었죠.

데비　당신의 어머니가 창의적인 삶으로 이끌어주셨다고요. 콘서트, 오페라, 도서관 같은 곳에 데리고 다니면서요. 어머니와는 내내 가깝게 지냈나요?

마이라　네. 저는 어머니를 열렬히 사랑했어요. 어머니도 저를 열렬히 사랑하셨고요. 서로에게 애착이 아주 깊었고, 늘 그랬죠.

데비　어머니에 대해 자기 생각을 진실되게 말하는 훌륭한 본보기이자 무언가에 대해 생각할 때 정해진 올바른 방법이라는 것은 없다는 걸 가르쳐준 사람이라고 했어요. 또 정보를 별로 필요로 하지 않는 사람이라고도 했죠. 당신의 책 『불확실성의 원리』에 소개된, 어머니가 그린 미국 지도가 그 좋은 예인 것 같아요. 지도 한가운데 빈 부분에 "미안, 나머지는 몰라요. 고마워요"라고 쓰여 있었죠.

마이라   그건 아주 제멋대로면서 유머 감각이 뛰어난 사람만이 그릴 법한 지도였어요. 누굴 웃기려고 하거나 내숭을 떠는 게 아니라 천성적으로 그런 사람이요. 옳은 답을 찾으려고 하기보다는 자기에게 필요한 방식으로 받아들이는 것, 그것이 핵심이죠.

데비   그래서 어머니는 모든 것을 허용해주셨군요.

마이라   무조건적인 사랑이 어떤 건지 확실히 느꼈죠. 해야 할 마땅한 일로서 공상을 할 수 있다는 것도요.

데비   마이라, 그런 경우가 아주 드물다는 건 알고 있어요?

마이라   사람들이 그렇게 말하긴 하더라고요. 하지만 저는 다른 방식이 가능하다고는 상상도 할 수 없어요.

데비   뭘 하든 칭찬받고 사랑받은 경험이 당신의 원동력이 되었다고 했어요. 지금도 여전히 뭔가 잘하고 있다는 느낌을 유지하고 있나요?

마이라   아니요, 형편없다고 생각해요. 끊임없이 자기 자신을 괴롭히죠. 새로운 걸 만들려면 그럴 수밖에 없는 것 같아요. 자기 자신을 의심하지 않는다면 뭔가 잘못된 거죠. 끔찍한 불안에서 어마어마한 추진력을 끌어내는 이중성이랄까요. 저는 끊임없이 걱정하고 한밤중에 깨서 어떻게 하면 더 잘할 수 있을지 고민한답니다. 그런 불안이 저를 각성시키고 일에 대해 히스테리에 가까운 과몰입을 유발하기도 하죠. 어쨌든 의심과 초조함이 창작 과정의 일부인 건 분명해요.

데비   그런 낭만적인 해석을 들으니 불안이 어쩌면 견딜 만한, 꽤 괜찮은 것인지도
모른다는 생각마저 드네요. 어떤 포부가 담긴 말처럼요.

마이라   오늘 제가 기분이 좋아서 너무 좋게만 말했나 봐요. 사실 그런 건 아니
에요. 단지 다른 선택의 여지가 없다는 것이죠.

데비   예술가나 작가가 되고 싶다고 생각한 것은 언제였나요?

마이라   저는 아주 어릴 때 작가가 되겠다고 결심했어요. 『내 이름은 삐삐 롱스
타킹』을 읽고 생각했죠. '이거야, 이걸 할 거야. 책을 쓰고, 강하고 멋진
여자가 되어야지'라고요. 청소년기에 접어들면서 이런 생각은 금세 사
라졌고 모든 게 불확실하게만 느껴졌어요. 고등학교, 대학교 시절의 제
글쓰기는 겉멋만 든 것 같았고요. 더 이상 쓰는 것은 안 되겠다는 생각
이 들었고 제 이야기를 그리는 편이 훨씬 쉽고 재밌을 것 같았어요. 솔
스타인버그《뉴요커》에 그린 수많은 삽화로 유명한 루마니아계 미국인 일러스트레
이터의 영향을 많이 받았죠.

데비   1960년대 후반 뉴욕대학교 재학 중에 티보르 칼만을 만나 훗날 결혼까지 하셨
어요. 첫 만남은 어땠어요? 첫눈에 사랑에 빠졌나요?

마이라   그이는 그랬던 것 같아요. 우리는 여름 학기 경제학 재수강 수업에서 만
났어요. 둘 다 1학년을 마칠 때였는데 성적이 좋지 않아서(사실 성적에 관
심이 너무 없었어요) 거의 학교에서 쫓겨나기 직전이었죠. 그가 데이트 신
청을 했고 워싱턴 스퀘어 공원에 갔어요. 그는 커피를 마시며 담배를 피
웠죠. 그땐 커피나 담배를 즐기기 전이었는데 저한테 잘 보이려고 그랬
던 것 같기도 하고요. 아무튼 그때 서로가 서로를 알아봤어요.

데비   1979년 티보르가 디자인 회사 엠 앤드 컴퍼니를 설립했죠. 이 회사는 다방면
에서 영향력 있는 회사가 되었는데요. 문화계와 그래픽디자인계에 큰 영향을

미쳤을 뿐만 아니라 뛰어난 인재를 많이 배출했지요.

고민 없이 내린 결정들이야말로 정말 설레요.
모든 우여곡절과 함께하는 게 삶이죠.

마이라   티보르는 천재였어요. 늘 새로운 것을 생각해내고 끊임없이 창의력을 발휘하면서 모든 면에서 자극을 주는 사람이었죠. 제가 걱정을 달고 살면서도 일을 계속할 수 있었던 것도 티보르 덕분이었어요. 어떤 것에도 굴하지 않는 사람과 함께한다는 건 그런 것이었죠. 그는 "아이디어가 있다고? 그래 좋아. 하지만 그 아이디어로 뭔가를 해야만 해. 안 그러면 무슨 의미가 있어?"라고 말하는 사람이었어요. 저에게도 그것이 자연스러운 삶의 태도가 되었죠.

데비   티보르는 1999년에 암으로 세상을 떠났지요. 신간 『사랑하는 개』에 "티보르가 죽었을 때 세상이 끝난 것 같았다. 하지만 세상은 끝나지 않았다. 내가 배운 건 그것이다"라는 대목이 나오는데요. 그 문장을 처음 읽었을 때 저는 제 인생에서 아주 슬픈 시기를 지나고 있었거든요. 저도 정말 큰 위로를 받았어요.

마이라   티보르는 5년간 투병 생활을 했어요. 그 과정은 실로 참혹했죠. 하지만 우리에게는 두 아이가 있었고 계속 일을 하고 가족을 돌봐야 했어요. 그가 죽으면 어떻게 살까 싶었죠. 모든 게 끝나버릴 것 같았어요. 그런데 그가 죽고 나서, 어떻게 그렇게 되었는지는 모르겠지만 제가 그의 용기를 물려받은 것 같은 느낌이 들더군요. 전에 없이 아주 열심히, 맹렬하게 일했어요. 없는 시간을 최대한으로 활용한다는 게 어떤 건지 당신도 알 거예요. 아이들이 있으면 달릴 수밖에 없죠.

데비   2003년 《아이 매거진Eye magazine》에 실린 스티븐 헬러와의 인터뷰에서 당신이 했던 말을 읽어볼게요. "1969년 어느 비 오는 밤 페미니즘이 터져 나왔지만 나는 여전히 티보르의 배경 속에 머물렀다는 점에서 그와 전통적인 관계를 유지하고 있었다. 나는 바깥세상에 단호하게 맞서는 데 자신이 없었다. 내가 앞으로 나서게 된 계기는 티보르의 죽음이었다. 아마 난 티보르에게 생각보다 많은 것을 배웠고 인생은 짧다는 것을 깨달았던 것 같다. 나를 설레게 하는 것이 있다면 안 할 이유가 무엇인가? 여자가 평생을 함께한 남자를 떠나보내면 잘 살기 힘들 거라는 편견이 있지만, 인간에게는 엄청난 자생력이 있다. 아이들, 친구들이 있고 아이디어가 있고 중국으로 여행을 갈 수도 있다. 그게 인생이다." 언제 바깥세상에 나설 더 큰 용기를 느꼈나요? 즉각적으로요? 아니면 시간이 지나면서 당신이 표현하고자 하는 무언가가 있다는 것을 깨달았나요?

마이라 저도 놀랄 만큼 완전히 즉각적이었어요. 저는 늘 솔직한 편이었고 제 의견을 말하는 데 거침이 없긴 했지만 그땐 정말 바로 그런 생각이 들더군요. 내가 여기서 해야 할 일을 지금 해야겠다고 말이죠.

데비 『사랑하는 개』에서 개를 늘 좋아했던 건 아니라고 고백하셨죠. 어머니가 개를 사나운 야수처럼 여기셨다고요. 그런데 피트를 만나고 나서 모든 게 바뀌었다죠. 그 아이리시 위튼 테리어 강아지에게 마음을 완전히 빼앗겼다고 했어요.

마이라 티보르가 아플 때였어요. 아이들이 어렸는데, 주위 사람들이 개가 있으면 집안 분위기가 좋아질 거라고 하더군요. 개가 있으면 웃을 일이 많아지고 기분도 좋아질 거라고요. 사실이었어요. 처음에는 좀 겁을 먹었지만요.

데비 개가 집을 엉망으로 만들 수도 있다고 생각했다면 쉽게 들이지는 못했을 것 같은데요.

마이라 그게 미스터리예요. 무슨 일이 생길 땐 갑자기 머리가 어떻게 돼버리나 봐요. 가장 중요한 결정들은 고민하지 않고 그냥 해버리는 것 같아요.

데비 갑자기 내린 그런 결정들을 후회해 본 적은 없어요? 늘 좋았나요?

마이라 고민 없이 내린 결정들이 더 설레요. 그게 인생이죠. 모든 우여곡절을 겪어내는.

데비 피트는 당신의 영원한 동반자이자 뮤즈가 되었죠. 이렇게 오랫동안 개에게 푹 빠져 있잖아요. 또 피트에 관한 책도 많이 쓰셨죠. 당신 작품에 개가 이렇게까지 많이 등장하는 건 왜일까요?

마이라 개들은 유쾌해요. 애틋하고 정직하고 바보 같기도 하죠. 길을 거닐다가 개를 봤는데 어떻게 그냥 지나치거나 무관심할 수 있는지 모르겠어요.

데비 당신과 피트는 커플이라고 말했었죠. 피트가 세상 그 누구보다 당신을 좋아한다는 것을 깨달았다고요. 어떻게 개는 그렇게 아무 조건 없이 사랑스러울 수 있을까요?

마이라 무엇보다도 말을 안 하잖아요. 그게 첫 번째죠. 사람도 말이 없으면 늘 좋아할 수 있을 거예요. 인간은 말이 너무 많고 끊임없이 의견을 내놓고 도움과 격려를 필요로 하죠. 개들은 그렇지 않아요. 개한테는 아무것도 안 해줘도 되는데 그건 사람 입장에서는 굉장히 이기적인 짓이죠. 하지만 개는 옆에 있어 주기만 하면 돼요.

데비 수십 권의 책을 쓰고 그렸지만 '예술가'라는 호칭은 불편하다고 하셨죠. 저널리스트라는 호칭이 훨씬 좋다고 했는데, 왜 그런가요?

마이라 예술가를 작업실에 들어가 무언가를 만들어내는 사람이라고 생각하는 것은 너무 상투적이에요. 저는 그렇게 일하지 않거든요. 저는 어떤 과제와 연결되는 것이 좋아요. 주변 사람들과 연결되는 게 좋고요. 제가 무엇을 할지 구상하는 건 그다음이죠. 《타임스》나 《뉴요커》에서 저널리스트로 일할 때 밖에 나가 무언가를 보고 그림과 글로 된 기사를 써 보냈던 것처럼요.

데비 니코 뮬리와 함께 『지적 문장을 위한 영어의 18원칙』을 오페라로 만드셨죠. 그 다음에는 당신의 책 『불확실성의 원리』를 오페라로 올렸고요. 니코와 작업하면서 새로운 세계로 들어가 어떤 결과가 나올지 모르는 일을 하는 것은 큰 모험이라고 이야기했어요. 그럼에도 끝까지 밀고 나가셨죠. 니코를 만난 것은 그가 열두 살 때였다고요.

마이라 그 아이가 열두 살 때 로마에서 만났어요. 제 아이들과 또래여서 쉽게 가까워질 수 있었죠. 니코는 화가인 엄마를 따라 로마 아메리칸 아카데미에 와 있었어요. 그렇게 우리는 친구가 되었고 니코가 피아노를 치면 제가 노래를 부르기도 했지요. 지금 생각해보면 니코는 좀 괴로웠을 것 같기도 하지만요. 그랬던 애가 자라서 컬럼비아대학교에 오고 엠 앤드 코에서 일하게 됐고, 나중에는 저랑 같이 일하게 되었죠. 인연은 그렇게 맺어지나 봐요.

데비 오페라 작업은 처음이었을 텐데 니코와의 협업은 어떻게 이루어졌나요?

마이라 니코는 작곡을 담당했어요. 우린 서로 다른 일을 했죠. 저는 저대로 원하는 게 있었어요. 사용하고 싶은 텍스트와 원하는 곡이 몇 개 있었고, 제가 모은 달그락거리는 컵과 컵받침, 타자기 같은 것들을 연주할 타악 오케스트라가 필요했어요.

데비 달걀 거품기도 있지 않았나요?

마이라 네, 그것도 책에 나왔으니까요. 그런 모든 일상의 물건들에 저는 흥미를 느껴요. 그래서 그것들을 그리고 정말 좋아하죠. 진짜 음악가와 가수들에게 이런 일상의 물건들을 연주하게 하고 싶었어요.

데비 그 물건들, 그러니까 악기들에 그렇게 매력을 느끼는 이유는 무엇일까요?

마이라 모두 디자인된 것들이죠. 그 디자인을 좋아한다면 그 물건을 좋아하게 돼요. 물건들에는 이야기가 있고 일상의 시간이나 우리가 하는 일과도 관계가 있죠. 언제 커피를 마시는지, 누구와 이야기하는지, 또 누구와 싸우는지 하는 것들이요.

데비 레모니 스니켓이라는 필명으로 유명한 대니얼 핸들러와 마이클 폴란의 책에 삽화를 그리기도 했어요. 다른 사람이 쓴 책에 삽화를 그릴 때는 평소와 다른 방식으로 작업하나요?

마이라 모든 걸 내 뜻대로 할 수 없다는 것이 아쉽게 느껴지기는 해요. 그래서 아주 정중하게 접근하지만 약간 애석한 마음이 들 때도 있죠. 잡지에 실릴 일러스트 작업을 할 때처럼 일단 글을 읽으면서 방향을 잡아요. 그러고 나서는 어떤 건 되고 어떤 건 안 되는지 계속 의견을 주고받고요. 물론 편집자도 이 대화에 포함되죠. 작업이 잘될 때는 신뢰가 돈독해요. 만약 말이 너무 길어진다면 뭔가 잘못되었을 수도 있다는 뜻이죠.

데비 아들과도 같이 작업을 했어요.

마이라 네, 알렉스 칼만이요.

데비 아들뿐 아니라 어머니와의 협업이기도 했죠. 아들 알렉스, 어머니 세라와 어떤 작업을 함께했는지 소개해주시겠어요?

마이라 제 아들 알렉스 칼만은 뉴욕에서 제일 작은(어쩌면 세계에서 제일 작을 수도 있겠네요) 미술관의 디렉터예요. 코틀랜트 앨리에 있는 승강기 통로에 만든 '뮤지움Mmuseumm'이라는 곳이죠. 초저예산으로 만들었는데 정말 벽에 난 구멍 같은 곳이에요. 알렉스는 거기에 인류학적인 디자인 언어로 우리의 일상을 반영한 설치미술 작품들을 큐레이팅했어요. 유머를 곁들여서 말이죠. 이어서 그 골목 아래쪽에 또 다른 작은 공간을 오픈했고요. 어머니가 돌아가셨을 때 저는 호레이쇼 스트리트에 있는 어머니 아파트의 옷장을 미술관으로 만들고 싶었어요. 하지만 그러지 못했죠. 어머니의 물건들을 모두 가지고 있다가 11년 후에 그 골목에 어머니의 옷장을 설치할 수 있었어요. 전면이 유리로 되어 있고 안에 전구가 달려 있어서 마치 자연사 박물관의 디오라마 같았죠. 어머니가 흰색 옷만 입은 덕분에 아주 그래픽적이고 아름다우면서 깔끔하게 정돈된 옷장처럼 보였어요. 알렉스와 제가 세라 버만의 옷장을 만들어낸 거예요. 모든 것이 계획대로 되고 미술관에서 갑자기 마음을 바꾸지만 않는다면 이 옷장은 메트로폴리탄 미술관 미국관에 최종적으로 설치될 예정이에요. 호화롭고 사치스러운 드레스룸, 갑부의 가구들과 대조를 이루게 되겠죠. 이 옷장의 주인은 호레이쇼 스트리트에 사는 벨라루스 출신의 돈 없는 한 여성이에요. 이 여자의 삶도 미술관에 전시될 가치가 있는 중요한 것임을 보여줄 수 있게 되었어요.

데비 메트로폴리탄 미술관이 당신이 세상에서 제일 좋아하는 장소라고 했잖아요. 시간이 날 때마다 간다고요. 당신이 여러모로 제2의 집처럼 여기는 그곳에 어머니의 옷장이 마지막으로 머물게 된다니 참 신기한 우연이네요.

마이라 맞아요. 정말이지 인생은 돌고 도는 것 같아요.

데비 마치 스피노그래프여러 가지 크기의 플라스틱 톱니바퀴와 볼펜으로 이루어진 완구. 톱니바퀴의 구멍을 바꾸어가면서 복잡한 기하 모양을 변화시키며 그려나갈 수 있다처럼요.

마이라 대단히 고마운 일이죠. 정말로요.

2016. 9. 5 ☺

528

"I've

talked to so many smart and wise people across the years. People who've seen social change happen, and have been part of it, and studied it. One thing that they all know and can document across history is that at any given moment the things we're focused on, the things we're shining a light on, the things that are getting all the attention, or the people are getting all the attention, are probably not the ones who are changing the world."

"저는 여러 해에 걸쳐 수많은 똑똑하고 현명한 사람들과 이야기를 나눠보았는데요. 그들은 사회 변화를 목격하고 변화에 가담하기도 했으며 그 변화를 연구한 사람들이었어요. 그들이 입을 모아 말하는 것이 한 가지 있다면, 우리가 지금 몰두하고 열광하는 것, 우리의 관심을 독차지하는 어떤 현상이나 사람이 세상을 바꾸는 것은 아니라는 것입니다."

크리스타 티펫
라디오와 팟캐스트 진행자, 작가
2016. 4. 4

KENNY

케니 프리스가 평생에 걸쳐 알아내고자 하는 것은 외모, 능력, 재능이 누군가의 삶을 다른 삶보다 더 가치 있는 것으로 만드는가 하는 것이다.

장애인이자 유대인이며 게이인 그는 오랫동안 아웃사이더로 세상을 바라보며 자신의 개인적 경험을 깊은 통찰이 담긴 책으로 펴내고 있다. 그의 책들은 불완전함에 대한 차별이 얼마나 파괴적인 영향을 미치는지 조명한다. 이 인터뷰에서 그는 우리가 바람직하다고 생각하는 모습이 사고방식과 상황에 따라 다를 뿐만 아니라 일시적이라는 점을 설명한다.

FRIES

데비 1960년 당신이 태어나던 날 사람들은 당신이 살지 죽을지 알 수 없었다고 했죠. 왜 당신에게는 종아리뼈가 없는지, 왜 양쪽 정강이뼈가 안쪽으로 날카롭게 휘었는지, 발가락은 왜 세 개밖에 없는지, 어째서 뒤쪽에만 종아리 인대가 있는지 누구도 설명할 수 없었다고요. 당신의 외할머니는 "내 딸이 괴물을 낳았어!"라고 소리를 질렀고 아버지는 기절하셨다고 들었는데, 정말인가요?

케니 아마도요. 우리는 그런 신화 같은 이야기들을 들으며 자라요. 우리 스스로 그런 이야기를 만들기도 하고 다른 사람들이 만들어주기도 하는데, 그럼 그게 진짜 현실이 돼버려요.

데비 장애 아동으로서 공립학교에 다닌 첫 세대세요. 학교를 오가면서 매일 지나쳤다는 소년 이야기를 해주시겠어요?

케니 그 얘기는 『몸, 기억하다Body, Remember』라는 책 도입부에도 나오는데요. 제가 학교 가는 길에 늘 마주치던 꼬마가 있었어요. 그 애는 매일 저에게 물었죠. "다리가 왜 그래?" 저도 매일 대답해주었어요. "그렇게 태어났어." 왜 계속 그 길로 다녔는지 저도 모르겠어요. 다른 길이 있다는 걸 생각 못 한 거죠. 이것은 삶에 대한 좋은 은유이기도 한데요. 우리가 왜 그때 그런 행동을 했는지 나중에 가서야 생각하게 된다는 것이죠.

데비 사람들이 당신을 빤히 쳐다보곤 했던 성장기의 경험에 대해 여러 번 언급하셨어요. 좋은 응시와 나쁜 응시라는 개념에 대해서도 말씀하셨고요. 저도 일반적으로 응시란 무엇인지 생각해보았는데요. 우리는 이해하지 못하는 것을 보면 응시하죠. 멋있는 사람이나 유명인을 봐도 쳐다보고요. 우리가 무언가를 그렇게 보려고 하는 건 인간에 내재한 어떤 본성 때문일까요?

케니 자신의 짝, 그러니까 최상의 2세를 만들어줄 짝을 찾는 일과 관련된 것일 수도 있어요. 아니면 포식자를 경계하는 행동일 수도 있고요. 극단적인 두 방향이라 할 수 있죠. 제가 전문가는 아니지만 아마도 아주 오래전부터 전해 내려온 것이라는 생각이 들어요. 신간 『신들의 영토에서 In the Province of the Gods』에 나오는 이야기인데, 제가 일본에 가서 깨달은 것이 하나 있거든요. 거기서도 사람들은 저를 쳐다봐요. 그런데 그건 저한테 장애가 있어서가 아니라 외국인이라서 본 거였어요. 그 사실을 알아차리자마자 장애에 대해 제가 알고 있던 모든 것이 제 것이 아니라는 것을 깨닫게 됐어요. 그건 사회가 만든 것이고 다른 사람들이 만든 것이었죠. 저는 그것들을 내면화해왔고 그게 마치 제 생각인 줄 알았던 거예요.

데비　어린아이로서 스스로 장애를 인지하지는 못했겠지만 의사나 가족을 통해 자신이 사회적으로 무언가 부족하다는 인식을 주입 받았을 것 같아요. 특히 형이 당신을 아주 모질게 대했다고요. 아주 어렸을 때부터 형에게 성적 학대를 받았다고 들었어요. 이런 말씀도 하셨죠. 익숙함이 인식을 방해한다고요. 육체는 적응력이 좋아서 엄청나게 거슬리는 소리도 백색 소음처럼 들리게 할 수 있다고 했어요. 그렇게 그 시기를 견딘 건가요?

케니　어떤 것에 익숙해지면, 글쎄요. 얘기가 샛길로 빠지는 것 같지만, 사람들이 도널드 트럼프를 정상으로 받아들일 수 없다고 하잖아요. 하지만 무언가에 익숙해져 버렸을 때 그것을 정상이 아닌 것으로 여길 수 있을까요? 익숙해지지 않을 방법이 있을까요? 비슷한 의미로 저는 나 자신에 대한 믿음을 가지고 있어요. 마음속 깊은 곳에서 제 가치를 알고 있죠. 제 글쓰기에 대해서도 마찬가지고요. 제 글이 인정받지 못한다면 그건 제 문제가 아니에요. 제가 하는 일을 알아주지 않거나 저를 위해 자리를 마련해주지 못하는 문화의 문제죠. 이런 자신감은 부모님에게서 온 것 같아요, 아이러니죠. 제 부모님 역시 학대를 방치한 사람들이었으니까요. 그렇다 해도 부모님은 항상 제 옆에 있어주셨죠.

데비　당신의 논픽션 책들을 모두 읽어봤는데요, 부모님이 당신을 사랑한다는 것에는 의심의 여지가 없는 것 같아요. 당신의 고통을 부모님도 똑같이 느꼈다는 점에서 말이죠. 어린 시절의 당신에게는 자신이 왜 하체 기형으로 태어났는지, 왜 그렇게 많은 고통을 겪어야 하는지 이유가 필요했다고 했어요. 신체적 장애와 그에 따른 고통이 당신이 중요한 사람이라는 신의 계시라고 믿기도 했고요. 그러다 일본에 가서 전생에 잘못을 저지른 사람이 장애를 갖고 환생한다고 보는 불교적 관점을 접하고 충격을 받았다지요.

케니   그건 당사자에게 국한된 것이 아니에요. 부모가 저지른 일일 수도 있고, 다른 어딘가에서 벌어진 일일 수도 있죠.

데비   인간은 대체 어떤 종이길래 인종, 성별, 성적 지향, 장애 유무 등이 자신과 다르다는 이유로 끊임없이 사람을 차별하는 걸까요? 100년 후에 지금 이 시대를 돌아보면 "대체 무슨 생각으로 저런 거지?"라고 묻게 될까요?

케니   자기만족이나 안정감을 얻기 위해 자신과 타인의 관계를 어떤 위계에 따라 파악하려는 것이 인간의 본성일까요? 잘 모르겠어요. 정말 이상한 일이지만 모든 문화권에서 고질적으로 나타나는 현상이죠.

데비   인간은 겉모습만 가지고 차별하는 게 아니에요. 자기 자신을 드러내는 방식을 통해서도 구별을 짓고 싶어 하지요. '타자'로 인식되는 사람을 차별할 뿐만 아니라 우리 자신을 남보다 더 나은 존재로 표현하고 싶어 해요. 자기만족을 위해 말이죠.

케니   우리는 기본적으로 존재하지도 않는 것을 얻으려고 노력하고 있어요. 아마도 그건 오늘날의 자본주의와 관련이 있을 것 같은데요. 무언가 되기 위해 애쓰는 사람이 많으면 많을수록 더 많은 상품을 팔 수 있을 테니 말이죠. 특히 미국에서 자기계발 현상은 거의 미친 수준이에요. 그건 또한 사람들을 침묵하게 하기도 하죠. 사람들이 불평하고 저항하는 것을 막는 셈이에요.

데비	일본에서 사람들이 당신을 다르게 대한 건 장애인이라서가 아니라 외국인이기 때문이었다고 아까 말씀하셨잖아요. 사람들이 갑자기 완전히 다른 이유로 당신을 다르게 보고 대했을 때 어떤 생각이 들었나요?
케니	제가 외국인이니까 그럴 수도 있겠다 싶었어요. 미국은 제가 '속한' 모국이기 때문에 그런 이유로 다른 대접을 받을 일이 없었지만요. 그게 일본에서의 첫 번째 큰 깨달음이었죠. 일본에서는 제가 장애인이라는 이유로 누가 다가와 말을 건 적이 없었어요. 제가 장애인이라는 이유로 사람들이 이상하게 행동한다고 느낀 적도 없었고요. 사람들이 이상하게 행동했다면 그건 제가 외국인이었기 때문이죠. 책에서도 말했지만, 일본인들은 일본에서 장애인으로 사는 것이 어떠냐고 늘 제게 묻곤 했지만 전 그 질문에 답할 수 없었죠. 외국인이자 특정 장애를 가지고 있는 저라는 사람의 경험에 대해서만 말할 수 있었어요. 일본인이면서 장애인으로 사는 것은 전혀 다른 일일 테니까요. 쉽지 않은 일일 테고요.
데비	미국에서 장애인으로 사는 것보다 어렵다고 말할 수 있을까요?
케니	여기서도 법의 보호를 필요한 만큼 충분히 받는 것은 아니지만, 일본에서는 그만큼의 보호도 받지 못한다고 생각하시면 될 것 같네요.
데비	『신들의 영토에서』에서 당신의 장애를 "신체적 사실"이라고 표현했는데요. 어떤 의미일까요?
케니	그 표현은 저와 알고 지냈던 마사라는 한 일본 남자가 저한테 한 말이었어요. 그가 다른 사람에게 제 장애를 설명한 일이 있었는데 설명을 마치고 저한테 이렇게 말해주더군요. "저 사람에게 당신의 신체적 사실에 대해 말해줬어요." 장애가 머리 색이나 눈동자 색 같은 거라고 본 거죠. 호들갑 떨 일도 아니고, 그냥 그런 거예요. 놀랍게도 장애라는 게 일본 문화의 중심에 있기도 하더군요. 매우 흥미로운 점이죠. 일본에는 비파 법

사라고 전국을 배회하며 불경을 읊고 노래하던 맹인 스님들이 있었는데, 이들이 전국의 전설과 신화를 사람들에게 퍼뜨리고 일본을 통합하는 데 기여했다고 해요. 그래서 어떤 사람들은 일본어와 일본의 모든 신화가 이 맹인 스님들에게서 비롯됐다고 생각하기도 하죠. 장애가 어떻게 이보다 더 중심에 있을 수 있을까요?

데비   일본 정원에서 많은 시간을 보내면서 어느 시점에는 장애보다 일본식 정원에 대한 글을 더 많이 쓰기도 했다고 했어요. 그 작업이 연작시가 되고, 이어서 연가곡이 되었으며, 일본 서예가가 디자인한 직물로도 만들어졌죠. 데누구이일본에서 전통적으로 손수건, 두건, 장신구 등으로 사용되던 천으로 현대에 와서는 그림처럼 벽에 걸어 감상하는 용도로도 쓰인다라고 하던가요?

케니   데누구이, 맞아요.

데비   일본 체류가 끝나갈 무렵에 당신이 쓰고 있는 글이 끊임없이 변화하는 이 필멸의 세계에서 살아 있다는 것의 의미에 대한 것이었음을 깨달았다고 했어요. 더 나아가 필멸의 생을 산다는 것이 장애를 가지고 사는 경험에서 배운 가장 큰 교훈이라고도 했죠. 어떤 의미에서 그런가요?

케니   장애를 갖고 살면서 배울 수 있는 교훈은 삶은 변한다는 겁니다. 일단 몸이 변하지요. 나이 때문이든 기후 때문이든 병이나 사고 때문이든 몸은 변합니다. 세상의 본성이 변화죠. 이것은 일본 문화가 서양 문화보다 훨씬 잘 이해하고 있는 부분이기도 해요. 제가 살면서 배운 것은 이겁니다. 소외되고 배척당하고 차별받는 것, 사람들이 없애고 싶어 하는 것, 사람들이 두려워하는 것, 그것이 바로 우리 삶의 진짜 진실이라는 것이죠. 우리는 필멸의 삶을 살아요. 영원한 것은 없죠. 장애는 이것을 이해하는 실마리가 됩니다.

데비   일본에 두 번째로 방문하기 직전에 HIV 양성인 걸 알게 되셨죠. 의사에게 진단 결과를 들었던 날에 대해 이렇게 쓰셨어요. "엘리베이터를 기다리는데 마치 나 자신의 일부를 시어 박사의 진료실에 두고 나온 것 같았다." "내 인생이 지금까지의 삶과 앞으로의 삶으로 두 동강이 난 것 같았다." 여전히 그렇게 느끼시나요?

케니 아니요. 책 끝부분에 어떻게 생각이 변하게 되었는지에 대해서도 썼는데요. 그전에는 인생이 이전과 이후로 구분된다고 생각했다면 이제는 인생이 하나의 연속체임을 느끼게 되었죠. 그렇게 변하게 된 데는 여러 가지 이유가 있지만, 무엇보다 히로시마 원폭 생존자 두 분을 만난 것이 결정적이었어요. 이들은 원폭으로 망가진 몸을 치료하기 위해 1955년에 미국에 왔었던 일명 '히로시마 처녀들'이었어요. 그녀들과 대화하고 인터뷰하면서 인생을 다르게 보게 되었죠. 인생에 이전과 이후가 있는 게 아니라는 걸 알게 되었어요. 그렇게 느꼈던 데는 두 가지 이유가 있었던 것 같아요. 일단 저는 선천적인 장애인이잖아요. 거기에는 '이전과 이후'가 없어요. 어떤 사고 때문에 장애인이 된 게 아니니까요. 두 번째로 HIV 양성 진단 전에도 저는 폐혈전증으로 거의 죽을 뻔한 적이 있었어요. 이미 신체적으로 많은 문제가 있었고 그래서 아무것도 삶을 전과 후로 나눌 수 없다는 사실을 깨달은 거죠. 아무리 그렇게 보인다고 하더라도요.

데비 장애를 어떻게 정의하시나요?

케니 엄청난 질문이네요. 저는 신체적인 장애를 가지고 있으니 그것에 대해서만 말해보자면 신체적 장애는 신체적 차이라고 할 수 있어요. 다르게 보이고 다르게 인식되죠. 그건 비하할 일이 아니에요. 그저 기대한 것과 다를 뿐이죠.

데비 하지만 '장애'라는 말에는 비하의 의미가 내포되어 있는 것처럼 느껴지잖아요. 객관적인 단어는 아니죠. 판단이 담겨 있어요. 그런 인식을 어떻게 하면 바꿀 수 있을까요?

케니 　제 생각에 우리는 장애disability와, 제가 비장애non-disability라고 부르는 것의 변증법에 갇혀 있는 것 같아요. '건강한 몸able-bodied'이라는 말을 사용하는 사람도 많지만, 저는 그 용어는 쓰지 않아요.

데비 　'장애가 없는 것non-disabled'은요?

케니 　네. 저는 '장애가 없는 것'이라는 말을 사용합니다. 그런데 장애와 비장애의 변증법으로만 보면 문제가 생길 수밖에 없어요. 장애는 고정된 범주가 아니기 때문이죠. 사람들은 언젠가는 어떤 식으로든 장애를 가지게 될 거예요. 인간의 공통된 숙명 같은 것이죠. 또 우리가 다윈을 잘못 이해했기 때문에 '장애'라는 단어를 부정확하게 쓰고 있기도 해요. '적자생존'은 사실은 '특정 환경에서의 적자생존'을 의미해요. 어떤 특정한 환경에서는 제가 누구보다 적자일 수도 있다는 뜻이죠. 상황이 장애를 정의한다는 것입니다.

데비 　유대인, 게이, 장애인으로 사는 삶에 대해 말씀해주셨는데요. 작가로서의 삶은 어떤가요?

케니 　사람들에게 농담 삼아 이런 말을 해요. 제가 좀 더 젊었을 때는 게이 작가로 분류되었는데 이제는 장애인 작가로 분류된다고요. 하지만 그렇지 않아요. 저는 변한 적이 없거든요. 저는 그냥 작가로 여겨지는 게 제일 좋아요. 제가 어떻게 단어를 조합하는지, 이야기를 어떻게 다루는지만 물어봐주면 좋겠어요. 하지만 제가 다루는 주제가 주제인지라 사람들은 내용에 더 관심이 많은 편이죠. 그것도 괜찮아요. 저에게는 하고 싶은 말이 아주 많거든요.

2017. 11. 13

"I've

been told my body doesn't have value and I've been told somebody else gets to decide. So I like to go back in my work and say, 'Oh, really?' Because I think it's the artist's job to keenly look out and observe the world. Reflect and respond."

"사람들이 그러더군요. 제 몸은 가치가 없고 그 결정은 다른 누군가가 내리는 것이라고요. 그렇다면 저는 제 작업으로 돌아가 "정말 그래?"라고 묻고 싶어요. 세상을 면밀히 관찰하고, 숙고하고 반응하는 것이 예술가의 일이라고 생각하기 때문이죠."

퍼트리샤 크로닌
예술가
2018. 10. 15

MARINA

**마리나 아브라모비치는 자신이 싫어하는 것,
이를테면 고통, 침묵, 피 같은 것에서만
무언가를 배운다고 말한 바 있다.**

그녀는 손가락 사이를 찌르거나 배에 상처를 내는 퍼포먼스를 했다. 목소리가 나오지 않을 때까지 비명을 지르거나 736 시간 동안 침묵 속에서 낯선 관객들의 눈을 들여다본 적도 있다. 마리나는 관객과의 불편하고 계시적인 대면을 통해 사람들이 행위예술을 생각하고 이해하는 방식을 영구적으로 바꾸어 놓았다.

ABRAMOVIĆ

데비 네 살 때 할머니와 숲속을 산책하다가 길 건너편에서 긴 줄처럼 보이는 이상한 물체를 발견하고 바로 다가가 만져본 일이 있었다고 했죠. 할머니는 깜짝 놀라 소리를 질렀고요. 그때 무엇에 그렇게 매료되었던 건가요? 그 일은 당신에게 어떤 영향을 주었죠?

마리나 그건 제가 처음으로 두려움이란 것에 맞닥뜨린 순간이라고 할 수 있는데요. 제가 만진 것은 움직이고 있는 커다란 뱀이었어요. 하지만 뱀이 두려웠던 건 아니에요. 두려운 건 할머니의 비명이었죠. 저는 뱀이 뭔지 몰랐고 경험한 바도 없었어요. 할머니가 뱀을 무서워했기 때문에 저도 그 두려움을 기억하게 됐죠. 아이들은 자기가 직접 겪지 않았더라도 부모나 사회, 타인의 경험에서 공포를 학습해요. 그 후로 저는 직접 경험을 무엇보다 중요시하게 되었어요.

데비 당신의 태몽이 어머니가 커다란 뱀을 낳는 꿈이었다는 걸 생각하면 참 아이러니한 것 같아요.

마리나 나중에는 저도 다른 사람들처럼 뱀을 무서워했어요. 그래서 제 몸 위에 뱀 다섯 마리를 올려놓는 퍼포먼스를 하기로 했죠. 뱀들은 땅의 에너지를 따라요. 그래서 '내 몸이 땅이라면 뱀을 몸 위에 올려놓았을 때 뱀들이 나의 에너지를 따르지 않을까?' 생각했죠. 관객들이 오기 직전에 조련사가 제 머리에 큰 보아뱀을 둘러주고는 무슨 일이 있어도 절대 호흡 패턴을 바꾸지 말라고 했어요. 그러면 뱀이 공격할 거라고요. 하지만 결국 머리를 조금 움직였고 그러자 뱀이 제 몸을 조이기 시작했어요. 저는 패닉 상태가 되었죠. 조련사가 제게 천천히 숨 쉬라고 소리쳤어요. 패닉 상태에서 진정하고 천천히 숨쉬기란 거의 불가능했지만 저는 그렇게 했고, 보아뱀이 천천히 저를 풀어주었죠. 제가 한 그루 나무처럼 되었던 덕분이죠. 그때 저는 두려움 때문에 죽을 수도 있다는 것을 알았어요.

데비 어린 시절에 대해 이렇게 말했지요. "나 자신과 가족, 사랑이 완전히 결여된 우리 집이 너무 부끄러웠다. 그 수치심을 견디기 너무 힘들었다." 혹시 당신이 처음 예술에 끌리게 된 것도 그래서였나요?

마리나   저는 꿈을 많이 꿨어요. 꿈이 제 내면세계였죠. 아주 생생한 총천연색 꿈이었어요. 꿈을 꾸는 꿈을 꾸다가 또 다른 꿈에서 꿈을 꾸기도 했죠. 삶의 다른 시기에 되풀이해서 꾸는 꿈도 있었어요. 어렸을 때는 제가 꾼 꿈을 그리기도 했어요. 자는 게 일하는 것 같았죠. 꿈을 꾸고, 일어나서는 그걸 그렸거든요.

데비   당신은 다른 면에서도 창의적이었던 것 같아요. 커튼으로 옷을 직접 만들어 입기도 했다면서요. 부모님이 그림물감은 흔쾌히 사주셨지만 예쁜 옷은 안 사주셨다고요.

마리나   저는 제가 갖고 싶은 선물을 받아본 적이 없어요. 생일이 정말 싫었어요. 다른 여자애들이 받는 선물을 저도 받고 싶었지만 그런 일은 절대 없었거든요. 알츠하이머병에 걸려 돌아가실 때까지 어머니는 제게 어떤 감흥도 받지 못했어요. 더 잘하고 더 많은 것을 이룰 수 있다고 생각하셨죠.

데비   어머니가 돌아가신 후에 어머니의 일기를 읽고 그 내면의 이야기에 매우 놀랐다고 했어요.

마리나   어머니가 돌아가시기 전에 제가 그 일기를 한 페이지라도 읽었다면 우리 관계는 완전히 달라졌을 거예요. 어머니는 정서적인 상처가 매우 큰 분이었는데 겉으로는 아주 완강했어요. 끔찍했죠. 저를 무슨 전사로 만들고 싶어 하셨던 것 같기도 해요. 하지만 지금 와서 돌이켜보면 달라지고 싶은 건 없는 것 같아요. 예술가는 삶에서 많은 고통을 받죠. 행복에서 무언가를 만들어낼 수는 없어요. 행복하면 게을러지기 마련이에요. 우울증은 좀 다른데, 그건 질병이고 치료받아야 하죠. 그렇지만 고통으로부터는 배울 것이 있어요. 그런 모든 경험을 통해 더 현명해지고 인생을 훨씬 더 즐길 수 있죠.

데비   행복과 쾌락의 차이에 대한 글을 읽은 적이 있어요. 그 글에 따르면 쾌락은 점점 더 많이 원하게 되고, 그래서 만족할 수 없다고 하더군요. 반면 행복은 지금 이대로 충분하다고 느끼는 것이랍니다. 우리는 모두 행복을 가장한 쾌락을 추구하고 있는 것 같기도 해요.

마리나   하지만 행복은 영원하지 않아요. 영원한 건 없지요. 중요한 건 우리의 경험이 일시적이라는 걸 알고 거기에 집착하지 않는 것이겠죠.

데비   일시적이라는 말을 들으니까 당신의 첫 미술 수업이 생각나는데요. 아버지의 친구였던 필로 필리포비치에게 첫 그림 레슨을 받으셨죠. 그때 이야기를 좀 들려주세요.

마리나   필로 필리포비치는 제 아버지와 같은 부대 출신으로 전후에 추상 화가가 된 분이죠. 제가 열네 살 때 일인데, 그때까지 수채물감과 크레용으로만 그려봐서 유화를 그리고 싶었어요. 그래서 그분에게 첫 수업을 받았죠. 그는 캔버스를 가져다가 프레임에 끼우지도 않고 아무렇게나 자른 다음 바닥에 놓고 거기에 풀을 발라 붙이더군요. 그런 다음 빨간색, 노란색, 약간의 파란색과 흰색을 칠했어요. 그러고는 그 위에 테레빈유를 뿌리고 성냥을 갖다 댔죠. 그 순간 전부 펑 하고 터져버렸어요. 제 눈앞에서 말 그대로 폭발했어요. 그는 그 광경을 지켜보더니 "좋아, 이건 일몰이야"라고 말하고 가버렸어요. 저는 어쩔 줄 몰라 움직일 수조차 없었죠. 나중에 그 첫 수업이 저에게 무척 중요한 경험이었다는 걸 깨달았어요. 작품을 마무리하는 것보다 과정이 더 중요하다는 걸 배웠죠. 예술가는 무엇으로든 작품을 만들 수 있다는 것도요. 먼지를 사용할 수도, 몸을 쓸 수도, 불, 공기, 무엇이든 사용할 수 있죠. 그때부터 저의 프로젝트를 생각하기 시작했어요. 그건 캔버스나 물감이 필요 없는 일이었죠.

데비 　좋은 예술가라면 좋은 아이디어를 하나 가지고 있을 거라고 말한 **크르스토 헤게두시치** 밑에서 배우기도 했지요. 당신도 단 하나의 좋은 아이디어를 가지고 있다고 말한 적이 있고요. 그 아이디어는 무엇인가요?

마리나 　제 몸으로 작업하는 것이지요. 신체가 우주이기 때문이에요. 우리 몸의 모든 것이 소우주이고 또 소우주를 반영하고 있죠. 그런데 **크르스토 헤게두시치**는 한 가지를 더 말했어요. 제가 아주 좋아하는 이야기인데요. 오른손잡이들은 오른손으로 그림을 잘 그리게 되면 즉시 왼손으로 바꿔 그리라는 말이었죠. 반복은 위험하기 때문이에요. 자기가 아주 잘 알고 있는 것에서 시작하면 더 배우려 하지 않을 수도 있거든요. 모험을 하거나 다른 영역으로 넘어가려고 하지도 않게 되고요. 예술가에게 실패는 배울 수 있는 큰 기회입니다. 과정에 실패를 포함시키는 것이 반드시 필요해요.

데비 　반복은 당신의 작업에서도 매우 두드러지는 요소인 것 같아요. 프로젝트마다 같은 작업을 반복하지는 않지만, 신체를 서로 부딪친다거나 누군가를 계속해서 응시하는 행위가 자주 등장하죠. 이렇게 뭔가를 지속하거나 반복하면서 어떤 감정적, 영적 경험을 하시나요?

마리나 　그 두 가지 경우는 서로 다른데요. 때리거나 소리를 지르는 행위의 경우 쉽게 체력의 한계에 다다르죠. 삼사십 분, 끽해야 한 시간이나 계속할 수 있을까요. 그렇지만 정신적인 행위는 더 긴 시간을 필요로 해요. 석 달이 걸릴 수도 있죠. 이 과정에서 공연자는 더 이상 어떤 척을 할 수 없게 돼요. 한 시간은 연기할 수 있지만 석 달 동안 그렇게 한다면 퍼포먼스는 퍼포먼스가 아니라 삶 자체가 되죠. 그리고 그때 지금 여기의 진실을 마주하지요. 그런 면에서 오래 지속되는 퍼포먼스야말로 가장 중요하고 가장 큰 변화를 일으킬 수 있다고 생각해요. 저는 관객이 그저 보고 존재하는 것만으로는 충분치 않다는 생각을 갈수록 많이 하는데요. 관객이 무언가의 일부가 되어야 해요. 관객이 직접 경험할 수 있도록 도구를 제공해야 하고요. 그래야만 관객들이 긴 시간의 작업을 이해할 수 있어요. 아무 준비 없이 관객들이 어떻게 무언가를 볼 수 있나요? 고요함을 이해하기 위해서는 고요함 속으로 들어가야 해요. 이 에너지의 대화를 성공시키려면 나와 관객이 같은 시간, 같은 공간에 있어야겠죠. 관객과 공연자가 함께 작품을 완성하는 것이죠. 관객이 없는 퍼포먼스는 아무 의미가 없어요.

데비   〈리듬 0〉에서 당신은 장미, 면도칼, 총알 한 발이 장전된 권총 등 72개의 물건을 테이블 위에 놓고 여섯 시간 동안 관객들이 그중 아무거나 이용해서 당신에게 무엇이든 할 수 있게 했었죠. 관객들은 처음엔 호의적이었지만 점점 잔인해졌어요. 그때 얘기를 좀 해주세요.

마리나   먼저 말해두고 싶은 것은, 모든 퍼포먼스는 이유가 있어요. 그 작업은 1970년대 초반에 했는데, 퍼포먼스라는 것이 예술로 여겨지지 않을 때였어요. 우리를 마조히스트, 사디스트라고 했죠.

데비   사람들은 당신이 정신병원에 가야 한다고 했어요.

마리나   맞아요. 그건 우리를 완전히 무시하는 처사였죠. 그때 저는 '이게 사람들의 일반적인 생각이라면 테이블에 이런 물건들을 놓으면 어떨까?' 생각했어요. "나는 사물입니다. 나한테 무슨 짓을 해도 괜찮아요"라고 안내문을 써서 테이블 위에 놓았죠. 저를 죽이는 것도 가능했어요. 여섯 시간 동안 어떤 물건이든 마음대로 쓸 수 있게 했죠. 저는 아무것도 하지 않고 옷을 입은 채로 거기 서 있었어요. 마조히스트도 사디스트도 아니에요. 전 아무것도 하지 않았는걸요. 그냥 거기 서 있는 예술가였고 관객들에게 완전한 자유를 주면 어떻게 되는지 보고 있었죠. 이 퍼포먼스 이후에 저는 사람들에게 정신을 무너뜨릴 수 있는 도구를 준다면 그들은 그걸 사용할 것이고 나를 죽일 수도 있다는 것을 알았어요. 하지만 또 다른 깨달음은 사람들에게 정신을 고양시킬 수 있는 도구를 제공할 수도 있다는 것인데, 그걸 깨닫는 데는 25년이 걸렸죠.

데비　사람들이 그렇게 잔인해질 수 있다는 데 놀라셨나요? 그들은 당신의 옷을 찢고 몸에 상처를 냈어요. 누가 말리지 않았다면 총에 맞을 뻔하기도 했죠. 어떤 사람이 당신 이마에 총을 겨누는 바람에 다른 사람이 총을 뺏었잖아요.

마리나　저는 그 퍼포먼스가 어떤 의도도 갖지 않도록 준비했지만 쉽지 않았어요. 너무 무서웠죠. 여섯 시간이 지나자 갤러리스트가 와서 이제 끝났다고 말해주었어요. 새벽 2시였죠. 저는 관객을 향해 걸어갔습니다. 옷은 거의 벗겨져 있었고 피투성이였죠. 사물이 아닌 제가 되어서 그들에게 다가갔어요. 완전히 엉망이 된 채로요. 사람들은 뛰기 시작하더니 갤러리 밖으로 말 그대로 도망을 치더군요.

데비　퍼포먼스 후에 찍힌 사진을 봤는데 정서적으로 완전히 소진된 것 같았어요.

마리나　그게 제가 리허설을 할 수 없는 이유예요. 저는 콘셉트만 가지고 공연을 하기 때문에 관객의 에너지가 절대적으로 필요하죠. 하지만 그 공연은 절대 반복하지 않을 겁니다. 그런 일은 실제 삶에서도 두 번 다시 일어나서는 안 되기 때문이에요.

데비　2010년에 뉴욕 현대미술관 아트리움에서 〈여기, 예술가가 있다The Artist Is Present〉 공연을 올렸어요. 석 달 동안 매일 하루에 여덟 시간씩 움직이지도, 말하지도, 먹지도, 화장실에도 가지 않고 관객들을 마주하고 앉았죠. 이 공연을 위해 정신적, 육체적으로 어떻게 준비했나요?

마리나　1년을 준비했어요. 우주에 가는 NASA 프로그램을 준비하는 것처럼요. 매우 진지한 작업이었죠. 신진대사를 어떻게 바꿀 것인가가 중요한 문제였어요. 1년 내내 늘 같은 시간(아침 7시)에 아침을 먹고 점심은 건너뛰었죠. 저녁까지 물도 마시지 않았고요.

데비 처음에는 당신과 당신 맞은편의 관객 사이에 테이블이 있었죠.

마리나 테이블과 의자 두 개를 배치해 격식을 갖추고 싶었어요. 그런데 공연 두 달째에 휠체어를 탄 관객이 온 거예요. 휠체어 때문에 의자를 치웠는데 가운데 테이블이 있어서 다리 쪽을 볼 수 없었죠. 그때 테이블 때문에 상대방과 완전히 접촉하지 못한다는 걸 알았어요. 그래서 테이블을 치우자고 했죠. 관계자들은 안전 문제에 매우 민감했지만 저는 상관없었어요. 테이블을 치우자 퍼포먼스는 완전히 다른 차원으로 넘어갔죠.

데비 그 공연을 지켜보는 것은 아주 놀라운 경험이었어요. 당신과 마주한 사람들이 울컥하는 모습이 종종 보였죠. 처음부터 눈물을 보이는 사람도 있었고요. 당신이 일종의 거울이 되었다고 생각하나요? 당신과 마주 앉았을 때 무엇이 사람들의 마음을 열었을까요?

마리나 제가 이 작업을 10년이나 15년 전에 했었다면 아무도 오지 않았을 거예요. 시대가 바뀌었기 때문이죠. 기술이 발달하고 도구에 지나치게 의존하게 되면서 사람들이 소통하는 방식에 변화가 생겼어요. 무언가의 일부가 되고 무언가를 실제로 경험할 시간을 가지고 싶다는 욕구가 지금처럼 절실했던 적이 없었던 것 같아요. 지금 우리는 어마어마한 고독과 고통에 직면해 있어요. 너무 힘들죠. 사람들을 그저 바라보기만 하는데도 엄청난 고통이 전해졌어요. 저는 저 자신을 그대로 드러낸 채 거기에 있었죠. 계속 그 자리에 앉아 조건 없이 사랑을 주었고, 관객은 원하는 만큼 얼마든지 거기 앉아 있을 수 있었어요. 그 점이 중요했어요. 그게 바로 지금 우리에게 필요한 것이었습니다. 미술관에서 여러분은 작품을 보기만 하죠. 저는 우리가 그 일부가 되어야 한다고 생각해요.

데비 서로 연결되어야 한다는 거군요.

마리나 네, 그리고 그렇게 되었어요. 기다림도 작품의 일부가 되었고요. 잠도 일부가 되었어요. 약속도 작품의 일부였죠.

데비 그 공연을 하는 동안 미국과 러시아의 과학자들이 당신의 작업에 관심을 보이기도 했는데요. 마주 보고 응시하는 행위가 유발하는 뇌파 패턴을 관찰한 결과 당신과 당신 맞은편에 앉은 관객의 뇌파가 점점 일치하면서 같은 패턴을 그리게 된다는 걸 발견했죠. 당신도 놀라셨나요?

마리나 뇌 중심부가 어떻게 다르게 작용하는지 알게 된 것은 새로운 발견이었죠. 가장 놀라운 결과는, 대화를 할 때보다 완전한 침묵 속에 놓였을 때 뇌가 무의식적으로 더 활발하게 활동하면서 상대를 더 잘 이해하려 한다는 거였어요. 말을 하다 보면 어떤 척을 하거나 어떤 인상을 주려고 할 때가 많잖아요. 눈은 진정한 의미에서 영혼의 문입니다. 그 공연에서 일어난 일은 정말 놀라웠어요. 완전히 낯선 사람, 조건 없는 사랑. 그것이 비결이었죠.

데비 이제는 당신의 삶에 죽음을 포함시키는 것이 중요해졌다고 했어요. 매일 죽음에 대해 생각하신다고요.

마리나 우리는 사람들과의 관계에서 자신의 페르소나를 만들어나가잖아요. 남들에게 보이는 이미지를 하나 만들고 그걸 유지하려고 노력하죠. 결국 그런 이미지가 굳어지게 되고요. 하지만 우리는 모순덩어리여서 다른 면들도 가지고 있죠. 모든 인간은 모순되는 면을 가지고 있지만 그걸 보여주기는 싫어해요. 저는 제가 부끄러워하는 면들을 드러내고 사람들과 공유하는 방법을 생각합니다. 그렇게 할 수만 있다면 엄청난 해방감을 느낄 수 있을 거예요.

저에게는 서로 다른 마리나가 셋 있어요. 사람들에게 보여주고 싶은 저, 영웅적인 마리나가 있죠. "나는 전사고 벽을 뚫고 지나갈 수도 있어"라고 말할 법한 마리나예요. 그리고 아주 영적인 또 다른 마리나가 있어요. 숲에 들어가 오랫동안 먹지도 말하지도 않고 지낼 것 같은 존재죠.

마지막으로 엉망진창 마리나가 있는데, 걘 아주 볼만해요. 후진 영화와 추접한 가십에 열광하죠. 영웅적인 마리나가 절대 인정하고 싶어 하지 않는 것들만 해요. 저는 이 세 마리나가 다 좋아요. 제가 엉망인 저를 보여줄 수 있으면 당신도 그럴 수 있을 테고, 그러면 진정한 대화가 가능해지겠죠.

데비 죽을 때 관을 세 개 준비하고 싶다고도 하셨죠. 하지만 당신이 어디에 들어 있는지, 영웅적인 마리나인지 영적인 마리나인지 엉망진창 마리나인지 아무도 모르게 하고 싶다고요.

마리나 네. 관은 세 개지만 그중 하나에만 제 진짜 시신이 들어갈 거예요. 중요한 것은 죽음을 기념하는 거죠. 애석한 일이지만 우리는 모두 죽어요. 그렇기 때문에 인생의 어느 시점에 떠남을 준비하는 게 중요해요. 그래야 떠남을 축하할 수 있을 테니까요. 저는 힘들지만 멋진 인생을 살았습니다. 죽음도 그랬으면 좋겠어요.

2017. 12. 11

"Innovation

and entrepreneurship happen at the edge of reason, because it is finding something that is unreasonable to most. Otherwise it would have been done."

"혁신과 기업가 정신은 이성의 끝자락에서 일어납니다. 대다수의 사람에게는 비이성적으로 여겨지는 무언가를 찾는 일이기 때문이죠. 그렇지 않았다면 누군가 이미 그 일을 했을 거예요."

스콧 벨스키
어도비 최고제품책임자, 비핸스 공동설립자, 벤처 투자자
2019. 1. 21

DΛVID

최고의 박식가

데이비드 번을 떠올리면 여지없이 토킹 헤즈1975년에 결성된 미국 록 밴드와 신나는 팝 음악 몇 곡이 떠오를 것이다. 그러나 그는 훨씬 더 다양한 일을 한다. 오랫동안 무용, 연극, 영화, 텔레비전 방송 쪽 사람들과 협업하면서 아카데미상과 다수의 그래미상을 수상했고 로큰롤 명예의 전당에 이름을 올렸다. 전자음악 디제이 팻보이 슬림과 협업해 이멜다 마르코스의 삶을 다룬 뮤지컬 〈여기 사랑이 잠들다Here Lies Love〉를 만들기도 했다. 가장 최근에 올린 공연은 브로드웨이 뮤지컬 〈아메리칸 유토피아American Utopia〉인데, 이 뮤지컬은 스파이크 리 감독의 연출로 영화로도 제작되었으며 오랜 기간 같이 작업해온 마리아 칼만의 삽화를 곁들여 동명의 책으로도 출간되었다. 스톡홀름에서 선보인 설치 작품 〈건물 연주Playing the Building〉와 뉴욕시 하이라인 공원에 전시했던 오디오 설치 작품 〈좁은 공간Tight Spot〉 또한 그의 오랜 공연 및 전시 경력에서 빼놓을 수 없는 부분이다. 『예술가가 여행하는 법』, 『음악의 방식How Music Works』 등 몇 권의 책을 출판하기도 했다.

BYRNE

데비 스코틀랜드에서 태어나 두 살 때 캐나다로 이주했다가 미국 볼티모어 외곽으로 이주해 거기서 성장하셨어요. 어렸을 때 우체부가 되고 싶어 했다고요.

데이브 네. 몇 살 때인진 잘 기억이 안 나지만, 우체부가 안정적인 직업이라는 것 정도는 알 수 있는 나이였어요. 연금, 사회보장 수당도 받을 수 있고, 이래라저래라 말 들을 거 없이 밖으로 다닐 수 있잖아요. 그냥 걸어 다니면 되고 누가 귀찮게 하지도 않죠. 혼자 생각을 하거나 노래를 할 수도 있고, 뭔가에 대해 깊은 상념에 빠질 수도 있어요. 우체부야말로 세상에서 가장 좋은 직업 같았죠.

데비 다섯 살에 하모니카를 불기 시작했고 10대에 접어들어서는 트랜지스터 라디오를 베개 밑에 두고 들었다고요. 부모님한테 들키지 않으려고 말이죠. 하지만 아버지가 당신이 음악에 관심을 보이는 것을 반기신 것도 같던데요. 고등학교 때 아버지가 소형 릴 테이프 녹음기를 고쳐주시기도 했다고요. 그때 어떤 것들을 녹음하셨죠?

데이브 기타나 마이크에서 나는 피드백스피커나 앰프 등의 출력 장치에서 출력된 사운드가 마이크나 전기 기타 같은 입력 장치로 입력될 때 소음이 발생하는 현상 소리를 최대한 많이 모으려고 했던 것 같아요. 당시 '사운드 온 사운드'라고 불리던 방식으로 녹음하는 것을 아버지가 도와주셨죠. 이 방식이 좀 까다로운데요. 요즘 사용하는 다중트랙 녹음하고는 달라요. 이미 녹음된 소리를 들으면서 같은 테이프 녹음기에 또 다른 소리를 녹음하는 방식이죠. 결국 그 전에 녹음된 건 없어지지만 그 과정에서 뭔가를 덧입히는 거예요. 하지만 덧입힌 것이 완벽하지 않으면 처음부터 다시 시작해야 하죠. 피드백 소리, 하울링 소리, 시끄럽고 귀에 거슬리는 소리 등을 하나하나 덧입혔던 것이 기억나네요. 터틀스의 〈해피 투게더〉를 드럼 대신 커피 깡통을 이용해 녹음해보려고도 했죠.

데비 기타와 우쿨렐레를 독학하고 악보 읽는 법도 혼자 터득했다면서요?

데이브   네. 악보는 잘 못 읽지만 연주는 혼자 배웠지요. 밥 딜런 노래책이 한 권
         있었는데 기타 코드가 상당히 쉬운 편이었어요. 서너 개 코드를 할 줄
         알게 되자 제법 많은 노래를 연주할 수 있게 되더라고요. 음계나 이론을
         배우는 대신 노래를 듣고 바로 따라 연주하는 재미를 느낄 수 있었죠.
         뭔가를 배울 때는 지속적으로 어떤 보상을 받을 수 있어야 하는 것 같
         아요.

데비   동네 대학 커피숍에서 처음 공연을 하기 시작했다고요. 록 음악을 포크 스타일
         로 연주하고 거친 노래를 우쿨렐레로 연주했다면서요. 그때 어떤 곡을 연주했
         나요?

데이브   〈서머타임 블루스〉와 블루 치어라는 사이키델릭 그룹의 노래를 한 곡
         했어요. 더 후The Who도 〈서머타임 블루스〉를 부른 적이 있을 거예요.
         그런 음악이 널리 퍼져 있었지만, 청중은 구분되어 있었지요. 포크 음악
         을 주로 듣는 사람은 그런 팝송을 전혀 듣지 않았어요. 좋은 노래를 만
         드는 수준 높은 팝 아티스트들도 제법 있었는데, 포크 음악만 듣는 사람
         은 자기만의 세계에 갇혀서 그런 음악을 몰랐던 거예요. 전 그걸 노리고
         그 곡을 연주했죠. 사람들이 자기만의 미적 세계에 갇혀서 다른 뭔가를
         놓쳐버릴 수도 있다는 것을 그때 깨달았어요.

데비   그렇게 예술적인 끼가 다분했는데도 교사들이 당신의 예술학교 진학을 말렸다
         는 이야기를 듣고 상당히 놀랐어요. 그분들은 왜 그러신 거죠?

데이브   돈이 안 된다고 보신 거겠죠. 그때 저는 공학과 과학에도 관심이 많았어
         요. 그것도 똑같이 창의적인 일이라고 봤거든요. 하지만 아까도 말했듯
         이 모두 자기만의 세계에 갇혀 있었고 자기가 아는 게 다라고 생각했죠.
         한 학교를 방문했을 때 이렇게 물어본 적이 있어요. "예술 전공 수업을
         들으면서 공학이나 과학 전공 수업을 들을 수도 있나요?" 돌아온 답은
         그렇게 교차해서 들을 순 없다는 거였어요. 저는 양쪽에 다 관심이 있었

기 때문에 그러면 좀 곤란하겠다 싶었죠.

데비   카네기멜론대학교와 로드아일랜드 디자인스쿨 양쪽 모두에서 입학 허가를 받으셨었죠. 로드아일랜드 디자인스쿨을 선택한 이유가 강당에 그려진 그라피티가 더 좋아서였다는 게 사실인가요?

데이브   일정 부분 사실이지만 그것 때문만은 아니었어요. 로드아일랜드 디자인스쿨은 창의적인 분위기가 넘쳐 흘렀지요. 거기 사람들은 사방에 자신을 표현하고 다니는 것 같았어요. 반면 공대는 분위기가 좀 가라앉아 있었다고 할까…. 물론 거기도 창의적이었고 아주 창의적인 사람들이 있다는 건 알고 있었어요. 하지만 어쩐지 좀 억눌려 있는 것 같은 느낌이었죠.

데비   로드아일랜드 디자인스쿨을 1년 다니다가 메릴랜드예술대학에 편입하셨어요. 거기서 아코디언 연주자 마크 키호와 '비자디Bizadi'라는 듀오를 결성하셨죠. 낡은 바이올린 활에 초를 켜놓고 〈페니스 프롬 헤븐Pennies From Heaven〉을 부르기도 했는데, 그 공연을 행위 예술적인 시도로 봐도 될까요? 아니면 자기 목소리를 찾기 위한 실험이었나요?

데이브   행위 예술적인 면이 있었던 것 같아요. 우리가 했던 건 좀 기이한 것이긴 했지만, 둘 다 공연은 일단 재미있어야 한다고 생각했어요. 우리가 다소 이상한 짓을 했을 수도 있는데, 얼마나 이상하든 늘 엔터테인먼트의 요소를 살리려고 했죠. 마크가 〈96 Tears〉을 연주할 때 제가 취했던 자세가 있는데요. 한 다리로 서서 두 팔을 쭉 뻗은 채 그대로 있는 거예요. 그러고 나서는 또 다른 포즈를 취하곤 했죠. 어려운 자세는 아니었어요. 하지만 저는 '나 좀 봐. 나 정말 대단하지 않아?' 하는 태도로 임했죠. 물론 전혀 대단하지 않았지만요. 다이빙대에서 점프하는 것 같은 그 포즈에 대해 다시 이야기하자면요, 그건 그냥 "나를 봐" 하는 게 아니었어요. 저는 자기 고백적 작업을 하는 예술가가 아니에요. 사람들이 저를 전혀 모른다고 해도 상관없어요. 자기표현으로 하는 게 아니니까요. 이때는 그냥 모험 삼아, 재미 삼아 사람들의 관심을 끌려고 하는 거예요. 할 수 있으니까요. 다이빙대에 올라 생각하는 거죠. '트리플 플립을 하는 건 얼마나 어려울까? 사람들이 하는 걸 봤는데, 한번 시도해봐야겠다.'

데비   마리나 아브라모비치라면 체력이 많이 소모되는 일이라고 할 것 같아요.

데이브   맞아요. 체력이 좀 필요했죠.

데비   퍼포먼스 중간에 수염을 깎은 것도 그 무렵이었죠? 마크의 여자 친구가 러시아어로 쓴 큐 카드를 들고 있었고요.

데이브   아마도 그때쯤이 맞을 거예요. 거울 없이 수염을 깎는 건 어려운 일이었지요.

데비   메릴랜드예술대학을 1년 다니다가 중퇴하고 로드아일랜드로 돌아가 친구들과 '아티스틱스'라는 록 밴드를 결성했어요. 초창기 공연에 대해 이런 말을 하셨죠. "나는 내가 누구인지 알아내기 위해 몸부림을 쳤다. 아미시처럼 꾸며보기도 하고 양성적인 느낌이 물씬 나는 로큰롤 가수처럼 치장하기도 했다. 대중 앞에서 그렇게 하는 게 전혀 두렵지 않았다." 사실 굉장히 수줍음을 많이 타는 성격이신데, 무대 위에서는 어떻게 그렇게 자유로울 수 있나요?

데이브   무대 위에서 그렇게 대담할 수 있었던 건 제가 잃을 게 하나도 없어서였을 겁니다. 일상생활에서는 수줍음을 많이 탔지만 무대 위에서는 자유롭게 저 자신을 표현할 수 있었죠. 그래서 이렇게 외쳤던 거예요. "나 여깄어. 나 할 말이 있어. 날 봐. 날 보라고."

데비   그렇게 대놓고 말하지 않으면서도요?

데이브　네. 제가 그러고 있다는 걸 말할 필요도 없었죠. 그땐 제가 어떤 사람인지도 잘 몰랐어요. 내가 어떤 나를 가장 편안하게 느끼는지 알아내기 위해 다양한 시도를 해본 시기였죠.

데비　『음악의 방식』에 그 시기에 대해 이렇게 쓰셨어요. "절망한 데이브는 전업 뮤지션이 될 야망이 없었다. 그건 완전히 비현실적인 일처럼 느껴졌다." 언제 그런 마음이 바뀌신 거죠?

데이브　클럽 CBGB펑크록과 뉴웨이브로 유명한 뉴욕 맨해튼의 클럽. Country, BlueGrass, Blues의 약자에서 스무 명 남짓한 사람들 앞에서 공연한 것이 계기가 되었던 것 같아요. 레이먼즈와 토킹 헤즈가 함께한 오프닝 공연이었죠. 관중들이 우릴 주목하고 환호를 보내더라고요. 그때 이런 생각이 들었어요. '이 20명이 우리 공연을 좋게 보고 친구들에게 우리 이야기를 한다면 다음 공연에는 40명이 올지도 모르겠는데. 뭔가 잘될 수도 있겠어.'

데비　대부분의 곡을 처음엔 혼자 쓰지만 공연을 거치고 나서야 곡이 최종적으로 완성되는 것 같다고 하셨어요.

데이브　사실이에요. 제가 처음 음악을 만들고 공연을 하기 시작했을 때는 노래가 공연을 통해 완성되는 경우가 많았어요. 물론 대략적인 뼈대는 구성해놓아야 해요. 하지만 다듬고 구체화하는 건 모두 관중 앞에서 이루어지죠. 녹음은 바로 그런 것들을 담아두려는 시도이고요. 그런데 이제는 반대가 되었죠. 스튜디오나 컴퓨터에서 먼저 작업하고 그다음에 고민하는 거예요. '관객 앞에서 어떤 공연을 해야 할까? 이걸 그냥 그대로 재연할까, 아니면 관중들한테 먹힐 다른 무언가로 해석해서 보여줘야 할까?' 답은 저도 모르겠어요. 딜레마인 것 같아요.

데비　요즘엔 가수들이 완성된 모습으로 나타나는 경우가 많은 것 같아요. 예술가가 자신의 목소리를 찾아가는 과정을 보기가 좀처럼 힘들죠.

데이브   맞아요. 모든 것을 녹음해서 대중에게 공개하는 추세죠. 어떤 작은 공동체에서 변화하고 성장하는 경우는 드물어요. 다 완성되면 그때 더 많은 대중을 상대로 발표하는 식이죠. 앞서 말한 경우가 없는 건 아니지만, 그렇게 하기가 예전에 비해 너무 어려워졌어요.

데비   평생 그리고, 쓰고, 뭔가를 디자인하고 만들어 온 사람으로서 말하자면, 음악을 만드는 일은 정말 신비롭게 느껴져요. 멜로디와 분위기, 단어를 사용해 무에서 무언가를 만들어내잖아요. 정말 굉장한 재능이에요.

데이브   네. 음악은 뇌의 다른 부분을 사용하고 아주 다양한 감각을 동시에 동원한다는 글을 읽은 적이 있어요. 다른 예술이나 인문학 분야에 비해 모호한 구석이 더 많은 것 같기도 하고요. 어떤 걸 소설로 쓴다면 묘사를 해야 하지만, 음악은 곧바로 감정으로 들어가죠. 어떤 느낌인지 설명할 필요 없이 바로 전달할 수 있어요.

데비   감정을 전달하는 방식과 가사가 실제로 말하는 내용 사이에 긴장이 조성되기도 하죠.

데이브   맞아요. 바로 그거예요. 그런 걸 실현할 수 있는 다른 형식이 있을 수도 있지만, 그 방면으로는 음악이 탁월하죠. 사운드는 아주 공격적인데 가사로는 외로움이나 비참함을 표현할 수도 있잖아요. 그런 식으로 서로 충돌하게 할 수 있죠.

데비   데이비드, 지금까지의 활동 경력을 보면 계속해서 협업을 해오셨지요. 〈피치포크Pitchfork〉미국의 음악 비평 웹사이트는 당신을 일컬어 과자 한 봉지면 누구와도 같이할 사람이라고 표현한 적도 있는데요. 당신은 비록 그 말이 칭찬으로 한 말이 아닐지라도 일정 부분 사실이라고 했고요. 시간이 지나면서 독단적이지 않은 방식으로 다른 사람들과 함께 일하는 법을 알게 됐다고 했는데, 어떤 면에서 그런가요?

데이브 젊었을 때는 '내 방식을 따르든지 아니면 떠나든지'라는 식이었어요. 사운드는 어때야 하고 비주얼은 어때야 하는지에 대해 매우 구체적인 비전과 기대를 가지고 있었죠. 사람들이 제가 원하는 방식에서 조금만 벗어나도 화를 내고 시끄럽게 굴었어요. 시간이 흐르면서 그런 방식이 아니어도 원하는 결과를 얻을 수 있다는 걸 알게 됐어요. 소리를 지를 필요가 없더라고요. 좀 더 우회적이고 기분 좋은 방식이 가능하다는 것을 서서히 깨닫게 되었죠.

데비 자신을 있는 그대로 드러내는 게 좀 더 편해진 건 아닐까요?

데이브 어느 정도 성공을 이루고 나서 깨닫게 된 것 같아요. 지금 이 일이 잘 안된다고 해서 세상이 끝나는 건 아니라는 걸요. 그래도 전 계속할 수 있으니까요.

데비 관중은 공연자가 자기들 앞에서 줄타기 곡예를 하는 것을 좋아한다고 하신 적이 있죠. 스포츠 팬들이 자기들의 응원이 팀을 승리로 이끌었다고 생각하는 것처럼요. 그렇게 여러 장르를 종횡무진한 것도 어쩌면 곡예의 일종이었을까요? 어디로 떨어질지 모르는 곳에서 편안함을 느끼는 편인가요?

데이브 네, 그런 편인 것 같아요. 2018년의 대부분을 순회공연을 하면서 보냈는데요. 그 공연을 브로드웨이에 올리고 싶다는 생각을 하고 있었어요. 그러려면 거기에 맞춰 공연을 수정해야 했죠. 브로드웨이 관객들은 다른 기대를 가지고 있을 테니 거기에 맞춰야 했어요. 그건 우리에게 도전이었죠. 브로드웨이 관객들은 "도대체 무슨 이야기야?"라고 생각할 수도 있거든요. 하지만 저는 그것이 도전해볼 만한 흥미로운 일이라고 생각했어요. 그다음 해에도 똑같은 내용으로 순회공연을 계속하는 것보다는요. 최근에 그 브로드웨이 공연에 참여했던 프로듀서들하고 이야기를 나눴는데, 그 공연이 잘될지 어떨지 몰랐다고 실토하더군요. 성공한다는 보장이 없었거든요.

데비   당신의 공식 웹사이트에 〈아메리칸 유토피아American Utopia〉의 수록곡에 대해 이렇게 쓰셨어요. "'아메리칸 유토피아'라는 타이틀은 반어적인 표현이 아니다. 이 노래들은 상상의 공간, 불가능할 것 같은 장소를 그린 것이 아니라 오히려 지금 우리가 살아가는 세상을 설명하려고 한다. 우리가 보고 있는 세상, 우리가 살고 있는 세상, 우리에게 즉각적으로 영향을 주고 '또 다른 길, 더 나은 길, 다른 방식은 없는지'를 자문하게 하는 이 세상 말이다." 이 글을 읽고 또 그동안의 활동을 살펴보면서 든 생각인데요, 어떤 면에서 〈아메리칸 유토피아〉는 영화 〈트루 스토리〉의 후속편 같기도 해요.

데이브   와! 그런 생각은 안 해봤어요. 방금 그 글을 저한테 다시 읽어주셨을 때 이런 생각이 들었어요. "아, 작년에 팬데믹이나 '흑인의 생명도 중요하다Black Lives Matter' 운동을 겪으면서 우리가 자기 자신에게 던졌던 질문도 바로 이런 거였지"라고요. 지금 우리는 멈춰 있는데요. 다시 예전으로 돌아간다면 좀 더 나은 길을 갈 수 있을까요? 문제를 다시 생각해볼 수 있을까요? 꼭 예전의 방식으로 돌아갈 필요는 없잖아요.

데비   〈아메리칸 유토피아〉의 영화판을 감독한 스파이크 리가 당신의 열렬한 팬이죠. 그가 영화화 작업을 시작했을 때 그에게 내용을 축약하거나 더하거나 순서를 바꾸고 싶은 것은 없는지 물어보았다면서요. 그랬더니 그가 "아니요. 지금 이대로가 좋아요. 괜히 건드려서 망가뜨리고 싶지 않아요"라고 대답했다고요. 실제로 영화는 라이브 공연의 에너지를 그대로 가져왔지요. 동시에 실황 관객은 결코 볼 수 없는 카메라 샷과 앵글을 보여주기도 하고요. 영화의 만듦새에 만족하시나요?

데이브   네, 결과물에 아주 만족해요. 저는 스파이크의 팬이고 또 그의 촬영 감독 엘런 쿠라스의 팬이기도 해요. 그 둘이 어떻게 영화를 찍고, 어떻게 그 에너지를 담아낼 것인지 계획을 세웠죠. 그냥 아무렇게나 찍은 게 아니에요. 카메라 여러 대를 여기저기 설치해놓고 그저 잘되기만을 바라지는 않았다는 겁니다. 계획이 있었죠. 덕분에 밴드도 저도 마음을 놓을 수 있었어요.

데비 최근에 인생에서 가장 잘한 일이 무엇이냐는 질문에 답하신 적이 있잖아요. 당신은 진부하게 들릴 수도 있는 대답이라고 했지만, 저는 정말 감동받았는데요. 가장 잘한 일이 바로 딸을 키운 거라고 답하셨죠. 당신 밑에서 자라서 딸이 엉망이 될 수도 있었는데 그렇지 않더라고요. 아주 행복하게 살고 있다고요. 왜 따님이 엉망이 될 수도 있었다고 생각하신 거죠?

데이브 제가 최악의 부모는 아니었지만, '아, 이 부모 노릇. 난 정말 모르겠다'라고 생각한 적이 있었어요. 또 '난 자유로운 보헤미안 예술가가 되고 싶은데 부모 노릇은 나랑 정말 안 맞는다'라고도 생각했고요. 하지만 사실 부모가 되는 것은 즐거운 일이었어요. 아이들은 우리가 생각하는 것 이상의 회복력을 갖고 있어요.

데비 따님이 디자이너죠. 창의성도 유전되나 봐요.

데이브 어쩌면요.

2021. 3. 8

" We

underplay creativity.
We snuff out the flame of curiosity
and we try and cram syllabuses into people,
and the spark goes out,
and it's a crying shame."

"우리는 창의성을 과소평가해요.
호기심에 찬물을 끼얹고 강의계획서부터 들이밀죠.
그러면 불꽃은 꺼져버려요. 정말 안타까운 일이죠."

크리스 앤더슨
저널리스트, 출판업자, TED 대표
2017. 6. 26

THELMA

**어떤 아이들은 예술가가 되기를 꿈꾼다.
셀마 골든은 큐레이터가 되기를 꿈꿨고,
그녀의 꿈은 실현되었다.**

셀마 골든은 1993년 휘트니 비엔날레의 공동 큐레이터로 일하면서 비백인, 비남성 예술가들을 대거 참여시켰다. 뒤이어 1994년에는 휘트니 미술관에서 〈흑인 남성: 미국 현대미술에 나타난 남성성의 재현Black Male: Representations of Masculinity in Contemporary American Art〉이라는 전시를 기획했다. 이 전시는 논쟁을 불러일으켰고, 그녀는 인종 문제에 현상 유지적인 태도를 보여온 미술계를 발칵 뒤집어놓은 대담한 큐레이터로 이름을 알렸다. 그녀는 현재 할렘의 스튜디오 미술관에서 관장 겸 수석 큐레이터로 일하며 자극과 영감을 주는 전시를 꾸준히 선보이고 있다.

GOLDEN

데비	셀마, 6학년 때 미술사 수업을 들으면서 훗날 미술계에서 일하고 싶다는 생각을 처음 하게 되었다고 했죠?

셀마	네, 그 미술사 수업을 통해 미술을 공부할 수도 있다는 걸 알게 되었어요. 그전까지는 미술 수업을 들으면서 예술이라는 것이 자기표현에 대한 것이라고만 생각했거든요. 그런데 미술사를 공부하면서 미술사 연구가 역사와 문화를 연구하는 한 방법이라는 걸 깨닫고 매력을 느끼게 되었죠. 게다가 아주 멋진 선생님을 만났어요. 루실 벅이라는 선생님이 미술사를 정식으로 가르치셨는데 미술관 견학도 많이 시켜주셨어요. 그때 미술관을 다니면서 우리가 보는 것이 누군가의 손을 거친 것이라는 걸 이해하기 시작했죠. 그때는 '큐레이터'라는 말도 몰랐고 어떻게 해야 그런 직업을 가질 수 있는지도 몰랐지만, 이 전시를 가능하게 한 누군가가 있다는 것은 확실히 느꼈어요.

데비	미술관 지킴이들에게도 매력을 느꼈다고요. 이렇게 말했었죠. "젊은 흑인 여성인 나를 정말 반갑게 맞아주었던 미술관 지킴이들에게 큰 힘을 얻었다. 그들 대부분은 이제 세상을 떠났지만 내가 미술관에서 일하기 시작할 때까지 미술관을 지키며 내가 큐레이터가 되는 과정을 지켜보았다. 관람객들 눈에는 내가 안 보였지만 지킴이들은 늘 지척에서 나를 맞아주었다." 제이컵 로런스의 〈흑인들의 이주 연작The Migration Series〉을 발견한 것도 한 지킴이 덕분이었다고요?

셀마	네, 뉴욕 현대미술관의 지킴이분이셨어요. 당시에 이미 20년을 거기서 일했고 40년을 채우고 은퇴하셨지요. 미술관에서 그분을 자주 마주쳤는데요. 그분은 아프리카계 미국인 예술가들의 작품을 안내하는 일을 자처하면서 제이컵 로런스가 얼마나 천재인지, 또 그 연작은 얼마나 대단한 작품인지를 제게 알려주었어요. 미술사라는 것이 이런 다양한 예술가들의 목소리를 통해 쓰인다는 것을 그때 이해하게 됐죠.

데비 고등학생 때 메트로폴리탄 미술관에서 인턴으로 일했다고요. 어떻게 고등학생이 메트로폴리탄 미술관 인턴이 될 수 있었죠?

셀마 제가 지금 일하는 있는 스튜디오 미술관이나 다른 많은 문화 기관들처럼 메트로폴리탄 미술관도 고등학생을 위한 훌륭한 프로그램을 운영하고 있는데요. 저는 예술 교육과 지도를 겸한 과정을 1년 동안 이수하면서 리코 번햄, 랜디 윌리암스 같은 출중한 예술가들의 수업을 들을 수 있었어요. 또 수습생 과정이라 불리는 고등학생 인턴십 과정에 들어가면 가을 학기와 봄학기 동안 방과 후 주 3일을 미술관에서 일하면서 실무를 익힐 수 있었죠. 저는 고등학교 2, 3학년 때 메트로폴리탄 미술관의 수습생이었답니다.

데비 인턴십을 하면서 당신의 목표를 발견하고 큐레이팅을 평생 직업으로 삼아야겠다고 생각하신 거죠. 이렇게 말했잖아요. "미술관 벽에 걸린 이 모든 작품이 알고 보면 특정 유형, 특정 시기의 미술에 정통한 사람들의 손을 거친 것이라는 걸 알아차리기 시작했다. 그런 직업이 있다는 것이, 그 일을 내가 할 수도 있다는 생각이 매혹적으로 다가왔다." 어린 나이에 생각이 참 깊었던 것 같은데요. 그 이후에 다른 일을 하고 싶다는 생각은 안 해봤나요? 본인이 직접 예술을 해야겠다는 생각은 한 적 없어요?

셀마 그게 딱히 깊이 있는 생각이었는지는 잘 모르겠어요. 그냥 말하면 이루어질 거라고 생각했던 것 같아요. 수습생 과정을 하면서 큐레이터가 일하는 모습을 볼 수 있었는데요. 실제로 하는 일이나 조사 업무, 지적인 작업, 전시에 들어가는 노동 같은 것들이요. 관람객을 위해 작품과 그 주변에 의미를 부여하는 작업이라 할 수 있었죠. 그 일이 너무 존경스러웠어요. 그 당시에 저는 그런 일을 할 수 있는 기량이 없었지만, 그것이 제 꿈인 만큼 자기 자신에게 약속했죠. 대학에 가고 그다음에는 제가 하고 싶은 바로 그 일을 하기로요.

데비　당신은 지금 스튜디오 미술관의 관장 겸 수석 큐레이터로 잘 알려져 있는데요. 당신이 거기서 인턴으로 시작했다는 건 사람들이 잘 모를 것 같아요. 스튜디오 미술관에서는 어떻게 일하게 되었나요?

셀마　스튜디오 미술관은 여러모로 제가 잘 알고 있던 곳이었어요. 아버지가 할렘에서 나고 자라셨거든요. 스튜디오 미술관이 1968년에 설립되었으니까 제가 어릴 때, 1970년대에 이미 존재했고 열려 있었어요. 저는 부모님과 함께 방문하곤 했죠. 부모님은 뉴욕의 아프리카계 미국인들을 위한 문화 기관에 관심이 아주 많으셨어요. 그래서 스튜디오 미술관도 숌버그 흑인 문화 연구센터나 국립흑인극장, 니그로 앙상블 극단, 할렘 무용단, 앨빈 에일리 무용단과 같은 맥락에서 이해하고 있었죠.

데비　스튜디오 미술관에서 인턴십을 마치고 1년간 보조 큐레이터로 일하다가 휘트니 미술관으로 이직하셨죠. 휘트니 미술관 최초의 흑인 큐레이터였는데, 그 역할의 무게를 어떻게 받아들이셨나요?

셀마　스튜디오 미술관에서는 1년간 펠로우로 일했어요. 지금도 대학을 갓 졸업한 인재들에게 열려 있는 자리지요. 그 후 1988년에 휘트니 미술관에서, 지금은 구겐하임 미술관 관장으로 있는 리처드 암스트롱의 보조 큐레이터로 일하게 되었고요. 리처드를 도와 훌륭한 전시를 다양하게 기획하면서 큐레이터가 된다는 것, 그렇게 훌륭한 큐레이터와 함께한다는 것이 무엇을 의미하는지 알게 됐죠. 그러다가 1990년에 휘트니 미술관을 떠나 퀸스 남동부에서 혁신적인 현대미술 프로그램을 운영하고 있던 미술사학자 켈리 존스 밑에서 일했어요. 퀸스 남동부는 제가 자란 동네이기도 했죠. 켈리와 1년 반 정도 같이 일하면서 현대 큐레이팅의 가능성에 눈뜨게 된 것 같아요. 그때 휘트니 미술관 필립모리스 분관의 관장 자리가 나왔어요. 제가 휘트니 미술관 최초의 아프리카계 미국인 큐레이터로 일하게 된 것은 그때였죠.

데비   휘트니 미술관에서 일할 때 조수로 오해를 받고는 했다고요.

셀마   자주 그랬죠.

데비   그런 이야기를 들으면 다들 화를 낼 텐데, 당신은 오히려 해방되는 느낌이었다고 했어요. 왜죠?

셀마   그런 일은 이제는 있을 수 없을 것 같아요. 지금도 비슷한 일이 있기는 하겠지만요. 인터넷이 없었던 그때와는 달리 요즘엔 참고할 수 있는 시각 정보가 넘쳐나잖아요. 예전에는 사람들이 저랑 전화로만 이야기하다가 직접 만나면 당혹스러워했어요. 약속 장소에 나타난 제가 자기가 통화한 휘트니 미술관 큐레이터라고는 생각을 못 했던 거죠. 제가 해방된 느낌이었다고 말한 건 그렇게 과소평가되면서 오히려 제 가능성을 실감할 수 있었기 때문이에요. 그래서 그런 반응을 한 번도 모욕으로 받아들이지 않았어요. 그들이 틀렸다는 걸 제가 늘 증명해주는 셈이었죠.

데비   전시에 대한 아이디어는 어디서 나오고 그 아이디어를 어떻게 발전시키나요? 무엇이 전시할 만한 것인지는 어떻게 판단하죠?

셀마   그건 전시마다 달라요. 예를 들어 〈흑인 남성Black Male〉 전시는 세상에서 일어나고 있는 일들에 대한 반응이었어요. 그 전시가 있기 1년 전인 1993년에 휘트니 비엔날레에서 공동 큐레이터 중 한 명인 존 핸하트가 로드니 킹 폭행 영상을 전시에 포함시켰죠. 용감하고 대담한 선택이었고 중요한 전시였어요. 논란이 있었지만요. 그 영상과 이미지, 그리고 그것이 예술가들 사이에서 전방위적인 대화를 불러일으키는 것을 보고 저도 많은 생각을 하게 됐어요. 그러면서 1960년대 후반부터 현재에 이르기까지 예술가들이 흑인 남성의 이미지를 어떻게 이해했는지를 들여다보기 시작했죠. 〈흑인 남성〉 전시는 그때 생각했던 것에 영감을 받아 기획한 것이었어요. 인종 문제를 다루는 전시, 인종에 관한 개념 예술 작업을 하는 당대 예술가들을 이해하고 자리매김하는 전시를 해보고 싶기도 했고요. 그런 복합적인 층위들이 있었죠.

데비 예술가들을 적극적으로 지원하고 육성하신다고 알려져 있어요. 작가 또는 작품 선정은 어떻게 하나요? 어떤 지점에서 잠재력을 발견하죠? 함께 작업할 작가들은 어떻게 선정해요?

셀마 작가와의 관계는 그들의 작품에서 출발해요. 보통 작품에서 뭔가를 발견하고 그 작품에 대해 작가와 이야기하고 싶어졌을 때 시작하죠. 저에게 질문을 던지거나, 제가 알고 있다고 생각하는 것에 대해 확신을 주거나, 제가 안다고 생각하는 것과 어긋나서 저를 불편하게 하는 작품을 만났을 때 그 작가와 그 작가의 다른 작품들이 궁금해지는 것 같아요. 그렇게 대화가 진행되죠. 그동안 여러 해에 걸쳐 많은 작가들과 작업하는 특권을 누렸는데, 그들과 지속적으로 대화를 이어나가고 있어요. 대화를 이어가다 보면 작가들과 협력 관계를 맺을 수 있고 그 결과로 전시 기획이 이루어지는 것이죠.

데비 저널 《브루클린 레일Brooklyn Rail》과의 인터뷰에서 "큐레이팅은 무기를 동반한 지적인 작업이다"라고 말했어요. 무슨 뜻인지 좀 더 자세히 설명해주시겠어요?

셀마 예술과 예술 작품, 예술가에 대해 생각하고, 그것에 관해 글을 쓰고, 그 글을 공공장소에 배치하고, 그 아이디어를 가져와 공공장소에서 하나의 서사가 있는 전시를 하고, 관객과 소통하는 것은 굉장히 강력한 무언가를 허용하는 일입니다. 지적이면서도 감정적인 어떤 공간을 창조하는 일이죠. 또한 우리가 우리 자신과 관계를 맺고 또 서로 관계를 맺는 영적인 공간을 창조하는 일이라고도 감히 말하고 싶어요.

2018. 11. 12

"I'm

not a doodler. I don't like to idly make something that has absolutely no meaning whatsoever. I don't like doing things that are predictable. I'm interested in things that have surprise juxtaposition that require figuring something out, that not only engage my own brain in the making of the thing but engage the brain of the viewer. I want them to do a double take to see something that intrigues them and make them stop and look at it further."

"저는 그냥 아무거나 끄적거리고 있는 것이 아니에요. 아무런 의미도 없는 것을 만들고 싶지는 않아요. 뻔한 것을 만들 생각도 없고요. 의외성이 있어서 곰곰이 생각해야만 이해할 수 있는 뭔가를 만들고 싶어요. 만드는 나도 머리를 써야 하지만 보는 사람도 머리를 써야 하는 그런 것 말이에요. 사람들이 제가 만든 것을 보고 흥미를 느꼈다가 잠시 멈칫하고 다시 더 자세히 들여다보면 좋겠어요."

메리언 밴치스
그래픽 아티스트
2013. 1. 11

TEA

**티 유글로우는
화려한 공식 직함을 가진 디자이너다.**

그녀는 호주 시드니 구글 크리에이티브 랩의 크리에이티브 디렉터다. 하지만 끊임없이 변화하는 디자인과 테크놀로지의 세계에서 이러한 직함은 그녀가 실제로 어떤 일을 하고 어떤 사람인지를 제대로 설명해주지 못한다. 티 유글로우는 화가, 작가, 공연 예술가들이 그들의 작업에 디지털 도구를 활용할 수 있도록 돕는 프로젝트를 진행하고 있다. 또 책을 쓰고, 웹사이트와 앱을 디자인을 하고, 영화, 연극, 콘서트, 전시회 등에서 컬래버레이션 작업을 하기도 한다. 지금 나열한 이력은 실제로 그녀가 이룬 업적에 비하면 수박 겉핥기에 지나지 않는다. 이 인터뷰에서 우리는 여성이 된다는 것의 의미, 사람들의 귀 모양이 이상한 이유, 그리고 성적 다양성에 대해 이야기를 나누었다.

UGLOW

데비   페미니스트 전통 아래 성장했다고 말씀하신 적이 있는데요. 어떤 면에서 그랬죠?

티   젠더의 영향을 받기는 했지요. 하지만 남자아이들의 문화에 더 많은 영향을 받았을 거예요. 그런 환경에 맞춰가다 보면 저절로 그 문화를 배우게 되죠. 아무도 "이게 남자아이가 되는 방법이야"라고 가르쳐줄 필요가 없어. 그런 말을 계속 듣다 보면 결국 내가 그런 사람이고 그런 사람이어야 한다는 걸 알게 되거든요. 그때 제게는 아무도 없었어요. 1980년대 켄트는 특히 그런 곳이었죠. 학교에서 동성애에 대해 가르치는 것이 불법이던 시대였어요. 젠더나 젠더 역할에 대해 가르쳐주는 사람도 당연히 없었고요. 젠더와 성 정체성 면에서는 영국의 암흑기였다고 할 수 있죠. 젠더니 섹슈얼리티라니 하는 표현을 받아들여야 한다는 생각 자체가 없었을 거예요. 저는 그런 환경에서 자랐어요. 다른 것이 있다고 아무도 가르쳐주지 않고 실제로 다른 것이 보이지도 않는다면 남들이 기대하는 대로 성장할 수밖에 없어요. 그게 정상으로 보일 테니까요.

데비   럭비를 했었다고 들었는데요. 럭비를 좋아했나요? 아니면 어쩔 수 없이 한 건가요?

티   럭비 게임 하는 걸 좋아했어요. 어깨를 쿵쿵 부딪치고 거친 태클을 걸고 하는 게 저한테는 정말 재밌어요. 확실히 꽤 재미있는 지점들이 있었죠. 사실 저는 내향적인 사람이고 스포츠를 즐기는 스타일도 아닌데 어떻게 그런 걸 다 했는지 모르겠어요.

데비   열다섯 살 무렵에 자신이 한 개인이라는 것을 의식하게 되었다고 했어요. 무슨 뜻이죠? 그 나이 때 무얼 알게 된 건가요?

티   제가 생각하는 정상 개념과 다른 사람들의 정상 개념이 다르긴 했지만, 스스로 정체성을 구축할 수 있다는 걸 확실히 알게 되었어요. 다른 사람들로부터 어떤 것들을 차용할 수 있는 거죠. 컴퓨터 게임을 할 때 그 안에서 돌아다니면서 갑옷, 마법의 묘약 같은 걸 모으고 외모를 바꿀 수도 있는 것처럼요. 저에게는 정체성도 그런 것과 비슷하게 느껴졌어요.

데비   당신이 여성이라는 것을 언제 느꼈나요?

티   저는 세 살 때부터 어느 날이 되면 성별이 짠 하고 바뀔 거라고 믿어왔는데요. 그 믿음은 그리 오래가지는 못했어요. 그런 날이 당연히 오지 않을 것임을 어떻게 깨달았냐면, 그러면 여자아이들에게 너무 불공평할 것 같다는 생각이 들었기 때문이에요. 성적인 생각, 성적인 욕구가 생기기 시작하면서는 그런 것들에 대해 말하는 게 아주 어색해졌는데요. '왜 내 판타지는 전부 내가 여자가 되어 남자를 좋아하는 것이지? 이상한데' 싶다가도 이내 '다들 그럴 거야' 하고 넘어가곤 했어요. 그리고 마침내 남들은 그렇지 않다는 걸 깨닫게 되죠. 다행인 점은 그때까지 다른 사람에게 그런 이야기를 일절 하지 않았다는 거였어요. 제가 40년이 지나서야 알게 된 것은, 그런 생각들 때문에 혼자 끙끙 앓을 필요는 없다는 거예요. 열 살짜리 아이들에게 그 점을 알려줄 필요가 있어요.

데비   저는 거의 50이 될 때까지 늘 너무 많은 비밀을 안고 살아왔는데요. 성폭력에 대한 것이든 성적 지향에 대한 것이든 다른 많은 것에 대한 것이든요. 마침내 50에 커밍아웃을 했을 때는 이런 선언을 해야 한다는 것 자체가 억울하게 느껴지더군요. 내가 이성애자였을 때 누구랑 잤는지, 내가 이성애자가 아니라면 누구랑 잘 건지가 왜 남들이 알아야 하는 일이죠? 그런 걸 밝혀야 한다는 것이 불공평하고 억울한 일처럼 느껴졌어요.

티   트랜스 커뮤니티는 그런 경향이 더 심해요. 어떤 성기를 가졌는지, 성전환 수술을 했는지 안 했는지 등을 밝혀야 한다는 이상한 문화가 있어요. 사실 다른 수술에 대해서는 사람들이 알 권리가 있다고 생각하지 않잖아요.

데비 제 말이요. "안녕하세요, 데비 밀먼입니다. 저는 네 살 때 탈장 수술을 했어요"라고 말하고 다닐 일이 뭐가 있나요.

티 더 중요한 건, 사람들이 당신에게 "그러니까 당신은 탈장 수술을 했군요"라고 물을 일도 없다는 거예요. 그런데 요즘엔 트랜스젠더가 텔레비전에 나오면 그런 질문을 정말 쉽게 해요. 마치 그들이 그런 고백을 해야 할 의무라도 있는 것처럼요. 양 성의 생식기를 모두 가진 인터섹스인 경우에도, 장애가 있는 사람들에게도 마찬가지고요. 모든 종류의 소수자들을 그렇게 대하죠. 정신 질환자에게도 그렇고요. 폭로가 난무한 세상이죠. 저 역시 저에 대해 많은 것을 공개적으로 말하지만 그건 한 가지 이유 때문이에요. 아이들에게 알려주고 싶어서죠. 저는 트랜스젠더이자 퀴어이고 해리 장애를 비롯한 몇 가지 정신 질환을 앓고 있어서 정신병원에 입원한 적도(그것도 여러 번) 있는 사람이지만, 이런 것이 제가 하는 일이나 제 이력, 제가 하고자 하는 말에 영향을 미치지는 못해요. 그걸 아이들에게 알려주고 싶어서 저는 앞으로도 이런 이야기를 계속하려고 합니다. 하지만 솔직히 말하면, 일이나 아이디어, 저와 같이 일하는 사람들, 공간 정보, 방향, 소리, 또 사람들의 귀 모양은 왜 그렇게 이상하게 생겼는지 같은 것들에 대해 훨씬 더 많은 이야기를 하고 싶어요.

데비 저는 제 성 정체성에 대해 확신하지 못했기 때문에 50이 되어서야 커밍아웃했어요. 두렵기도 했죠. 어떻게 평가될지 두려웠고, 사람들이 저한테 무슨 문제가 있다고 생각할까 봐 두려웠어요. 저도 저 자신한테 무슨 문제가 있다고 생각했거든요. 커밍아웃하기 전에 관련된 책을 아주 많이 읽기도 했어요. 커밍아웃 이야기나 성전환 이야기에 늘 푹 빠져 있었거든요. 꽤 오랫동안 성전환 관련 수기를 찾아보며 수십 년 전에 나온 독보적인 책 『레즈비언 트렌스젠더의 초상 Portrait of a Lesbian Transsexual』을 독파하기도 했죠. 그걸 보고 당시 제 파트너가 저한테 트랜스젠더냐고 물은 적도 있어요. 저는 "아니, 아니야. 그냥 있는 그대로의 나를 긍정하는 사람들이 먼저 보여서 그래"라고 답했죠. 저는 최근에 와서야 그게 어떤 것인지 알게 되었어요. 있는 그대로의 나를 자랑스러워하는 마음, 나 자신이 되기 위해 필요한 용기 같은 것을요.

티   정말 용기가 필요한 일이죠. 당신이 젊은 시절의 낙인을 여전히 극복하고 있다는 걸 요즘 세대는 잘 이해하지 못할 거예요. 솔직히 데비, 우리는 지금 우리를 인정하는 세계에서 아주 멋지게 살고 있어요. 특별히 두려워할 필요가 없어요. 하지만 세상의 많은 곳, 미국의 여러 지역은 여전히 두려워할 만한 환경이죠. 저 같은 사람은 여행도 갈 수 없는 곳이 세상엔 많아요.

데비   당신을 '다르다'고 규정하는 상황에 직면하면 어떻게 하시나요?

티   다르다는 것은 창의성과 문화 측면에서 아주 중요해요. 사람은 다 다르다는 걸 이해하는 것이 정말 중요하죠. 그러기 위해서는 수용이 필요한데요. 세상에는 다양한 사람이 이미 존재한다는 사실을 수용해야 해요. 신경 다양성이든, 뇌 작동 방식의 차이든, 젠더 다양성이든, 젠더 유동성이든 말이죠. 각자가 세상에 보여주는 방식, 하고자 하는 역할이 다르죠. 성적 다양성일 수도 있고 종교, 경제, 교육의 다양성일 수도 있어요. 우리는 이미 어마어마하게 다양한 환경에서 살고 있죠. 다양성을 허용하고 수용하는 것의 이점을 알고 있고요. 그게 우리가 하고자 하는 일이죠. '수용'이라는 단어를 사용하지는 않지만요.

2019. 6. 17

R A

아이라 글래스는 1978년 워싱턴 D.C.에 있는 NPR(미국 공영 라디오) 본부에서 인턴으로 라디오 일을 시작했다.

그 후 17년 동안 그는 NPR의 거의 모든 뉴스 프로그램에서 일했고, 테이프를 자르는 일부터 데스크 보조, 뉴스 작가, 편집자, 프로듀서, 기자, 대체 진행자에 이르기까지 제작 분야의 모든 직군을 두루 거쳤다. 현재 그는 라디오 방송 겸 팟캐스트 〈디스 아메리칸 라이프This American Life〉의 진행과 제작을 맡고 있다. 또 현대 내러티브 팟캐스트의 대중화에 널리 기여한 〈시리얼Serial〉의 공동 크리에이터로 이름을 올리기도 했다. 라디오와 텔레비전 분야에서 활발히 활동하면서 에드워드 R. 머로우상 공영 라디오 부문 공로상, 조지 포크상 올해의 라디오 보도상 등 많은 상을 수상했다. 이 인터뷰는 뉴욕 브루클린에서 열린 오디오 문화 축제 '온에어 페스트'에서 공개 방송으로 진행되었다.

G L A S S

데비　유명 인사들과 인터뷰하는 것을 좋아하지 않는다고 말씀하신 적이 있죠. 유명 인들은 대부분 가면을 쓰고 인터뷰에 임하기 때문에 속내를 파악하기 어렵기 때문이라고 했어요. 그 가면을 내려놓게 하는 확실한 방법 같은 게 있나요?

아이라　《로스앤젤레스 타임스》에서 일했던 어느 기자와 그런 이야기를 나누 곤 했는데요. 그녀는 니콜 키드먼 같은 사람들을 인터뷰하곤 했어요. 그 래서 제가 그럴 땐 어떻게 하느냐고 물어봤죠. 그랬더니 인터뷰이와 공 감대를 형성하기 위해 자기 이야기를 많이 털어놓는다고 하더라고요. 그녀는 원래 공감 능력이 남다른 사람이기도 했어요. 그렇게 인터뷰이 를 대화에 빠져들게 하는 거죠. 누구든 그런 입장이 되면 대화에 푹 빠 질 수밖에 없을 거예요. 전에도 이런 말을 수도 없이 한 것 같은데, 인터 뷰는 내가 주최하는 파티 같은 거예요. 내가 입체적인 사람으로 상대 를 대한다면 상대도 입체적인 사람이 될 수 있죠. 마크 마론의 팟캐스트 〈WTF〉에 출연했을 때 저도 그 비슷한 경험을 했는데요. 마크는 정말 감 정에 솔직하고 숨김이 없어서 인터뷰를 받는 입장에서 그 상황을 헤쳐 나갈 방법을 찾아야 할 정도였죠.

데비　어머니가 임상 심리학자셨죠. 아버지는 라디오 아나운서를 하다가 나중에 공 인회계사가 되셨고요. 아버지가 하신 라디오 방송을 들어본 적이 있나요?

아이라　아버지는 어머니가 저를 임신했을 때 라디오를 그만두셨어요. 사실 저 는 제가 라디오 일을 하게 될 때까지 아버지가 방송 일을 했었는지도 잘 몰랐어요. 아마도 언급된 적이 있긴 하겠지만 그냥 스쳐 지나간 일 정도 로만 알았던 것 같아요. 나중에 아버지의 방송을 들어보았는데요. 아버 지는 1950년대에 디제이로 활동하면서 광고, 뉴스 같은 걸 하셨고 목소 리도 저보다 훨씬 좋았더라고요. 아버지가 저보다 훨씬 더 어린 나이에 제가 잘 아는 분야인 라디오 방송을 하는 걸 들으면서 느낀 건, 이 말이 상처가 되지 않기를 바라지만 별로 잘하시는 것 같지는 않다는 거였어 요. 정말 별로인 광고 카피를 세상 진지하게 읽어나가는 식이었죠. 그럭저럭 괜찮게 하실 때도 있었지만요. 그래도 방송을 들으면서 아버지의 새로운 면을 보게 된 것 같았죠.

데비   어릴 때 제일 좋아한 책이 『피너츠 선집Peanuts Treasury』이었다고요. 그 책이 초등학교 시절의 정서를 지배했다고 했어요. 어떤 면에서 그랬나요?

아이라   찰리 브라운에게 강한 유대감을 느꼈어요. 『피너츠』는 아이들을 위한 작품이지만 마음을 흔드는 슬픔이 배어 있죠. 저한테는 하나도 웃기지 않았어요. 그냥 아주 현실적으로 느껴졌죠. 어머니가 저에게 "넌 찰리 브라운이 아니야"라고 말씀하신 적도 있어요.

데비   그 말을 듣고 놀랐나요?

아이라   제가 찰리 브라운이 아니라는 말에요? 전 제가 찰리 브라운과 아주 비슷하다고 생각한 것 같아요. 친구들이 있긴 했지만, 왠지 혼자인 것 같은 찰리 브라운에게 공감이 갔죠.

데비   찰리 브라운은 자라서 어떤 사람이 되었을까요?

아이라   재밌는 질문이네요. 모르겠어요. 한 번도 생각 안 해봤네요.

데비   저는 크리스 웨어처럼 됐을 것 같다는 생각이 들어요.

아이라   저도 크리스 웨어를 알아요. 아주 우울한 만화를 그리는데 찰스 슐츠에 대해서는 거의 전문가라고 할 수 있죠. 제가 보기에 그는 실제로는 훨씬 더 다부지고 성공한 사람일 것 같아요. 그의 만화는 특유의 우울한 미학을 담고 있지만 현실의 그는 성공적인 부모이자 남편이며 제대로 된 어른이기도 하죠. 제 생각엔 작품으로 구축된 대중적인 이미지보다는 훨씬 단단하고 행복한 사람일 것 같아요. 제가 이렇게 말하는 걸 들으면 그가 움찔할 수도 있겠지만요.

데비 어릴 때 연극이나 공연을 하는 걸 좋아했다면서요. 여동생과 누나와 함께 연극을 만들기도 했고요. 〈지붕 위의 바이올린〉의 대사를 전부 꿰고 있었다죠.

아이라 어릴 때 어머니가 우리를 공연에 데리고 다니셨어요. 볼티모어 카운티에는 유대인이 많아서 〈지붕 위의 바이올린〉이 일이 년마다 공연되곤 했죠. 어렸을 때 그 공연을 정말 많이 봤어요. 완전히 각인되었죠. 이야기의 구조를 보면, 처음엔 코미디로 시선을 끌다가 점점 진지해지면서 마지막에는 상당히 슬픈 결말을 맞게 되는데요. 그 구조가 저에게 큰 영향을 주었어요. 20대에 NPR에서 일하면서 저널리즘의 기본 원리를 어느 정도 이해하고 나자 이야기들에서 어떤 느낌 같은 것을 찾기 시작했어요. 뭐라고 콕 집어 말할 수는 없었는데, 이야기에서 무언가 더 느껴지기를 바란 것 같아요. 어느 순간 제가 〈지붕 위의 바이올린〉과 정확히 같은 구조의 이야기를 만들고 있더라고요. 아주 가볍게 시작했다가 캐릭터들에게 빠져들면서 점점 진지해지고 결국엔 웅장하게 끝을 맺는 식으로요. 아시다시피 이런 구조는 사람들이 스토리텔링에서 자주 사용하는 것이죠. 사실 저는 제가 그런 구조를 사용하고 있다는 것을 딱히 의식하지도 못했어요. 그저 뉴스도 다른 작품처럼 그런 어떤 느낌이 있으면 좋겠다 생각했을 뿐이죠. 돌이켜보면 옛날 뮤지컬을 볼 때 딱 그런 느낌을 받았던 것 같아요. 어머니가 그토록 좋아했던 뮤지컬이 저에게도 아주 의미 있는 무언가가 되었다는 걸 알면 어머니도 좋아하실 것 같아요. 아주 감동하실 것 같은데요.

데비 〈디스 아메리칸 라이프〉의 프로듀서 줄리 스나이더는 당신이 무대에서 진지하면서도 사람들의 얼을 빼놓는 방식으로 공연하는 것을 즐긴다고 말한 적이 있어요. 이것도 혹시 〈지붕 위의 바이올린〉의 영향일까요?

아이라 아마 그럴 거예요. 그냥 무대에 올라가야겠다는 생각이 들 때가 있어요.

저에게는 그런 성향과 전혀 어울리지 않는 다른 면도 있지만요. 무대에서 마술을 하기 시작한 유일한 이유는 제가 마술에 대해 아는 게 없었기 때문이에요. 볼티모어 카운티 공공 도서관에 가서 마술 관련 책들을 빌려온 다음 《볼티모어 유대인 신문》에 광고를 냈죠. "5달러를 내면, 아이들 생일파티에서 마술을 보여드립니다"라고요. 제 주변에는 마술을 하는 사람이 없었어요. 열한 살 때 이건 내가 할 수 있겠다고 결론을 내렸죠. 제가 라디오 방송을 하게 된 것도 비슷해요. '이건 내가 할 수 있을 것 같다'는 생각에서 시작했죠.

데비　마술의 어떤 면에 그렇게 끌린 건가요?

아이라　마술을 실제로 구현하는 방법이 정말 근사해요. 또 마술은 사람들을 재밌게 해주는 방법이기도 하죠. 저는 아주 숙련된 마술사는 아니었지만, 방 안에 앉은 아이들을 집중시킬 수는 있었어요. 아이들과 관계를 맺고, 이야기를 하고, 웃길 수도 있었죠. 마술에는 제가 좋아하는 여러 요소가 결합되어 있어요. 라디오 방송도 마찬가지죠. 저는 사람들을 인터뷰하는 게 좋아요. 그 과정 자체를 즐기죠. 사람들 일에도 관심이 많고요. 뭔가를 알아내는 것을 좋아하고 편집 업무도 좋아해요. 이상하게 들릴 수도 있겠지만, 라디오에서 제가 가장 덜 좋아하는 일이 무대에 서는 거예요. 제가 잘할 수 있다고 생각하기는 하지만 좋아해본 적은 없어요. 너무 긴장하게 되고, 뭔가 가장하는 것 같고, 잘 못한다고 느낄 때가 많죠. 완벽하게 하면 아무도 알아채지 못하고 그냥 받아들이지만, 잘못될 가능성이 무궁무진한 일이에요.

데비　자신에게 늘 그렇게 엄격한 편인가요?

아이라　저는 방송을 썩 잘하는 편이 아니었어요. 그래서 스스로에게 더 엄격해진 것 같아요. 웃긴 것은, 요즘 강연을 나가면 1, 2년차에 했던 것도 아니고 8년차 때 한 방송을 들려주는데, 그것도 형편없다는 거예요.

데비   라디오 방송을 잘하게 되기까지 당신이 아는 어느 누구보다도 오랜 시간이 걸렸다고 했어요.

아이라   제가 그 말을 한 지도 이미 몇 년이 지났는데요. 방송을 그럭저럭하게 되는 데 저처럼 10년씩 걸린 사람은 아직도 본 적이 없어요. 20대의 저는 지금으로 치면 제 방송의 인턴 자리도 구하지 못했을 거예요. 많이 부족했죠.

데비   그런데도 어떻게 버틸 수 있었나요? 8년 동안 계속 노력한 거잖아요. 8년은 꽤 긴 시간인데요.

아이라   그러니까요. 방송의 어떤 점이 제 마음을 끌었던 것 같아요. 처음에는 인터뷰에 정말 서툴렀는데, 그래도 사람들한테서 어떤 이야기를 끌어낼 수는 있었어요. 사람들에게 뭔가를 말하게 할 수 있었고, 이야기와 사람들에 대해 뭔가를 알아낼 수도 있었죠. 그들의 어떤 감정적인 순간을 테이프에 담을 수 있었는데, 그런 것이 제게는 아주 흥미롭게 다가왔어요. 제가 서툴기는 해도 뭔가를 테이프에 담아낼 수는 있을 것 같았죠. 그러다가 인터뷰를 편집하면서 어떻게 인터뷰를 해야 할지 본능적인 느낌이 오기 시작했어요. 그렇게 어떤 부분이 아주 쉬워지면서 자신감이 생기기 시작했고 나머지도 잘 해결할 수 있게 되었어요. 이걸로 뭘 할 수도 있겠구나 싶었죠. 뭘 할지는 정확히 몰랐지만, 어차피 달리 하고 싶은 일이 없기도 했고요. 저는 야망도 없고 자신감도 부족해서 영화를 만들겠다거나 진짜 작가가 되어야겠다는 꿈 같은 건 애초에 꾸지도 않았거든요. 그런 꿈을 꿀 만큼 나 자신이 대단한 사람이라고 생각하지 않았죠. 하지만 편집실에 앉아서 소소하게 작은 이야기들을 만드는 일은 할 수도 있겠다 싶었어요.

데비   자신을 바라보는 시각이 바뀌지는 않았나요?

아이라	확실히 바뀐 부분이 있죠. 하지만 자신에 대한 안 좋은 이미지는 쉽게 사라지는 것이 아니더군요. 그냥 자신에 대해 새로 알게 된 것을 그 위에 쌓아 올리는 것뿐이죠. 물론 지금 저는 라디오 방송을 하고 사업을 운영하는 등 제가 하는 많은 일들에 큰 자신감을 가지고 있어요.
데비	그럼 자신 없는 부분은 어떤 건가요?
아이라	미묘한 운영상의 문제나 사람을 다루는 문제에서 종종 어려움을 겪곤 해요. 직원을 많이 둔 사람이라면 누구나 그렇겠지만요. 오랫동안 한 프로그램을 했으니 나 자신을 바라보는 시각도 달라졌을 거라고 생각하기 쉬운데, 전 여전히 그런 걸 대수롭지 않게 생각하지 않는 것 같아요.
데비	무엇을 대수롭지 않게 생각한다는 거죠? 당신 자신인가요, 아니면 당신의 일인가요, 아니면 둘 다를 말하는 건가요?
아이라	아니요, 일에 있어서는 확실해요. 일에 대해서는 매우 자신 있죠. 하지만 그렇다고 제가 훌륭한 사람이라고 생각하지는 않아요. 그렇게 생각하지 않아도 괜찮다고 생각해요. 그럴 필요도 없고요. 라디오는 다른 사람의 말에 전적으로 의존하는 매체죠. 누군가에 관한 이야기를 만드는데 당사자가 말을 하지 않는다면 그건 제대로 된 이야기가 될 수 없어요. 우리가 자주 쓰는 편법 한 가지는 당사자의 배우자나 형제자매 같은 가까운 사람을 찾아가는 거예요. 그 사람이 훌륭한 이야기꾼이라면 아주 좋겠죠. 어떤 때는 감정을 전달해줄 수 있는 두 번째 인물을 소개하기도 해요. 주인공이 감정을 전달해주지 않더라도 다른 누군가가 그 사람의 감정에 대해 말해준 덕에 멋진 이야기를 몇 편 만들기도 했죠.
데비	앞서 마이크 앞에 앉아 다양하게 감정을 표출할 수 있는 마크 마론과의 인터뷰를 언급하셨잖아요. 당신 역시 마이크 앞에서 나누는 대화가 하루치 대화 중 가장 쉽고 충만하고 친밀한 대화라고 한 적이 있는데요.

아이라 그런 적이 많죠. 이제는 제 사생활에서도요.

데비 더 나아지고 있는 건가요?

아이라 사실 그래요. 개인적인 생활에서도 그만큼 친밀한 대화들을 하고 있어요.

데비 다른 사람들을 대할 때보다 라디오 방송을 할 때 더 친밀감을 준다고 생각하시나요? 예전과 비교해서는 어떤가요?

아이라 한두 시간짜리 라디오 인터뷰에서는 한 가지 목표를 가지고 상대에게 쉽게 집중할 수 있어요. 친밀감을 잘 조성할 수 있는 상황인 거죠. 반면 집에 가면 서로 다른 욕구를 가진 사람들이 부딪치잖아요. 무슨 이야기를 어떻게 할 것인가를 하나하나 알아내야 하고요. 개인적인 관계에서는 인터뷰 상황에서보다 훨씬 더 현실적인 스트레스를 많이 받게 되죠. 친밀감을 형성하는 건 늘 라디오가 훨씬 더 쉬웠던 것 같아요. 사적인 상황에서는 좀 더 연습이 필요했죠.

데비 〈디스 아메리칸 라이프〉가 방송되는 동안 프로그램에 어떤 변화가 있었나요?

아이라 제가 말할 수 있는 한 가지는 모두가 다 아는 사실이기도 한데요. 오늘날의 언론이 현실에서 일어나는 모든 일에 대해 서로 상반된 이야기를 들려주는 두 진영으로 갈라져 있다는 겁니다. 한쪽에는 주류 뉴스가 있고, 저희도 거기에 속한다고 할 수 있는데요. 또 다른 쪽에는 우파 언론이 있죠. 이 두 진영은 모든 사건과 많은 문화적인 현상에 대해 서로 다른 이야기를 들려주고 있어요. 아마도 이 싸움은 우리가 사는 내내 계속될 겁니다.

데비 가짜 뉴스와는 어떻게 싸우고 있죠? 가짜 뉴스를 어떻게 정의해야 할까요?

아이라 우리 프로그램은 다양한 전략을 가지고 있어요. 때로는 사건의 기원에 집중하죠. 이 사건이 어떻게 이슈가 되었고 사람들이 어떻게 지금처럼 생각하게 되었는지를 다루는 거예요. 다른 전략은 보통의 뉴스와 달리 이야기를 통해 감정을 전달하는 방식을 취하는 겁니다. 사람들을 만나 뭔가를 직접 느낄 수 있게 하는 거죠. 이를테면 우리는 시위가 벌어지고 있는 홍콩에 간 적이 있어요. 거기서 지내면서 시위에 참여한 20대 초반의 젊은이들을 만났죠. 그들은 중국이 자신들의 요구를 들어주지 않을 거라는 걸 알지만 그럼에도 시위를 할 수밖에 없다는 이야기를 감동적으로 들려주었어요. 그런 이야기는 NPR이나 《뉴욕 타임스》, 《워싱턴 포스트》 같은 곳에서는 찾아볼 수 없는 성질의 것이었죠. 이야기는 우리 귀에 들려오는 모든 것을 더 생생하고 현실적으로 느끼게 해줘요. 그냥 머리로만 생각하는 것이 아니라 진짜 사람과 연결된 기분이 들게 하죠. 이건 아주 전통적인 저널리즘의 방식이긴 하지만 특히 라디오와 아주 잘 맞는 것 같아요. 이것과 더불어 제가 매우 자랑스럽게 여기는 (비록 크게 주목받지는 못했지만) 방송분이 하나 더 있는데요. 트럼프 정권 초기에 이민자 정책이 논쟁이 되면서 "저임금 노동을 하는 이민자들을 받아들이는 것이 국가에 이로운가, 해로운가?"라는 질문이 제기되었을 때였어요. 우리는 국가적인 논쟁은 차치하고 이민자가 대거 유입된 곳에 가서 그들의 유입이 실제로 어떤 영향을 미치는지 살펴보기로 했어요. 앨라배마에는 멕시코에서 넘어와 닭 가공 공장에서 일하고 있는 이민자들이 많이 있었거든요. 그런 곳 중 한 곳에 가서 직접 살펴보기로 했죠. 이민자의 유입이 도시에 어떤 영향을 미치는지, 임금이 낮아지는지, 세금에는 어떤 영향을 주는지, 학교에는 어떤 변화가 있는지 등 사람들이 궁금해하는 모든 점에 대해서요. 임금에 미치는 영향을 알아보기 위해 경제학자들을 고용하기까지 했죠. 이 모든 질문을 한 자리에서 답해보고자 했어요. 아무도 하지 않는 일이었죠. 하고 있더라도 어려운 일이었고요. 하지만 저희가 해냈지요.

데비 〈디스 아메리칸 라이프〉는 방송을 시작한 첫해에 피바디상을 수상했어요. 대단한 일이죠. 라디오 부문에서 수상할 수 있는 주요 상이란 상은 거의 다 섭렵했잖아요. 그런데도 아이라, 당신이 하는 말을 들으면 좀 뜻밖이라는 생각이 들 때가 있어요. 앞에서 얘기한 자존감에 대한 이야기일 수도 있지만 사실은 방송과 더 관련된 질문인데요. 이렇게 말씀하셨죠. "솔직히 라디오 일은 여전히 어렵다. 좋은 방송을 만들기 위해 애쓰면서 두려운 마음으로 한 주 한 주를 힘들게 보내고 있다." 《가디언》과의 최근 인터뷰에서는 항상 두려움을 느낀다고도 했어요.

아이라   글쎄요, 방송을 하는 사람이라면 항상 두려움을 느끼지 않나요?

데비   아닌데요.

아이라   정말요?

데비   아닌 것 같아요. 사람들이 저에게 솔직하게 말하지 않은 것일 수도 있지만, 제가 아는 한 방송인들이 늘 두려워하는 건 아니에요.

아이라   하지만 방송을 한다는 건 결과를 장담할 수 없는 일이잖아요. 아직 완성되지 않은 어떤 일을 한참 준비하고 있을 때와 비슷하죠. 제때 끝낼 수 있을지 알 수 없고 시간도 충분하지 않은 그런 일이요. 저에게 무언가를 만든다는 것은 두려움이 내재되어 있는 일 같아요.

데비   하지만 당신에게는 그동안 쌓인 실적이 있잖아요.

아이라   우리가 이 일을 할 수 있을 것이라는 점에 대해서는 확신이 있죠.

2020. 4. 12

"This

is one of the things
that makes us human:
the fact that we break bread
no matter who we are,
wherever we are,
whatever our lives look like—
and everybody has a story."

"인간을 인간답게 만드는 것 중 하나는 우리가
밥을 같이 먹는다는 거예요. 우리가 누구든,
어디에 있든, 어떤 삶을 살든 말이죠.
그리고 우리는 모두 이야기를 가지고 있죠."

엘리사 올트먼
작가
2019. 10. 14

이브 엔슬러는 이제 없다.

그녀는 어릴 때 자신을 신체적, 성적으로 학대했던
아버지의 시점에서 쓴 신간 『아버지의 사과 편지』를
완성하고 나서 이름을 바꿨다.
그녀는 이제 그냥 '브이'다.
이 인터뷰에서 우리는 『아버지의 사과 편지』를
비롯해 『버자이너 모놀로그』,
『나는 감정이 있는 존재입니다』,
『필요한 목표들Necessary Targets』,
눈부신 회고록이자
여성 일인극으로도 만들어진
『절망의 끝에서 세상에 안기다』 등
그녀가 남긴 특별한 발자취에 대해
이야기를 나누었다.

데비 『아버지의 사과 편지』는 이미 돌아가신 당신의 아버지가 어린 당신에게 저지른 성적, 신체적 학대에 대해 사과할 수 있다면 뭐라고 말할지를 상상해서 쓴 책이죠. 여전히 사과를 기다리고 있는 모든 여성에게 이 책을 바친다는 짧은 헌사가 달려 있는데요. 이 헌사는 어떻게 나오게 된 것인가요?

브이 제가 20여 년 동안 수많은 여성에게 수많은 이야기를 들어오면서 알게 된 게 있는데요. 이 중에 가해자에게 사과를 받은 여성은 거의 없다는 거예요. 사과에 대한 기대조차 없어요. 정말 말도 안 되죠. 사과가 필요합니다. 잘못에 대한 인정과 반성, 배상이 필요해요. '흑인의 생명도 중요하다' 운동이나 원주민들의 경우도 마찬가지고요.

데비 여성 학대로 고발된 남성들의 자기 연민에 빠진 공개 사과를 보고 실망했다고 쓰셨죠. 자신의 잘못을 제대로 반성하는 사람은 한 명도 볼 수 없었다고요. 이번 책이 학대 가해자들이 제대로 된 사과를 하는 데 도움이 될 수 있을까요?

브이 놀라운 것은 많은 남성이 이 책에 반응했다는 거예요. 이 책이 무얼 말하는지 이해한 남성 독자들이 꽤 많은 듯했어요. 문제는, 남자들이 자기가 저지른 일을 제대로 수습하고 싶어도 뭘 해야 하는지 알지 못한다는 거였어요. 이 책을 쓰고 나서 저는 우리가 반성의 시대로 나아갈 수 있을지도 모른다는 희망을 품게 되었는데요. 반성 없이 진정한 변화는 있을 수 없어요. 제가 사과에 대해 한 가지 알게 된 것이 있다면, 사과는 피해자보다도 가해자에게 훨씬 더 절실히 필요하다는 거예요. 사람들은 모두 앙금과 죄의식, 수치, 고통, 다른 사람에게 준 상처의 잔재를 안고 살아가기 때문이죠. 남성들이 지나친 망신을 당하거나 과도한 심판을 받지 않으면서 자기 잘못을 반성하게 할 수 있다면, 그것이 우리가 나아가야 할 방향이라고 생각해요. 그러려면 자기가 저지른 일을 낱낱이 들여다보고, 피해자의 감정을 헤아리고, 피해자의 입장에서 자신이 초래한 고통을 마주할 수 있어야겠죠. 그러고 나서 속죄해야 합니다. 그 과정은 힘들고 시간도 걸리겠지만 죄책감을 씻어주고 해방감을 줄 거예요. 새로운 삶을 시작할 수 있게 해줄 거예요.

데비 뉴욕에서 태어나 스카스데일에서 성장하셨죠. 『아버지의 사과 편지』에 부모님이 자기 자식들을 생활의 소품 이상으로 생각하지 않았다는 대목이 나오는데요. 무슨 뜻인지 좀 더 자세히 설명해줄 수 있나요?

브이 저희는 그냥 얌전히 있어야 하는 존재였어요. 밤이 되면 사라져야 하는 존재였고요. 저는 저 자신을 하나의 주체로 생각할 수 없었어요. 필요한 순간에 꺼내쓰는 물건 같았죠. 실재한다는 느낌이 없었어요. 부모님에게 저는 진짜 사람이 아닌 것 같았죠. 나 자신이 물건 같았고 아무렇게나 해도 되는 사람 같았어요.

데비 아버지는 정말 당신이 진짜 사람이라고 생각하지 않았던 것 같기도 해요. 그래도 다섯 살 때까지는 나름 평범하게 살았잖아요. 당신은 똑똑하고 사랑스럽고 활발한, 아주 창의적인 아이였죠. 올곧고 성실한 면도 강했고요. 착한 아이가 되는 것이 당신에게는 중요했다고 했는데, 왜 그랬던 걸까요?

브이 제게 아주 나쁜 일들이 생기기 시작하면서 그런 생각을 하게 된 것 같아요. 아버지가 저를 강간하고 때리기 시작하면서 제게 늘 "나쁜 아이"라고 말했거든요. 저는 더럽혀진 아이였어요. 그래서 좋은 아이가 되는 것에 더 집착했죠. 아버지에게 맨날 제가 나쁜 아이라는 말만 들었으니까요. 그것도 온갖 분노와 폭력을 동반해서요. 저는 항상 제가 나쁘다는 생각 때문에 죽고 싶었어요.

데비 상상하기도 힘든 일이지만, 아버지가 다섯 살 때부터 당신을 학대하기 시작했죠. 열 살 때부터는 성적 학대를 멈추고 때리기 시작했고요. 그것도 매일같이 말이죠. 똑똑한 어린아이였던 당신이 어떻게 학대당하는 열 살짜리 여자아이로 변해갔는지, 아버지가 어떻게 하루하루 당신의 인격을 파괴했었는지 그 적나라한 과정이 『아버지의 사과 편지』에 담겼는데요. 열 살 때는 같은 반의 남자

애들에게 괴롭힘을 당하기도 했다면서요. 그 아이들이 당신 옷을 벗기고 당신을 '미역 머리'라고 불렀다고요. 머리카락이 떡 져 있다는 이유로요.

브이　　그 아이들은 전교생들이 다 보는 앞에서 제 옷을 벗기고 속옷을 끌어 내렸어요. 저는 너무 흥분해서 제정신을 잃었고요. 결국 부모님이 불려 왔는데 아버지가 다짜고짜 저를 다그치기 시작했어요. 제가 얼마나 난잡하고 나쁜 짓을 했으면 걔네가 그랬겠냐는 식이었죠. 저를 믿어주지 않았어요. 다 제 잘못이고 제가 원흉이었죠. 그 일이 있고 나서 몇 주간 제가 카페테리아에 들어가면 그 아이들이 저를 '창녀', '더러운 미역 머리'라고 불렀어요. 성적 학대를 받은 사람들은 묘한 절망적인 에너지 같은 것을 풍기게 되고 그 때문에 더 많은 공격을 받게 되죠. 8년간 일했던 교도소나 노숙자 쉼터 같은 곳에서 그런 이야기를 얼마나 많이 들었는지 몰라요. 아버지나 삼촌에게 학대를 당했던 여자아이들이 다른 사람들에게도 강간과 학대를 당하는 거죠. 거의 페로몬 같은 거예요. 이미 망가졌으니까 공격해도 된다는 그런 신호를 받는 거죠.

데비　　그런 극단적인 행동을 경험한 사람들이 그것을 극복하거나 이해할 수 있을 만큼 회복할 수 있다고 생각하세요?

브이　　그럴 가능성도 있죠. 안 좋은 가능성도 있는데, 자살 충돌이 매우 높아질 수도 있다는 거예요. 내가 나를 더 이상 어쩌지 못 하는 단계에 이르면 그냥 될 대로 되라는 마음이 들 수 있어요. 난 그래도 싸다고 생각하는 거죠. 저도 그 지경까지 갔고요.

데비　　수치와 공포에서 벗어나기 위해 아무것도 느끼지 않는 또 다른 자아를 만드는 방법을 터득했다고 쓰셨어요. 또 사라지는 방법도 터득했다고요. 어떻게 그렇게 한 건가요?

브이　　학대를 당할 때 저는 제 몸을 떠나요. 자신으로부터 이탈하는 거죠. 그때 일어나는 모든 일은 제 신경계, 성 정체성, 세포들, 의식, 생각으로 감당하기에는 너무 벅찬 것이었어요. 그래서 저는 사라지는 방법을 배웠어요. 모든 것을 차단하는 법을 배운 거죠. 죽는 방법이요. 아버지가 저보고 당장 내려오라고 소리치면 저는 거울을 들여다보면서 저 자신에게 제 몸에서 나가라고 말하죠. 그런 의미에서 아버지는 저를 건드릴 수 없었어요. 하지만 그 대가는 정말 컸어요. 분열이 시작되는 것이니까요.

데비   공감 스위치를 아예 꺼버렸다는 이야기도 했었죠. 다른 사람의 고통을 느끼면 자신의 고통도 느끼게 되는데 자기 자신에게 그런 짓은 하고 싶지 않았다고요. 또 술과 마약이 성장기의 당신을 구해줬다고도 했어요. 그것이 당신을 파괴하기 전까지는요.

브이   고등학교를 졸업할 때까지 저는 마약과 술에 완전히 절어 있었어요. 그런데 졸업할 무렵에 너무 훌륭한 선생님 두 분을 만나면서 바뀌었죠. "우리는 네가 멍청하다고 생각하지 않아. 넌 정말 똑똑하고 우린 너를 도와주고 싶어"라고 말씀해주셨어요. 그분들이 제가 역사 고급 과정을 통과할 수 있게 도와주시기도 했어요. 제가 생각하는 데 머리를 쓴 건 그 역사 시간이 유일했을 거예요. 그전까지 제 머리는 너무 뒤죽박죽이었고 기억도 없다시피 했어요. 집중도 전혀 못 했고요. 그때 무언가가 시작됐죠. 어찌어찌해서 아버지가 저를 펜실베이니아 글렌사이드에 있는 비버 칼리지라는 곳에 보내주었는데, 거기서 갑자기 학업에 두각을 보이기 시작했어요. 그래서 1학년을 마치고 미들베리대학교로 편입했어요.

데비   그 시기에는 어떤 직업을 꿈꿨나요?

브이   어렸을 때부터 제가 작가가 되고 싶다는 걸 알았어요. 제가 글을 쓴 건 써야만 했기 때문이었어요. 글을 쓰면 내 글 속에 사는 또 다른 나를 만들어내는 것 같았어요. 나의 언어로 이야기를 만들 수 있었고, 내가 자유로울 수 있고 살아남을 수 있는 또 다른 세계를 창조할 수 있었죠. 지금도 저는 매일 글을 써야만 해요. 그게 제가 해야 할 일이니까요. 솔직히 말하면, 글을 써야만 살아남을 수 있고 제정신으로 지낼 수 있기도 해요. 뉴욕에 왔을 때 저는 시를 쓰고 있었어요. 그때는 사실 시를 써서 먹고 살 수가 없었죠. 그래서 연극 연출을 하면 좋겠다고 생각했어요. 그러다가 '아, 희곡을 쓰면 되겠구나' 하는 생각이 들었어요. 그러면 시도 쓰고 연출도 할 수 있을 테니까요.

데비 너무 속상한 이야기 중 하나는 명문 대학원에 합격했는데 돈이 없어서, 아버지가 도와주지 않아서 가지 못했다는 건데요. 어느 학교였죠? 지금까지 말씀하신 적이 없는데, 혹시 알려주실 수 있나요?

브이 예일대학교였어요. 힘든 순간이었죠. 하지만 지금은 조금도 후회하지 않아요. 저는 돈이 없었고, 지원을 받을 수도 없었죠. 아무것도 없었어요. 저는 수년간 아등바등 싸워야만 했어요. 그런 시간이 저를 만들었죠. 제 성격을 만들었고요. 그 덕분에 노동하는 사람들, 투쟁하는 사람들, 고통받는 사람들과 훨씬 더 가까워질 수 있었어요. 제가 예일대에 갔다면 그럴 수 없었겠죠. 연줄과 네트워크를 만들고 성공할 기회를 놓쳤을지는 몰라도, 한편으로는 그것이 제 영혼을 열어주었어요. 세상에서 가장 멋진 곳들로 절 데려다주었어요. 예일대에 갔다면 저는 절대로 『버자이너 모놀로그』를 쓰지 못했을 거예요.

데비 정말요? 그렇게 생각하세요?

브이 네. 훨씬 더 전통적인 길을 걷게 되지 않았을까요? 많은 제약을 배우고 그 제약들을 다루는 방식을 배웠겠죠. 하지만 아무도 절 지원해주지 않았기 때문에 전 제 삶을 스스로 만들어내야 했어요. 그건 아주아주 힘들지만 자기 자신이 될 수 있는 길이기도 하죠. 그래서 전 그 길을 강력히 추천해요.

데비 만약에 예일대에 갔다면 당신이 『버자이너 모놀로그』를 쓴 것을 그들이 어떻게 생각했을까요?

브이 썩 좋게 보지는 않았을 것 같아요. 제가 늘 믿고 있는 한 가지가 있는데요. 자신의 호기심, 자신의 희열, 자신의 관심사를 좇다 보면 자연히 좋은 글을 쓰게 될 거라는 거예요. 저는 여성들이 자신의 생식기에 대해 어떤 생각을 하는지에 관심이 있었어요. 그들이 저에게 들려준 이야기는 하나같이 놀랍고 엄청나고 굉장한 것이었어요. 너무 충격적이고 재밌기도 했죠. 그런 이야기를 다들 하나쯤은 가지고 있었어요. 저는 '이건 정말 대단하다'라고 생각했죠. 특히 놀라웠던 건 제가 처음 시내에서 그 연극을 시작했을 때 연극이 끝나고 여자들이 저에게 자기 이야기를 들려주고 싶어서 말 그대로 줄을 섰다는 거예요. 그들은 자기 이야기를 하고 싶어 했어요. 불행히도 대부분은 성적 학대에 대한 것이었고요.

데비 2006년 《뉴욕 타임스》는 〈버자이너 모놀로그〉를 지난 10년간 공연된 정치극 중 가장 중요한 작품으로 꼽았어요. 갑자기 그렇게 큰 성공을 거두게 되었을 때 어떤 기분이었나요?

브이 정말 놀라운 일이었죠. 무엇보다 짜릿했던 건 그 연극으로 인해 이렇게 대단한 여성운동과 여성 공동체가 탄생했다는 겁니다. 최초의 'V-데이 연극 〈버자이너 모놀로그〉에 의해 촉발된 사회운동으로 여성 폭력 근절을 위한 다양한 활동을 하고 있다' 행사는 해머스타인 볼룸에서 2500명이 참석한 가운데 치러졌어요. 이 행사를 위해 〈버자이너 모놀로그〉를 연기할 배우들을 초청했는데, 모두 이 극을 처음 해보는 사람들이었어요. 아무도 '버자이너'라는 단어를 공개적으로 말해본 적이 없었죠. 그래서 다들 분장실에서 떨고 있었어요. 한 사람씩 나가서 모놀로그를 하면 나머지 사람들은 모두 모니터를 보며 서로 손을 맞잡고 큰 소리로 응원을 했죠. 너무나 멋진 여성 연대였어요. 이것이 저한테는 여성과 소녀들에 대한 폭력을 근절하는 운동의 시작이었죠. 물론 저 이전에도 이런 노력을 한 여성들은 많았어요. 우리에겐 여성 연대의 역사가 있으니까요. 어떻게 보면 노예제도와 싸운 아프리카계 미국인 여성들에게까지 거슬러 올라간다고 할 수 있죠. 지금은 #미투 운동의 시대로 접어들었고요. 하지만 그때 그 연극을 하면서 여성들이 침묵을 깨고 자신의 이야기를 나누던 그 운동을 함께할 수 있었던 건 정말이지 엄청난 영광이었어요. 그런 꿈을 꿀 수 있을 줄은 몰랐어요.

데비 맞아요. 다른 운동들도 있었죠. 더 이상 그런 운동이 필요하지 않은 시대가 되기를 바라고요. 하지만 당신은 그 누구보다도 많은 일을 해냈어요. 성폭력 근절을 위해 1억 달러가 넘는 기금을 조성하기도 했죠. 원 빌리언 라이징One Billion Rising이라는 단체를 통해 전 세계 여성들에게 힘을 실어주기도 했고요. 콩고에 시티오브조이City of Joy를 설립하게 된 건 어떤 계기에서였나요?

브이 저는 보스니아에도 갔었고, 코소보, 아이티에도 갔었어요. 아프가니스탄에도요. 이런 분쟁 지역에서는 여성을 조직적으로 강간하는 것을 전술로 삼곤 하죠. 어느 날 유엔에서 전화가 왔는데 드니 무퀘게 박사와 인터뷰를 해달라는 거예요. 유엔에서 저한테 연락이 올 줄은 꿈에도 몰랐죠. 저는 사실 그 일을 하고 싶지 않았는데 그 이유는 원 빌리언 라이징이 이미 아프가니스탄, 보스니아, 아이티에서 활동하고 있었기 때문이었어요. 우린 여력이 없었거든요. 그런데 그분의 이력을 읽고 그가 산부인과 의사로서 하고 있는 일에 너무 감동한 나머지 인터뷰를 하기로 마음을 바꿨어요. 왜, 정말 대단한 일을 하는 사람을 실제로 만나 보면 어떤 광채가 느껴질 때가 있죠. 그분이 그런 사람이었어요. 그의 눈은 자신이 목격한 온갖 공포로 인해 핏발이 서 있었지만요. 인터뷰 말미에 그가 저에게 물었어요. "우리를 도와주시겠어요? 제가 아는 사람 중에 버자이너에 대해 말하는 사람은 당신밖에 없어요. 저는 콩고 여성들의 버자이너에 무슨 일이 벌어지고 있는지 알리려고 합니다." 그래서 그렇게 했어요. 콩고에서 저는 인종주의, 식민주의, 자본주의, 성차별주의가 끔찍하게 뒤섞인 충격적인 현실을 목격했어요. 그 모든 게 여성의 몸을 대상으로 벌어지고 있었죠. 머리가 깨지는 것 같았어요. 그때 제 인생의 다른 장이 열렸죠.

데비 　콩고 여성들에게서 당신이 한 번도 보지 못한 결의와 생명력을 느꼈다고 하셨는데요.

브이 　네. 시티오브조이는 콩고 동부의 부카부라는 분쟁 다발 지역에서 10년 전에 문을 열었는데요. 이곳은 여성들이 고통을 에너지로 바꿀 수 있게 도와주는 곳이에요. 6개월마다 90명의 여성에게 프로그램을 제공하는데 모든 경비는 저희가 내요. 미술, 연극, 춤, 음악을 포함한 기본적인 치료 프로그램을 운영하고 있어요. 치유는 공동체 안에서 이루어지기 때문에 모든 프로그램은 그룹 활동으로 이루어지죠. 이곳에 온 여성들은 자신의 권리와 지속 가능한 농업을 배우고, 호신술도 배워요. 6개월간의 프로그램을 거치며 희생자에서 생존자로, 지도자로 변해가는 것이죠. 지금까지 약 1400명의 여성을 배출했어요. 놀라운 일이죠. 이 여성들은 지금도 아주 잘하고 있답니다. 단체를 운영하기도 하고 간호사, 의사가 되기도 했죠. 시티오브조이에 대해 제가 가장 자랑스럽게 생각하는 것은 그곳에서 일하는 누구도 아웃사이더가 아니라는 점입니다. 모든 직원이 전문 인력이고 그들이 주인이죠. 우리는 그들이 계속 일할 수 있도록 자금을 마련하고 있고요. 정말 아름다운 프로젝트예요. 이제는 다른 지역들에서도 시티오브조이를 운영하는 방안을 모색하고 있어요.

데비 　삶의 목적에 대한 이야기를 나눠보고 싶은데요. 콩고의 여성들을 만나고 그곳에서 일하면서 당신이 배운 것은 무엇인가요?

브이 　무엇보다도 그들은 제 인생을 구했어요. 시티오브조이를 시작했을 때 저는 자궁암 진단을 받았어요. 거의 죽기 직전이었죠. 장기를 일곱 개나 제거했어요. 몸이 재편된 셈이죠. 9개월 동안 대격변을 겪으면서 항암치료와 감염을 견뎌야 했어요. 시티오브조이에 가면 늘 아름다운 북

소리와 노랫소리를 들을 수 있고 아름다운 춤을 볼 수 있어요. 성스러운 기운이 흐르는 곳이죠. 다른 차원에서 오는 느낌이에요. 그게 치유죠. 그 에너지가 무엇이든 간에 그건 자신의 고통을 치유한 여성들에게서 나오는 것입니다. 그들이 저에게 그것이 가능하다는 걸 가르쳐주었어요.

데비   자궁에서 큰 종양이 발견되었을 때 거의 죽음의 문턱까지 갔었고 인생에서 가장 중대한 전환점을 맞았다고 했는데요.

브이   〈버자이너 모놀로그〉를 공연하던 시기에도 비슷한 느낌을 받긴 했지만, 암 선고를 받을 때까지는 제가 완전히 제 몸 안에 살고 있다는 걸 몰랐던 것 같아요. 수술을 마친 후 깨어났을 때는 정말 대단했어요. 온몸에 튜브가 꽂혀 있었어요. 몸에 주머니들을 매단 채로 기계에 연결되어 있었죠. 칼자국이 상체를 가로질러 나 있었고요. 그때 처음으로 내가 몸이라는 것, 완전히 하나의 몸이라는 걸 알았어요. 살 가망이 별로 없다는 의사의 말을 처음 들었을 때 전 그 순간 죽은 것 같았어요. 몸으로 죽음을 느끼는 거죠. 그러고 나서는 어떻게 되냐면요, 얼마나 살고 싶은지 깨닫게 돼요. 삶이 얼마나 아름다운지, 내 몸으로 얼마나 살고 싶은지, 나의 삶에 얼마나 생명력을 불어넣고 싶은지 알게 되죠. 평생 가부장제와 폭력에 시달리며 침묵을 강요받고 잘리고 소모되고 파괴되었던 제 생명력을 말이에요. 저에게 암은 제 인생이 가야 할 곳으로 저를 보내준 영혼의 연금술 같은 것이었어요. 초월적인 경험이었죠.

데비   투병 경험을 토대로 『절망의 끝에서 세상에 안기다』라는 회고록을 쓰셨어요. 처음 병을 알게 되었을 때는 비관을 넘어 자살을 생각할 정도였다고 했죠. 마치 저 멀리서 자신의 몸을 바라보며 체념하는 것 같았다고요. 그러다가 어떻게 다시 몸 안으로 완전히 돌아가게 되었나요? 어떤 반전이 있었죠?

브이   육체에서 분리된 것 같다는 생각은 암 진단을 받기 전에 더 많이 했어요. 병원에 가기 전에도 꽤 오랫동안 아팠거든요. 제가 몸에서 분리되어 있었기 때문에 그 고통도 떨어져서 바라봤던 거죠. 저는 제 몸에 대해 비관적인 체념 같은 것을 갖고 있었는데 아프고 나서야 달라졌어요. 제 몸으로 들어오게 되었죠. 이제는 뭐가 잘못되면 알 수 있어요. 바로 알죠. 제가 이 몸 안에서 살고 있으니까요. 예전에는 언제나 내가 좋은 사람이라는 걸 증명하려고 했어요. 증명하고, 증명하고 또 증명하려고 했어요. 그건 확실히 몸을 파괴하는 길이죠.

데비 그때까지만 해도 당신은 무언가를 두려워할 용기도 없었다고 했어요. 그래서 자신을 증명해야 한다는 강박을 가지게 된 걸까요?

브이 맞아요. 그렇게 강한 척을 하다 보면 두려움을 느낄 수도 없게 되죠. 마치 나는 상처 따위 받지 않는 사람이라는 듯이 말이에요. 그 밑에는 너무나도 상처받기 쉬운 존재가 자리하고 있는데도요. 저는 상처받기 쉬운 약한 존재예요. 우리 모두 그렇죠. 우리는 이 지구라는 행성에서 살아갈 뿐, 우리가 여기서 뭘 하고 있는지도 잘 모르죠. 가장 큰 기쁨은 그 연약함 속에서 살아가는 거예요. 그건 안전하지 않은 것과는 다른 거죠.

데비 아, 정말 그래요. 저도 무언가를 생산하거나 성취하는 것과 무관한 자존감에 대해 알아가려고 애쓰고 있어요.

브이 자신을 증명하기 위해 사는 게 아니라 너그러운 마음으로 사는 거죠. 그건 완전히 다른 삶의 방식이에요. "나 좀 봐, 나 좀 봐, 나 잘하지? 내가 증명했지? 내가 해냈지?" 하는 게 아니라요. 그건 자본주의 가부장제가 우리에게 주입한 태도예요. 그게 우리 모두를 병들게 하고 번아웃 상태로 몰아가고 있어요. 저는 너그럽게 살아가는 방식을 따르고 싶어요. 우리가 어떻게 보살필 수 있는지, 어떻게 창조할 수 있는지, 어떻게 돌볼 수 있는지, 어떻게 서로를 격려하고, 어떻게 모두가 최소한의 풍요를 누릴 수 있는지 모색하는 삶을 살고 싶어요.

2020. 7. 6

마리아 포포바

우리가 우리의 예전 모습에
조금의 부끄러움도 느끼지 않는다면
인생의 항해는 바람 한 점 들지 않는
안주의 만灣에 멈춰 선 것이다.

인터뷰는 태생적으로 신기한 문화적 인공물이다. 그것은 미래의 부끄러움에 대한 합의된 훈계이다. 우리가 삶의 특정 시기에 어떤 상태였고 어떤 사람이었으며 어떤 열정으로 들끓었고 어떤 슬픔으로 괴로워했는지 새겨놓은 공동의 기록이다. 우리가 종종 '나'라는 사람의 종착지라고 착각하는, 일시적인 영감과 분노를 담고 있는 것이다. 인터뷰는 시간 속에서 우리를 석화시킨 다음 영원의 삶을 산다. 지나간 시절에 했던 우리의 생각들이 개인적인 진화의 영겁을 뚫고 인용된다. 인터뷰는 더 이상 존재하지 않는 삶을 박제한 이상하고 어수선한 디오라마다.

그러나 훌륭한 인터뷰는 다른 역할도 한다. 훌륭한 인터뷰는 잡히지 않는 것을 잡아내고 연속되는 것의 흐름을 포착한다. 시간이 흐르고 많은 것이 변한 뒤 훌륭한 인터뷰를 다시 들춰보는 것은 오래전에 탈피한 자아의 유해가 보관된 납골당에 들어가는 것이 아니다. 우리를 우리로 있게 하는 기본 입자들이 보관된 유품함에 들어가는 것이다. 우리가 새로운 프로젝트를 시작하고 새로운 열정에 사로잡히고 새로운 삶의 장으로 나아갈 때마다 상실하고 망각하곤 하는 우리의 일부가 거기에 담겨 있다. 훌륭한 인터뷰는 시간과 변화에 짓눌리지 않고 존재와 잠재력의 핵심을 건드린다.

수년에 걸쳐 나는 데비가 각양각색의 선지자들, 예술가, 작가, 디자이너, 과학자, 철학자, 시인 들을 인터뷰하는 모습을 봐왔다. 인터뷰라면 할 만큼 했을 그들이 다정하면서도 예리한 지성, 박식함, 인터뷰어로서의 비범한 관대함이 넘쳐흐르는 그녀의 방음 유품함을 나오면서 기쁨과 감사를 토로하는 모습을 목격해왔다. 그녀의 스튜디오를 나서는 사람들이 하나같이 황홀한 안도감에 젖어 있는 모습을 지켜봐왔다. 그들은 우리 모두가 궁극적으로 느끼고 싶어 하는 것을 느낀 것이다. 나 자신을 온전히 이해받고 인정받았다는 느낌, 나도 몰랐던 나 자신을 만난 느낌, 나라는 껍데기를 두른 내가 진정 누구이고 무엇인지 조금은 알 것 같은 그런 느낌 말이다. 우리는 그렇게 우리를 만들어나가며 우리가 만드는 모든 것을 만든다.

지은이 **데비 밀먼**Debbie Millman

작가, 예술가, 디자이너, 브랜드 전략가. 뉴욕의 스털링 브랜드에서 최고 마케팅 책임자로 20여 년 동안 일하면서 버거킹, 펩시, 하겐다즈, 네슬레, 질레트 등 세계적인 브랜드의 브랜딩을 담당했다. '디자인계의 대통령'이라 불렸던 현역 생활을 거쳐 이제는 '커뮤니케이션의 대가'로 자리매김하며 크리에이터들의 멘토로 활동하고 있다. 뉴욕 비주얼아트 스쿨SVA에 브랜드 마케팅 과정을 신설하고 학과장을 역임하는 등 다양한 분야에서 왕성하게 활동하고 있지만 무엇보다 세계 각지의 크리에이터를 소개하는 팟캐스트 〈디자인 매터스Design Matters〉의 진행자로 더 많이 알려져 있다. 무려 16년 동안 이어져온 〈디자인 매터스〉는 거장들의 근황을 전달하기보다 그들이 가진 삶의 동력, 일과 창작의 기쁨, 쉴 새 없이 이어지는 고민과 묵직한 성찰에 대한 이야기를 이끌어내어 2015년 iTunes 최고 팟캐스트에 선정되었으며 쿠퍼휴잇국립디자인상을 수상했다.

옮긴이 **한지원**

고려대학교 신문방송학과를 졸업하고 텍사스대학교에서 커뮤니케이션학을 공부했다. 현재는 좋은 책을 읽고 발굴하고 번역하며 살고 있다. 옮긴 책으로는 『코카인 블루스』, 『아찔한 비행』, 『테스토스테론 렉스』, 『베라 켈리는 누구인가?』, 『말라바르 언덕의 과부들』 등이 있다.

멘탈의 거장들
매 순간 다시 일어서는 일에 관하여

펴낸날 초판 1쇄 2022년 12월 20일

지은이 데비 밀먼

옮긴이 한지원

펴낸이 이주애, 홍영완

편집장 최혜리

편집4팀 박주희, 장종철, 이정미

편집 양혜영, 박효주, 유승재, 문주영, 홍은비, 강민우, 김혜원, 김하영, 이소연

디자인 윤신혜, 박아형, 김주연, 기조숙, 윤소정

마케팅 김지윤, 최혜빈, 김태윤, 김미소, 정혜인

해외기획 정미현

경영지원 박소현

펴낸곳 (주)윌북 **출판등록** 제2006-000017호

주소 10881 경기도 파주시 광인사길 217

전화 031-955-3777 **팩스** 031-955-3778

홈페이지 willbookspub.com **전자우편** willbooks@naver.com

블로그 blog.naver.com/willbooks **포스트** post.naver.com/willbooks

페이스북 @willbooks **트위터** @onwillbooks **인스타그램** @willbooks_pub

ISBN 979-11-5581-555-7 03190